ÉTUDES

D'HISTOIRE DU DROIT

PAR

RODOLPHE DARESTE

MEMBRE DE L'INSTITUT
CONSEILLER A LA COUR DE CASSATION

PARIS

L. LAROSE ET FORCEL

Libraires-Éditeurs

22, RUE SOUFFLOT, 22

1889

ÉTUDES

D'HISTOIRE DU DROIT

IMPRIMERIE
CONTANT-LAGUERRE

LVX VITAM

BAR-LE-DUC

ÉTUDES

D'HISTOIRE DU DROIT

PAR

RODOLPHE DARESTE

MEMBRE DE L'INSTITUT
CONSEILLER A LA COUR DE CASSATION

PARIS

L. LAROSE ET FORCEL

Libraires-Éditeurs

22, RUE SOUFFLOT, 22

1889

———

Les caractères russes employés dans cet ouvrage ont été prêtés
par l'Imprimerie Nationale.

———

PRÉFACE.

Nous réunissons dans ce volume divers articles ou mémoires publiés de 1880 à 1887 dans le *Journal des Savants*, et dans les *Séances et travaux de l'Académie des sciences morales et politiques*. Ils étaient destinés à faire connaître en France les grands travaux récemment accomplis dans les principaux pays de l'Europe sur les monuments de leur ancien droit. Il a suffi de les revoir et de les classer dans un ordre méthodique pour esquisser dans ses traits essentiels l'histoire du droit primitif chez les peuples qu'on est convenu d'appeler sémitiques et chez ceux de la grande famille indo-européenne.

Nous commençons par l'Égypte, laissant de côté l'Assyrie et la Chaldée, dont les monuments, très nombreux et très intéressants, puisqu'ils remontent jusqu'au XXIVe siècle avant notre ère, ne sont pas encore expliqués d'une manière certaine et définitive. Nous avons dû renoncer, non sans regret, à un essai de généralisation qui, en ce moment, serait prématuré. Il en est autrement de l'Égypte sur laquelle nous sommes beaucoup mieux renseignés

soit par les témoignages des auteurs anciens, soit
par les actes et pièces originales qui nous sont parvenus en grand nombre et dont l'interprétation
n'offre plus aucune incertitude. Nous passons ensuite aux Juifs, dont la législation civile n'a pas
toujours été bien comprise. La loi de Moïse nous
conduit à celle de Mahomet, qui en dérive, et qui,
après s'être étendue sur une grande partie du monde,
entre aujourd'hui partout en contact et en lutte
avec le droit européen.

Celui-ci a son type le plus ancien dans l'Inde.
C'est des plateaux de la Haute-Asie que sont des-
cendues nos langues modernes, en passant par le
sanscrit et le zend pour aboutir d'une part au latin
et au grec, d'autre part au slave, au scandinave,
aux dialectes celtiques et germaniques. Le droit a
parcouru le même chemin. Depuis les Codes brahmaniques et l'Avesta on le suit à la trace jusqu'aux
extrémités de l'Europe, on le reconnaît, ainsi que
les idées dont il est l'expression, dans les coutumes
de l'Arménie et du Caucase, dans les livres judiciaires écrits au moyen-âge pour la Russie ou la
Suède, pour la Norvège ou l'Irlande. On en voit
encore des vestiges dans des lois rédigées au XVIIIe
et même au XIXe siècle pour la Géorgie et le Monténégro.

Les lois des barbares, rédigées du Ve au IXe siècle,
ne pouvaient être passées sous silence dans cette
étude comparative. Nous les étudions dans leur
type le plus ancien et le plus important, la loi salique. Si nous négligeons les autres lois germani-

ques, c'est qu'elles sont depuis longtemps connues, et que les travaux dont elles ont fait l'objet sont dans toutes les mains.

A cette longue chaîne il manque toutefois deux anneaux et les plus précieux sans contredit, le droit grec et le droit romain, mais cette omission s'explique et se justifie par la force des choses. Ici les textes nouveaux sont si pleins et si abondants, les points de comparaison si multipliés, les vues nouvelles qui en résultent si fécondes, qu'un ou deux chapitres n'auraient pas suffi pour tout dire. Quelques indications sommaires auraient été peu utiles. Nous avons préféré réserver ce sujet tout entier pour un volume qui viendra plus tard compléter celui-ci.

En attendant, les études que nous publions aujourd'hui de nouveau, après les avoir soigneusement revues et complétées, peuvent contribuer, nous le croyons du moins, aux progrès de la science du droit qui, en ce moment plus que jamais, sent le besoin d'élargir sa base et d'étendre son horizon.

Il lui arrive ce qui est arrivé au commencement de ce siècle pour l'étude des langues. Du jour où on a connu le sanscrit et entrevu les lois de la transformation du langage à travers les temps et les lieux, on s'est aperçu que la spéculation pure était impuissante et qu'on perdait son temps à n'étudier qu'une seule langue, fût-ce le grec ou le latin. Il en est de même de la science du droit. Si elle se livre à la spéculation abstraite, elle s'égare; si elle se renferme dans l'étude d'un texte unique, fût-ce

le Digeste ou le Code civil, elle se condamne à voir
sans comprendre. Elle ne peut trouver la raison
des choses qu'à la condition de n'ignorer aucun des
monuments de législation, de les rapprocher les
uns des autres et de les embrasser tous dans leur
ensemble. C'est par là seulement qu'elle peut dis-
cerner, dans chaque institution, l'élément absolu
qui tient à la nature même de l'homme et qui a son
fondement dans la raison, et l'élément relatif, variant à l'infini sous l'influence des conditions extérieures. Cette variation elle-même, cette évolution,
comme on dit aujourd'hui, s'accomplit partout suivant certaines lois, qui se dégagent et apparaissent par la comparaison. C'est là précisément ce
qui fait que le droit est une science, et non un amas
de décisions et de textes, une simple notion empi-
rique. Ce n'est donc pas une vaine curiosité ni le
goût d'une érudition stérile qui conduit le jurisconsulte au delà des textes classiques, de Manou à
Zoroastre et de la *Russkaïa Pravda* au *Grágás*.
En marchant dans cette voie la science ne fait qu'o-
béir à une incontestable nécessité.

Ces vues, au surplus, ne sont pas nouvelles.
L'antiquité les a connues et mises en pratique. Aristote, dans son admirable Politique, n'en a pas eu
d'autres, et, à toute époque, de grands esprits les
ont suivies et proclamées. Si elles n'ont pas conduit
plus loin, c'est qu'on manquait de données posi-
tives. Mais les temps sont bien changés. Autrefois
les documents étaient rares; aujourd'hui ils abon-
dent. Dans tous les pays de l'Europe, et jusque

dans l'extrême Orient, on exhume, on met à la portée de tous les anciens monuments du droit; on observe, on fixe par écrit les anciennes coutumes. Les matériaux s'accumulent. Il ne reste plus qu'à en faire usage. A la vérité cela n'est pas toujours facile. L'abondance même des textes et la multiplicité des langues sont des obstacles qui ne peuvent être surmontés qu'au prix de longs efforts. Mais rien ne saurait arrêter le mouvement de la science, et s'il reste encore beaucoup à faire, on aperçoit dès à présent de grands résultats acquis.

Et d'abord un fait que les travaux modernes ont mis dans tout son jour est l'affinité, pour ne pas dire l'identité, des diverses législations primitives. La philologie a montré par d'admirables découvertes l'origine commune de la plupart des langues européennes, qu'elle a su rattacher aux anciennes langues, mortes aujourd'hui, de l'Inde et de la Perse. Plus étroite encore est la parenté des diverses législations. Non-seulement elles ont toutes subi des transformations analogues, mais elles se reproduisent souvent les unes les autres, trait pour trait, et presque mot pour mot, à travers les plus énormes distances de lieu, et les plus longs intervalles de temps, alors qu'aucun emprunt direct n'a jamais été possible, en sorte que pour expliquer cette ressemblance qui ne saurait être fortuite, il faut nécessairement admettre ou que les deux peuples avaient une origine et, par suite, une tradition commune, ou que les mêmes causes ont partout produit les mêmes effets.

Un autre résultat non moins considérable est celui-ci : aucune législation n'a son explication complète en elle-même. Les jurisconsultes romains, qui ne manquaient assurément ni de pénétration ni de jugement, n'ont pas toujours pu se rendre compte du développement historique de leurs institutions parce qu'ils n'ont pas assez regardé autour d'eux. La science moderne, quoique mieux placée à certains égards, n'a guère mieux réussi jusqu'à présent et par la même raison. Là surtout où il s'agit de reconstituer par induction la marche du droit, en s'appuyant sur des données éparses et incomplètes, il est indispensable de recourir à l'analogie. Il est légitime de présumer, jusqu'à preuve contraire, que les divers peuples ont suivi la même route et passé par les mêmes degrés.

Enfin un dernier point sur lequel il faut insister, c'est que telle ou telle institution ne peut être revendiquée par tel ou tel peuple comme une création nationale et originale. Grecs, Romains, Celtes, Slaves, Germains, tous les peuples de l'Europe ont eu, au fond, les mêmes idées sur le droit et la justice, quoiqu'ils ne les aient pas toujours exprimées de la même façon. Si, à un moment donné, un contraste s'est manifesté, c'est que les uns avaient marché plus vite que les autres, mais toujours en suivant le même chemin. Quand on dit que l'invasion des barbares a introduit un élément nouveau dans le monde de la civilisation romaine, cela est vrai en ce sens que Romains et barbares se trouvaient à une grande distance les uns des autres,

mais les nouveaux venus n'apportaient rien que
leurs devanciers n'eussent pratiqué autrefois. Pour
ne citer qu'un exemple, la vengeance du sang, le
système des peines pécuniaires, calculées d'après
un tarif fixe, ne se rencontrent pas seulement dans
les lois des barbares. On les retrouve à l'origine de
toutes les civilisations, et il y en a même des traces
dans le droit romain primitif. A ce compte, il est
vrai de dire que le résultat de l'invasion a été un
retour à plusieurs siècles en arrière. En présence
des faits, il n'est plus permis d'enseigner, comme
on le faisait encore dans la première moitié de ce
siècle, que la civilisation européenne dérive de deux
sources, l'une romaine, l'autre germanique, et de
porter au compte de l'influence germanique tout ce
qui ne se trouve pas dans les textes du droit romain.
Cette illusion pouvait être, à un certain point, excusable à une époque où en dehors du *Corpus juris*
on ne connaissait guère que les lois des barbares.
Mais aujourd'hui, grâce aux travaux de la science
moderne, le point de vue est complètement changé,
et les choses sont remises à leur place. Un écrivain,
d'ailleurs exact et instruit, Haxthausen, écrivait
encore en 1850 que les Ossètes du Caucase étaient
d'origine germanique par cette unique raison qu'on
trouve chez eux une sorte de *wergeld*. Ce principe
admis comme incontestable, il ne restait plus qu'à
expliquer comment ce petit peuple s'était trans-
porté des bords du haut Danube jusqu'au pied de
l'Elbrouz, mais avec de l'imagination on n'était pas
embarrassé pour lui trouver un itinéraire. Hâtons-

nous d'ajouter qu'aujourd'hui, même en Allemagne, on ne trouverait plus personne pour soutenir l'opinion de Haxthausen.

Il n'est peut-être pas nécessaire d'insister davantage sur l'utilité de ces études. Est-il besoin de dire que nous n'avons pas voulu faire une histoire générale du droit? Le temps où une si grande entreprise sera possible est encore bien éloigné, mais dès à présent on peut marquer le but, réunir des matériaux, faire connaître par des analyses fidèles les principaux monuments de législation publiés par les savants des divers pays de l'Europe, en un mot dresser une sorte d'inventaire sommaire des richesses acquises, en indiquant par aperçu quelques idées qui se dégagent de l'ensemble des travaux accomplis. C'est assez pour diriger de ce côté les esprits avides de savoir, qui cherchent leur voie, et qui, au lieu de s'attarder à répéter des choses déjà dites, peuvent employer utilement leurs forces et faire avancer la science du droit.

ÉTUDES

D'HISTOIRE DU DROIT.

I.

L'ÉGYPTE.

Il y a près de soixante-dix ans que tous les titres de propriété d'une famille égyptienne du temps des Ptolémées
ont été trouvés sous terre, enfermés dans une jarre, suivant l'usage de l'Orient. Ces titres, écrits les uns en grec,
les autres dans la langue du pays, en caractères démotiques, ont été vendus par lots à des Européens et dissémi-
nés, pour la plupart, dans les musées et les bibliothèques
publiques, à Paris, Turin, Londres, Leyde, Berlin et
Vienne. Depuis cette époque, de nouvelles trouvailles du
même genre ont singulièrement enrichi nos collections.
On possède aujourd'hui plus de deux cents pièces, déchif-
frées et interprétées par des savants tels que Letronne et
Amédée Peyron, et publiées dans des recueils qui les mettent à la portée de tous[1]. On s'est occupé d'abord des textes

[1] Nous donnons ici l'indication des recueils les plus importants : *Les papyrus grecs du musée du Louvre et de la Bibliothèque impériale*, publi-

grecs. Aujourd'hui, c'est le tour des textes démotiques,
qu'on lit et traduit avec certitude, grâce aux travaux de
MM. Brugsch et Revillout. Ces documents sont assez nombreux et assez importants pour que le moment soit venu
d'en tirer une esquisse de la législation égyptienne. Le tableau serait complet si l'on retrouvait les huit livres qui,
au dire de Diodore, contenaient le code de toutes les lois
égyptiennes et s'ouvraient devant les juges, dans la salle
d'audience du tribunal suprême; mais, si les actes que
nous avons sous les yeux ne nous font pas entendre la parole du législateur, ils montrent comment se pratiquaient
les choses, et parlent un langage plus saisissant peut-être
que ne serait celui de la loi.

Si loin qu'on remonte dans l'histoire, l'ancienne Égypte
apparaît comme une société soumise à un gouvernement
régulier, à une monarchie appuyée sur le régime des
castes et revêtue d'un caractère sacerdotal. Nulle trace,
par conséquent, du droit de la vengeance qui a disparu
sans laisser aucun souvenir; le culte des ancêtres est une

cation préparée par Letronne, exécutée par MM. Brunet de Presle et Egger,
1 vol. in-4°, Paris, 1866 (extrait du tome XVIII des *Notices et extraits des
manuscrits*).

Papyri græci Regii Taurinensis musei Ægyptii, editi atque illustrati ab
Amedeo Peyron. Taurini, 1826 et 1827, in-4°.

Papyri Greco-egizi di Zoide, dell' imperiale reale museo di Vienna,
illustrati da Amedeo Peyron. Torino, 1828, in-4°.

Papyri græci musei antiquarii publici Lugduni Batavi. Regis augus-
tissimi jussu edidit, interpretationem latinam, annotationem, indicem et tabulas addidit C. Leemans, Lugd. Bat., 1843-1885, in-4°.

*Papiri greci del museo Britannico di Londra e della bibliotheca Vati-
cana*, tradotti ed illustrati da Bern. Peyron. Torino, 1841, in-4°.

Revue égyptologique, publiée sous la direction de MM. H. Brugsch, F.
Chabas et E. Revillout. Paris, in-8°, 1880-1887.

Chrestomathie démotique et *Nouvelle chrestomathie démotique*, par M.
E. Revillout. Paris, in-4°, 1878 et 1880.

Le procès d'Hermias, d'après les documents démotiques et grecs, par M.
E. Revillout. Paris, in-4°, 1882.

Recherches sur l'économie politique de l'Égypte sous les Lagides, par
Giacomo Lumbroso, docteur en droit, 1 vol. in-8°, Turin, 1870.

obligation dont la famille s'acquitte par le ministère des prêtres. La constitution patriarcale de la famille, la puissance du chef sur ses femmes, ses enfants, ses esclaves, reconnue et tempérée par les mœurs, la propriété appartenant à la famille entière, et par suite à peu près inaliénable en fait, tels sont les caractères de la société primitive en Égypte. Sous les rois pasteurs et surtout sous les Ramessides, la caste militaire devient prépondérante. L'action de la royauté se fait sentir davantage et la propriété subit une transformation en ce sens que le domaine éminent des terres est partagé entre le roi et les deux castes supérieures, celle des prêtres et celle des guerriers. Au viiie siècle avant notre ère commence un nouveau régime.

Le roi Bocchoris proclame la liberté des contrats, et c'est alors que commence, à proprement parler, la vie juridique. De tous les actes qui nous sont parvenus, aucun ne remonte au delà de cette époque. Mais à partir de cette époque ils deviennent très fréquents. On y voit le régime des castes mitigé, le cercle de la famille resserré, l'autorité du chef restreinte; la communauté primitive dissoute par l'effet des partages, la propriété passant de main en main par des aliénations pour lesquelles il suffit que la femme et les enfants interviennent et approuvent; le testament même introduit sous la forme de l'adoption.

Le régime antérieur ne connaissait guère d'autres obligations que celles qui résultent de certains faits ou de certaines relations. Depuis le code de Bocchoris elles se forment surtout par la libre volonté de l'homme. Tout, jusqu'aux relations de famille, entre dans le commerce et fait l'objet des contrats.

Le mariage ne nous apparaît dans les actes que comme un contrat ordinaire entre deux personnes agissant dans la plénitude de leur liberté. La femme y stipule en son nom personnel, sans être représentée ni même assistée par un père, un parent, un tuteur. C'est à elle que le futur époux adresse la parole pour s'engager à la traiter comme épouse.

Il lui donne une ou plusieurs pièces de monnaie qui forment en quelque sorte les arrhes du contrat, et fixent le taux de la pension qu'il s'oblige à lui servir chaque mois ou chaque année, tant pour l'habillement, tant pour les dépenses journalières, etc. Si la future épouse a des biens personnels, elle en reste propriétaire et en garde l'administration, sans que le mari puisse y rien prétendre et, pour en assurer la conservation, il est fait un inventaire estimatif des meubles; dans tous les cas, il est pris hypothèque sur tous les biens présents et à venir du mari. Parfois même le mari donne tous ses biens à sa femme. Tout au moins, il lui constitue une dot, ou lui reconnaît un apport fictif. Ce régime consacre ainsi la liberté absolue de la femme, ou plutôt sa domination dans le ménage, domination que les Grecs avaient peine à concevoir et qui les frappait d'étonnement[1].

Ces avantages toutefois n'étaient pas sans correctif. Le futur époux, à moins qu'il n'appartînt à la corporation des prêtres, ne s'interdisait pas le droit de prendre d'autres femmes, à des conditions analogues. La polygamie était une conséquence de la liberté des conventions. Il en était de même du divorce. Seulement la future épouse prend ses précautions. Son mari pourra bien la renvoyer, mais en lui donnant une certaine somme, et, quant aux enfants à naître du mariage, le mari s'engage à les faire hériter de tous ses biens présents et à venir. C'était, du reste, la règle. Nous voyons par les contrats de vente que les enfants succédaient à leur père, sans distinction de sexe, et, en général, par égales portions, sauf un préciput en faveur de l'aîné[2]. Nous savons aussi, par le témoignage des an-

---

[1] Diodore de Sicile, qui avait vu l'Égypte, a très exactement observé le fait : « Dans les contrats dotaux passés entre particuliers, il est toujours « stipulé que la suprématie sur l'homme appartiendra à la femme, le mari « s'engageant à obéir à celle qu'il épouse » (Diod., I, xxvii).

[2] Ce préciput est, à vrai dire, une indemnité. Il tient à ce que l'aîné des enfants est chargé de représenter la succession tant qu'elle reste indivise, et de faire le partage entre tous les ayants-droit.

ciens, que l'exposition des enfants était défendue, mais uniquement par mesure de police. Le but que le législateur s'était proposé en interdisant cette pratique était moins le respect de la vie humaine que l'accroissement de la population.

Quelques savants modernes ont eu de la peine à admettre ces données. Ne peut-on pas supposer, en effet, qu'il y avait chez les Égyptiens une sorte de mariage civil ou une bénédiction religieuse? Jusqu'à ce jour, toutefois, rien n'est venu confirmer ces conjectures. On trouve bien quelque chose comme un état civil, des registres servant à la répartition de l'impôt et à l'acquittement des corvées autant qu'à l'établissement de la filiation; mais là encore il ne faut voir qu'une mesure de police, sans influence sur la formation de la famille. L'union sans formalités, l'émancipation absolue de la femme, l'indépendance des enfants [1], l'absence de toute distinction entre les enfants naturels et les enfants légitimes, sont autant de conséquences ordinaires, sinon nécessaires, de la polygamie, et les familles solidement constituées sont une force dont le despotisme s'accommode mal. Les monarques égyptiens n'avaient pas d'intérêt à entraver la liberté d'accouplement. On ne connaissait même, en Égypte, aucune prohibition de mariage résultant de la parenté, et rien n'était plus fréquent que les unions entre frères et sœurs.

Les actes de vente ou de partage dissimulés sous forme de vente ne sont pas moins fréquents que les contrats de mariage. Ils nous montrent la propriété constituée à peu près comme chez nous et très divisée, quoique la jouissance de fait reste souvent commune entre les copartageants. Mais la translation de la propriété, les contrats dont elle est l'objet, offrent, chez les Égyptiens, certains caractères particuliers qu'il est intéressant de signaler et

---

[1] Il n'y a pas trace, dans les actes, de consentement donné par les père et mère au mariage de leurs enfants. La femme n'est point donnée. Elle se donne elle-même, et les futurs époux stipulent toujours en leur propre nom.

d'expliquer, car, dans le droit, toute formalité est l'expression d'une idée que la science doit s'appliquer à dégager.

Cette translation s'opère en trois actes. Le premier, ou *acte pour argent*, est l'accord passé entre le vendeur et l'acheteur; il désigne l'objet vendu et constate le paiement intégral du prix, sans jamais en indiquer le chiffre. Le vendeur s'oblige à compléter la vente en passant les deux autres actes, à remettre à l'acheteur les titres de propriété, enfin, à garantir l'acheteur contre toute éviction, en prenant, au besoin, son fait et cause. Le second acte a un caractère religieux; c'est l'acte d'affirmation avec serment prêté par le vendeur. Enfin, le troisième acte s'accomplit devant le tribunal, et consiste dans la mise en possession de l'acheteur par le vendeur. Le nom de l'acheteur était ensuite substitué à celui du vendeur sur les livres du cadastre, mais ce n'était qu'une formalité purement administrative, et un effet de la vente, qui se trouvait parfaite par les trois actes susénoncés.

De ces trois actes, le second paraît être peu à peu tombé en désuétude. On s'en tint habituellement au premier et au troisième, c'est-à-dire à la vente et à la tradition. Cet usage de faire deux actes, l'un pour transférer la propriété, l'autre pour mettre l'acheteur en possession, n'est pas particulier à l'Égypte. Nous savons par les inscriptions qu'il existait en Grèce, et les papyrus de Ravenne nous montrent qu'au VIe siècle de notre ère il était pratiqué en Italie. On y voit un certain Montanus présenter à la curie de Ravenne un *instrumentum venditionis* et une *epistola traditionis*[1]. Il convient d'ajouter qu'en droit romain il y avait une raison de plus pour constater la tradition par un acte spécial; en effet, c'était la tradition et non le contrat qui transférait la propriété, tandis qu'en Égypte et en Grèce la propriété était transférée par le simple consentement des parties.

---

[1] Marini, *Papiri diplomatici*, n° cxv (Romæ, 1805).

Une clause remarquable de tous ces actes de vente égyptiens, c'est que le prix est toujours payé comptant et que
le montant n'en est jamais indiqué. Ce dernier point, en
effet, importe peu, puisque le vendeur donne quittance
pleine et entière, mais le premier est extraordinaire, du
moins pour nous, car il semble exclure les ventes à crédit.
Aussi bien ce n'est là qu'une apparence. Lorsque les Égyptiens voulaient faire une vente à crédit, ils décomposaient
l'opération et rédigeaient deux actes, l'un contenant une
vente au comptant, l'autre un prêt, fait par le vendeur
à l'acheteur, de tout ou partie du prix[1]. Si maintenant
nous nous demandons pourquoi ils ne concevaient la vente
que comme une opération au comptant, nous sommes conduits à reconnaître là un vestige des idées primitives sur
la force obligatoire des contrats. Les hommes ne sont pas
arrivés du premier coup à concevoir qu'une obligation
civile peut résulter du simple concours de deux volontés.
Pour que l'engagement fût considéré comme irrévocable,
il fallait, dans les temps les plus anciens, quelque chose
de plus; par exemple, une prestation faite par l'une des
parties, et ainsi, pour parler le langage technique, les
contrats réels ont précédé partout les contrats purement
consensuels. La vente, chez les Égyptiens, était un contrat
réel.

A côté des actes de vente on trouve aussi des actes de
prêt, soit d'argent, soit de blé. L'échéance est, en général,
très rapprochée, et tout retard de paiement fait encourir
au débiteur une forte clause pénale. Il est souvent stipulé
des intérêts à un taux élevé. Nous savons, d'ailleurs, par
le témoignage de Diodore, qu'une loi de police interdisait
de réclamer, à titre d'intérêts, une somme supérieure au
capital. La garantie ordinairement donnée par l'emprunteur est celle d'un gage ou d'une hypothèque, ou d'une
vente à réméré. L'opération se divise alors en deux actes.

---

[1] Tous les actes égyptiens sont unilatéraux.

L'un est une reconnaissance passée par le créancier gagiste, l'autre une vente conditionnelle faite par le débiteur
au créancier. En cas de non paiement, le créancier pouvait
saisir les biens, mais non la personne du débiteur. Signalons aussi les nombreux actes de louage, dans lesquels la
terre est affermée toujours pour un an, eu égard aux conditions de la culture dans un pays périodiquement inondé.

En général les contrats devaient être prouvés par écrit.
A défaut de preuve écrite, le prétendu débiteur était cru
sur son serment. L'écrit était passé soit sous seing privé,
soit par-devant un notaire, et presque toujours devant cinq
témoins; après la conquête persane et à partir du règne de
Darius, on trouve toujours sept témoins. Chacun des témoins transcrit de sa main le contrat et appose sa signature au bas de cette transcription, en sorte que la même
feuille de papyrus reproduit les mêmes dispositions autant
de fois qu'il y a de témoins, sans compter l'original signé
par les parties.

Les papyrus grecs et démotiques ne nous apprennent
rien sur le droit pénal. Il en est autrement des papyrus
hiéroglyphiques publiés par MM. Birch, Chabas, Devéria
et Maspero, où l'on trouve des procès-verbaux d'enquêtes
judiciaires. Malheureusement l'interprétation de ces documents n'est pas encore assez certaine pour qu'on puisse
se faire une idée juste du droit pénal égyptien. Nous sommes donc à peu près réduits aux données fournies par
Diodore. Au surplus cette partie des lois égyptiennes est
probablement la moins intéressante. La répression était ce
qu'elle est dans tous les pays despotiques, dure et arbitraire. La mort et les châtiments corporels y étaient pro-
digués. Les dispositions que nous serions curieux de connaître sont surtout celles qui servaient de sanction aux lois
de police. Celles-ci étaient nombreuses, en effet, et minutieuses, et les Grecs les admiraient fort, tout en ayant la
sagesse de ne les imiter qu'avec discernement.

La procédure criminelle ne valait pas mieux. La torture

était le principal moyen d'instruction, et, à défaut d'autres preuves, on avait recours aux serments des parties ou aux oracles des dieux.

Il faut aussi dire un mot de l'organisation judiciaire. Diodore a bien dépeint le tribunal suprême composé d'un président[1] et de trente juges, pris parmi les hommes les plus distingués des trois villes sacerdotales, Héliopolis, Memphis et Thèbes. Il a très exactement marqué le caractère de la procédure observée devant ce tribunal où les affaires se traitaient par écrit, chacune des parties ayant le droit de produire un mémoire et une réplique, et où les juges délibéraient en secret. La compétence paraît avoir été à la fois civile et criminelle, car le demandeur devait indiquer dans ses conclusions la peine encourue selon lui par son adversaire, et l'indemnité réclamée par lui contre ce dernier. Le tribunal décidait par un simple oui ou non, sans donner de motifs, et le président prononçait une sentence muette en appliquant sur le front de la partie dont les conclusions étaient adoptées la figure de la vérité, qu'il portait suspendue à son cou. Ce qu'il faut ajouter à ce tableau c'est que ce tribunal, et, à plus forte raison, les juges inférieurs établis dans chaque province à côté du préfet, dépendaient étroitement du roi, qui exerçait son pouvoir absolu même dans l'ordre judiciaire, et pouvait évoquer toutes les affaires, soit pour les juger lui-même, soit pour les faire juger par qui bon lui semblait.

Ces lois, dont les Grecs s'accordaient à vanter la sagesse, peut-être à raison même du contraste qu'elles présentaient avec leurs institutions démocratiques, subsistèrent sans modification sous la domination persane, et Darius, père de Xerxès, passa même chez les Égyptiens pour un de leurs principaux législateurs, comme ayant contribué au développement des lois nationales. Il en fut autrement

---

[1] M. Egger a trouvé, dans un fragment de requête sur papyrus publié par lui dans le *Bulletin de la Société des antiquaires* (décembre 1862), la mention d'un renvoi adressé à ce président, ἐπὶ τὸν ἀρχιδικαστήν.

sous la domination macédonienne. Ptolémée, fils de La-
gus, et ses successeurs, se gardèrent bien de heurter de
front les idées et les habitudes de leurs sujets ; mais, tout
en se faisant monarques égyptiens, ils ne purent oublier
qu'ils étaient Grecs d'origine. Sous le nouveau régime, les
Grecs remplirent la cour et l'armée. Les fonctions publiques leur furent à peu près exclusivement dévolues,
et le commerce du pays passa en grande partie par leurs
mains. Déjà, sous les Pharaons, les négociants grecs établis dans certains ports de l'Égypte jouissaient de privilèges étendus, et ne connaissaient d'autres juges que les
magistrats choisis par eux. C'était ce que nous appelons
aujourd'hui le régime des capitulations. Sous les Ptolémées, les Grecs se trouvèrent en Égypte dans la situation
où se trouvent aujourd'hui les Français en Algérie, avec
cette différence toutefois que les deux religions n'étaient
point incompatibles. Ils gardèrent leurs lois nationales et
leurs juges, tandis que les indigènes gardaient aussi les
leurs, mais, dans ces circonstances, les coutumes égyptiennes ne pouvaient guère se maintenir. L'hellénisme
pénétra d'abord dans l'administration et ensuite dans la
vie civile. Les Ptolémées commencèrent à légiférer, mais
non plus à l'égyptienne, et publièrent des édits applicables
à tous leurs sujets indistinctement. Enfin les indigènes eux-
mêmes se prêtèrent à cette transformation, en contractant
volontairement devant les notaires grecs, en portant leurs
procès devant les tribunaux grecs. Or, dans l'un comme
dans l'autre cas, c'était la loi grecque qui était appliquée,
pour le fond comme pour la forme. A plus forte raison en
était-il de même quand une des parties, soit au contrat,
soit au procès, était un Grec. Même entre indigènes le
législateur grec intervint pour modifier la forme des contrats. Darius avait, nous l'avons déjà dit, exigé sept témoins, dont chacun transcrivait l'acte et signait sa transcription. Sous les Ptolémées, tout contrat égyptien portant
aliénation est fait en présence de seize témoins, qui écri-

vent leurs noms au revers de l'acte, mais ne le transcrivent plus. Pour les actes moins importants, par exemple pour un prêt ordinaire, sans constitution de gage ni d'hypothèque, on se contente de six témoins. Lorsque les indigènes se présentent pour contracter devant les notaires grecs, on prend non seulement leurs noms, celui de leur père ou de leur mère, leur profession et leur demeure, mais encore leur signalement, précaution efficace contre les faux par substitution de personne.

Tous les contrats égyptiens ou grecs sont soumis à une formalité nouvelle, celle de l'enregistrement. Le plus ancien enregistrement connu est de l'an 185 avant notre ère, sous le règne d'Épiphane. Le droit perçu était d'abord un vingtième du prix, mais il fut bientôt doublé et porté au dixième (sous Évergète II, entre les années 140 et 120). Il était, comme chez nous, à la charge de l'acheteur. L'enregistrement des actes indigènes se faisait originairement dans la langue du pays; mais, à partir de l'an 148, sous le règne de Philométor, tous les contrats, sans exception, sont enregistrés en langue grecque. Le droit est liquidé par le fermier annuel de l'impôt. Le décompte, διαγραφή, mis au bas de l'acte, est visé par un contrôleur, ἀντιγραφεύς, et rendu exécutoire par le trapézite ou banquier royal. C'est en vertu de cette pièce que le fermier fait le recouvrement du droit, dont il donne quittance à part, et non, comme chez nous, sur l'acte même. Cette formalité de l'enregistrement se perpétua jusque sous la domination romaine, mais avec retour au système primitif, moins compliqué. Le dernier connu est de l'an 154 après J.-C. On ne sait, du reste, ni quand ni comment cet impôt fut supprimé.

La loi n'exigeait pas seulement que les contrats fussent enregistrés. Elle voulait encore qu'ils fussent transcrits au greffe du tribunal, ou déposés chez le conservateur des contrats, συγγραφοφύλαξ. C'était un usage suivi dans tous les pays où avait pénétré la civilisation hellénique. La mesure avait pour but d'assurer la conservation des titres, mais elle eut quelquefois pour effet d'en rendre la destruction plus facile, et c'est précisément ce qui arriva dans Jérusalem, à la suite d'une émeute dont Josèphe fut témoin[1].

La femme grecque, mariée ou non, ne pouvait, en général, contracter, sinon pour les besoins de la vie, qu'avec l'assistance d'un tuteur, κύριος. Ce tuteur était d'ordinaire son mari, ou son fils, ou son frère, ou même son gendre. L'universalité de cet usage est attestée par les inscriptions, et, même sous l'empire romain, au temps des Antonins, le jurisconsulte Gaius[2] en constatait encore l'existence : *Apud peregrinos,* dit-il, *non similiter ut apud nos in tutela sunt feminæ; sed tamen plerumque quasi in tutela sunt : ut ecce lex Bithynorum, si quid mulier contrahat, maritum auctorem esse jubet, aut filium ejus puberem.* Pour pouvoir contracter par acte grec, la femme égyptienne dut se plier à cette exigence. Ce n'était sans doute qu'une formalité. Toutefois le premier pas était fait. A partir du IIe siècle avant notre ère, et en exécution d'un édit de Ptolémée Philopator, le style des contrats de mariage égyptiens commence à se modifier. La prédominance de la femme n'est plus aussi énergiquement stipulée. La dot qu'elle apporte reste toujours sa propriété, mais elle est administrée par le mari. On trouve aussi des contrats qui établissent entre les époux une véritable communauté, ou seulement une société d'acquêts dont la femme n'aura que le tiers. A la dissolution du mariage elle conserve la jouissance de tous les biens pendant un an. Enfin elle se réserve le droit de divorcer, droit qui, avant la conquête macédonienne, appartenait au mari seul. Ainsi le mariage égyptien tend à se rapprocher du mariage grec.

Il en fut de même pour la translation de la propriété. L'affirmation des contrats de vente au moyen d'un acte de prestation de serment était tombée en désuétude. Dès lors

[1] Josèphe, *De bello judaico,* II, 31.
[2] *Institut.,* I, 193.

la vente égyptienne se réduisit à deux actes, une vente de la propriété et une mise en possession. Ces deux actes avaient leurs équivalents dans les lois grecques. On en resta là pendant longtemps, et c'est seulement à l'époque romaine que les actes de vente passés par les Égyptiens en la forme grecque indiquent le montant du prix. Une difficulté se présentait pour l'obligation de garantie. On la tourna. Mais ici quelques explications sont nécessaires.

Parmi les monuments épigraphiques de l'ancienne Grèce, il se trouve un grand nombre d'actes de vente. On peut voir, par exemple, les affranchissements faits sous la forme de vente à une divinité, et recueillis par centaines à Delphes. Dans tous ces actes la garantie est fournie, non par le vendeur, mais par un tiers, qui intervient sous le nom de *provendeur*, de *confirmateur de la vente*, προπωλητὴς καὶ βεϐαιωτής. Cette particularité semble étrange au premier abord. Dans le contrat de vente tel que nous le concevons, la garantie tient sinon à l'essence, du moins à la nature de la vente. C'est le vendeur lui-même qui doit garantir, et l'on a peine à concevoir comment cette obligation peut être mise à la charge d'un tiers qui personnellement n'est pas intéressé au contrat. Mais, dans le droit primitif, on ne comprenait pas les choses de la même manière. Pour qu'il y eût contrat légalement formé et obligatoire, il ne suffisait pas de l'accord de deux volontés. Il fallait, en général, qu'un tiers intervînt et se portât caution. Le cautionnement, qui n'est plus pour nous qu'un contrat accessoire, était alors un élément essentiel du contrat principal. La caution, ἔγγυος, y figurait pour obliger chacune des parties envers l'autre. C'est pour cette raison qu'elle était tenue comme le débiteur principal et même plus rigoureusement. Il en était de même pour les translations de propriété. L'opération s'accomplissait non pas entre deux personnes seulement, mais entre trois, et le tiers, qui liait le vendeur et l'acheteur l'un envers l'autre, contractait seul l'obligation de garantie, sauf son recours contre le vendeur. Tel était, du moins, le droit primitif. A une époque plus récente les idées se modifièrent. On admit que le vendeur s'engageait directement à la garantie envers l'acheteur, solidairement avec le propolète, dont l'intervention devint bientôt de pure forme ou même disparut complètement. Ainsi, dans le droit athénien, on n'en trouve plus que des vestiges, mais dans les autres contrées de la Grèce on continua à rédiger les actes comme par le passé et en observant les mêmes formules. Après la conquête macédonienne on les trouve employées en Asie et en Égypte. Les Égyptiens furent donc obligés de s'y conformer lorsqu'ils contractaient par actes grecs ; seulement ils trouvèrent moyen de respecter la formule sans contrarier leurs habitudes. L'acte de vente constata toujours la présence d'un προπωλητής καὶ βεβαιωτής, mais ce dernier ne fut plus que le vendeur lui-même.

, On voit aussi apparaître dans les actes grecs la contrainte par corps, interdite par les lois égyptiennes, et l'exécution parée, sans jugement, πρᾶξις καθάπερ ἐκ δίκης.

Un papyrus grec bien connu nous montre de la manière la plus saisissante ce conflit des lois grecques et des lois égyptiennes sous les Lagides; c'est un jugement rendu en l'an 117 avant notre ère, entre un officier grec nommé Hermias et une famille indigène appartenant à la corporation des choachytes, qui étaient chargés de certains services religieux. Il s'agit de la propriété d'une maison située à Thèbes. L'affaire se plaide devant un tribunal ambulant, dit tribunal des chrématistes, composé d'un certain nombre de fonctionnaires grecs et d'assesseurs indigènes. Les parties sont représentées par leurs avocats, Philoclès et Dinon. Des deux côtés on produit des titres. Mais ceux d'Hermias ne s'appliquent pas à l'objet du litige. Les défendeurs, au contraire, ont des titres complets, et d'ailleurs ils invoquent la prescription, aux termes des édits royaux [1]. A la

---

[1] Le droit égyptien ne paraît pas avoir connu la prescription à l'effet d'acquérir.

vérité leurs titres n'ont pas été affirmés avec serment; mais ils soutiennent que l'omission de cette formalité n'entraîne pas nullité. Le tribunal leur donne gain de cause et fait défense à Hermias de les troubler dans leur possession [1].

Par une singulière fortune, tous les actes dont il est parlé dans ce jugement existent encore, les uns grecs, les autres démotiques. M. Revillout a pu réunir toutes les pièces du dossier et refaire, à deux mille ans de date, l'instruction du procès. Il résulte de ce travail que le jugement a été bien rendu et que la revendication intentée par Hermias était effectivement mal fondée. Un autre résultat de ces recherches, et plus intéressant pour nous, c'est qu'elles nous font connaître, avec une certitude complète et une précision rigoureuse, une portion considérable du droit égyptien sous les Ptolémées.

Les Romains suivirent, en Égypte, l'exemple des Macédoniens. Ils respectèrent les usages et les lois des indigènes et des Grecs. Ils conservèrent même les formes administratives employées par les Ptolémées pour le recouvrement des impôts et leur mise en ferme. Un voyageur français, Caillaud, a trouvé, en 1818, dans l'oasis de Thèbes, le texte d'un long édit publié, en l'an 68 de notre ère, par le préfet d'Égypte Tiberius Alexander, pour le règlement de certaines difficultés qui s'étaient présentées à cette occasion. Le préfet y maintient les privilèges du fisc, consistant principalement dans le droit de procéder par exécution parée et d'exercer la contrainte par corps. Mais, en même temps, il rappelle que, par une décision de l'empereur Auguste, les femmes, en Égypte, ont le droit de reprendre leurs dots par privilège, et que ces dots, qui sont leur propriété, ne peuvent être saisies par les créanciers de leurs maris [2]. Le droit grec se conserva longtemps dans les actes.

---

[1] Nous avons donné la traduction de ce jugement dans la *Revue historique de droit français et étranger*, 1883, p. 191.

[2] Voir le texte de cet édit publié en dernier lieu par Franz dans le troisième volume du *Corpus inscriptionum græcarum*.

Ainsi, dans une pièce de l'an 154 de notre ère, un indigène vend un immeuble à une femme indigène assistée de
son κύριος. L'acte ajoute que ce κύριος est absent. L'assistance
de ce dernier n'est donc plus qu'une vaine formule, et cependant on la mentionne toujours, par respect pour la
tradition. On la trouve encore jusque dans un acte d'affranchissement du iv° siècle, un siècle après l'édit de Caracalla qui conféra la qualité de citoyens romains à tous les
habitants de l'Empire. La femme égyptienne, devenue
romaine, n'avait plus besoin d'autorisation pour contracter,
mais, en fait, elle continue à ne figurer que comme autorisée. La vente précitée, de l'an 154, contient encore la
formule grecque : προπωλητὴς καὶ βεβαιωτής.

L'usage des mariages entre parents se conserva aussi
pendant très longtemps. Diodore de Sicile, qui vivait sous
Auguste, Philon d'Alexandrie, qui écrivait sous Néron,
en parlent comme témoins oculaires. Même après l'édit
de Caracalla et la conversion au christianisme, les mariages entre beaux-frères et belles-sœurs furent constamment pratiqués par les indigènes et tolérés par le gouvernement, qui ne les interdit expressément qu'au v° siècle[1].

Quant au droit romain il pénétra lentement, mais pro-
gressivement, et il a aussi laissé sa trace dans les papyrus récemment découverts. On le trouve d'abord dans les
testaments, puis dans un contrat de mariage passé sous
Alexandre Sévère et où la femme stipule expressément
que sa dot lui sera restituée conformément au droit romain. Deux rescrits latins, d'une époque inconnue, publiés par M. de Wailly, nous montrent l'un une vente
consentie par un militaire et annulée comme entachée de
violence, l'autre un affranchissement révoqué pour cause
d'ingratitude[2]. Des actes de vente passés sous le règne
d'Héraclius, au commencement du vii° siècle, quelques

---

[1] Voir une constitution de l'empereur Zénon, de l'an 475, au code de Justinien, loi 8, *De incestis et inutilibus nuptiis*, (v, 5).

[2] *Mémoires de l'Académie des inscriptions*, t. XIV, 1ᵉ partie (1842).

années avant la conquête arabe, ne contiennent plus que des formules romaines. Le droit romain ne fut pas seulement pratiqué en Égypte; il paraît y avoir été étudié. On a découvert, en 1880, au couvent du Sinaï, des fragments de droit romain avec une paraphrase grecque[1]. Le musée de Berlin s'est enrichi de fragments de Papinien, achetés en Égypte. Enfin, en 1882, le musée du Louvre a fait l'acquisition de quelques lambeaux de parchemin, trouvés dans le Fayoum, et portant de nouveaux fragments du livre IX des *Quæstiones* de Papinien avec les notes de Paul et d'Ulpien[2].

On voit quel intérêt s'attache aux documents récemment trouvés en Égypte. Ils fournissent déjà les éléments d'un nouveau chapitre de l'histoire du droit[3].

---

[1] Nous avons publié ces fragments d'abord dans le *Bulletin de correspondance hellénique*, 1880, puis dans la *Nouvelle revue historique de droit français et étranger*, 1880. — V. Huschke, *Jurisprudentia antejustiniana*, 5e édit., 1886, p. 815.

[2] Nous avons publié ces fragments dans la *Nouvelle revue historique de droit français et étranger*, 1883; V. Huschke, *Jurisprudentia antejustiniana*, p. 439.

[3] Depuis plusieurs années M. Revillout fait, au Louvre, un cours de droit égyptien, dont deux volumes ont été publiés, en 1885 et 1886. — V. aussi une thèse de M. Paturet, sur la *Condition juridique de la femme dans l'ancienne Égypte*, 1886.

II.

LE DROIT ISRAÉLITE.

La législation du peuple juif présente un phénomène singulier. Tant qu'a duré l'existence nationale, toute la loi écrite a consisté en quatre ou cinq chapitres du Pentateuque, interprétés et complétés par la tradition orale et la jurisprudence. Il semble que la conquête romaine, la destruction du temple de Jérusalem, l'écrasement du plus grand nombre des Juifs et la dispersion du reste auraient dû étouffer tout développement ultérieur. On s'attendrait même à ce que la loi juive eût complètement disparu, comme celle de Carthage. C'est précisément le contraire qui est arrivé. Un siècle après ces terribles événements, Rabbi Jehuda, un juif savant et opulent protégé par l'empereur, relevait les écoles de la Palestine, restaurait l'autorité religieuse et rédigeait un code qui est à la loi mosaïque ce que les écrits de Gaius et d'Ulpien sont à la loi des douze tables. Bientôt acceptée dans toutes les communautés juives, non seulement de l'empire romain, mais même de la Perse, la Mischna (c'est le nom de ce code) fut commentée et enseignée dans toutes les écoles, et ces travaux, recueillis, suivant l'usage du temps, en forme de Pandectes, ont achevé de conférer à la Mischna la plus haute autorité doctrinale[1]. Les rabbins, les docteurs de la loi exercèrent, de fait, un pouvoir comparable à celui des jurisconsultes romains qui avaient reçu de l'empereur le *jus respondendi* et la faculté de créer le droit, *quibus permissum erat jura condere*. Ainsi naquirent les deux Thalmuds, rédigés l'un en Palestine vers la fin du IVe siècle, l'autre à Babylone au commencement du Ve siècle[2]. Le droit civil des Juifs était dès lors assez fixé pour n'avoir plus rien à redouter des circonstances extérieures. A peu près dépourvu de sanction, car les tribunaux juifs ne pouvaient avoir qu'une compétence limitée et une existence précaire, mais fermement appuyé sur la religion qui ne formait avec lui qu'un tout indivisible, ce droit s'est perpétué jusqu'à nos jours, sans altérations essentielles[3], un peu rajeuni en la forme par des codifications nouvelles, dont la dernière, qui date du XVIe siècle, est due à un juif espagnol appelé Karo. Le code de Karo était encore pratiqué en Algérie dans les communautés juives lors de la conquête française[4].

Pour vivre et se développer dans de pareilles conditions il fallait, certes, que le droit israélite fût profondément national. Il n'était pourtant pas exclusif, car la synagogue a toujours reconnu que les Juifs doivent obéissance aux lois des pays qu'ils habitent, et que ces lois, quand elles

[1] La Mischna a été publiée avec une traduction latine par Surenhusius, 6 vol. in-fo, Amsterdam, 1698-1703.

[2] Le Thalmud de Jérusalem a été traduit en français par Rabbinowicz, 5 vol. in-8o, Paris, 1873-1882, et en second lieu par Schwab, 10 vol. in-8o, 1871-1888. Le onzième et dernier volume est annoncé comme devant paraître prochainement.

Le Thalmud de Babylone a été traduit en allemand par Wünsche, Leipzig, 1886-1888, 2 vol. in-8o.

V. encore Hershon, *a Talmudic miscellany*, London, 1884, in-8o.

[3] Un synode israélite du Xe siècle a interdit la polygamie, du moins en Occident, mais il n'a guère fait qu'ériger le fait en droit. La polygamie, chez les Juifs, a toujours été repoussée par les mœurs.

[4] *Code rabbinique,* Ebn Haezer, traduit en français par MM. Sautayra et Charleville, 2 vol. in-8o, Paris et Alger, 1868-1869.

commandent, doivent prévaloir sur tous statuts réels ou personnels. On ne peut pas davantage attribuer la vitalité extraordinaire du droit juif à son originalité, car les idées qu'il exprime diffèrent moins qu'on ne serait porté à le croire de celles qui ont inspiré les diverses législations de l'antiquité, et l'on y sent l'influence étrangère, surtout celle de la Grèce. C'est dans la religion qu'il faut chercher l'explication de ce fait. La loi civile, quoique distincte de la loi religieuse, y tenait cependant par un lien étroit; or la religion était le fondement de la nationalité juive. Israël était le peuple élu de Dieu, il avait foi dans sa mission. C'est par là qu'il a résisté à des épreuves où tous autres auraient succombé. Autant son Dieu lui paraissait au-dessus de tous les autres dieux, autant sa loi lui semblait supérieure à celle de ses voisins. Dans l'antiquité, du temps de Philon d'Alexandrie et de Josèphe, cette illusion était excusable. Aujourd'hui nous sommes mieux placés pour juger et nous avons des points de comparaison plus certains. C'est la tâche de l'histoire de mettre chaque chose à sa place et d'assigner à chaque fait sa véritable valeur.

La première parole prononcée par les anciens législateurs a été la suppression de la vengeance privée. La condition primitive était la guerre entre les familles. A un certain moment, l'État s'est constitué et s'est porté médiateur et pacificateur. Dans le récit de la Genèse, après le meurtre d'Abel, Dieu dit à Caïn : « Tu seras fugitif et vagabond sur la terre. » — « Alors, répond Caïn, quiconque me trouvera me tuera. » — « Non, reprend Jéhova, si quelqu'un tue Caïn, Caïn sera vengé sept fois. » Et le Seigneur mit un signe sur Caïn, afin que ceux qui le trouveraient ne le tuassent point. Un peu plus loin, un descendant de Caïn, Lamech, exprime la même idée dans des vers dont l'expression est obscure, mais dont l'intention est évidente. « La mort de Caïn sera vengée sept fois, et celle de Lamech septante fois. » La vengeance n'est pas supprimée, mais c'est Dieu lui-même qui s'en charge. Après le déluge,

Dieu s'engage envers Noé par un contrat formel. « Je vengerai la vie de l'homme de la main de l'homme, et de la main de son frère qui l'aura tué. Quiconque aura répandu le sang de l'homme sera puni par l'effusion de son propre sang, car l'homme a été créé à l'image de Dieu[1]. »

La vengeance privée est donc interdite par la religion comme par la loi, et directement remplacée par la peine infligée au nom de la société. Entre ces deux termes il y a d'ordinaire une étape intermédiaire ; on admet que les hostilités cessent par traité, et le meurtrier fait la paix en payant le prix du sang. C'était l'usage chez les Arabes, et probablement aussi chez les descendants d'Abraham, lorsqu'ils menaient encore la vie pastorale. Moïse supprime cet usage : « Vous ne recevrez point d'argent de celui qui veut se racheter de la mort qu'il a méritée pour avoir répandu le sang, mais il mourra aussitôt lui-même[2]. » Ce n'est pas tout ; sous le régime des guerres privées, tous les membres d'une famille étaient solidaires les uns des autres. Moïse proclame la personnalité du crime : « Le père ne payera point pour le fils, ni le fils pour le père[3]. » Pour pouvoir parler ainsi, il fallait que le législateur eût une autorité incontestée, une force religieuse autant que politique, comme dans l'Inde, en Égypte, ou à Rome. Et pourtant, si précise que soit la défense, elle ne prévaut pas d'une manière absolue sur des coutumes enracinées. On trouve encore chez les Juifs des traces de l'ancien usage des compositions. Ainsi, lorsqu'un homme donne à une femme enceinte un coup qui la fait avorter, si la femme en meurt, il est puni de mort ; mais, si la femme n'en meurt pas, il paye une composition dont le taux est fixé par arbitres[4]. Lorsqu'un homme a été tué par un bœuf, si

[1] *Genèse,* IX, 5-6.
[2] *Nombres,* XXXV, 31.
[3] *Deutéronome,* XXIV, 16.
[4] *Exode,* XXI, 22.

le maître du bœuf connaissait le vice de l'animal et ne l'a point renfermé, quoique dûment averti, il est puni de mort, mais il peut racheter sa vie en payant une composition; si la personne tuée est un esclave, la composition est fixée uniformément au taux de trente sicles d'argent, et, dans l'un comme dans l'autre cas, c'est l'animal qui est lapidé, parce que le sang versé doit être expié par le sang[1]. Le séducteur d'une fille vierge non fiancée est tenu de payer au père une somme égale à celle qu'il faut d'ordinaire aux filles pour se marier[2]. En cas de coups et blessures portés dans une querelle, le coupable se rachète en payant une composition augmentée des frais de médecin[3]. Enfin nous trouvons dans le *Lévitique* un tarif pour le rachat des vœux faits à Dieu[4]. L'homme libre, suivant son âge, la femme, l'esclave ont là leur prix marqué. N'est-on pas fondé à supposer que ce tarif servait primitivement à d'autres usages, et que, tout en abolissant les compositions d'homme à homme, le législateur les a conservées entre l'homme et Dieu?

Le plus proche parent du mort est bien toujours le vengeur du sang. La loi lui impose le devoir de poursuivre le meurtrier et de le frapper, mais après l'avoir conduit devant les juges et après l'avoir fait condamner sur la déposition de deux témoins. Cette condamnation ne peut être prononcée que si le meurtre a été commis avec intention. Quant au meurtrier involontaire, il est mis sous la protection de la religion. Un asile lui est ouvert dans les villes de refuge désignées par la loi, au nombre de six, trois de chaque côté du Jourdain[5]. Il y reste, après s'être justifié devant les juges, jusqu'à la mort du grand-prêtre, c'est-à-dire pendant un temps présumé suffisant pour calmer le

[1] *Exode*, XXI.
[2] *Exode*, XXII.
[3] *Exode*, XXI.
[4] *Lévitique*, XXVII.
[5] *Nombres*, XXXV. — *Deutéronome*, IV, 41-43, XIX. — *Josué*, XX.

ressentiment de la famille, et apaiser les poursuites du vengeur.

Toute cette partie de la loi mosaïque ressemble, jusque dans les détails et dans l'expression, au droit grec et surtout au droit athénien. D'autres traits, non moins caractéristiques, semblent empruntés à ce fonds commun d'idées et de sentiments qui a inspiré toutes les coutumes des nations aryennes et que nous trouvons ici chez une population sémitique, dans un milieu tout différent. Par exemple, la conception abstraite du meurtre paraît dépasser les forces des législateurs primitifs. L'ancien code islandais distinguait neuf sortes d'homicide volontaire, suivant que le meurtrier a frappé d'estoc ou de taille, avec un projectile, une flèche ou une masse, suivant qu'il a poussé, secoué, rejeté ou étranglé sa victime[1]. De même le livre des *Nombres* parle de celui qui tue par le fer, par une pierre, par un morceau de bois, ou par un projectile, ou en poussant, ou en frappant de la main[2]. Non moins remarquable est la disposition qui oblige une ville à se disculper, lorsqu'un cadavre est trouvé sur son territoire. On mesure alors les distances, et les anciens de la ville la plus voisine, trempant leurs mains dans le sang d'une génisse égorgée par les prêtres, déclarent solennellement que leurs mains n'ont point répandu le sang de l'homme assassiné, et que leurs yeux ne l'ont point vu répandre[3]. Cette pratique, fondée sur le principe de la responsabilité des communes, se rencontre dans l'Inde[4]. Le premier capitulaire annexé à la loi salique contient une disposition semblable. Il prescrit la levée du corps, en présence du juge, devant le peuple appelé à son de trompe. Si le corps est reconnu, les parents sont avertis. S'il n'est pas reconnu, l'enterrement ne peut avoir lieu avant sept jours.

---

[1] *Grágás*, ch. 86, *Cod. Regius.*
[2] *Nombres*, xxxv.
[3] *Deutéronome*, xxi, 1-9.
[4] *Yajnavalkya*, ii, 271-272.

La commune est responsable et doit payer le *wergeld* à moins que les anciens ne se disculpent par serment, au nombre de 65 ou de 15, suivant le rang de la personne homicidée, et ce au mâl, dans un délai de quarante jours[1].

La peine de mort n'est pas seulement portée pour le cas de meurtre. Elle atteint tous les crimes graves, l'idolâtrie[2] et le blasphême[3], le fait de vendre comme esclave une personne libre[4], le viol et l'adultère, et, en général, les crimes contre les mœurs[5]. Elle n'est jamais appliquée qu'en vertu d'un jugement, sauf un cas, celui d'un faux prophète excitant le peuple à l'idolâtrie. « Pour celui-là, dit la loi, tuez-le aussitôt. Que votre main lui donne le premier coup, et que tout le peuple le frappe ensuite[6]. » Au surplus, la peine de mort n'est que l'application d'une règle générale, celle du talion, qui frappe tous les crimes contre les personnes, « œil pour œil, dent pour dent, main pour main, pied pour pied, brûlure pour brûlure, plaie pour plaie, meurtrissure pour meurtrissure[7]. » C'est le plus ancien système de peines corporelles. *Si membrum rupit, ni cum eo pacit, talio esto,* disait la loi des douze tables; mais, à la différence de la loi des douze tables, la loi juive n'admet pas le rachat. Ajoutons que, pour toute violation de la loi, le juge peut infliger une correction, jusqu'à trente-neuf coups[8].

La preuve se fait toujours par témoins. Toutefois, il y a des cas où l'accusé peut se justifier par serment. Quant au jugement de Dieu, il n'est admis qu'en un seul cas,

---

[1] *Premier Capitulaire annexé à la loi Salique,* 9. (Behrend, p. 91.) *De hominem inter duas villas occisum.*
[2] *Deutéronome,* XVII. — *Exode,* XXII.
[3] *Lévitique,* XXIV.
[4] *Exode,* XXI.
[5] *Deutéronome,* XXII. — *Exode,* XXII.
[6] *Deutéronome,* XIII.
[7] *Exode,* XXI, 24-25.
[8] *Deutéronome,* XXV.

celui où une femme est soupçonnée d'adultère, sans qu'il y ait de témoins[1].

Les courtes dispositions que nous venons d'analyser constituent à peu près tout le droit pénal de la législation mosaïque, car les délits contre la propriété n'entraînent que des restitutions et des peines purement pécuniaires. Le droit civil n'est guère plus développé. Pour ce qui concerne la constitution de la famille, Moïse laisse subsister la polygamie, mais il prohibe le mariage entre parents ou alliés à un degré rapproché[2]. Il admet le divorce, ou plutôt la répudiation par le mari, sans autre formalité que la remise, à la femme, d'un écrit de divorce. Le mari peut reprendre la femme divorcée tant qu'elle n'a pas contracté un second mariage[3], ce qui est précisément l'inverse de la règle suivie en Perse, et peut-être dans tout l'Orient. Le lévirat est commandé, comme dans l'Inde et en Grèce. Le frère est tenu d'épouser la veuve de son frère mort sans enfants. S'il refuse, la femme a le droit de lui ôter son soulier et de lui cracher au visage[4]. A côté du mariage, la loi reconnaît une sorte de concubinat ou d'union d'ordre inférieur avec une captive. Celle-ci peut être répudiée, mais elle acquiert la liberté par le fait même de la répudiation[5].

Les enfants sont soumis à l'autorité de leurs parents, mais cette autorité n'est pas arbitraire ni illimitée. Si le fils rebelle et insolent peut être puni de mort, c'est seulement en vertu d'un jugement, et sur la plainte commune du père et de la mère[6]. La loi défend d'immoler les enfants à Moloch ou de prostituer les filles. Ces pratiques,

[1] *Nombres*, v, 11-31.
[2] *Lévitique*, xviii et xx.
[3] *Deutéronome*, xxiv.
[4] *Deutéronome*, xxv, 5-10. — *Genèse*, xxxviii, 8.
[5] *Deutéronome*, xxi, 10-14.
[6] *Deutéronome*, xxi, 18-21.

répandues chez tous les peuples sémitiques, sont en horreur
aux Juifs[1].

Les esclaves sont de deux sortes, à savoir les Hébreux et
les étrangers. Les premiers sont ou des débiteurs insolvables ou des malheureux que la misère à réduits à se vendre
eux-mêmes. Si le maître est Juif lui-même, ils ne peuvent
rester en servitude plus de six ans. Si le maître est un
étranger domicilié en Palestine, l'esclave hébreu peut toujours se racheter ou se faire racheter par un autre, et, dans
tous les cas, il est mis en liberté à l'année du jubilé qui
revient tous les cinquante ans. La servitude n'est perpétuelle que pour l'esclave étranger. La condition des esclaves paraît être assez douce, car la loi prévoit le cas où,
quoique libérés par le jubilé, ils ne voudront pas quitter
leur maître. Le maître peut les châtier, mais il se rend
coupable de meurtre si l'esclave meurt sous les coups.
L'esclave estropié est déclaré libre[2].

L'ancien droit excluait les filles de toute succession. La
loi de Moïse les admet, à défaut de fils. À défaut de filles,
la succession appartient aux frères, puis aux oncles paternels, c'est-à-dire en suivant et en épuisant l'ordre des
parentèles[3]. L'aîné des fils prend double part[4] dans la
succession du père, sans que le législateur prenne la peine
de justifier cette prérogative, qui semble dériver d'idées
religieuses toutes différentes de celles du Pentateuque.

La propriété, qui dérive du partage des terres après la
conquête, est, en général, inaliénable. La vente n'est permise qu'à pacte de rachat, à la charge du retrait qui peut
toujours être exercé par les plus proches parents, et elle ne
produit d'effet que pour un temps limité, car tous les cinquante ans arrive l'année jubilaire, où toutes aliénations

---

[1] *Lévitique,* XVIII, 21 ; XIX, 29.
[2] *Lévitique,* XXV. — *Exode,* XXI.
[3] *Nombres,* XXVII.
[4] *Deutéronome,* XXI, 15-17.

sont révoquées, et chacun rentre dans ses biens. Il n'y a
d'exception que pour les maisons situées dans les villes mu-
rées. La vente, en pareil cas, devient irrévocable après
l'expiration du délai du retrait, qui est d'un an. Encore
faut-il qu'il ne s'agisse pas d'une maison appartenant à un
Lévite[1]. À côté du retrait lignager, la loi emploie encore
un autre moyen pour assurer la conservation des biens
dans les familles : elle exige que les filles héritières soient
épousées par leurs plus proches parents[2].

Les seuls contrats dont il soit question dans le Pentateuque sont le dépôt, le prêt et le louage de choses ou de
services[3]. Quant à la vente, on vient de voir qu'elle n'est,
dans la plupart des cas, qu'un contrat pignoratif. L'usure
est expressément défendue entre Hébreux[4].

Les actions instituées pour garantir le droit de propriété
se produisent sous la forme de poursuites en réparation
d'un délit, délit d'usurpation par force ou par tromperie,
ou délit de vol, ou de recel d'une chose trouvée et non
déclarée. L'usurpateur doit restituer la chose et un cinquième en sus. Le voleur de bœufs ou de moutons doit
rendre le double si les bêtes volées se trouvent encore
chez lui, le quadruple ou même le quintuple s'il les a
tuées ou remises à des tiers. Le voleur de nuit pris en flagrant délit peut être tué impunément, mais tuer le voleur
de jour est un meurtre. Le dépositaire infidèle est traité
comme voleur et restitue au double. En cas de perte par
force majeure, la loi détermine la responsabilité du dépositaire, du berger, de l'emprunteur et du locataire. Les
deux premiers sont admis à se justifier par serment[5].

Il n'y a pas de règle générale pour la réparation des
dommages causés par une faute ou une imprudence. Tou-

---

[1] *Lévitique*, xxv.
[2] *Nombres*, xxxvi.
[3] *Exode*, xxii. — *Lévitique*, vi.
[4] *Deutéronome*, xxiii. — *Lévitique*, xxv. — *Exode*, xxii.
[5] *Exode*, xxii. — *Lévitique*, vi.

tefois la loi applique ce principe dans les cas de dommages aux récoltes et d'incendie[1], pour le meurtre d'un animal domestique[2], ou pour de simples coups portés à un homme dans une querelle[3].

La poursuite est portée devant les juges, c'est-à-dire devant les Anciens, qui siègent à la porte de chaque ville[4]. Le jugement est exécuté par voie de saisie, mais le créancier ne peut s'introduire dans le domicile du débiteur pour saisir. « Vous vous tiendrez dehors, dit la loi, et il vous donnera lui-même ce qu'il aura[5]. » C'est là sans doute une trace de l'ancienne coutume du jeûne dont parlent le code de Manou et les lois irlandaises. La loi défend aussi de saisir les vêtements du débiteur et la meule destinée à moudre le grain[6].

Si l'on ajoute à ces dispositions quelques mesures de police et de charité, on peut embrasser d'un coup d'œil toute la législation mosaïque et en déterminer le caractère. Elle se réduit à un très petit nombre de règles qui ne révèlent aucun ensemble systématique et présentent de frappantes analogies, soit avec les codes brahmaniques, soit avec le droit grec et surtout le droit athénien. Que cette législation soit inspirée par un profond sentiment religieux et moral, qu'elle marque un progrès considérable sur l'état de choses qui l'a précédée et qui a continué de subsister chez les nations voisines, c'est ce qu'on ne saurait nier ; mais que ces institutions soient absolument originales, à ce point qu'on ne les retrouve chez aucun autre peuple de l'antiquité, c'est ce qu'on ne saurait prétendre sans méconnaître les faits les plus certains[7].

---

[1] *Exode*, x, xii.

[2] *Lévitique*, vi.

[3] *Exode*, xxi.

[4] *Deutéronome*, xv.

[5] *Deutéronome*, xxiv.

[6] *Exode*, xxii. — *Deutéronome*, xxiv.

[7] Nous n'avons pas à examiner ici à quelle époque a été écrit le Pentateuque. Ce qu'on peut affirmer, c'est que les institutions dont il nous donne le

Ce que nous disons de la loi est encore bien plus vrai lorsqu'il s'agit des coutumes. Plus la loi était brève et insuffisante, plus elle avait besoin d'être complétée par la jurisprudence et l'usage. Malheureusement nous n'avons pas de contrats juifs. Les monuments de ce genre ne se trouvent qu'en Égypte, en Assyrie, en Grèce. Nous sommes réduits à quelques indications éparses dans la Bible. Il est bon de les relever plus attentivement qu'on ne l'a fait jusqu'ici.

La Bible ne contient rien de précis au sujet du mariage. On voit cependant qu'au temps des patriarches on pratiquait l'achat des femmes. Jacob servit sept années chez Laban pour obtenir Rachel[1]; Rachel et Lia reconnaissent expressément que Laban les a vendues[2]. Éliézer fait de riches présents aux frères et à la mère de Rebecca; à la vérité il en fait aussi à Rebecca elle-même, et celle-ci consent expressément au mariage[3]. C'est après l'établissement des Hébreux dans la Terre sainte que s'introduit et se répand l'usage de doter les filles. Elles reçoivent ainsi, à titre de dot, l'équivalent de la part de succession dont elles sont exclues. « Abesan, de Bethléem, dit le livre des *Juges*[4], fut juge d'Israël. Il avait trente fils et autant de filles. Il fit sortir celles-ci de la maison en les mariant, et il y fit venir autant de filles qu'il donna pour femmes à ses fils. « La fille de Caleb, le successeur de Josué, avait reçu de son père une terre sans eau. A l'instigation de son

---

tableau sont très anciennes, contemporaines de l'établissement d'un pouvoir central. On en trouve d'analogues chez tous les peuples, au moment où ils ont cessé d'être un assemblage de familles pour devenir une nation et former un État. Ce n'est pas non plus une législation idéale, une utopie rétrospective. Il n'y a pas une des lois mosaïques qui n'ait été réellement pratiquée chez des peuples autres que les Hébreux. La plus archaïque de ces lois est celle que nous lisons dans le chapitre xxxv du livre des *Nombres*.

[1] *Genèse,* XXVI.

[2] *Genèse,* XXXI, 15.

[3] *Genèse,* XXIV.

[4] *Juges,* XII, 8-9.

mari Othoniel, elle demande à son père et obtient de lui une terre pourvue de moyens d'irrigation. Le fait est rapporté deux fois dans la Bible[1], ce qui prouve que, dans les idées du temps, il avait quelque importance. Et en effet c'était un précédent, justifiant la constitution de dot faite par le père à la fille, soit avant, soit même pendant le mariage. Lors du mariage du jeune Tobie, Raguel, père de la fiancée, donne à son gendre la moitié de tous ses biens, et la réversion de l'autre moitié, après son décès[2]. Les choses se passaient ordinairement ainsi, mais pas toujours. Ainsi, le mariage par enlèvement, qui, dans l'Inde, était un des huits modes légaux, et qui a laissé de nombreuses traces dans les légendes héroïques de la Grèce et de Rome, se rencontre une fois dans le livre des *Juges*, où les survivants de la tribu de Benjamin sont autorisés par les anciens d'Israël à enlever les filles de Silo, pour en faire leurs épouses[3]. Cette histoire ne rappelle-t-elle pas trait pour trait celle de l'enlèvement des Sabines?

On ne trouve chez les Juifs aucune trace de l'adoption, qui joue un si grand rôle dans la plupart des anciennes législations. Il est bien dit, au livre d'*Esther*, que, le père et la mère d'Esther étant morts, Mardochée l'avait adoptée pour sa fille[4], mais ce n'est là qu'un simple fait, et non une institution produisant des conséquences légales. On comprend très bien que les Juifs, qui n'admettaient pas le culte des ancêtres, aient repoussé l'adoption et ne se soient pas préoccupés des sacrifices et des offrandes, qui avaient tant d'importance aux yeux des Hindous comme à ceux des Grecs et des Romains.

Le plus ancien contrat de vente que nous connaissions est celui dont parle la *Genèse*[5]. Après la mort de Sara,

---

[1] *Josué,* XVI. — *Juges,* 1.
[2] *Tobie,* VIII, 24.
[3] *Juges,* XXI.
[4] *Esther,* II.
[5] *Genèse,* XXIII.

Abraham achète un terrain pour faire un tombeau. Il s'adresse d'abord aux Héthéens, c'est-à-dire à la tribu sur le territoire de laquelle est situé le terrain dont il s'agit, et, quand la tribu a consenti, il traite avec le propriétaire, Éphron, fils de Seor, en présence du peuple réuni à la porte de la ville. Le prix fixé à quatre cents sicles d'argent est pesé et payé comptant, en présence du peuple. Le prix n'était pas toujours payé en argent. Ainsi Jacob achète pour cent agneaux un champ où il veut élever un autel [1]. Le livre de *Ruth* nous fait assister à une vente d'un autre genre, celle d'un bien de famille [2]. Noémi a perdu son mari et ses deux fils. Elle offre à son parent, Booz, la terre qui leur a appartenu et en même temps la main de sa belle-fille, Ruth. Booz répond qu'il est prêt, « mais, ajoute-t-il, il y a un autre parent plus proche que moi, » et il va s'asseoir à la porte de la ville. Bientôt cet autre parent vient à passer. Booz lui offre le double marché, en présence du peuple, et le parent refuse. « Or c'était une ancienne coutume en Israël, s'il arrivait que l'un cédât son droit à l'autre, afin que la cession fût valide, celui qui se démettait de son droit ôtait son soulier et le donnait à l'autre. C'était là le témoignage de la cession en Israël. Booz dit donc à son parent : « Otez votre soulier ; » et lui l'ayant aussitôt ôté de son pied, Booz dit devant les anciens et devant tout le peuple : « Vous êtes témoins aujourd'hui que j'acquiers tout ce qui a appartenu à Élimelech, à Chélion et à Mahalon, l'ayant acheté de Noémi, et que j'ai aussi acquis pour femme Ruth, Moabite, femme de Mahalon, afin que je fasse revivre le nom du défunt dans son héritage, et que son nom ne s'éteigne pas dans sa famille, parmi ses frères et parmi son peuple. Vous êtes, dis-je, témoins de ceci. » Tout le peuple qui était à la porte et les anciens répondirent : « Nous en sommes témoins. »

---

[1] *Genèse*, xxxiii, 19-20.

[2] *Ruth*, iv.

C'est dans des circonstances analogues, moins le mariage, que Jérémie achète un champ[1]. « Hanaméel, fils de mon oncle, vint me trouver dans le vestibule de la prison et me dit : achète mon champ qui est à Anathoth, en la terre de Benjamin; car tu as le droit d'héritage et de rachat, achète-le! J'achetai donc d'Hanaméel, fils de mon oncle, le champ qui est à Anathoth, et je lui en donnai l'argent, au poids, dix-sept sicles d'argent. J'en écrivis le contrat, le cachetai en présence de témoins, et lui pesai son argent dans la balance. Et je pris le contrat d'acquisition cacheté, avec ses clauses, selon les prescriptions de la loi, et les sceaux qu'on y avait mis à l'extérieur, et je donnai ce contrat d'acquisition à Baruch, fils de Néri, fils de Maasias, en présence d'Hanaméel, fils de mon oncle, et des témoins dont les noms étaient écrits dans le contrat d'acquisition, et aux yeux de tous les Juifs qui étaient assis dans le vestibule de la prison; et je donnai cet ordre à Baruch, devant tout le monde, et je lui dis : « Voici ce que dit le Seigneur des armées, le Dieu d'Israël : « Prends ces actes, « celui d'acquisition qui est cacheté, et cet autre qui est « ouvert, et mets-les dans un pot de terre, afin qu'ils puis- « sent se conserver longtemps. »

. Pour bien comprendre ce texte, que les interprètes n'ont pas toujours exactement rendu, il faut se rendre compte du procédé employé à cette époque pour la confection des actes, et aussi du rôle joué par les témoins. L'acte se passait entre les parties, c'est-à-dire, ici, entre le vendeur et l'acheteur. On pliait ensuite le papyrus ou la peau. Les parties y mettaient leur sceau en présence de témoins, et ceux-ci apposaient eux-mêmes leurs signatures sur la partie qui était restée ouverte. Ainsi les témoins ne connaissaient pas les clauses du contrat. Ils attestaient seulement l'identité des parties et le fait de l'apposition des sceaux, à peu près comme, dans la confection d'un testament mys-

---

[1] *Jérémie,* xxxii, 8-14.

tique, le notaire et les témoins signent l'enveloppe extérieure d'un acte dont ils ignorent le contenu. C'est ce qu'a très bien vu M. Hitzig dans son savant commentaire de Jérémie. Il aurait pu ajouter que la même pratique était observée chez les Romains et que la description s'en trouve dans les *Sentences* de Paul [1].

Ce n'est pas seulement pour les actes de vente que nous constatons l'identité des usages suivis dans tout l'Orient. Il en est de même pour les obligations de payer, ce que nous appelons aujourd'hui les billets ou effets de commerce. L'usage de ces billets était extrêmement répandu et la circulation très active. Comme le débiteur ne payait que contre la remise du titre, celui-ci se trouvait, de fait, payable au porteur. La clause *au porteur* est même formellement exprimée dans certaines inscriptions grecques [2]. Un contrat grec, récemment trouvé à Amorgos, une des Cyclades, stipule expressément que le payement sera fait au créancier, *ou à son ordre* [3], mais en ce cas, l'ordre ne pouvait résulter que d'une procuration spéciale, car on ne paraît pas s'être avisé, dans l'antiquité, de porter l'ordre sur le titre même, par voie d'endossement. Les Juifs et leurs congénères, Phéniciens, Babyloniens, Carthaginois, étaient alors, comme ils le sont encore aujourd'hui, les premiers banquiers du monde. La dispersion des Hébreux après la prise de Samarie et de Jérusalem, loin d'arrêter ce mouvement d'affaires, lui donna une impulsion nouvelle. Comme Jo-

---

[1] Paul, *Receptæ sententiæ*, V, 25. Amplissimus ordo decrevit eas tabulas, quæ publici vel privati contractus scripturam continent, adhibitis testibus ita signari ut in summa marginis ad mediam partem perforatæ triplici lino constringantur, atque impositum supra linum ceræ signa imprimantur, ut exteriores scripturæ fidem interiori servent. — Voir aussi l. 22, § 7, D. *Qui testamenta facere possunt* (XXVIII, 1). — L'acte ainsi plié s'appelait *diploma, diptychus.*

[2] Ἡ δὲ συγγραφὴ κυρία ἔστω, κἄν ἄλλος ἐπιφέρῃ ὑπὲρ Νικαρέτας. Inscription d'Orchomène, *Bulletin de correspondance hellénique*, t. III et IV (1879-1880).

[3] Ἀποδώσουσιν ἐν Νάξῳ Πραξικλεῖ ἤ ᾧ ἄν κελεύῃ Πραξικλῆς. *Bulletin de correspondance hellénique,* t. VIII (1884), p. 24.

seph avait été ministre des finances de Pharaon, Daniel le fut de Nabuchodonosor, et Mardochée de Xerxès. Joakim, le mari de Susanne, et Tobie, à Babylone, et les amis de Tobie, Raguel à Ecbatane, Gabel à Ragès, sont vantés pour leurs richesses autant que pour leur piété. L'histoire de Tobie nous fait voir comment s'opéraient les recouvrements à cette époque. Il s'agissait d'un billet souscrit par Gabel au profit de Tobie. Celui-ci envoie son fils pour toucher l'argent contre la remise du billet. « Mais, objecte le jeune Tobie, Gabel ne me connaît pas et je ne le connais pas non plus. Quelle preuve lui donnerai-je? » Son père lui répondit et lui dit : « Voici le billet de Raguel, que j'ai par devers moi. Tu le lui montreras, et il te rendra l'argent[1]. » Tobie s'arrête en route, chez Raguel dont il épouse la fille. Alors, c'est son guide Raphael qui, prenant avec lui quatre serviteurs de Raguel et deux chameaux, pousse jusqu'à Ragès, trouve Gabel, lui rend son billet et reçoit l'argent.

Après le retour de la captivité, Jérusalem devint un marché très fréquenté et un grand centre d'affaires. L'expansion de la race juive, et le mouvement des pèlerins qui se rendaient au nouveau temple, fournissaient des moyens de communication réguliers et sûrs. Sous les princes Asmonéens, les banquiers juifs faisaient des affaires énormes. Ils prêtaient surtout de l'argent à des souverains, quelquefois à des princes dépossédés qui voulaient tenter une restauration ou gagner à Rome quelques personnages influents. Ici se place l'histoire du tétrarque Agrippa, sous Tibère. Débiteur de 300,000 drachmes envers le trésor de l'Empereur et ne pouvant payer à l'échéance, il prend la fuite après avoir contracté, sur sa signature[2], un emprunt de 20,000 drachmes chez un banquier de Ptolémaïs, qui ne lui en fournit effectivement que 17,500. Arrivé à

---

[1] Tobie, v, 2-3.

[2] Ἐπὶ γράμματι καὶ πίστει τῇ αὐτοῦ. Josèphe, *Antiq. jud.*, XVIII, vi.

Alexandrie, il trouve l'alabarque Alexandre, autre juif, frère de Philon le philosophe[1], et veut lui emprunter 200,000 drachmes pour se rendre à Rome. Alexandre refuse. Tout au plus consent-il à avancer à la femme d'Agrippa et contre l'engagement de celle-ci, 5 talents comptant, le reste (170,000 drachmes) étant stipulé payable à Pouzzoles. En débarquant à Pouzzoles, Agrippa emprunte encore 300,000 drachmes à Antonia, mère de Caius, qui devint plus tard l'empereur Caligula, puis un million à un banquier samaritain, affranchi de César, nommé Thallus. On voit, par Josèphe, qu'Agrippa devint l'ami de Caius, fut rétabli dans sa principauté et finit par payer ses dettes. Les banquiers juifs ne perdirent pas leur argent.

A Jérusalem, comme dans toutes les places de la Grèce et de l'Orient, il y avait un édifice public où l'on conservait les contrats et titres de créance, un γραμματοφυλακεῖον, et cet établissement n'était pas seulement un dépôt; il jouait le rôle d'une véritable Bourse de commerce où l'on vendait et achetait les titres, et où l'on se procurait des créances sur tel ou tel lieu, à telle ou telle échéance : Josèphe raconte qu'au moment de la grande révolte des Juifs, le γραμματοφυλακεῖον de Jérusalem fut incendié dans une émeute populaire[2], et, après la fin de la guerre, pareil accident eut lieu à Antioche[3]. La destruction des titres avait pour conséquence la libération des débiteurs. Ces désordres produisirent leur effet ordinaire, en rattachant au gouvernement romain les personnages les plus riches et les plus intelligents du peuple juif.

Il faut rapprocher de ces récits de Josèphe les nombreux passages du Nouveau Testament où il est question de banquiers[4], de billets novés par un intendant infidèle[5], de

---

[1] L'alabarque était un receveur des finances, et un très puissant personnage. Voir la note de Marquardt, *Römische Staatsverwaltung*, I, p. 289.

[2] Josèphe, *De bello judaico*, II, xxxi (Didot).

[3] Josèphe, *De bello judaico*, VIII, ix.

[4] Luc, xix, 23.

[5] Luc, xvi, 1-7.

beaucoup d'anciens peuples, toute la théorie du droit civil pouvait se ramener à ces deux chefs : la constitution de la famille et la protection de la propriété.

L'achat des femmes a disparu de bonne heure dans la législation israélite. Il en est cependant resté deux choses. Il faut d'abord que la femme soit donnée par ceux qui ont autorité sur elle. De plus, le futur époux peut accomplir le mariage par le don d'une somme d'argent à la future épouse, en lui disant « tu es sacrée pour moi » ou « tu es mon épouse. » Ceci rappelle la *coemptio* du droit romain. Mais l'argent mis dans la main de la femme n'est plus qu'un symbole, comme la pièce de mariage dans le mariage religieux chrétien. C'est un souvenir du temps où le simple consentement des parties était considéré comme impuissant à former un contrat, et à produire des obligations, où il fallait des arrhes, une tradition quelconque. Du reste, la femme ne peut être donnée malgré elle ; son consentement est un des éléments du contrat.

Ainsi l'argent mis dans la main suffit pour qu'il y ait mariage; mais ce mode n'est pas le seul. Il y en a un autre, qui était déjà connu du temps de Moïse et qui est devenu de plus en plus fréquent, en sorte que dans la Mischna il est la règle. C'est la constitution d'une dot par le mari à la femme, au moyen d'un acte écrit. C'est ce qu'on appelle la *khetouba*. A l'époque de la Mischna et du Thalmud, cette dot est d'une somme fixe comme *minimum*, à savoir 200 *zouzes* ou deniers pour une fille et 100 *zouzes* pour une veuve. Le mari en a la libre disposition pendant le mariage, mais, à la dissolution du mariage, soit par le décès du mari, soit par le divorce, la femme prélève sa *khetouba* sur les biens du mari. Comme on le voit, la dot dont il s'agit ne ressemble en rien à la dot grecque ou romaine. Elle n'est pas destinée à subvenir aux charges du mariage, elle n'est pas apportée par la femme. Au contraire, c'est le mari qui la donne, et elle n'est effectivement payée qu'au moment où le mariage se dissout. C'est un des caractères les plus frappants du droit barbare, et Tacite le signale chez les Germains : *Dotem non uxor marito, sed uxori maritus offert.* D'où vient cet usage? et comment est-on arrivé à voir dans la *khetouba* l'acte constitutif du mariage? Sans doute on a voulu assurer à la veuve ou à la femme divorcée un capital qui pût la faire vivre; mais cette raison n'est pas suffisante, car la femme peut avoir des biens propres, et alors elle n'a pas besoin de la *khetouba*. D'autre part, il peut se faire que le mari meure insolvable, et alors la *khetouba* ne profitera pas à la femme. La vraie explication nous paraît être celle-ci : la *khetouba* est une clause pénale. Le mari, qui a le droit de divorce et qui l'a seul, s'engage à n'user de ce droit qu'à la charge de payer à la femme une certaine somme. Le mariage n'est pas encore proclamé indissoluble, mais au moins la femme n'est pas à la discrétion de son mari. Elle ne peut plus être impunément renvoyée par l'effet d'un caprice.

Chez les Romains aussi, et avant eux chez les Grecs, la dot reçue par le mari devait être restituée, à la dissolution du mariage, et par conséquent en cas de divorce; mais en ce cas le mari ne rendait, après tout, que ce qu'il avait reçu, et d'ailleurs la dot de la femme pouvait être nulle ou de peu de valeur. Chez les Juifs, au contraire, le mari devait prendre sur ses biens pour payer la somme convenue; cette somme était fixe et ne pouvait descendre au-dessous d'un certain *minimum*. Enfin, lors même que le mari était insolvable, il n'en restait pas moins débiteur. La femme se trouvait donc efficacement protégée dans tous les cas.

A côté de la dot constituée par le mari, la femme, avons-nous dit, peut avoir des biens propres. Nous avons vu que les filles héritent, à défaut de fils. Il est même d'usage, lorsqu'elles sont mariées par leurs parents, qu'elles reçoivent de ceux-ci une dot qui leur tient lieu de l'héritage, et cette dot est, en général, du dixième des biens du

père et de la mère. Elles peuvent avoir aussi des paraphernaux. Comme la *khetouba,* la dot est administrée par le
mari pendant toute la durée du mariage, et doit être restituée par le mari au moment où le mariage se dissout. La
restitution de l'une comme de l'autre est garantie par une
hypothèque légale sur les biens du mari. La femme est
propriétaire des biens dotaux, mais elle ne peut les aliéner.
Le mari non plus ne peut aliéner son droit de jouissance
ni sur les biens dotaux, ni sur les paraphernaux. Au point
de vue social et économique, cette dot provenant du père
et de la mère est certainement devenue la plus importante,
mais, au point de vue juridique, l'importance appartient à
la *khetouba,* car celle-ci est l'élément essentiel et constitutif
du mariage.

Les fiançailles sont l'acte qui se passe entre les parents
de la fille et le futur époux. C'est l'acte par lequel les parents donnent la fille. Il en était de même à Rome et chez
les Grecs. Chez les Juifs, les fiançailles devaient précéder
la noce, de douze mois au moins si la fiancée était fille,
d'un mois seulement si elle était veuve. On n'aperçoit, au
surplus, aucune différence entre le droit israélite et les
autres législations de l'antiquité en ce qui concerne les
effets des fiançailles. C'est à tort que M. Rabbinowicz voit
ici une institution particulière au peuple juif. Il se fonde
sur ce que l'adultère de la fiancée était puni comme celui
de la femme mariée, mais il en était de même à Rome[1], et
l'on peut ajouter, partout.

La *khetouba* elle-même ne resta pas toujours étrangère
aux mœurs romaines. Elle s'y introduisit par l'usage, sous
le nom de *donatio ante nuptias;* seulement elle y fut considérée surtout comme un gain de survie, équivalent à la
dot apportée par la femme, une sorte de contre-dot. Justi-

---

[1] Divi Severus et Antoninus rescripserunt etiam in sponsa hoc idem vin-
dicandum, quia neque matrimonium qualecumque nec spem matrimonii vio-
lare permittitur. (D. 1. 13, § 3, *ad legem Juliam De adulteriis coercendis.*
Ulpianus, libro secundo *De adulteriis.*)

nien explique parfaitement que cette institution était absolument inconnue des anciens jurisconsultes, qu'elle fut introduite assez tard par les empereurs[1]. On s'est souvent demandé d'où venait cet usage, et comment, à partir du IIIe siècle, il s'était répandu dans l'empire romain. On a essayé de le rattacher aux clauses de style insérées dans les testaments romains au sujet de la restitution de la dot. Mais cette explication, quoique juste en elle-même, ne rend pas compte de l'étrange phénomène dont nous parlons. On est toujours fondé à demander comment les Romains, à un certain moment, sont arrivés à concevoir une idée qu'ils n'avaient jamais eue auparavant. Ne peut-on pas supposer qu'en cette matière, comme en mainte autre, il y a eu réaction du droit provincial sur le droit de la métropole, du droit des Juifs et de tous les Orientaux sur le droit des Romains[2]? Il faut se rappeler que les communautés juives étaient répandues dans tout l'empire, même dans les provinces occidentales, telles que la Gaule et l'Espagne, et que, d'après des témoignages contemporains, la loi juive faisait de nombreux prosélytes[3]. Cette expansion fut d'ailleurs singulièrement favorisée par le christianisme. De la loi de Moïse et de la Mischna, la *khetouba* passa dans le droit canonique. Un canon du concile d'Arles, recueilli

[1] Justinien, *Institutes, De donationibus,* 3 (II, 7) : Est et aliud genus inter vivos donationum, quod veteribus quidem prudentibus penitus erat incognitum, postea autem a junioribus divis principibus introductum est, quod ante nuptias vocabatur.

[2] Mühlenbruch exprime déjà cette idée dans une note de son édition des *Antiquitates romanæ* de Heineccius (1841, p. 402).

[3] Sur l'infiltration du judaïsme dans l'empire romain, on peut lire le savant ouvrage de M. Derenbourg : *Essai sur l'histoire et la géographie de la Palestine d'après les Thalmuds et les autres sources rabbiniques* (Paris, 1867, p. 332); et ceux de M. F. Delaunay : *Moines et Sibylles dans l'antiquité judéo-grecque,* et *Philon d'Alexandrie.* On se rappelle les vers de Juvénal (XIV, 100) :

Romanas autem soliti contemnere leges,
Judaicum ediscunt et servant et metuunt jus
Tradidit arcano quodcumque volumine Moses.

dans le Décret de Gratien, porte expressément : *Nullum sine dote fiat conjugium.* Il est vrai que la Mischna et le Thalmud permettent à la femme de provoquer le divorce, et lui donnent ainsi, quoique dans une mesure restreinte, un droit qui jusque-là n'appartenait qu'au mari; mais ce n'était pas du côté de la femme que l'abus du divorce était à craindre, et d'ailleurs la *khetouba* jouait encore ici le même rôle, puisque la femme qui demandait le divorce renonçait par là même à sa *khetouba.*

Si nous avons insisté sur ce point, c'est que le moment est peut-être venu d'analyser la législation romaine et de dégager les éléments d'origine étrangère qui sont venus s'y fondre et s'y absorber. On peut aujourd'hui mesurer, grâce aux récentes découvertes de l'épigraphie, l'influence de l'élément hellénique. Les papyrus égyptiens, le coutumier syriaque dont l'Académie de Berlin a publié en 1880 le texte et la traduction, nous ont montré la persistance des anciennes législations dans les provinces, même après l'É-dit de Caracalla qui avait donné à tous les habitants de l'empire le titre de citoyens romains. Quant à la loi mosaïque, elle n'a jamais joué le rôle d'une coutume provinciale, mais elle a pénétré partout, grâce aux idées morales et religieuses qui lui servaient de véhicules. Nous possédons encore un petit écrit qui date de la fin du IVe siècle, et qui fut sans doute assez répandu, car on en connaît trois manuscrits, d'origine différente. Il est intitulé *Lex Dei;* les éditeurs modernes l'ont appelé plus justement *Collatio le-gum mosaicarum et romanarum.* Les textes du Pentateuque y sont mis en regard de ceux des jurisconsultes romains. L'auteur n'ajoute aucune réflexion, mais le choix et la disposition de ces textes montrent bien quelles sont ses préoccupations et ses tendances.

Toute atteinte portée à un droit constitue un dommage et donne lieu à une action. C'est par application de ce principe que la Mischna, après avoir traité du mariage, fait entrer sous la rubrique *Des dommages* tout le reste du droit civil. Cette idée est, en général, celle des anciens législateurs, et il faut convenir qu'elle se présente naturellement à l'esprit. C'est la conception concrète du droit. Pour arriver par abstraction à définir la propriété et les contrats, pour distinguer et classer les diverses espèces d'obligations il a fallu un long travail, qui n'a été accompli que par la philosophie grecque et la jurisprudence romaine.

Nous n'entreprendrons pas d'exposer la théorie thalmudique des dommages. Elle est fondée tout entière sur des distinctions d'une subtilité toute scolastique et souvent puérile. Par exemple, les rabbins distinguent quatre sortes de dommages dont la responsabilité incombe au propriétaire de l'objet qui a été la cause ou l'occasion de l'accident. Ce sont les dommages causés ou occasionnés par un bœuf, par une fosse, par la dent d'un animal domestique, ou par le feu. Au sujet du bœuf, on distingue s'il a frappé avec la corne ou avec le pied. On distingue encore si l'animal est inoffensif de sa nature, ou s'il est malfaisant. Dans le premier cas, le propriétaire ne paie que la moitié du dommage; dans le second cas, il répond du dommage en entier. On distingue encore, lorsque le dommage est amené par plusieurs causes, quelle est la part de responsabilité qui appartient à chacune d'elles. En cas de faute commune, on essaye de déterminer pour quelle part le réclamant ne peut s'en prendre qu'à lui-même. L'erreur des rabbins est d'avoir voulu prévoir tous les cas, et poser pour tous des règles précises, inflexibles, obligatoires pour le juge, comme si l'infinie variété des faits pouvait se plier à un pareil procédé. Mais si on laisse de côté cette prétention législative, si on consent à ne voir dans l'œuvre des rabbins qu'un recueil d'observations, et, comme nous dirions aujourd'hui, une série d'espèces, on ne peut s'empêcher d'admirer la finesse des analyses et l'équité des solutions. Par exemple, pour les coups et blessures, les rabbins substituent au talion de la loi mosaïque un tarif d'indemnités pécuniaires. Le calcul de ces indemnités comprend cinq éléments. Le coupable paiera d'abord pour le dommage, puis pour la douleur, pour les frais de la guérison, pour l'empêchement de travail, et enfin pour la honte. M. Rabbinowicz remarque à ce sujet l'adoucissement des mœurs et la mansuétude de la répression rabbinique. Sans contester cette observation, nous croyons qu'il faut aussi tenir compte d'une autre circonstance dans l'appréciation du même fait. C'est qu'au temps de la Mischna et du Thalmud les tribunaux juifs n'ont plus qu'une existence précaire et une juridiction restreinte. Ils ont perdu le *jus gladii*. Ce sont plutôt des arbitres que des juges[1].

Lorsqu'il s'agit non plus de dommages-intérêts, mais de restitutions, la Mischna et le Thalmud posent un principe qu'il est plus difficile de justifier. Le voleur doit restituer la chose volée selon la valeur qu'elle avait au moment du vol. Si elle a augmenté de valeur depuis le vol, c'est au voleur que profite la différence. Mais l'usurpateur d'un immeuble, ou même le tiers qui s'est rendu acquéreur de l'immeuble, usurpé doivent le rendre en l'état où il se trouve, sans pouvoir retenir les impenses qu'ils ont faites.

La Mischna consacre tout un chapitre aux trouvailles. En général, elles doivent être publiées et les objets trouvés doivent être rendus, à moins qu'il n'y ait présomption de renonciation de la part de l'ancien propriétaire. Cette distinction s'applique même aux actes qui constatent des obligations et qui ont été égarés soit par le créancier soit par le débiteur.

Jusqu'ici la Mischna s'est occupée des dommages causés en dehors de tout contrat. Elle passe ensuite aux dommages résultant de l'inexécution des contrats, et se trouve ainsi conduite à analyser les contrats eux-mêmes. Ce sont

---

[1] Je ne sais sur quoi se fonde M. Rabbinowicz pour soutenir que le Thalmud est la seule législation de l'antiquité qui se soit occupée des dommages causés par les animaux. La vérité est qu'il n'y en a pas une où ce sujet ne soit traité en grand détail. Pour ne parler que du droit romain, ne trouve-t-on pas aux Instututes un titre *Si quadrupes pauperiem fecerit?*

d'abord le dépôt, qui, dans le droit israélite comme dans le droit hindou, comprend le prêt à usage et le louage d'objets mobiliers[1]. Viennent ensuite la vente, le louage et le gage.

La vente est soumise à des règles différentes suivant que l'objet vendu est un meuble ou un immeuble. Dans le premier cas, le contrat devient irrévocable, et la propriété est définitivement transférée non par le paiement du prix, mais par la mainmise de l'acheteur sur l'objet vendu. Cette appréhension, *meschikhah*, se manifeste ordinairement par le déplacement de l'objet, et l'on admet qu'elle peut s'effectuer d'une manière symbolique. Ce n'est pas une tradition, car le concours du vendeur n'est nullement nécessaire. Le vendeur serait à la merci de l'acheteur s'il ne prenait pas la précaution de se faire payer comptant, et encore est-il tenu de rendre le prix si l'acheteur se rétracte avant d'avoir fait la *meschikhah*. Il n'a qu'un moyen de rendre la vente irrévocable, c'est de transformer la vente en échange, par la substitution d'un objet quelconque au prix. Si l'acheteur y consent, le vendeur fait alors la *meschikhah* sur l'objet donné en échange, tandis qu'il ne pourrait pas la faire sur le prix.

En matière mobilière, l'acheteur et le vendeur peuvent réclamer la rescision pour lésion de plus d'un sixième de la valeur, à condition que cette valeur soit de quatre *dinars* au moins. La loi ne fixe pas de délai pour le vendeur. Quant à l'acheteur, on lui laisse seulement le temps d'aller montrer l'objet à un marchand, ou à un parent, pour avoir leur avis. Il y a lieu, au choix du demandeur, soit à la rescision de la vente, soit à l'augmentation ou à la diminution du prix.

En ce qui concerne la vente des immeubles, les règles

---

[1] La loi établit ici une échelle de responsabilité à trois degrés, qui rappelle la théorie des fautes du droit romain. Au premier degré le dépositaire gratuit; au second le dépositaire salarié et le locataire; au troisième l'emprunteur.

sont toutes différentes. Ici la translation de propriété est effectuée, soit par le paiement du prix, soit par la remise de l'acte à l'acquéreur, soit enfin par la *hazakah*, c'est-à-dire par la possession de trois ans, ou bien encore par la reconnaissance contradictoire des limites et des bornes. On voit par le Thalmud qu'il était d'usage de différer le paiement du prix jusqu'à ce dernier moment, pour laisser aux prétentions des tiers le temps de se produire. Quant à l'obligation de garantie, elle était habituellement stipulée par une clause expresse de l'acte de vente. On trouve aussi la trace d'un droit de retrait introduit au profit des voisins.

Les dispositions prohibitives de toute espèce d'usure sont rattachées par la Mischna à la matière de la vente, sans doute parce que la vente est l'élément le plus ordinaire des combinaisons qui peuvent être imaginées pour éluder la prohibition. Quant au louage, la Mischna distingue et étudie séparément le louage d'ouvrage, le contrat de transport terrestre ou maritime, le louage des maisons et celui des terres, qui se fait en général à part de fruits.

Après le louage vient le gage, qui se produit, pour les immeubles, sous la forme de l'antichrèse, et peut être conventionnel ou judiciaire.

La Mischna revient ensuite aux dommages causés en dehors d'un contrat, et elle examine le cas de ruine d'une maison et celui d'effondrement d'un terrain, puis les rapports qui naissent de la mitoyenneté, du voisinage et de l'indivision, et les distances légales pour les plantations et constructions, pour le forage des puits, pour l'établissement des colombiers, des tanneries, des cimetières. Un très long chapitre fait connaître en détail l'institution de la *hazakah* ou prescription de trois ans, laquelle s'applique non seulement à la propriété mais encore à l'usage et aux servitudes. Les quatre chapitres suivants contiennent des règles pour l'interprétation des clauses habituellement exprimées dans les actes de vente, ce qui conduit à parler de la vente à la mesure et des enclaves.

Enfin les trois derniers chapitres traitent des successions et de la rédaction des actes. Rien n'est changé à l'ordre de succession tracé par Moïse; seulement il est spécifié que le droit d'aînesse s'exerce sur les biens du père et non sur ceux de la mère. On commence à soutenir que dans la succession de la mère les filles sont appelées au même rang que les fils, et quoique cette opinion ne soit pas suivie, elle n'en révèle pas moins la tendance nouvelle. Moïse n'avait pas parlé de la succession donnée au père. La Mischna et le Thalmud comblent cette lacune. Moïse n'avait pas parlé non plus du testament. La Mischna l'introduit, sans le soumettre à aucune forme. Un simple écrit, même une simple déclaration verbale, suffisent. Pour les donations entre-vifs, au contraire, un acte est nécessaire.

En ce qui concerne les actes, la Mischna établit quelques règles importantes, conformes d'ailleurs à la pratique des Grecs. Elle distingue l'écrit ordinaire, non solennel, non passé en présence de témoins, et l'acte de prêt passé devant témoins. Ce dernier est exécutoire par lui-même, et emporte hypothèque avec droit de suite sur tous les immeubles qui appartiennent au débiteur, au jour où l'acte est passé. La publicité donnée à l'acte par la présence des témoins est considérée comme suffisante pour avertir les tiers. Les parties doivent être capables, c'est-à-dire âgées de plus de vingt ans. La caution ne peut être poursuivie qu'après le débiteur principal. Enfin les héritiers ne sont tenus des dettes de leur auteur que sur les immeubles.

Viennent en dernier lieu les lois sur le serment, l'organisation judiciaire et la procédure. En général le serment n'est prêté que par le défendeur. Toutefois, et par dérogation à la loi mosaïque, les rabbins spécifient certains cas où le demandeur sera cru sur son serment. En matière de procédure, nous relèverons principalement la procédure d'exécution sur les biens. Le débiteur à terme échu a, pour se libérer, un délai de quatre-vingt-dix jours, après les-

quels le créancier se présente au tribunal et échange son
titre contre un titre de saisie. Il échange ensuite l'acte de
saisie contre un acte d'occupation, et enfin l'acte d'occupation contre un acte de délivrance sur estimation.

Les deux premières et les deux dernières parties de la
Mischna et du Thalmud sont, comme nous l'avons déjà
dit, des rituels. On y trouve cependant encore quelques
règles de droit qui ne sont pas sans importance. Ainsi un
chapitre spécial nous montre les efforts faits par les rabbins pour éluder la prescription de l'année sabbatique.
D'après la Mischna, cette prescription ne s'applique ni
aux marchandises achetées à crédit, ni aux salaires des
ouvriers, ni aux amendes, ni aux obligations imposées par
les tribunaux. En conséquence, pour échapper à la prescription, le créancier n'a qu'à remettre son titre au tribunal, qui lui donne en échange un titre judiciaire appelé
prosboul[1]. Cette invention est attribuée au célèbre Hillel,
contemporain du Christ. On voit dans un autre passage
que la *hazakah,* ou prescription de trois ans, ne court pas
contre les mineurs, et peut être interrompue par une demande en justice.

Les lois rabbiniques sont souvent comparées dans le
Thalmud aux lois romaines, plus souvent aux lois persanes.
L'influence grecque s'y fait souvent sentir, et se trahit par
le langage. Ainsi l'on rencontre à chaque pas des termes
tels que ἐπίτροπος, ὑποθήκη, διαθήκη, ὑπαρχία, σιτώνης, ἰδιώτης. On
regrette que les rédacteurs de ce recueil n'aient pas fait
une part plus large aux faits qu'ils avaient sous les yeux,
et ne nous apprennent que peu de chose sur ce qui se passait de leur temps dans l'empire romain. Il semble que ces
hommes vécussent dans l'abstraction et ne sussent pas
regarder autour d'eux. La trame de l'argumentation scolastique n'est cependant pas si serrée qu'elle ne laisse place
de temps en temps à un récit, à une anecdote, à un bon

[1] Le mot paraît d'origine grecque : πρὸς τὴν βουλήν.

mot. Voici entre autres une petite histoire qui vaut la peine d'être relevée comme trait de mœurs. Hanan le méchant a donné un soufflet. Le battu demande justice. On se présente devant Rab Houna, qui prononce une amende de la moitié d'un *zouze*. Hanan n'a pas de monnaie. Il tâche de changer un zouze, mais la pièce est un peu usée et personne ne veut la prendre. Que faire alors? Hanan prend résolûment son parti. Il donne un second soufflet à son adversaire et lui remet le zouze entier [1]. N'est-ce pas là un homme bien avisé et entendant les affaires? Il connaît le prix de l'argent et n'en veut rien perdre.

Toutes les histoires qu'on trouve dans le Thalmud ne sont pas aussi gaies. La guerre d'extermination, la conquête romaine, et les malheurs qui les ont accompagnées ont laissé des traces profondes dans la mémoire des Juifs. Le Thalmud parle des assassins païens, qu'il appelle *sikarikon*, qui s'emparaient des propriétés de leurs victimes [2]. « Quand la guerre cessa, on établit les lois suivantes : Si un individu a acheté d'abord de l'assassin, puis du propriétaire dépossédé, la vente est nulle, mais s'il a acheté d'abord du propriétaire dépossédé, puis de l'assassin, la vente est valable. » D'après une loi postérieure, les ventes faites par un *sikarikon* sont confirmées, mais à condition, par l'acquéreur, de payer au véritable propriétaire un quart de la valeur de l'immeuble. On admet aussi que, pendant douze mois à partir de toute vente faite par un *sikarikon*, le propriétaire dépossédé aurait le droit de rachat. C'est par des mesures de ce genre qu'on avait procédé à Éphèse et dans toute l'Asie après la guerre de Mithridate. Il n'y a pas d'autre moyen de réparer les désordres amenés par les guerres et les révolutions.

Nous devons signaler encore quelques indications très

[1] T. II, p. 169 de la traduction de Rabbinowicz.
[2] T. I, p. 385.

D.

intéressantes au sujet du droit commercial et maritime.
Les Juifs n'ont jamais été un peuple navigateur, mais ils
faisaient des affaires avec des gens de mer, surtout à Babylone. Ainsi il est question dans le Thalmud de discussions
relatives au fret d'un navire [1], au jet et à la contribution [2].
Dans ce dernier cas, on prend en considération le poids et
non la valeur des objets qu'il faut jeter à la mer pour
sauver le navire. Du reste, ajoute le Thalmud, on suivra
les usages des marins. Mais voici le texte le plus curieux :
« Les marins peuvent convenir entre eux que, si l'un d'eux
perd son navire, on lui en construira un autre. » L'obligation doit être exécutée toutes les fois que le marin perd
son navire sans sa faute. Elle cesse si le marin a perdu son
navire par sa faute, ou encore s'il l'a perdu à une distance
où les navires ne vont pas d'ordinaire. Voilà bien l'assurance maritime, et l'on peut ajouter qu'on n'en connaît
pas d'exemple plus ancien. Chez les Grecs le contrat à la
grosse en tenait lieu.

Nous terminerons par un spécimen de subtilité rabbinique. Rab Saphra se présente chez Rab Joseph pour toucher de l'argent, au nom de Rabbi Abba, créancier de
Joseph. — « As-tu un reçu de Rabbi Abba? » lui demande
Rabba, fils de Joseph. — « Non, » répond Rab Saphra. —
« Va donc chercher le reçu, » reprend Rabba ; puis, se ravi-
sant : « Non, ce reçu même ne vaudrait rien, car, avant
que tu sois de retour ici, Rabbi Abba peut mourir, et alors
l'argent appartiendra à ses héritiers. En payant à toi nous
engagerons notre responsabilité. » — « Que faire alors? » dit
Rab Saphra. — « Va chez Rabbi Abba, dit Rabba, et dis-lui
qu'il te vende cet argent en même temps qu'un immeuble,
alors l'argent t'appartiendra et tu pourras nous écrire un
reçu [3]. »

---

[1] T. III, p. 350.
[2] T. II, p. 489.
[3] T. II, p. 426; T. III, p. 219.

Pour comprendre cette petite histoire, il faut remarquer que l'acheteur d'un objet mobilier n'en devient propriétaire que par la *meschikhah,* c'est-à-dire par l'appréhension. Dans l'espèce proposée, Rab Saphra ne pouvait donc pas devenir propriétaire de l'argent, puisque cet argent était entre les mains d'un tiers, qui refusait de s'en dessaisir en d'autres mains que celles du propriétaire. Rab Saphra n'aurait donc rien gagné à se faire vendre l'argent par Rabbi Abba. Mais quand un meuble se trouvait compris dans la vente d'un immeuble, la propriété du tout était acquise, sans *meschikhah,* par le seul fait de la signature de l'acte. La difficulté juridique se trouvait ainsi écartée. Reste à savoir si le procédé était pratique. Il est permis d'en douter.

III.

LE DROIT MUSULMAN.

L'intérêt qui s'attache à l'étude du droit musulman n'est pas purement scientifique. La plupart des nations européennes ont aujourd'hui des sujets musulmans et ont dû leur laisser leur loi, au moins en ce qui concerne la constitution de la famille. Là même où l'on abrogeait la loi musulmane, il a fallu se rendre compte de l'ordre de choses introduit depuis plusieurs siècles par cette loi. C'est ce qu'ont entrepris les Anglais dans l'Inde, les Hollandais à Java les Russes dans la Transcaucasie, les Français enfin en Algérie, au Sénégal et même à Pondichéry. Les savants français ont poursuivi les mêmes recherches dans l'empire ottoman et la Perse. Grâce à ces grands travaux, on peut embrasser aujourd'hui et saisir le droit musulman dans son ensemble [1].

---

[1] Les principaux codes publiés ou traduits sont les suivants : 1º pour l'Inde anglaise, *Hidayat* ou *Guide,* traduit en anglais par Hamilton en 1791 (2º édition en 1870), et pour l'Inde française, *Leçons de droit musulman,* par L. de Langlard, Pondichéry, 1887; 2º pour les colonies hollandaises, *Firou-zabadsi* (mort en 1083), traduit en hollandais par Keyzer sous le titre de *Handboek voor het mohammedaansche Recht,* La Haye, 1853; *Précis de juri   udence musulmane,* par Abou Chodja (xiº siècle), texte et traduction en français par Keyzer, Leyde, 1859; *Minhadj at Talibin, Le guide des*

Nous disons le droit musulman, car, à vrai dire, il n'y en a qu'un pour toutes les populations qui suivent la religion de l'Islam, quelle que soit d'ailleurs leur origine. Sans doute, il s'est fait dans chaque pays, après la conquête musulmane, une réaction locale dans le sens des anciennes coutumes, à Java par exemple et chez les Kabyles algériens. Sans doute encore, des principes entièrement étrangers au droit islamique se sont introduits par voie législative dans certaines contrées, comme dans l'empire ottoman, qui a fait de notables emprunts aux lois des populations vaincues; mais ce sont là des exceptions qui confirment la règle. Partout, depuis la Chine jusqu'au Maroc, le fond est identique. Même méthode, même terminologie. La forme elle-même varie peu, et dans tous les livres on retrouve constamment les mêmes matières traitées dans le même ordre.

Cette uniformité se comprend facilement pour les lois canoniques, qui ont un caractère religieux et absolu. Pour

---

zélés croyants, texte et traduction en français par Van den Berg, Batavia, 1882; grand et important ouvrage composé par El Nawawi, mort en 1298; 3º pour les possessions russes en Asie, Von Tornaw, *Das moslemische Recht aus den Quellen dargestellt,* Leipzig, 1855; 4º pour la Perse, *Recueil de lois concernant les musulmans schiites,* par A. Querry, consul de France à Tébriz, Paris, 1871-1872; 5º pour l'empire ottoman, Mouradjea d'Ohsson, *Tableau de l'empire ottoman,* 1786-1820; 6º enfin pour l'Algérie, le *Précis* de Khâlil, uléma égyptien, mort au XIVᵉ siècle de notre ère, traduit en français par Perron, Paris, 1848-1854, 6 vol. in-8º, et par Seignette, Constantine, Alger et Paris, 1878, 1 vol. in-8º. Les deux ouvrages les plus importants à lire pour l'intelligence de la législation musulmane sont : Von Kremer, *Culturgeschichte des Orients,* Vienne, 1875-1877, et Van den Berg, *Beginselen van het mohammedaansche Recht,* 2ᵉ édition, La Haye, 1878. Nous citerons encore, comme particulièrement intéressants au point de vue de l'Algérie, les ouvrages suivants : Sautayra et Cherbonneau, *Droit musulman, le statut personnel et les successions,* Paris, 1873; Hanoteau et Letourneur, *La Kabylie et les coutumes kabyles,* Paris, 1873; Zeys, *Cours élémentaire de droit musulman,* Alger, 1885; Kohler, dans la *Zeitschrift für die vergleichende Rechtswissenschaft,* 1886; Nauphal, *Cours de droit musulman,* Pétersbourg, 1886. Ebn Hacem, cadi de Grenade, mort en 1426, a composé un Manuel de jurisprudence en vers, traduit en français par Houdas et Martel, Alger, 1882-83.

tout ce qui concerne les purifications et ablutions, la prière, la dîme, le jeûne, le pèlerinage, la retraite spirituelle, les jurisconsultes de l'Islam trouvaient des règles posées dans le Coran. Ils ne pouvaient s'en écarter, ils n'ont eu qu'à en régler l'application et la casuistique. Mais il n'en était pas de même des lois civiles. Le Coran ne contenait sur ce sujet que des indications incomplètes, vagues, parfois contradictoires. C'est sur cette base un peu étroite que le droit musulman s'est édifié dans les deux premiers siècles de l'hégire, non par voie législative, mais par l'autorité toute scientifique des docteurs et professeurs de l'Islam. Les quatre plus renommés, Abou Hanifat (mort en 767 à Bagdad), Malek (mort en 795 à Médine), Chaféi (mort en 819 au Caire) et enfin Hanbal (mort en 855 à Balch, en Arabie), ont créé le droit musulman, comme avant eux Sabinus et Labéon avaient créé le droit romain. Chacun d'eux a fait école. Rome avait eu les Sabiniens et les Proculéiens. L'Islam a eu les Hanéfites, les Malékites, les Chaféites et les Hanbalites, tous également orthodoxes et ne différant entre eux que par des vues, plus larges chez les Hanéfites, plus timides et plus esclaves de la lettre chez les autres. Nous ne parlons pas des Schiites qui se sont placés en dehors de l'orthodoxie musulmane et qui ont aussi créé une jurisprudence à peu près identique à la jurisprudence orthodoxe. Enfin, et par un dernier rapprochement, ce grand mouvement s'est terminé chez les Arabes comme à Rome. A un certain moment, la création s'est arrêtée et la stérilité est venue. On ne s'est plus occupé que de fixer par écrit la tradition de l'enseignement oral laissé par les grands jurisconsultes. Puis ce travail même a cessé, et ce sont les gouvernements européens qui, dans un intérêt à la fois scientifique et politique, ont ravivé le flambeau prêt à s'éteindre.

A quelles sources les jurisconsultes de l'Islam avaient-ils puisé leurs doctrines? Le Coran, la tradition, les anciennes coutumes arabes, leur fournissaient quelques éléments,

mais rien qui ressemblât à une science, à une théorie. On
a prétendu qu'ils avaient beaucoup emprunté au droit
romain, et il est certain que les relations des Arabes avec
l'empire grec ont dû répandre parmi les savants arabes la
connaissance des lois romaines, codifiées par Justinien.
Des manuels de droit romain avaient été écrits en syriaque, et continuèrent de servir à l'administration de la
justice entre les chrétiens de Syrie après la conquête de
cette province par les Musulmans. Il est vrai encore que
certaines théories des jurisconsultes musulmans présentent de l'analogie avec les idées romaines. Toutefois il faut
prendre garde de se laisser entraîner par quelques ressemblances extérieures, et de négliger les différences fonda-
mentales. Le droit romain est un droit essentiellement for-
maliste, et c'est même en cela qu'il a son originalité et sa
force. Au contraire, le droit musulman se distingue par le
mépris de la forme. Tout y est abandonné à la volonté des
parties, au hasard des circonstances, à la prudence du
juge. Quant au fond même des institutions, il nous révèle,
chez les Arabes, une civilisation encore primitive, qui n'a
rien de comparable à la civilisation raffinée de l'empire
romain. L'édifice élevé par les jurisconsultes arabes a pour
base l'ancien droit national, corrigé et amélioré en beaucoup de points par Mahomet, et développé par l'introduction de certains éléments empruntés au judaïsme et même
au christianisme. Si, dans la création du droit musulman,
l'Occident a exercé quelque influence, c'est par le droit
canonique et non par le droit civil[1].

---

[1] N. Caussin de Perceval : *Histoire des Arabes avant l'islamisme,* 1847.
Les coutumes préislamiques présentent la plus grande analogie avec celles
des peuples de la race indo-européenne. Sans parler du matriarchat qui paraît
avoir été partout la forme primitive de la famille (Wilken, *das Matriarchat,
bei den alten Arabern,* 1884 ; Smith, *Kinship and marriage in early Ara-
bia),* M. Seignette signale chez les anciens Arabes la puissance paternelle
absolue, le testament par une sorte d'adoption réciproque, l'esclavage pour
dettes, la solidarité active et passive de la tribu en ce qui concerne le prix du
sang (*Introduction,* p. 27-48).

Il faut donc étudier le droit musulman en lui-même et remonter aux principes fondamentaux qu'il pose ou plutôt qu'il suppose, car il n'en a pas toujours clairement conscience. Nous essayerons d'en mettre en lumière quelques-uns, les plus caractéristiques, sans entrer dans des détails qui nous conduiraient trop loin.

L'exposition du droit civil commence par les contrats, et spécialement par la vente. C'est à propos de la vente que les jurisconsultes musulmans posent les règles dont l'ensemble constitue la théorie des obligations. Les obligations, pour eux, sont de trois sortes. Les premières naissent indépendamment de la volonté des parties, et dérivent soit d'un délit, soit d'une situation de fait. Les secondes naissent de la volonté d'une seule des parties, comme d'un vœu ou d'une pollicitation. Les dernières naissent de la volonté des deux parties, c'est-à-dire d'un contrat. Les éléments constitutifs du contrat sont exactement analysés en ce qui concerne l'objet, le consentement et la capacité. Toutefois il n'est pas question du quatrième élément distingué par le droit romain et par notre Code civil, et que nous appelons la cause.

C'est à cette occasion, et sous la rubrique de la capacité, que le droit musulman pose les règles générales relatives à l'état des personnes. La majorité commence, comme en droit romain, à la puberté, c'est-à-dire, en moyenne, à l'âge de quatorze ans, et la minorité se divise en deux périodes : dans la première, le tuteur agit seul, au nom du mineur; dans la seconde, c'est le mineur qui agit, avec l'assistance de son tuteur. A la différence du droit romain, il y a une incapacité spéciale qui frappe les faillis. Du moment où ils ont été déclarés tels par sentence du juge, ils ne peuvent plus s'obliger au préjudice de la masse. Quant à l'étranger, c'est-à-dire à l'infidèle, car les musulmans, à quelques nations qu'ils appartiennent, ne sont jamais étrangers entre eux, il ne peut ni acquérir de terres, ni posséder d'esclaves musulmans.

Tous les contrats, pour emprunter le langage des Romains, sont réels ou consensuels. Le droit musulman ne connaît pas de contrat formel analogue à la stipulation romaine ou à l'obligation littérale. Il n'admet pas la lettre de change. Il n'exige même la rédaction d'un écrit ou la présence de témoins que pour deux contrats d'une importance particulière, le mariage et la vente avec livraison à terme (*salam*).

Une autre distinction, sur laquelle on n'a pas insisté, est celle des contrats révocables et irrévocables. Nous avons quelque peine à concevoir aujourd'hui un contrat révocable par la volonté d'une seule partie, et cependant, en étudiant les anciennes législations de l'Orient, on est arrivé à reconnaître que l'idée d'engagement irrévocable est relativement récente. Primitivement, le contrat n'obligeait les parties qu'autant qu'elles le voulaient bien. On trouve dans le droit musulman des traces nombreuses de cette conception. Ainsi, quoique la vente soit en général irrévocable, il y a cependant sept cas dans lesquels elle peut être révoquée par le simple changement de volonté d'une des parties. Par exemple, elle peut être révoquée tant que le vendeur et l'acheteur restent en présence l'un de l'autre. Le contrat de gage ne devient irrévocable qu'après la livraison du gage. Mais la commande d'ouvrage, la société, le mandat, le dépôt, le prêt à usage, la commandite, sont toujours et essentiellement révocables. La donation même est révocable, même après livraison de l'objet au donataire, excepté entre époux ou entre parents ou quand il y a un équivalent donné. Toutefois la révocation n'est permise que contre le donataire en personne et à la condition que l'objet donné soit encore en nature entre les mains du donataire.

Le premier des contrats, dans l'ordre suivi par les jurisconsultes musulmans, est la vente, ou plutôt le contrat générique qui consiste à donner une chose pour recevoir la même chose, ou un équivalent, *do ut des,* comme di-

saient les Romains. Ce genre comprend plusieurs espèces
qui sont : la vente proprement dite et l'échange, le change
de monnaies, la transaction, le louage, la vente à livrer
(*salam*), le prêt à usage et le mariage qui, dans les idées des
Arabes, n'était autre chose que l'achat d'une femme. La
vente à livrer (*salam*) est soigneusement distinguée de la
vente ordinaire, parce qu'elle constitue à peu près le seul
moyen de crédit reconnu par la loi. Le prix est payé d'a-
vance. L'objet vendu, qui consiste nécessairement en choses fongibles, n'est livré qu'à terme. C'est ainsi, et ainsi
seulement, qu'un cultivateur peut se procurer l'argent dont
il a besoin sans se dessaisir de sa terre, car l'hypothèque
n'existe pas ; la vente à réméré et l'antichrèse ne produi-
raient le même résultat qu'à la condition d'une relocation
à l'emprunteur, et mettraient ainsi ce dernier à la discrétion absolue du créancier. D'autre part, la loi musulmane
interdit le prêt sous quelque forme qu'il se déguise ; or les
interdictions de ce genre auraient infailliblement pour effet
de supprimer tout crédit et par suite tout commerce, si la
loi elle-même ne fournissait le moyen de les tourner. C'est
ainsi que notre ancienne jurisprudence, bien moins rigoureuse pourtant que la loi musulmane, car elle admettait
les intérêts moratoires, avait inventé la rente constituée.
Tel est le rôle du *salam* dans le droit musulman.

Les autres contrats n'offrent rien de remarquable. La
société est à peu près telle que les Romains la pratiquaient ; seulement les jurisconsultes musulmans ont créé
la commandite, comme contrat spécial et distinct. Ils n'admettent du reste ni la division du capital en actions, ni la
forme anonyme, ni même la solidarité, car les tiers n'ont
d'action que contre l'associé avec qui ils ont traité. On a
vu, d'ailleurs, que l'associé peut toujours renoncer à la
société. Ajoutons que les spéculations aléatoires sont interdites aussi rigoureusement que la stipulation d'intérêts, ce
qui exclut non seulement le contrat à la grosse, mais même

l'assurance. En revanche, les contrats agricoles, tels que le métayage et le jardinage, sont considérés avec faveur et réglés avec précision.

Un mot encore sur les contrats accessoires. Le cautionnement est toujours considéré comme un acte de bienfaisance. La loi permet de cautionner un débiteur, même malgré lui ou à son insu, mais en ce cas la caution n'a pas de recours contre le débiteur. Quant au gage, sa fonction originaire était de servir de preuve. « Si vous êtes en « voyage, dit le Coran, et que vous n'ayez pas d'écrivain, « au lieu d'un écrit prenez un gage. » Telle était aussi la fonction primitive des arrhes. Le gage et les arrhes servaient encore à transformer un contrat purement consensuel en un contrat réel et à lui donner ainsi plus de force, tout en consacrant pour chaque partie le droit de se rétracter et de briser le lien. Le gage, comme garantie de payement, ne procure pas au créancier de grands avantages, car l'objet engagé ne peut être vendu qu'avec le consentement du débiteur, à moins que ce dernier ne meure ou ne tombe en faillite.

Le droit musulman reconnaît et garantit la propriété. On trouve sans doute dans le Coran, comme dans la Bible, certaines expressions qui attribuent la terre à Dieu, mais c'est là une idée religieuse et nullement une règle de droit. Il en est ainsi, même pour la terre de conquête. Si elle a été enlevée aux vaincus, elle leur a été rendue à la seule condition de payer le tribut appelé *kharadj*, qui consiste d'ordinaire dans le cinquième des fruits. Les Romains avaient procédé de la même manière. Leurs jurisconsultes avaient même construit une théorie d'après laquelle le sol des provinces appartenait au peuple romain ou à l'empereur ; les habitants n'en avaient que la jouissance ou l'usufruit. Mais ce n'était là qu'une théorie purement spéculative ; au fond et dans la pratique, la propriété existait aussi bien dans les provinces qu'à Rome et dans l'Italie ; on voulait seulement justifier l'impôt foncier en l'assimilant à un fermage perpétuel[1].

Ici s'arrête, au surplus, la ressemblance des deux législations. Toutes les règles qui concernent la propriété et ses démembrements, les différentes manières d'acquérir, la distinction de la propriété et de la possession, tout cela, disons-nous, forme, en droit romain, un système bien ordonné, fondé sur une analyse savante et ingénieuse. Le droit musulman, au contraire, ne contient, sur ce sujet, que des règles éparses et incohérentes. Il ne reconnaît pas la possession comme un droit, et nous avons déjà dit qu'il n'admet pas l'hypothèque. Il ne parle de l'usufruit qu'à propos du droit de jouissance qui appartient au mari sur la dot. Il considère les servitudes comme une sorte d'association entre propriétaires. La seule théorie un peu complète est celle de l'usurpation, où l'on voit que le possesseur évincé rend les fruits dans tous les cas et ne peut, même s'il est de bonne foi, réclamer que les frais faits pour la conservation de la chose. Une institution fort importante est celle du *cheffa* ou retrait d'indivision, plus curieuse encore à étudier par ce qu'elle suppose que par ce qu'elle crée, car au fond c'est la sanction de la propriété collective, c'est-à-dire de la forme la plus ancienne du droit de propriété. Cette forme toutefois n'est pas la seule et ne se rencontre en fait que là où les Arabes se sont établis à l'état de tribus. Partout le droit musulman proclame le droit de l'occupation individuelle, fondé sur le travail. Défricher, c'est vivifier la terre morte, c'est créer la propriété, mais à condition qu'il ne se présente pas un ancien propriétaire, car le droit musulman ne connaît pas de prescription. La terre peut toujours être revendiquée, et entre plusieurs prétendants elle appartient à celui qui a le plus ancien titre, en remontant jusqu'à l'introduction de l'Islam. Ajoutons toutefois que l'ex-

---

[1] V. sur ces questions une thèse intitulée : *La propriété territoriale et l'impôt foncier sous les premiers califes. Étude sur l'impôt du Kharâg,* par Max Van Berchem, Genève, 1886.

trême difficulté de la preuve, dans une législation qui admet la maxime « Témoins passent lettres, » atténue ce qu'il peut y avoir de dangereux dans ce droit illimité de revendication. Les Malékites, et sur ce point il y a un texte positif de Khâlil, admettent la prescription par dix ans entre étrangers, par quarante ans entre parents, en limitant toutefois l'effet de cette prescription à une présomption de propriété qui s'efface devant la preuve contraire. Chez les Turcs, il y a une prescription de quinze ans qui est portée à trente-six ans au profit des établissements religieux et qui sans doute a été empruntée par eux à la législation de l'empire grec. Mais les Chaféites et les Schiites, fidèles aux anciens principes, n'admettent aucune prescription, ni à l'effet d'acquérir, ni à l'effet de se libérer.

Chez les Arabes, avant l'islamisme, le mariage se contractait généralement sous la forme d'une vente, et la femme était considérée comme faisant partie de l'héritage. Le mariage temporaire était même d'une pratique fréquente[1]. Mahomet a relevé la condition de l'épouse. D'après le Coran, la femme doit intervenir au contrat et donner son consentement, au moins tacite. C'est elle qui devient propriétaire du don nuptial. Pendant le mariage, elle conserve la jouissance de ses biens personnels, et n'est même pas tenue de contribuer sur ses biens aux dépenses du ménage. Elle n'est soumise à aucune autorisation du mari. Devenue veuve, elle est entretenue aux frais de la succession pendant une année, et recueille à titre héréditaire une portion des biens de son mari. Le Coran règle aussi les empêchements de mariage, entre parents et alliés jusqu'au troisième degré. Il ajoute un empêchement tout particulier résultant de la parenté de lait, jusqu'au deuxième degré. Enfin il réduit à

---

[1] Wilken, *Das matriarchat bei den Arabern*, d'après Ammien Marcellin, XIV, 4, et les anciens commentateurs du Coran. Mahomet paraît avoir toléré le mariage temporaire qui n'aurait été interdit que par le calife Omar. On trouve aussi chez les anciens Arabes des traces de polyandrie et de lévirat.

quatre le nombre des femmes légitimes. S'il admet le divorce, il permet aux époux divorcés de se réunir jusqu'à neuf fois, et il proclame en principe la perpétuité de l'union conjugale. Les Schiites ont conservé, il est vrai, le mariage temporaire, mais les Schiites sont hérétiques, et l'usage qui a prévalu chez eux ne peut être mis sur le compte du vrai droit musulman.

Les règles relatives à la filiation, à la tutelle des mineurs, à la condition des esclaves, sont nombreuses. La loi s'occupe aussi des absents, des enfants trouvés, et même des hermaphrodites. Nous signalerons seulement la disposition qui permet à l'esclave de contracter avec son maître un pacte de rachat. La femme esclave qui a un enfant de son maître devient libre à la mort de ce dernier. Le mariage des esclaves est reconnu par la loi et produit des effets civils. Le maître est responsable du dommage causé par son esclave, mais il peut se dégager de cette responsabilité par l'abandon noxal.

L'ordre de succession créé par Mahomet est une création originale. Il distingue deux classes d'héritiers. Les uns ont droit à une part légale, les autres sont appelés à l'hérédité tout entière, mais après prélèvement desdites parts. C'est par ce moyen, et en leur attribuant une part légale, que Mahomet a pu conférer aux femmes un droit de succession. Avant lui elles n'en avaient aucun. Ainsi la veuve prélève, suivant les cas, un quart ou un huitième, la mère un tiers ou un sixième, la grand'mère un sixième; la fille, la petite-fille, la sœur, ont droit à une moitié. Un droit semblable est conféré au mari, qui prend la moitié ou le quart suivant qu'il y a ou non des enfants communs, au père et à l'aïeul paternel, qui recueillent un sixième. Les plus proches excluent les plus éloignés dans la même ligne, et, si le total des parts dépasse l'unité, il y a lieu à réduction proportionnelle.

Après les héritiers à part légale viennent les héritiers simples, les descendants d'abord, puis les ascendants, puis les collatéraux agnats. Ils succèdent par tête, sans représentation, chaque degré excluant le suivant. Enfin, à défaut d'héritiers, la succession est dévolue au *beit el mâl,* c'est-à-dire au patrimoine des pauvres.

Quand une succession s'ouvre, on paye d'abord les frais funéraires, puis les dettes, mais jusqu'à concurrence de l'actif seulement. L'héritier n'est jamais tenu des dettes *ultra vires.* La responsabilité illimitée empruntée au droit romain par les législations qui en dérivent paraît avoir été une des singularités de l'ancienne Rome. Le décès produit ici le même effet que la faillite en ce qu'il rend toutes les dettes exigibles.

La loi permet le testament, mais s'il y a des héritiers *ab intestat,* le testateur ne peut disposer que d'un tiers de ses biens. Le legs ne peut être fait à un héritier, à moins que les autres héritiers n'y consentent. Aucune forme n'est prescrite. En général, la déclaration de dernière volonté est faite verbalement ou par écrit, en présence de deux témoins. La liberté de disposer se trouverait ainsi singulièrement réduite si la loi elle-même n'avait ouvert un moyen de tourner la prohibition en léguant la propriété à Dieu, avec réserve de la jouissance au profit de certaines personnes qui peuvent même être appelées dans un certain ordre, par voie de substitution perpétuelle. C'est ce qu'on appelle le *wakf* ou *habous.* Par ce moyen les femmes peuvent être écartées de la succession, et en fait c'est un expédient souvent employé. Le droit de succession des femmes n'est pas encore accepté dans tous les pays de l'Islam, et, au siècle dernier, les Kabyles de l'Algérie l'ont formellement aboli pour revenir à l'ancienne coutume qui ne donne à la femme que des aliments.

Le droit criminel des musulmans n'a guère plus qu'un intérêt historique; du moins il est abrogé dans tous les pays soumis à des nations européennes. On y reconnaît tous les traits caractéristiques du droit primitif. Avant Mahomet, le meurtre d'un homme était vengé par ses proches sur le meurtrier ou sur les parents du meurtrier jusqu'à la cinquième génération, c'est-à-dire jusque sur les parents issus du cinquième ascendant en remontant. En d'autres termes, c'était la guerre permanente entre les familles. Elle ne se terminait que par la conclusion d'un traité, après le paiement du prix du sang (*dia*). Le prix du sang était fixé par l'usage à dix chameaux. Il fut porté à cent chameaux dans le siècle qui précéda Mahomet.

Le premier pas dans l'évolution du droit criminel est la substitution de la peine à la vengeance privée, de l'ordre à la force. Le droit musulman a fait ce premier pas, mais sans pouvoir s'élever plus haut. Le meurtre volontaire est puni de mort, à moins que l'héritier du défunt n'accepte le prix du sang. S'il y a plusieurs héritiers, un seul peut forcer les autres à traiter. C'est le contraire de la loi athénienne, qui exigeait expressément l'unanimité. En cas de meurtre involontaire, le prix du sang ne peut être refusé, et le meurtrier a un délai de trois ans pour s'acquitter. Il y a deux sortes de meurtre involontaire, suivant que l'auteur du meurtre a fait plus qu'il ne voulait, ou n'a rien voulu. Dans le premier cas, le prix du sang est de cent chameaux femelles, ou de 1,333 dinars; dans le second, il est de cent chameaux dont quatre-vingts femelles, ou de 1,000 dinars.

La *dia* d'une femme est fixée à moitié, celle d'un païen à un quinzième. Quant à l'infidèle, c'est-à-dire au juif ou au chrétien, la *dia* est la même chez les Hanéfites, d'un tiers seulement chez les Chaféites. Elle est due par tous les parents du meurtrier, ou par tous les membres de la corporation à laquelle le meurtrier appartient. Si le meurtrier est inconnu, elle est payée par la commune, ou par le propriétaire du sol sur lequel le corps est trouvé.

Le prix du sang s'applique aussi aux simples blessures, d'après un tarif moins compliqué que celui des lois germaniques : la mutilation des deux bras ou des deux jambes donne lieu au payement intégral; pour un membre seulement, la moitié; pour un doigt, un dixième; pour une phalange, un trentième; pour une dent, un vingtième. Si la blessure a entraîné la paralysie, le tarif est de moitié du prix du sang.

Le meurtre et les blessures forment, dans toutes les législations anciennes, une classe particulière de crimes. Les autres infractions s'en distinguent en ce qu'elles ne donnent jamais ouverture au rachat. Les dispositions qui s'en occupent forment en quelque sorte la seconde couche du droit pénal. Nous en donnerons seulement quelques-unes. Le voleur, par exemple, est condamné à perdre pour la première fois la main droite, pour la seconde fois le pied gauche. A la troisième fois, il est mis en prison. De plus, il restitue la chose volée si elle est encore en ses mains, ou la valeur de cette chose si elle est passée aux mains d'un tiers. Si la valeur de la chose volée ne dépasse pas un dinar ou un quart de dinar, suivant les sectes, le voleur peut s'affranchir de toute peine en restituant. Pour le brigandage, la peine varie suivant la nature des faits commis; c'est la prison, la mutilation, le gibet ou la croix. La rébellion et l'apostasie sont punies de mort, et l'apostasie entraîne, en outre, la confiscation des biens. L'adultère est lapidé, mais la loi exige que le fait soit prouvé par la déposition de quatre témoins oculaires et par l'aveu du coupable, aveu non provoqué et trois fois répété. De plus, la loi porte en termes exprès que si le coupable, au moment de l'exécution s'élance hors de la fosse et prend la fuite, il ne sera point poursuivi. Enfin l'infraction à la défense de boire du vin est punie de quarante coups de fouet.

Ce chiffre de quarante coups de fouet est le minimum de la peine légale, mais, à la condition de ne pas atteindre ce chiffre, le cadi peut toujours faire administrer une correction corporelle pour tout fait qui, sans être expressément prévu par la loi, paraît cependant contraire à l'ordre pu-

blic. La correction peut être remise, à la prière de la par
tie lésée.

Il nous reste à dire quelques mots de l'organisation judiciaire et de la procédure. L'une et l'autre sont extrêmement simples. La justice est rendue, en tout pays musulman, par le cadi, c'est-à-dire par un juge unique, statuant
sans appel. Si le cadi est embarrassé, il peut consulter les
savants, les docteurs, mais c'est toujours à lui qu'appartient la responsabilité de la décision. Il est nommé par le
souverain et ne peut être destitué sans motifs. Du reste ses
jugements ne sont irrévocables que pour lui-même, et
peuvent être annulés par son successeur si celui-ci les
désapprouve, en sorte qu'à vrai dire la chose jugée n'existe
pas chez les musulmans. Quant à la procédure, elle est
une pour toutes les affaires civiles ou criminelles. Les
parties doivent comparaître en personne sur la citation
qui leur est donnée; elles s'expliquent verbalement, en
public, font leurs preuves, et le jugement est rendu en
général séance tenante. La partie qui ne comparaît pas,
sans avoir de juste motif d'excuse, peut être condamnée
comme si elle était présente. Enfin, dans tous les cas, le
cadi est investi d'un pouvoir en quelque sorte disciplinaire
et qui peut aller jusqu'à faire administrer trente-neuf
coups de fouet.

Les moyens de preuve reconnus par la loi sont au nombre de trois : l'aveu, les témoins et le serment. Les écrits
n'ont par eux-mêmes aucune valeur légale. Ce sont des
aveux ou des témoignages, et ils n'ont de force qu'autant
qu'ils sont reconnus et verbalement confirmés par les parties ou les témoins. Le témoignage lui-même ne fait pas
preuve d'une manière absolue et dans tous les cas. Il faut
qu'il soit donné par deux hommes, ou par un homme et
deux femmes. Le témoignage qui n'est donné que par un
homme doit être complété par le serment du demandeur.
Les témoins ne prêtent pas serment. Le faux témoin est
puni du fouet et de la prison par voie correctionnelle, et

condamné à des dommages-intérêts. Quant au serment de
la partie, il n'est admis qu'en matière civile, du moins en
général, car il peut être déféré en cas de vol, ou lorsque
l'accusateur peut remettre la peine, et alors même l'accusé
qui refuse le serment ne peut être condamné qu'à la restitution ou à l'indemnité pécuniaire. On trouve toutefois
des traces de l'institution des cojureurs. Chez les Schiites
notamment et chez les Kabyles, la preuve en matière criminelle peut être faite, tant pour l'accusation que contre
elle, par le grand serment, qui est prêté par cinquante
personnes pour le cas de meurtre volontaire et par vingt-
cinq personnes seulement pour le cas de meurtre involontaire[1]. En revanche, il ne paraît pas que les musulmans
aient jamais eu recours aux épreuves usitées au moyen-
âge comme jugement de Dieu.

Tels sont les caractères les plus saillants du droit musulman, tel qu'il nous apparaît dans les livres des grands
jurisconsultes de l'Islam. Ajoutons toutefois que la pratique
actuelle n'est pas toujours ni partout conforme à la théorie.
Sur plusieurs points la loi a pu être tournée, ou complétée
par l'usage. Certaines populations, comme les Kabyles, ont
été plus hardies et ont expressément abrogé des dispositions contraires à leurs habitudes, par exemple en ce qui
touche le droit de succession donné aux femmes. Toutefois
le droit musulman, dans ses grands traits, est encore aujourd'hui tel que l'avaient fait Hanifa et Malek, Chaféi et
Hanbal. Créé, il y a mille ans, pour une société relativement
peu avancée, réfractaire à toute transformation et à tout
progrès, à raison de la confusion qu'il établit entre la
loi civile et la loi religieuse, contraire aux principes les
plus certains de l'économie politique en ce qu'il proscrit
l'intérêt de l'argent, il est destiné à disparaître plus ou
moins rapidement devant la civilisation européenne. Déjà

[1] Chez les Musulmans d'Espagne, il fallait 12 témoins et 50 serments, d'a-
près Ebn Hacem. Les Chaféites admettent que les 50 serments peuvent être
prêtés par la même personne (*Minhadj at Talibin*, t. 3, p. 191).

même la pratique ne répond plus à la théorie, et, par exemple, la prohibition de l'intérêt ne sert aujourd'hui qu'à grossir les bénéfices des usuriers. Ce droit n'en mérite pas moins d'être étudié, et il a sa place dans l'histoire par ses imperfections mêmes, qui sont, en général, des traces du droit primitif, par l'originalité de ses conceptions théoriques, enfin, par la subtilité d'une casuistique poussée jusqu'au plus incroyable excès. Nous en donnerons un exemple emprunté au code schiite traduit par M. Querry :
« Si un infidèle, tirant un oiseau, se convertit, et que sa
« flèche atteigne et tue un musulman, ses parents infidèles
« ne seront point responsables, parce qu'il a atteint la vic-
« time après avoir embrassé l'islamisme. Ses parents musul-
« mans ne seront pas non plus responsables, parce qu'il
« était infidèle au moment où il a lancé la flèche. En con-
« séquence il sera seul personnellement responsable. » Le jurisconsulte examine ensuite le cas inverse, c'est-à-dire celui où le tireur, étant musulman au moment où il a lancé la flèche contre un oiseau, apostasie avant qu'elle ait atteint un musulman. Ici les opinions sont partagées. Les uns pensent que la solution doit être la même, et que les parents, infidèles ou musulmans, ne sont pas responsables; mais d'autres estiment que la responsabilité incombe aux parents musulmans, parce que l'apostasie entraîne la mort civile, et dès lors ouverture de la succession du meurtrier au profit de ses parents musulmans. Nous laissons au lecteur le soin de prendre parti sur cette grave et difficile question.

IV.

LES ANCIENS CODES BRAHMANIQUES.

La science du droit hindou a fait, depuis quelques années, des progrès remarquables [1]. Jusqu'à ces derniers temps on ne connaissait, en fait d'anciens textes brahmaniques, que le célèbre code de Manou et le code plus récent qui porte le nom de Yâjnavalkyia. Quant aux autres livres de droit on n'en pouvait lire que quelques fragments réunis en forme de Digeste par un savant indigène appelé Jagannâtha et traduits en anglais par Colebrooke, en 1801.

---

[1] *The sacred laws of the Aryas, as taught in the schools of Apastamba, Gautama, Vâsishtha and Baudhâyana, translated by Georg Bühler.* 2 vol. in-8°. Oxford, 1879-1882 (forment les tomes II et XIV de la collection intitulée *The sacred books of the East*, publiée sous la direction de M. Max Müller).

The Institutes of Vishnu, translated by Julius Jolly. 1 volume in-8°, Oxford, 1880 (forme le tome VII de la collection précitée).

The ordinances of Manu, translated by Burnell and Hopkins. London, 1884.

The laws of Manu, translated by G. Bühler. Oxford, 1886 (forme le tome XXV de la collection).

Yâjnavalkyia's Gesetzbuch, sanskrit und deutsch, von A. F. Stenzler. Berlin, 1849, 1 vol. in-8°.

The Institutes of Nârada, translated by Dr Julius Jolly. London, 1876. On annonce une seconde édition qui formera le tome XXXIII de la collection des *Sacred books of the East*.

Il n'en est plus de même aujourd'hui. En 1876, le docteur Jolly a publié une traduction anglaise des Institutes de Nârada, qui paraissent avoir été rédigées vers le ve ou vi[e] siècle de l'ère chrétienne. Plus récemment encore, le même savant a donné la traduction des Institutes de Vichnou, et le docteur Bühler celles des Institutes de Gautama, Baudhâyana, Vâsishtha et Apastamba. Ces cinq derniers ouvrages ont une très grande importance, car ils sont écrits en prose, à la différence des codes de Manou et de Yâjnavalkyia, et paraissent remonter à une antiquité plus reculée. M. Max Müller en place la rédaction entre l'an 600 et l'an 200 avant notre ère. Le code de Manou, dans sa forme actuelle, pourrait être mis à cette dernière date[1]. Celui de Yâjnavalkyia serait contemporain de Constantin. Hâtons-nous d'ajouter que toutes ces dates sont extrêmement conjecturales. Elles peuvent être adoptées provisoirement, parce qu'elles marquent l'ordre relatif des documents que nous avons aujourd'hui sous les yeux; mais il ne faut pas attacher à ces déterminations une valeur exagérée. En effet, les livres dont il s'agit ne sont pas des lois promulguées à certaines dates; ce sont des expositions destinées à l'enseignement, des recueils de règles traditionnelles qui peuvent remonter à une très haute antiquité, et, d'autre part, ils portent la trace de remaniements et d'interpolations faits pour dérouter toutes les recherches chronologiques. Ce qu'on peut tenir pour certain, c'est que nous possédons aujourd'hui une série de livres brahmaniques, où l'on suit le développement de la science du droit pendant une période de deux mille ans environ, dont l'ère chrétienne serait le point central. Ce n'est pas tout le droit qui a été pratiqué dans l'Inde, car l'expérience a révélé l'existence d'une infinité de coutumes locales, les unes antérieures à la conquête aryenne, les

---

[1] Suivant Bühler la date serait entre 200 av. J.-C. et 200 apr. J.-C. Suivant Burnell il faudrait la placer vers l'an 500 apr. J.-C.

autres appartenant à des populations d'origine aryenne, mais ayant échappé à l'influence brahmanique. Le gouvernement anglais s'occupe de faire recueillir et rédiger ces coutumes [1]. C'est seulement après ce travail terminé qu'on pourra se rendre un compte exact de la transformation opérée dans la civilisation des Hindous par le brahmanisme. Déjà cependant on peut s'en faire une idée; et le moment semble venu de réunir quelques données qui ne sont pas sans intérêt pour l'histoire générale du droit.

Lorsque les Aryas descendirent des montagnes du nord-ouest dans les plaines de l'Indus et du Gange, ils ressemblaient aux héros d'Homère. L'achat de la femme était la forme du mariage, et le droit criminel consistait tout entier en une série de compositions exactement tarifées d'après la gravité du dommage. Le prix du sang se payait en un certain nombre de vaches avec un taureau. Gautama ne connaît pas d'autre monnaie. Vichnou parle d'une certaine monnaie de cuivre; mais, chez lui, le tarif n'en conserve pas moins sa progression toute archaïque : « Si un homme lève la main pour frapper il payera 10; s'il lève le pied, il payera 20; s'il lève un bâton, 200; s'il lève une arme, 1,000. » L'organisation patriarcale de la famille ou tribu, la pratique de l'adoption, certaines mesures prises pour assurer une postérité fictive à l'homme mort sans laisser d'enfants, sont autant de traits caractéristiques de civilisation primitive. Les premiers codes hindous en constatent l'existence par le soin même qu'ils mettent à les supprimer ou à les modifier.

A la place de ces coutumes primitives, qui se retrouvent chez tous les anciens peuples indo-européens, les brahmanes ont fondé une législation toute religieuse. Elle prend l'homme au berceau et le conduit jusqu'à la tombe, en lui traçant ses devoirs à tous les âges et dans toutes les posi-

---

[1] V. Tupper, *Punjab customary law.* Calcutta, 1881; Hunter, *The indian empire, its history, people and products.* London, 1885; Lyall, *Asiatic studies.* London, 1882.

tions de la vie, les quarante sacrements qu'il doit recevoir, les pratiques de piété qu'il doit observer, les austérités et surtout les pénitences auxquelles il doit se soumettre. Chacune des quatre castes a ses obligations particulières. Il en est de même de chaque profession. Après avoir étudié les Védas pendant douze ans au moins, sous la direction d'un maître, on peut ou continuer indéfiniment ses études, ou se marier et fonder un ménage. Puis, quand vient la vieillesse, on partage son bien entre ses enfants et l'on se retire dans la forêt pour y achever ses jours dans la solitude et la contemplation. Tel est le fond uniforme des codes brahmaniques. Le droit proprement dit y tient peu de place. Il s'y trouve, pourtant, et, quoique la sanction religieuse prédomine, la sanction civile ne fait pas défaut.

Prenons d'abord l'organisation de la famille[1]. Les codes brahmaniques reconnaissent huit sortes de mariage[2]. Les quatre premières s'accomplissent au moyen d'une cérémonie religieuse, et la fille est donnée par son père. Ce sont les mariages légaux, honorables. Les quatre autres sont l'union libre ou mode des musiciens célestes, l'achat ou mode des mauvais génies, le rapt et enfin le mode des *paisâtchas* ou vampires, c'est-à-dire le viol d'une femme privée de sentiment. Ici apparaissent les anciens usages dont nous parlions tout à l'heure et dont nous avons quelque peine à saisir aujourd'hui le sens caché. Par exemple, l'enlèvement à main armée, d'abord réellement pratiqué, puis resté comme symbole, caractérise l'abandon des mariages entre parents et inaugure le croisement des familles ou tribus. La tendance bien marquée des codes brahmaniques est de supprimer ces anciennes formes; mais ils n'osent pas les proscrire absolument, et, tout en les réprouvant, ils reconnaissent que les unions ainsi contractées peuvent produire certains effets.

---

[1] Kohler: *Indisches Ehe- und Familienrecht,* dans la *Zeitschrift für vergleichende Rechtswissenschaft,* tome III, Stuttgard, 1882.

[2] Vâsishtha et Apastamba n'en comptent que six.

Le mariage est interdit entre parents, jusqu'à six degrés du côté du père, quatre du côté de la mère, et entre toutes personnes portant le même nom. Il est permis, du reste, entre personnes de caste différente, en ce sens que le mari peut prendre une femme de caste inférieure. C'est plus tard, et à la suite de la réaction religieuse contre le Bouddhisme, que les unions mixtes ont été repoussées par les mœurs, à mesure que le brahmanisme est devenu plus exclusif.

Le droit de donner la fille en mariage appartient d'abord au père, puis à l'aïeul paternel, au frère, au cousin. Viennent ensuite l'aïeul maternel et la mère. A leur défaut le plus proche parent. S'ils refusent, la fille peut se donner elle-même.

La polygamie est permise. D'après Vichnou, un brahmane peut prendre quatre femmes, un Kchatryia trois, un Vaisya deux, et un Sudra une. Vâsishtha accorde seulement trois femmes au brahmane, deux au Kchatryia, une à l'homme d'une des deux dernières castes.

La femme n'a qu'une capacité imparfaite. Elle est toujours soumise à l'autorisation de son père d'abord, puis de son mari comme épouse, et de ses fils comme veuve.

Le divorce est inconnu. En cas d'absence du mari, la femme doit l'attendre six ans. Après ce temps écoulé, le mariage est réputé dissous.

Le but du mariage est de procréer des fils qui, après la mort du père, offriront des sacrifices et déposeront des offrandes sur son tombeau. On distingue jusqu'à douze sortes de fils, sur le classement desquels les codes ne sont pas d'accord. Dans ce nombre se trouvent le fils adoptif, et aussi le fils engendré par un tiers, soit à la demande du mari pendant le mariage, soit à la demande de la femme restée veuve sans enfants. Dans ce dernier cas, la femme a le droit de s'adresser d'abord à son beau-frère, puis au parent le plus proche en degré. Elle peut aussi contracter un second mariage. Telle est du moins la loi la plus an-

cienne, car, après de longs efforts, le brahmanisme a réussi
à supprimer le lévirat et le mariage des veuves.

Après la mort du père, l'héritage est partagé également
entre les fils[1]. Seulement l'aîné obtient un préciput. Le
père peut aussi faire lui-même le partage entre vifs, ou
même laisser tout son bien à l'aîné des fils, à charge par
ce dernier d'entretenir toute la famille. La fille ne succède
pas, mais le fils de la fille succède, et même comme fils,
si le père, en donnant sa fille en mariage, s'est expressément réservé le fils à naître. La succession passe ensuite
aux *sapindas*, ou parents jusqu'au sixième degré, puis aux
sagotras, ou parents du sixième au douzième degré, enfin
à ceux qui descendent d'un même *rishi* ou ancêtre, et à
l'épouse. A défaut d'héritiers la succession échoit au roi.

Le testament est inconnu. L'adoption en tient lieu. D'ailleurs les biens appartiennent aux fils autant qu'au père et
forment en quelque sorte la propriété collective de la famille.
Toutefois le père peut librement disposer, entre vifs, de
ses biens acquêts.

Les dons faits à la femme en raison de son mariage forment sa propriété particulière, *stridhana*. Si elle meurt
sans enfants, ces biens passent au mari ou au père, suivant
qu'elle était mariée dans une des quatre premières formes
ou dans une des quatre dernières. Si elle laisse des enfants,
c'est la fille qui hérite.

L'héritier qui prend les biens est en même temps tenu
des dettes. Toutefois il y a des dettes qui ne passent point
à l'héritier : ainsi la dette de la caution, la dette commerciale, le don promis aux parents de la fiancée, les dettes
de jeu ou contractées pour l'achat de liqueurs spiritueuses,
ou encore l'amende encourue.

On remarque dans le livre d'Apastamba, qui est le plus
récent des cinq, une tendance à épurer la législation en
supprimant ou en atténuant certaines choses. Ainsi il res-

---

[1] Mayr : *Das indische Erbrecht*, 1 vol. in-8°, Vienne, 1873.

treint la polygamie : « Si une femme peut et veut accomplir sa part des devoirs religieux, et si elle donne des fils, son mari n'en prendra pas une seconde. Si elle manque de l'une de ces deux qualités, son mari en prendra une autre, mais avant d'avoir allumé les feux de l'*agnihotra,* car la femme devant laquelle ces feux ont été allumés participe au bénéfice spirituel de cette cérémonie. »

Il limite la puissance paternelle : « Il est interdit de donner des enfants ou de les recevoir en don comme de les vendre ou de les acheter. »

Le lévirat, d'abord restreint dans le cercle de la *gens,* est définitivement supprimé.

Le fils prodigue peut être déshérité.

On voit aussi par un texte du même Apastamba que le mariage était autrefois précédé de fiançailles, lesquelles constituaient en réalité un mariage civil. Le futur époux faisait au père de la fiancée un présent de cent vaches et un chariot, qui était rendu si le mariage n'avait pas lieu. Apastamba a bien soin d'ajouter qu'il ne faut pas considérer ce mariage comme une vente. On pouvait en effet s'y tromper, mais les jurisconsultes hindous sont passés maîtres dans l'art d'interpréter et de distinguer.

Le droit qui concerne la propriété et les obligations tient relativement peu de place dans les codes brahmaniques, mais les règles en sont posées avec précision, et dans une forme toute scientifique :

« On devient propriétaire, dit Gautama, par succession, achat, partage, saisie, ou trouvaille. Il faut ajouter l'acceptation d'un don, pour un brahmane, la conquête pour un kchatryia, le travail pour le vaisya ou le sudra. La propriété est acquise à celui qui l'a possédée pendant dix ans, sous les yeux du propriétaire, pourvu que celui-ci ne soit ni idiot ni mineur. Le dépositaire, l'emprunteur à usage, l'acheteur à crédit, le créancier gagiste ne répondent pas de la perte de la chose lorsqu'elle a eu lieu sans leur faute. »

« Le métayer, dit Apastamba, qui ne fait produire à la

terre aucun fruit doit la valeur des fruits que la terre aurait dû produire. »

« Quand la possession est paisible et fondée sur un titre légitime, dit Vichnou, le possesseur peut s'y maintenir et personne ne peut la lui enlever. — Quand un bien a été légitimement possédé par le père ou le grand-père, le droit du fils sur ce bien ne peut plus être contesté ; en ce cas la propriété résulte de la possession. Si la possession a duré trois générations consécutives, le quatrième possesseur en ligne directe est réputé propriétaire, même sans titre écrit. »

Vichnou contient un chapitre intéressant sur les dettes[1], c'est-à-dire sur les obligations en général. Le taux des intérêts conventionnels diffère suivant les castes, les castes inférieures payant plus cher. Ils peuvent s'élever jusqu'à 5 p. 100 par mois, alors, du moins, que le payement du principal n'est pas garanti par un gage. Entre personnes de la même caste les intérêts ne doivent pas dépasser le capital. Entre personnes de caste différente le capital peut se trouver multiplié par 3, par 4 ou par 8. Le débiteur a le droit d'arrêter le cours des intérêts en offrant de payer toute la dette.

Le payement de la dette peut être garanti soit par un gage soit par une caution. Le gage peut être mobilier ou immobilier. Dans le second cas il peut être constitué soit par antichrèse, soit par vente à réméré, c'est-à-dire qu'il forme vif gage ou mort gage. Dans le premier cas le créancier gagiste répond de la conservation du gage, à moins de force majeure. Quant à la caution elle peut se présenter pour garantir soit une comparution en justice, soit la bonne conduite d'une personne, à l'avenir, soit le payement d'une dette. L'engagement de la caution est purement personnel dans les deux premiers cas et ne passe aux héritiers que

---

[1] Jolly : *Ueber das indische Schuldrecht*, dans les comptes rendus de l'Académie de Bavière, Munich, 1877; et Kohler, *Indisches Obligationen-und Pfandrecht* dans la *Zeitschrift für vergleichende Rechtswissenschaft*, t. III, Stuttgart, 1881.

dans le troisième. S'il y a plusieurs cautions conjointes, chacune d'elles supporte seulement une portion de la dette, mais, s'il n'y a pas de lien entre elles, le créancier peut exercer ses poursuites comme il veut, et chacune d'elles répond du tout. Enfin la caution qui a payé pour le débiteur principal, a un recours, au double, contre celui-ci. On reconnaît ici quelques-unes des règles de l'ancien droit romain.

Le créancier peut poursuivre le recouvrement de sa créance par tous les moyens légaux. Nous verrons bientôt quels sont ces moyens. Si le débiteur poursuivi se plaint au roi, il encourt une amende égale au montant de la dette. S'il résiste et force le créancier à prendre jugement contre lui, il encourt une amende égale au dixième de la dette, au profit du roi.

Le créancier qui est rentré dans ses fonds doit payer au roi la vingtième partie de ce qui lui est dû. C'est le prix du service qui lui est rendu par la société. Le débiteur qui conteste à tort, même une partie de la dette, est condamné pour le tout.

Les dettes se prouvent soit par écrit, soit par témoins, soit par le jugement de Dieu. L'extinction d'une dette contractée devant témoins doit avoir lieu devant témoins. Lors du payement d'une dette constatée par écrit, l'écrit doit être lacéré. Si le payement n'est que partiel, le créancier doit donner quittance sur le titre, ou par acte séparé.

Si le débiteur vient à mourir, s'il se fait ermite ou s'il reste absent pendant vingt ans, la dette passe au fils et ensuite au petit-fils, mais non aux descendants plus éloignés. La femme n'est pas tenue des dettes du mari ni le mari de celles de la femme, sauf, pour le père de famille, l'obligation de payer toutes les dettes contractées pour les besoins du ménage. Les dettes contractées dans l'intérêt d'une société sont payées par tous les associés présents.

Viennent enfin les devoirs du roi, dont le principal est de rendre la justice. Il s'acquitte de ce devoir soit par lui-même soit par l'intermédiaire d'un tribunal composé de trois ou quatre brahmanes, versés dans la science des Védas. La procédure est la même, qu'il s'agisse de procès criminels ou de simples affaires civiles. A vrai dire, la distinction entre le civil et le criminel n'existe pas, car toute violation d'une obligation entraîne une peine. Toute cette partie du droit, dans les anciens codes brahmaniques est encore confuse, et les contradictions qui s'y rencontrent montrent bien que, tout en modifiant les anciens principes, le législateur n'a pas fait encore triompher définitivement les nouveaux. Ceux-ci ne sont même pas encore bien certains. Tantôt c'est l'idée religieuse qui prédomine, là comme ailleurs, avec la théorie de l'expiation et un effroyable cortège de pénitences, tantôt c'est l'intérêt social qui exige l'établissement de peines temporelles, infligées au nom de l'État : la mort, les mutilations corporelles, l'exil et surtout les amendes ; et à côté de tout cela on distingue encore nettement les débris d'un ancien tarif de compositions converti en tarif d'amendes, ou en échelle d'application du talion. Naturellement la peine varie suivant les castes. Le meurtre d'un brahmane est le plus atroce des crimes, et réciproquement le brahmane qui a commis un meurtre ne peut pas être mis à mort. Il peut être flétri, banni, marqué, contraint de subir les plus rigoureuses pénitences, mais, après les avoir subies, il rentre dans sa caste et reprend l'exercice de ses droits. On reconnaît cependant qu'il est plus coupable que d'autres. En cas de vol, le sudra restitue 8 fois la chose volée, le vaisya 16 fois, le kchatryia 32 fois, le brahmane 64 fois.

Le roi a le droit de grâce, mais, s'il en fait usage mal à propos, il prend sur lui toute la responsabilité morale du crime commis.

En ce qui concerne les voleurs, la loi contient des dispositions singulières. Le roi est tenu de faire restituer les objets volés, et, si ces objets ne se retrouvent pas, il en paye la valeur, de ses deniers, ce qui revient à dire que le

canton est responsable des vols qui se commettent sur
son territoire. Le voleur doit se présenter devant le roi, les
cheveux épars, un bâton à la main et confesser son crime.
Le roi le frappe ou lui pardonne. Dans l'un comme dans
l'autre cas, le crime est expié.

Les complices par assistance ou par recel sont expressément assimilés aux voleurs.

L'inexécution des obligations est considérée comme un
délit. Le dépositaire infidèle est puni comme voleur, et, en
général, celui qui ne donne pas ce qu'il a promis est contraint de s'exécuter et paye, en outre, une amende de 250
panas. Si un contrat de louage d'ouvrage vient à être
rompu, soit par la faute de l'ouvrier, soit par celle du
maître, la partie en faute paye à l'autre une somme
égale au salaire stipulé, et, en outre, 100 *panas* d'amende
au roi. Celui qui, après avoir hypothéqué un bien, confère,
sur ce même bien, une hypothèque à un second créancier,
sans avoir désintéressé le premier, est condamné, suivant
la valeur du bien, au fouet, à la prison ou à l'amende.
Celui qui achète au marché un objet appartenant à un
tiers, ne peut être poursuivi comme voleur, mais le propriétaire reprend son bien. Si la vente a eu lieu en secret
et à bas prix, l'acheteur et le vendeur sont punis comme
voleurs.

L'injure verbale, l'adultère, la tromperie, sont des délits punis d'une simple amende.

Les bestiaux trouvés en délit peuvent être saisis. Il n'est
pas question d'abandon noxal. Le maître paye l'amende.
Si le serviteur attaché à la culture des terres refuse de travailler, il est puni du fouet.

Relevons enfin quelques dispositions intéressantes relatives à la procédure et aux preuves.

Selon Vâsishta, la propriété peut se prouver de trois manières, à savoir : par écrit, par témoins ou par la possession. En matière criminelle, Apastamba et Vichnou ajoutent
les ordalies ou le jugement de Dieu. Il est aussi question

de la preuve par présomptions ou indices. Vichnou entre
dans des détails assez précis sur chaque espèce de preuve.
Ainsi les donations faites par le roi doivent être écrites sur
une pièce de coton ou une plaque de cuivre. Elles doivent
indiquer les noms du donataire et de ses trois ancêtres im-
médiats et la contenance de la terre donnée. Elles se terminent par une imprécation contre toute personne qui
viendrait attaquer l'acte. Enfin elles sont signées par le roi
et scellées de son sceau. En général, on distingue trois
sortes d'actes écrits, suivant qu'ils sont attestés par le roi,
ou seulement par des témoins, ou qu'ils ne portent d'autre
signature que celle des parties. Si l'écriture est méconnue,
on procède à une vérification par comparaison.

La preuve par témoins est soumise à des règles extrêmement minutieuses. Très longue est l'énumération des personnes qui ne peuvent rendre témoignage. En général la
loi exige deux témoins pour faire une preuve. Chacune des
parties produit les siens, et c'est la partie adverse qui les
examine. Si un témoin est mort ou absent, ceux qui ont
entendu sa déposition peuvent la reproduire.

Le témoin dépose de ce qu'il a vu ou entendu. Il est tenu
de déposer. Son refus serait considéré comme un faux témoignage. Anciennement il ne prêtait point serment, mais
cette garantie fut introduite par l'usage. Gautama atteste
que telle est l'opinion de quelques jurisconsultes. Au temps
de Vichnou cette opinion est devenue la règle. Rappelons
ici, en passant, qu'en Grèce comme à Rome le serment
des témoins paraît avoir été facultatif. Il y a certains cas
dans lesquels le témoin n'est pas tenu de dire la vérité;
par exemple, lorsque la vérité peut amener la mort d'une
autre personne. Le juge se décide d'après la pluralité des
témoins. Si les témoins sont en nombre égal de part et
d'autre, on tient compte de leur honnêteté, de leur qualité
et de leur caste.

Si un témoignage donné dans un procès antérieur est reconnu faux, le jugement auquel ce témoignage servait de

base est rétracté, et l'affaire soumise à un nouveau juge-ment.

Vichnou traite, en dernier lieu, des ordalies. Elles sont au nombre de cinq.

La première est celle de la balance. L'homme soumis à l'épreuve est pesé une première fois, puis il remonte dans la balance, et, si cette fois il est enlevé par le poids, il est déchargé de la plainte dirigée contre lui.

La seconde est celle du feu. Elle consiste à passer à tra-vers sept cercles placés à certaine distance les uns des autres. L'homme soumis à cette épreuve entoure sa main d'une sorte de gant fait avec sept feuilles de figuier. On lui met dans la main un globe de fer rouge. Il doit le porter au travers des sept cercles et le poser ensuite à terre sans se brûler.

La troisième ordalie est celle de l'eau. Le patient entre dans l'eau et embrasse les genoux d'un homme qui est lui-même debout dans l'eau jusqu'au nombril. Un archer lance une flèche. On court la ramasser. Si, pendant cet espace de temps, le patient ne se fait pas voir hors de l'eau, il est réputé innocent.

L'ordalie par le poison consiste à avaler sept grains de *sringa* mélangé avec du beurre clarifié.

Enfin, dans l'ordalie par libation, le patient prend, dans le creux de sa main, et boit, à trois reprises, de l'eau dans laquelle ont plongé les images des dieux. Si, dans les deux ou trois semaines suivantes, il n'éprouve aucun malheur, son innocence est prouvée par là même.

Nous en avons fini avec les *Sûtras*, c'est-à-dire avec les anciens livres en prose. Il nous reste encore à parler des livres en vers, en commençant par le plus célèbre de tous, qui est celui de Manou.

Avec les codes en vers, dont le plus ancien est celui de Manou, commence une nouvelle période de la législation brahmanique. La base est la même, mais l'édifice s'élargit constamment. Le droit civil y tient plus de place, à côté du droit canonique, et en même temps l'influence religieuse y pénètre de plus en plus. Ainsi, dans le code de Manou, des huit espèces de mariage, les deux dernières, le mode des mauvais génies et celui des vampires, sont définitivement proscrites. Le législateur fait expressément remarquer que le présent d'une vache et d'un taureau, fait par le futur époux au père de la fiancée, dans le mariage suivant le mode des saints, ne constitue pas un prix de vente, parce que la vache et le taureau sont remis non au père, mais à la future épouse. Un homme doit prendre pour première épouse une femme de sa caste. Pour seconde épouse il peut prendre une femme d'une caste inférieure, mais la femme ne peut prendre pour époux qu'un homme d'une caste égale ou supérieure. Le second mariage des veuves est réprouvé, sans toutefois être déclaré nul. Les devoirs du roi sont réglés avec une précision minutieuse, qui va jusqu'à déterminer l'emploi de chaque heure du jour.

C'est dans les livres VIII et IX que se trouve le droit civil et criminel, dont les matières sont soumises à un premier essai de classification intéressant à étudier en ce qu'il nous révèle une certaine conception théorique. Ce système qui, depuis Manou, n'a cessé d'être suivi par tous les jurisconsultes de l'Inde, consiste à ranger toutes les contestations possibles sous dix-huit chefs, en d'autres termes, à distinguer dix-huit sortes d'actions. Les neuf premières ont pour objet des obligations, et en conséquence le législateur traite successivement : 1° des dettes en général ; 2° des dépôts ; 3° des ventes faites *a non domino ;* 4° des sociétés ; 5° de la révocation des donations ; 6° du louage d'ouvrage ou d'industrie ; 7° de l'inexécution des conventions ; 8° de la résiliation de la vente ; 9° des engagements réciproques du maître et du serviteur.

Le dixième chapitre traite des contestations relatives aux limites, c'est-à-dire des actions réelles et du droit de propriété.

Viennent ensuite les crimes et délits, à savoir : 11° les mauvais traitements; 12° les injures; 13° le vol; 14° le brigandage et les violences; 15° l'adultère.

Tout ce qui concerne le droit de la famille est contenu dans deux chapitres, à savoir : 16° devoirs de la femme et du mari; 17° partage des successions.

Enfin, et comme appendice, le dix-huitième et dernier chapitre contient des règles de police sur le jeu et les combats d'animaux.

Les matières, comme on le voit, ne sont pas jetées au hasard. Elles sont rangées dans un certain ordre qui suppose une classification raisonnée [1].

Dans le premier chapitre, qui traite du recouvrement des dettes, Manou parle de l'action en justice. Le défendeur est tenu de comparaître dans un délai de trois quinzaines, ou il est condamné par défaut. La preuve se fait par témoins, et, au besoin, par le serment de la partie. Les témoins prêtent serment, et sont condamnés à une amende si leur déposition est reconnue fausse. Mais l'action en justice n'est pas, pour le créancier, l'unique moyen d'obtenir payement. Il y en a d'autres, que Manou énumère très brièvement (stance 49) et qu'il faut expliquer à l'aide des commentateurs [2]. Nous suivons ici la traduction paraphrasée de Jolly : « Les moyens légaux sont en premier lieu la douceur, c'est-à-dire la voie amiable ; en second lieu l'usage général, c'est-à-dire la réduction du débiteur en servitude, avec travail forcé jusqu'à parfait payement; en troisième lieu la ruse qui consiste pour le

---

[1] Jolly, *über die Systematik des indischen Rechts,* dans la *Zeitschrift für vergleichende Rechtswissenschaft,* t. I, Stuttgart, 1878, p. 234.

[2] Manou a eu, en effet, ses scholiastes ou glossateurs, qui sont très utiles pour l'intelligence du texte. Ce sont Medhâtithi (xe siècle), Govindarâga (xiie ou xiiie siècle), Nârâyana (xive siècle), Kullûkabhatta (xve siècle), Râghavânanda (xvie siècle), Nandana (xviie siècle). Bühler s'en est constamment servi dans sa nouvelle traduction. Avant lui Jolly en avait fait grand usage dans l'explication de la partie juridique des lois de Manou (*Zeitschrift für vergleichende Rechtswissenschaft,* tomes III et IV, Stuttgart, 1881-1883).

créancier à emprunter quelque chose à son débiteur ou à
retenir une chose déposée par lui, ou détenue pour lui par
un tiers; en quatrième lieu le jeûne, quand le créancier se
rend à la porte du débiteur et s'y laisse mourir de faim
(usage suivi et pratiqué encore de nos jours dans certaines
parties de l'Inde), enfin la force, quand le créancier se
saisit du débiteur et le force à s'exécuter en l'accablant de
menaces et de coups. » La stance suivante ajoute que, quand
le créancier se fait ainsi payer ce qui lui est dû, il ne fait
que reprendre son bien, et que le roi, c'est-à-dire la justice, n'a pas le droit d'intervenir. Mais on suppose que la
dette est reconnue (*æris confessi,* portait la loi des Douze
Tables); car, si la dette est contestée, une action en justice
est nécessaire.

Au titre des dettes se rattache tout ce qui a trait aux
intérêts, au gage, au cautionnement. On y trouve aussi
quelques principes généraux sur la validité des obligations.

Le second titre est celui du dépôt; ce qui comprend,
dans les idées des Hindous, le prêt à usage. Dans tous les
cas le refus de restituer est assimilé au vol et puni des
mêmes peines. Cela conduit l'auteur à traiter de l'abus de
confiance, et de l'escroquerie.

La vente de la chose d'autrui forme l'objet du troisième
titre. Elle est nulle, et celui qui l'a faite est traité comme
voleur. En général, le titre prévaut contre la possession.
Il y a toutefois un cas où possession vaut titre; c'est quand
il s'agit d'un objet mobilier acheté au marché, devant
témoins, et payé. En ce cas, si l'ancien propriétaire intente
une action en revendication contre le possesseur, celui-ci
se met à l'abri de toute peine en dénonçant son vendeur,
et il n'est tenu de restituer la chose que s'il ne peut pas
produire ce vendeur. Disposition intéressante, qu'on peut
suivre à la trace, à travers les lois grecques et les lois barbares, jusqu'à l'article 2279 de notre Code civil.

A ce titre se rattache l'interdiction de toute tromperie
sur la nature ou même la qualité de la marchandise ven-

due, et de toute substitution d'une femme à une autre dans le marige par vente. En ce cas, dit Manou, le mari garde les deux femmes et n'en paye qu'une. On a vu pourtant que les codes brahmaniques ont proscrit cette forme de mariage; mais leurs efforts ont été impuissants pour déraciner cette coutume primitive, de sorte que, tout en la proscrivant, il a fallu la réglementer.

Le quatrième titre contient quelques règles sur le partage des bénéfices entre associés, en prenant pour exemple une association de prêtres réunis pour accomplir un sacrifice. Le principe paraît être une répartition proportionnelle aux prestations fournies par chacun des associés.

La révocation d'un don forme l'objet du cinquième titre. C'est ce que nous appelons l'action en révocation pour cause d'inexécution des conditions. Mais les commentateurs généralisent cette action en l'appliquant à toute promesse, comme l'article 1184 de notre Code civil. Le refus de se conformer à cette règle est considéré comme un vol, et puni d'une amende en or.

Le sixième titre est celui des salaires. L'ouvrier qui s'est engagé à fournir un ouvrage et qui, sans excuse valable, ne le livre pas tel qu'il a été convenu, perd son salaire et paye une amende. S'il a une excuse, et si, après la cessation de l'obstacle, il livre son travail conformément au contrat, il reçoit son salaire entier, quel qu'ait été le retard. Dans tous les cas, le maître ne paye que quand le travail est livré, et non proportionnellement au degré d'avancement de l'ouvrage abandonné.

Les contraventions aux statuts des corporations forment le septième titre. Les corporations dont il s'agit ici sont principalement les communes ou villages dans lesquels la propriété est indivise et la culture commune[1]. Les membres de ces corporations s'engageaient par serment à ob-

---

[1] V. H. Maine, *Village communities in the East and West*, 1872. — Il est juste de rappeler ici les autres ouvrages de Sumner Maine, et notamment les *Études sur l'histoire des institutions primitives*, trad. fr. 1880, et les

server les statuts. L'infraction de cette promesse est punie du bannissement et de l'amende.

La résiliation de la vente, qui fait l'objet du huitième titre, présente des dispositions très remarquables. La loi consacre ici le droit de repentir pour le vendeur comme pour l'acheteur. Ce droit peut être exercé pendant dix jours. Passé ce délai chacune des parties peut encore se refuser à exécuter le contrat, mais alors elle paye au roi une amende de 600 *panas*. En d'autres termes, la société ne se croit pas encore assez forte pour exiger directement l'exécution du contrat; elle ne lui donne qu'une sanction indirecte. La loi généralise cette disposition et l'applique à tous les contrats commutatifs. Le mariage lui-même n'é-chappe à cette règle que quand il a reçu sa perfection par l'accomplissement de toutes les cérémonies prescrites par la religion, et notamment lorsque les époux ont fait sept fois le tour du feu sacré.

Nous laissons de côté le titre suivant, qui traite des obligations réciproques du maître et du berger, et de la responsabilité de l'un et de l'autre en cas de dommage causé par le bétail. Nous passons également le dixième titre, qui traite des contestations relatives aux limites des propriétés ou plutôt des villages, car, au temps de Manou, la propriété individuelle de la terre n'existait pour ainsi dire pas. Nous arrivons aux délits et d'abord aux injures qui se divisent en injures verbales et injures réelles ou voies de fait. Les peines sont, suivant les cas, la mutilation, l'amende, les verges. La loi pose en principe que le dommage causé aux personnes ou aux biens doit être réparé par celui qui en est l'auteur. La définition du vol, qui fait l'objet du treizième titre, est fort large et s'applique soit au refus de restituer, soit à l'usage fait d'un objet sans le consentement du propriétaire. Dans le quatorzième

Études sur l'ancien droit et la coutume primitive, trad. fr. 1884. Le savant auteur a montré quel parti on pouvait tirer du droit hindou pour l'histoire générale du droit.

titre, qui traite des actes de violence, nous ne voyons à relever que la proclamation du droit de légitime défense, sans aucune restriction. Avec le quinzième titre nous rencontrons l'adultère ou plutôt, en général, les délits contre les mœurs.

Au livre IX de Manou commence le titre seizième, qui traite des devoirs réciproques des époux. La condition de la femme y est décrite telle qu'on la voit dans les *sûtras*. La femme s'appelle *Djāyā*, dit Manou, parce que son mari naît en elle une seconde fois. *Ubi tu Gaius ego Gaia*, portait, d'après Plutarque[1], la formule du mariage romain. La femme ne peut être mariée qu'une fois. Elle ne peut être affranchie de l'autorité maritale ni par vente ni par abandon. Les enfants auxquels elle donne le jour appartiennent au mari, alors même que celui-ci n'est pas le véritable père, par droit d'accession, comme le propriétaire d'un champ profite de la semence qui y est répandue. De même le croît appartient au maître des génisses et non au maître du taureau. Telle est la règle générale à laquelle toutefois il est permis de déroger par convention spéciale.

Les règles relatives au lévirat (*Niyoga*) sont exposées en grand détail. Lorsqu'un homme est mort sans enfant, la famille peut décider qu'il lui sera procréé un fils par son frère ou par le plus proche parent paternel (*Sapinda*). C'est l'ancienne règle; mais ici se place une interpolation. Une main plus récente a ajouté un passage où la pratique du Niyoga est traitée de brutale et formellement proscrite; et pourtant Manou en laisse subsister quelque chose, car, lorsque le futur époux vient à mourir après les fiançailles et avant la célébration du mariage, c'est son frère qui doit épouser la fiancée. Il est bien entendu qu'en pareil cas le mariage ne dure que jusqu'à la naissance d'un fils, qui est réputé fils du défunt.

Le père qui a donné sa fille à un fiancé ne peut re-

---

[1] *Quæst. Rom.* XXX.

prendre sa parole et donner sa fille à un autre. S'il le fait,
il est puni de la peine des faux témoins. Même après le
mariage accompli, le mari peut renvoyer sa femme si elle
a quelque vice qui lui ait été caché. Enfin la loi détermine un certain nombre de cas dans lesquels le mari peut
prendre une seconde femme sans cependant renvoyer la
première. Celle-ci a toujours droit à des aliments.

Le dix-septième chapitre traite des successions et ne
fait guère que développer les principes contenus dans les
sûtras. Il exprime l'obligation pour les frères de doter
leurs sœurs. « Qu'ils donnent le quart de leur part. Ceux
qui le refusent seront dégradés. »

Enfin le dix-huitième chapitre interdit formellement
toutes sortes de jeux ou de paris.

En dehors des matières qui font l'objet de ces dix-huit
chapitres, on peut relever, dans le code de Manou, un
certain nombre de règles auxquelles il est fait incidemment allusion, et dont la constatation n'est pas sans intérêt.
Ainsi les nautoniers sont tous responsables de la perte des
effets chargés sur leur navire, et perdus ou détériorés par
leur faute (VIII, 408). La loi reconnaît expressément que
la terre appartient à celui qui l'a le premier défrichée,
comme la gazelle à celui qui l'a blessé le premier (IX, 44).
Elle proclame l'irrévocabilité de la chose jugée, tout en
réservant la révision pour cause légitime (IX, 233). Elle
reconnaît expressément l'esclavage, et distingue sept espèces d'esclaves, parmi lesquels est l'esclave pour dettes
(VIII, 415).

Enfin ne rencontre-t-on pas ici un souvenir des temps
barbares, où la polyandrie était pratiquée? « Quand, entre
plusieurs frères, dit Manou, l'un d'eux a un fils, ce fils doit
être considéré comme le fils de tous. »

Entre le code de Yajnâvalkyia et celui de Manou la distance est la même qu'entre ce dernier et les *sûtras*. Le
code de Yajnâvalkyia est divisé en trois livres. Le premier

et le troisième ne contiennent que des préceptes de morale et de religion, mais le second est un pur traité de droit, dont la rédaction, tout en gardant encore beaucoup de traces du piétisme primitif, commence pourtant à s'en dégager et à parler un langage vraiment juridique. La distinction des dix-huit matières y est conservée, quoiqu'elles se suivent dans un ordre différent.

Le code décrit d'abord la procédure. Il exige la tenue d'un procès-verbal dans lequel seront consignées par écrit les comparutions, demandes et exceptions des parties. Le demandeur est ensuite tenu de faire sa preuve. Les demandes reconventionnelles ne sont admises, du moins en général, qu'après le jugement de la demande principale. Les demandes incidentes ne le sont en aucun cas.

Le tribunal accorde habituellement au défendeur un délai pour répondre.

Si le procès s'est engagé sous la forme d'un pari, le juge condamne le perdant envers la partie adverse, et en même temps à la peine et au montant du pari, envers le roi. Nous trouvons là un vestige de la plus ancienne forme connue en matière de procédure. C'est la *legis actio sacramento* du droit romain.

La prescription est de vingt ans pour la terre et de dix ans pour tous les autres biens : sont imprescriptibles le gage, les limites des terres, c'est-à-dire l'action en bornage, les dépôts, les biens des faibles d'esprit, des enfants, du roi, des femmes, et des brahmanes instruits dans le Véda.

Le taux de l'intérêt est libre. A défaut de convention il peut s'élever jusqu'à cinq pour cent par mois s'il n'y a pas de gage, et seulement au quart de cette somme s'il y a gage. Les hommes qui vont dans les forêts payent dix pour cent, les gens de mer vingt pour cent.

Le chapitre des dettes contient quelques dispositions nouvelles. Ainsi, lorsqu'il y a plusieurs créanciers, la loi dispose que les plus anciens seront payés les premiers, mais le roi et les brahmanes passent avant tous les autres. Si le créancier refuse de recevoir, le débiteur est autorisé à consigner pour arrêter le cours des intérêts. Le gage est perdu lorsqu'il n'est pas racheté avant le doublement du capital ou avant l'expiration du terme fixé. Il en est autrement du gage constitué à pacte d'antichrèse. Le créancier ne devient pas propriétaire du gage forfait; il doit le faire vendre publiquement, en présence de témoins. Remarquons en passant une image frappante employée pour exprimer la solidarité des cautions. Yajnâvalkyia dit qu'elles ont toutes *marché dans la même ombre*.

C'est au chapitre des dépôts que Yajnâvalkyia traite du témoignage, et reproduit toutes les règles que nous connaissons déjà. Il y ajoute des règles très détaillées et très précises sur la confection des actes écrits. Ces actes doivent être datés et signés par les parties, les témoins et l'écrivain. La signature de la partie qui s'oblige doit être précédée d'un *bon pour* ou *approuvé*. L'acte écrit peut être fait sans témoins lorsqu'il est écrit tout entier de la main du débiteur lui-même, à moins, ajoute la loi, qu'il n'ait été extorqué par violence ou par dol. Le loi indique comment il faut s'y prendre pour remplacer un acte perdu.

En général, une dette contractée devant témoins doit être payée devant témoins.

Le code expose ici tout le système des ordalies, à peu près dans les mêmes termes que Vichnou. Il en indique une nouvelle, mais sans la décrire, c'est celle des sept grains de froment, qui est réservée aux Soudras.

Le code passe ensuite aux partages, et reproduit les règles contenues dans le code de Manou, en spécifiant toutefois que la représentation est admise en ligne directe, et que le patrimoine de l'épouse, placé sous l'administration du mari, doit être recueilli et partagé par les filles, à l'exclusion des fils. Il est imprescriptible, comme nous l'avons déjà vu, mais non inaliénable. Le mari peut le vendre en cas de famine, pour accomplir un devoir reli-

gieux, pour subvenir aux frais d'une maladie ou pour
sortir de prison, et, dans tous ces cas, il est affranchi de
l'obligation de restituer. Ainsi se constitue un régime analogue au régime dotal.

Yajnâvalkyia s'étend longuement sur les contestations
relatives aux limites des héritages. Elles doivent être reconnues par les voisins, au nombre de quatre, huit ou
dix, couronnés et vêtus de rouge, et portant une poignée
de terre à la main. Toute usurpation reconnue est punie
d'une amende. La loi établit certaines servitudes. Ainsi on
peut creuser un puits, construire une digue sur le terrain
d'autrui.

Les matières suivantes sont traitées par le code très
sommairement et en quelques articles. Il parle successivement des dommages causés par les bestiaux, des rapports
entre le maître et le berger, de l'étendue des pâturages
communs qui doivent être laissés autour des villages, des
bourgs et des villes. Puis vient la vente de la chose d'autrui, et à ce propos le code contient deux articles sur les
donations. La propriété peut être transmise par donation,
pourvu que le ménage n'en souffre pas. La donation doit
être acceptée publiquement, surtout lorsqu'il s'agit d'immeubles. Elle est irrévocable.

L'affranchissement est obligatoire pour toute personne
réduite en servitude par la violence, ou vendue par des
brigands, pour l'esclave qui a sauvé son maître, ou que
son maître n'entretient pas, ou qui se rachète. Le religieux
mendiant qui abandonne son état devient esclave du roi
jusqu'à sa mort.

L'apprenti doit rester avec son maître jusqu'au terme
convenu. Le maître doit le nourrir et profite de son travail.

Viennent ensuite les règles sur les corporations d'ouvriers et sur les salaires. Le voiturier qui rompt le contrat
doit une indemnité du septième si la rupture a lieu avant
le départ, du quart si elle a lieu en route, de la moitié si

elle a lieu à moitié chemin. La même règle est appliquée à tout louage de service. Tandis que Manou proscrivait le jeu d'une manière absolue, Yajnâvalkyia le tolère et se contente de le surveiller. Il existe pour le jeu des maisons publiques, tenues par des fermiers qui payent au gouvernement une part de leurs profits.

Le dernier tiers de ce livre, soit les cent derniers articles, contient tout un code pénal. Pour l'injure, verbale ou réelle, les coups et blessures, les dommages causés aux bestiaux, aux plantations, aux cultures, la loi ne connaît qu'une peine, l'amende graduée suivant la gravité du fait commis. Ce n'est pas sans une certaine surprise qu'on voit figurer dans cette énumération certains délits qu'on aurait pu croire créés par les législateurs modernes. Tels sont les délits de tromperie sur la nature de la marchandise, celui de coalition soit des acheteurs, soit des vendeurs. Ici se placent quelques règles sur la vente commerciale. Le prix des marchandises est fixé par le roi, au moyen d'un tarif calculé de manière à procurer au marchand un profit de cinq pour cent sur les marchandises indigènes, et de dix pour cent sur les marchandises étrangères. La loi ne parle pas du droit de repentir; elle admet cependant que le vendeur peut refuser de livrer, mais en payant une amende égale au sixième du prix, et, en outre des dommages-intérêts qui comprennent non seulement la perte éprouvée, mais encore le gain manqué par l'acheteur. Si c'est l'acheteur qui refuse de prendre livraison, le vendeur peut vendre la chose à un autre. Si plusieurs sont associés pour acheter ou pour vendre, le bénéfice est partagé en proportion des mises.

Les peines corporelles sont réservées pour le meurtre et le vol. Chaque canton est responsable des crimes de ce genre commis sur son territoire. La peine est aggravée en cas de récidive. Le complice est assimilé à l'auteur principal. Enfin l'homicide involontaire ne peut être frappé d'aucune peine.

Les délits contre les mœurs, et notamment l'adultère,
sont punis d'une simple amende, du moins en général.
Mais les crimes contre le roi ou l'État sont punis de mort.

Les institutes de Nârada sont le plus récent et peut être
le plus important des codes brahmaniques. Laissant de
côté toute la partie religieuse, tout ce qui est catéchisme
ou rituel, Nârada ne traite que la partie juridique de la loi
et s'efforce de la déduire logiquement. Il ne se borne pas
à poser des règles en style d'oracle ; il cherche à les rattacher à leurs principes, à les suivre dans leurs applica-
tions.

Le système de Nârada n'est autre que celui de Manou.
Il suit, sauf quelques interversions, la division en dix-huit
titres, et c'est à propos du premier titre, *Du recouvrement
des créances,* qu'il traite de la procédure, des devoirs du
juge, de la preuve et des ordalies. Cette première partie
est très développée et forme, à elle seule, à peu près la moitié de l'ouvrage entier.

Il y a dans Nârada beaucoup de nouveau, sinon par le
fond, qui reste toujours à peu près le même, du moins par
l'expression, par la formule, qui devient de plus en plus
scientifique. Voici ce qui nous paraît le plus important à
relever.

Les actions en justice, dit Nârada, sont de deux sortes,
les unes sont accompagnées d'une gageure, et les autres non.
La gageure consiste en une déclaration écrite par laquelle
la partie s'engage à payer, outre l'amende, une certaine
somme, si elle perd son procès. Cette somme est payée à
l'adversaire, tandis que l'amende est payée au roi. Nous
avons déjà vu ce principe appliqué par Manou ; mais Nârada le pose dans sa généralité et le met à sa place.

Il en est de même des différentes espèces de tribunaux.
A peine indiqués par Manou, ils sont clairement énumérés
par Nârada dans l'ordre suivant : conseils de famille, conseils de corporations d'artisans, conseils de communautés

d'habitants. Au-dessus d'eux, les tribunaux appointés par le roi, et enfin le roi lui-même. Les juges doivent être versés dans la lecture des Védas, et siéger au nombre de dix, ou de trois au moins. Jamais la décision ne doit être confiée à un juge unique.

L'assignation à comparaître est donnée par le roi; à la requête du demandeur. Provisoirement le demandeur peut arrêter son adversaire, sauf à payer une amende s'il a usé de ce droit mal à propos.

L'action intentée ne peut être changée au cours de la procédure. Si le demandeur prétend substituer une action à une autre, il perd sa cause. Celui qui prétend avoir été mal jugé en droit peut obtenir un nouveau jugement, en payant le double de l'amende infligée. Celui qui prétend avoir été jugé injustement peut prendre le juge à partie, comme ayant agi par passion, par ignorance ou par corruption, et obtenir contre lui une condamnation à l'amende, à la destitution, ou même à une peine plus sévère.

Le fils doit payer la dette de son père dont il est l'héritier. Le petit-fils doit payer la dette de son grand-père, quand elle n'a pas été acquittée par son père, mais l'obligation cesse à la quatrième génération.

Le père n'est tenu de payer les dettes de son fils que lorsqu'elles ont été contractées par son ordre, ou pour l'entretien de la famille, ou pour acquitter une amende.

Les dettes contractées par des communistes sont dues par eux solidairement, tant qu'ils vivent. Après leur mort, le fils de l'un n'est pas tenu de payer la part de l'autre.

Les femmes ne peuvent s'obliger qu'avec autorisation de celui en la puissance duquel elles se trouvent, ou, au besoin, du roi. L'esclave et le fils de famille ne peuvent contracter qu'avec l'autorisation du maître ou du père. Le mineur de moins de seize ans est frappé de la même incapacité, ainsi que celui qui a perdu le discernement. En ce qui concerne les femmes, tout au moins, c'est là une disposition nouvelle, qui semble inconnue aux prédécesseurs de Nârada.

La preuve des obligations et de la propriété se fait par les actes écrits, par les témoignages ou par la possession. La possession équivaut à un titre lorsqu'elle a duré dix ou vingt ans, suivant les cas, au vu et au su du propriétaire. Elle prévaut contre tout autre titre lorsqu'elle a été transmise héréditairement à trois générations, de père en fils.

Lorsque le créancier est mort sans avoir intenté son action, ses témoins ne peuvent plus être entendus, et la dette ne peut plus être prouvée que par écrit.

Les intérêts peuvent être dus par mois, ou même par jour. L'anatocisme est désigné sous le nom d'*intérêt qui tourne*.

La loi parle ensuite des quittances et de la preuve du payement, puis des cautions, solidaires ou non, et des gages ou antichrèses. Le débiteur pauvre et malheureux peut obtenir un délai pour s'acquitter par portions.

Il y a deux sortes de preuves écrites, à savoir les autographes où l'écriture du débiteur suffit, et les écrits faits par un tiers, qui ne valent qu'autant qu'ils sont signés d'un certain nombre de témoins.

Un contrat écrit n'est pas valable lorsqu'il a été obtenu par violence, par intimidation ou par dol. Il cesse d'être valable lorsque les témoins, le créancier, le débiteur et l'écrivain, sont morts, à moins qu'il n'y ait gage donné, àcompte payé ou publication faite.

Le gage est mobilier ou immobilier. Dans l'un comme dans l'autre cas, il doit être mis en la possession du créancier, ce qui exclut l'hypothèque proprement dite.

En cas de perte du titre il est fait un titre nouveau.

Les règles relatives au témoignage sont extrêmement circonstanciées. La loi parle aussi des présomptions, de l'interrogatoire des parties, et du serment. Enfin, lorsqu'il s'agit d'un crime, ou que l'obligation est déniée, on a recours aux ordalies telles que nous les avons déjà décrites, d'après Vichnou.

Dans la seconde partie de son livre, Nârada expose les règles relatives aux dix-sept autres chefs de contestations, les dépôts et les contrats assimilés aux dépôts, les sociétés, la révocation des donations, les infractions à l'obéissance promise. Sous ce dernier titre, Nârada examine les droits et les obligations de l'élève, de l'apprenti et de l'ouvrier, ce qui comprend le soldat, le domestique et le portefaix. La condition des esclaves rentre aussi dans ce titre. Il y en a quinze espèces. Pour les quatre premières seulement la servitude est héréditaire. Pour les autres elle est à vie ou temporaire. Telle est, par exemple, la servitude pour dette. Quand le maître veut affranchir son esclave, il prend un vase plein d'eau, dans lequel sont contenus du riz et des fleurs, il le brise et arrose de cette eau la tête de l'esclave en l'appelant libre par trois fois, puis il renvoie l'affranchi qui se retire le visage tourné vers l'Orient.

Vient ensuite le titre des salaires. Lorsque le salaire est fixé par le contrat, il est payé en proportion de l'ouvrage fait, au commencement, au milieu et à la fin du travail. Lorsqu'il n'est pas fixé par le contrat, il consiste en un dixième du profit. L'ouvrier qui refuse d'achever l'ouvrage convenu rend le salaire au double. Le contrat de transport peut être rompu de part et d'autre en payant une indemnité qui varie suivant le moment où la rupture a lieu. Les droits et obligations des bergers sont aussi réglés en grand détail. Celui qui a bâti sur le terrain d'autrui, pour lequel il paye un loyer, peut emporter, à la fin du bail, la paille, le bois et les briques. S'il a bâti sans payer de loyer et sans avoir obtenu le consentement du propriétaire, il ne peut emporter ses matériaux.

En cas de vente *a non domino* le vendeur est tenu de restituer la chose au véritable propriétaire, et de rendre le prix à l'acheteur. En outre, il paye une amende au roi. Toute vente secrète est présumée vente d'objets volés. Si l'acheteur est de mauvaise foi il est responsable à l'égal du vendeur.

En ce qui concerne la délivrance de la chose vendue et la rescision de la vente, Nârada reproduit les règles exposées dans les codes antérieurs. Toutefois le droit absolu de repentir paraît ici resserré dans de certaines limites. Ainsi l'acheteur peut rescinder la vente le jour même. Il le peut encore le lendemain, mais en payant un trentième du prix, et le surlendemain en payant un quinzième. Après ce délai, la vente est irrévocable. Il en est de même quand la vente a eu lieu après inspection et approbation. Le délai fixé pour l'essai est d'un certain nombre de jours suivant la nature de l'objet vendu, et peut aller jusqu'à quinze jours, et même un mois, pour les esclaves.

A propos des infractions aux règlements des communautés, Nârada pose en principe le droit de police et de surveillance qui appartient au roi sur lesdites communautés et notamment sur leurs assemblées.

Le titre des contestations sur les limites contient quelques dispositions nouvelles. Les arbres plantés sur la limite de deux terres sont communs. Les branches d'arbre qui tombent sur le terrain d'autrui appartiennent au propriétaire de l'arbre. Lorsqu'une terre est abandonnée, celui qui la cultive en recueille les fruits. Si le propriétaire se représente, il reprend sa terre, mais en remboursant les avances faites par le cultivateur. Le reste du titre règle les diverses indemnités dues pour dommages causés par le bétail dans les terres closes.

Le mariage est un acte qui se compose de deux éléments, à savoir les fiançailles et la cérémonie religieuse. Le brahmane peut prendre trois femmes appartenant à d'autres classes, le kchatryia deux, le vaisya une. Mais réciproquement une femme sudra peut prendre trois maris dans l'ordre inverse des classes, une femme vaisya peut en prendre deux, une kchatryia un seul.

Nârada distingue, comme ses prédécesseurs, huit for-

mes de mariage, dont les trois dernières, y compris le mariage par achat, sont illégitimes, sans être cependant dépourvues de tout effet. La séparation est admise de part et d'autre, pour cause déterminée. Nârada parle du lévirat (*Niyoga*) comme d'une coutume existante et légale. L'adultère commis avec une femme d'une classe supérieure est puni de mort. Les relations avec une femme non mariée ne sont point un délit. La femme peut prendre un nouveau mari dans cinq cas, à savoir quand le premier a péri ou est mort naturellement, quand il est absent ou impuissant, enfin quand il a perdu sa caste. L'absence doit avoir duré quatre, six ou huit ans suivant la caste, et moitié moins si la femme n'a pas d'enfants.

Les règles relatives aux successions sont toujours les mêmes. Le fils naturel né d'une fille non mariée et de père inconnu offre le gâteau funéraire au père de sa mère, et en est l'héritier. Quant à l'enfant adultérin, s'il n'y a pas eu adoption de la part du père de la mère, il appartient à son père naturel ou au mari, suivant que la cohabitation avec la femme a été ou non précédée d'un présent fait au mari.

Lorsque les frères ont joui séparément de leurs parts pendant dix ans, ils sont considérés comme ayant partagé.

Le droit criminel tient peu de place dans l'œuvre de Nârada. La violence est de trois sortes. Les deux premières ont pour objet les biens, et sont punies d'une amende. La troisième s'attaque à la vie humaine et entraîne, suivant les cas, une peine corporelle ou même la mort. Le vol est aussi de trois sortes, suivant la valeur des objets volés, et l'échelle de pénalité est la même. En cas de vol de bétail on suit les traces, et le canton où ces traces s'arrêtent est responsable. A défaut, la responsabilité remonte au roi. L'injure verbale et l'injure réelle comportent également trois degrés.

Enfin le jeu est toléré dans des maisons de jeu qui sont affermées par l'État. Le fermier perçoit dix pour cent.

En lisant quelques-unes de ces dispositions, on se demande si celui qui les a écrites n'avait pas quelque connaissance du droit romain. Nârada connaissait la monnaie romaine. Il appelle par son nom le denier, *dînar*. Pourquoi n'aurait-il pas eu sous les yeux quelques textes d'Ulpien ou de Paul? Sa manière de procéder par définitions et divisions rappelle celle de Gaius.

Le livre de Nârada clôt l'ère des législateurs brahmaniques. Après lui on ne cite plus de nom qui fasse autorité. En revanche on voit se multiplier les commentaires et les compilations. Dans la seconde moitié du XI° siècle un certain Vijnanesvara a rédigé, sous le nom de *Mitâkshara,* un Digeste qui forme encore aujourd'hui la base du droit appliqué par les tribunaux dans l'ouest et le sud de l'Inde.

A côté de ce livre on suit encore, dans le sud, le *Smriti Chandrika,* écrit dans le Deccan, vers le milieu du XIII° siècle, par Devanda Bhatta; le *Daya Vibhaga,* composé vers la seconde moitié du XIV° siècle par Madhaviya; le *Sarasvati Vilasa,* écrit par un roi d'Orissa au commencement du XVI° siècle; enfin le *Vyavahara Nirnaya,* écrit à la fin du XVI° siècle ou au commencement du XVII°.

Dans l'ouest les livres acceptés comme complément de la *Mitâkshara* sont le *Vyavahara Mayukha,* ouvrage du XVII° siècle, et le *Viramitrodaya,* de la même époque.

Dans la province de Mithila on suit des compilations qui datent du XV° siècle. Dans le Bengale, la plus haute autorité est celle de Jimuta Vahana, qui écrivait entre le XII° et le XV° siècle.

Il faut citer encore les traités particuliers sur l'adoption, connus sous les noms de *Dattaka Chandrika* et de *Dattaka Mimamsa,* qui n'ont pas plus de deux ou trois siècles, et enfin le grand Digeste appelé *Vivada Bhangarnava,* composé à l'instigation du gouvernement anglais, vers la fin du siècle dernier, par Jagannatha Terkapunchanana, et traduit en anglais par le savant Colebrooke.

Les auteurs de ces compilations ont rassemblé tous les textes, concilié les contradictions, souvent à force de subtilité, expliqué les passages difficiles en donnant le sens des termes techniques et en faisant comprendre les allusions. Enfin ils ont complété par un immense travail de casuistique les principes posés par les législateurs. Un autre travail non moins considérable a été fait par la coutume. Plusieurs dispositions des codes brahmaniques sont tombées en désuétude. D'autres se sont modifiées, d'elles-mêmes pour ainsi dire, et par l'effet des mœurs. Enfin les Européens en ont abrogé une grande partie et l'ont remplacée par leur législation pour tout ce qui concerne l'organisation judiciaire, la procédure, les preuves et le droit criminel. Néanmoins l'autorité des *sûtras*, celle de Manou, de Yajnâvalkyia, de Nârada, et des jurisconsultes dont on n'a plus que des fragments, sont encore invoquées devant les cours de justice anglaises ou françaises[1]. Les nouvelles publications dont ces textes ont été l'objet ont donc un véritable intérêt pratique, mais c'est à la science, à l'histoire du droit, qu'elles rendront le plus de services. Elles nous font assister en quelque sorte à la formation et au développement de la législation brahmanique. Elles nous permettent même de remonter au delà, jusqu'aux origines d'une civilisation qui est la nôtre.

---

[1] Voir l'ouvrage classique de John D. Mayne, ancien avocat général à la cour de Madras, *A treatise on Hindu law and usage*, 3e édition, 1 vol. in-8o, Londres et Madras, 1883. Il faut citer aussi pour l'Inde française, les *Études sur le droit civil des Hindous*, par Gibelin, procureur général à Pondichéry, 2 vol. in-8o, 1846 et 1847, savant livre qui jouirait d'une bien plus grande autorité s'il n'était défiguré par un effroyable abus de l'étymologie. M. de Langlard, conseiller à la cour d'appel de Pondichéry a publié en 1884 un volume intitulé *Leçons de droit indou*. On y trouve l'indication de toutes les publications antérieures.

V.

L'ANCIEN DROIT DES PERSES.

La Perse[1], ou plutôt l'Iran, tient une grande place dans l'histoire des nations indo-européennes, non pas seulement à cause des événements auxquels elle a pris part et du rôle qu'elle a joué dans le monde, mais parce qu'elle est, en quelque sorte, un chaînon nécessaire qui rattache l'Inde à l'Europe, l'orient à l'occident. C'est ce qui donne tant d'importance en philologie à la langue Zend, en histoire religieuse à l'Avesta. L'histoire du droit ne peut donc négliger les Iraniens, non plus que les populations d'origine iranienne telles que les Afghans et les Arméniens.

Ce qui rend cette étude difficile, c'est que nous manquons d'anciens monuments originaux. Les Grecs et les

---

[1] Les principaux livres à consulter sur la Perse sont :

L'*Avesta*. Traduction française par Harlez, professeur à Louvain, Paris, 1881. Traduction anglaise par Darmesteter, Oxford, 1880-1883 *(Sacred books of the East*, t. IV et XXIII).

Le *Bundehesh*, le *Dadistan î Dinik* et les autres livres pehlvis dans la traduction anglaise de West. *Pahlavi texts (Sacred books of the East*, t. V, XVIII, XXIV). Ces livres ne remontent qu'au xᵉ siècle de notre ère.

G. Rawlinson : *The five great monarchies of the ancient Eastern world,*

Romains ne nous apprennent sur la Perse que fort peu de chose. Heureusement on peut, jusqu'à un certain point, combler les lacunes en recourant aux sources orientales. La conquête de la Perse par les Arabes et sa conversion à l'islamisme n'ont pas détruit en Perse le sentiment national. Dès le x° siècle de notre ère, l'antique civilisation iranienne renaissait, et l'histoire plus ou moins légendaire de la race était recueillie dans la chronique de Tabari, dans le grand poème épique de Firdousi. Si la Perse est restée musulmane, elle s'est du moins séparée du reste de l'Islam en embrassant l'hérésie des Schiites, pendant que les derniers fidèles du culte de Zoroastre allaient chercher un refuge dans l'Inde, dans la presqu'île de Guzzarat, où Anquetil du Perron a découvert, au siècle dernier, le manuscrit de l'Avesta. Les livres de Tabari et de Firdousi, celui de Manustschihar, auteur d'un recueil de jurisprudence religieuse intitulé *Dâdîstân î Dînîk,* sont de date relativement récente, mais la tradition dont ils rendent témoignage remonte à une époque bien antérieure et reproduit, à n'en pas douter, les traits caractéristiques de la civilisation iranienne.

or the history, geography and antiquities of Chaldaea, Assyria, Babylon, Media and Persia, 4 vol. in-8°, London, 1862-1867. *The sixth great oriental monarchy (Parthians),* 1 vol. 1873. *The seventh great oriental monarchy, the Sassanians,* 1 vol. 1876.

Dosabhai Framji Karaka : *History of the Parsis,* 2 vol., London, 1884.

Firdousi : *le Livre des Rois,* traduit en français par Jules Mohl, 7 vol. n-f°.

Tabari. Traduction allemande du texte arabe par Nœldeke, Leyden, 1879, sous ce titre : *Geschichte der Perser und Araber zur Zeit der Sasaniden, aus der arabischen Chronik des Tabari.* Traduction française du texte persan par Zotenberg, 3 vol., Paris, 1867-1871.

Spiegel : *Eranische Alterthumskunde,* 3 vol. in-8°, Leipzig, 1878.

Rabbinowicz : *Législation civile du Talmud,* 5 vol. in-8°, Paris, 1872-1882.

Schwab, traduction française du Talmud de Jérusalem, t. VI et VIII, 1884-1886.

Der Babylonische Talmud. Traduction allemande du Talmud de Babylone, par Wünsche, t. I, Leipzig, 1886, t. II, 1887-1888.

Geiger, *Ostiranische Alterthümer,* 1 vol., Erlangen, 1882.

Une autre source d'information non moins importante, quoiqu'elle ait été négligée par Spiegel dans son grand et savant ouvrage sur les antiquités d'Iran, est le Talmud de Babylone. Les rabbins qui ont rédigé cette compilation, avant la conquête musulmane, y ont inséré quelques données intéressantes sur les lois de la Perse. On sait que les Juifs n'étaient pas tous retournés en Palestine. Une nombreuse colonie ne profita pas de l'édit de Cyrus et continua de vivre sur les bords de l'Euphrate, soumise à ses juges nationaux et gouvernée par ses propres lois, sous l'autorité du monarque persan[1].

Si nous manquons aujourd'hui de documents originaux sur l'ancien droit de la Perse, ce n'est pas qu'il n'en ait jamais existé. D'après une tradition conservée chez les Parsis de l'Hindoustan[2], les livres sacrés de la Perse se composaient de vingt-un volumes. Le neuvième, en soixante chapitres, contenait les lois d'après lesquelles les rois et les tribunaux devaient juger, c'est-à-dire la procédure. Le dix-neuvième, en soixante-deux chapitres, exposait le droit civil et criminel. De tous ces livres, à part quelques fragments sans importance, il ne nous reste que l'Avesta ou Vendidad, qui est un traité de théologie. Les livres de droit proprement dit ont péri, et c'est à peine si nous trouvons dans l'Avesta quelques traces des idées juridiques de la race iranienne. Plus tard, au second siècle avant notre ère, le roi des Parthes, Mithridate 1er (mort en 139 av. J.-C.), ayant réuni à son empire toute la haute Asie, paraît avoir fait recueillir les lois des diverses nations dont il s'était rendu maître[3]. Enfin, au iiie siècle de notre ère, le fondateur de

---

[1] Il est souvent question dans le Talmud d'un livre des lois des enfants de Noé, qui aurait été rédigé par le rabbin Rab. Suivant Rabbinowicz ce serait un recueil de lois persanes, mais rien ne justifie cette hypothèse.

[2] Spiegel, t. III, p. 776, et Dosabhai Framji Karaka, t. II.

[3] Diodore de Sicile, fragment du livre XXXIII, éd. Wesseling, t. X, p. 91 : καθόλου δὲ πολλῶν ἐθνῶν ἐγκρατὴς γενόμενος τὰ παρ' ἑκάστοις ἄριστα τῶν νομίμων κατέδειξε τοῖς Πάρθοις.

la dynastie persane des Sassanides passe pour avoir fait faire un travail du même genre. Aucun de ces livres n'est parvenu jusqu'à nous.

Nous sommes donc réduits à recueillir ces fragments, à rapprocher des éléments épars et à tâcher de reconstituer un ensemble. Il reste, heureusement, assez de données pour qu'on puisse se représenter, au moyen d'inductions légitimes, l'ancien droit de la race iranienne. Ce droit sert de transition entre celui de l'Inde et celui des nations européennes, et ainsi se trouve démontrée l'unité du droit primitif de toutes ces populations. C'est là un résultat important. Il mérite bien qu'on fasse quelques efforts pour l'obtenir.

Les informations que nous pouvons réunir sur l'ancien droit persan proviennent, comme on vient de le voir, de sources très différentes. S'il peut être utile de les rapprocher, il importe de ne pas les confondre. Avant tout, il faut tirer de l'Avesta et des livres religieux qui s'y rattachent, les idées juridiques que ces livres nous révèlent. En Perse, comme dans tout l'Orient, la loi civile et criminelle n'est qu'une émanation de la loi religieuse.

Si l'on en croit Hérodote, c'est une grande honte, en Perse, que d'être débiteur[1], ce qui revient sans doute à dire que la coutume exigeait la bonne foi dans les transactions et le respect de la parole donnée. La violation du contrat est une faute dont l'Avesta règle la répression[2]. A cette occasion le législateur divise les contrats en six classes suivant la manière dont ils se forment. La première classe est celle des contrats qui se forment par la parole. En second lieu le serment, les contrats qui se forment par la paumée, ou poignée de main. Les autres contrats se forment par la dation d'un gage, qui consiste en un mouton, un bœuf,

---

[1] Hérodote, I, 138.
[2] Avesta, ch. IV.

un homme ou une terre. Dans la troisième classe, la valeur du gage peut s'élever jusqu'à 3 istirs (l'istir ou statère = 1/4 de drachme). Dans la quatrième classe, le maximum de valeur est de 12 istirs. Il monte à 500 dans la cinquième. Au-dessus de ce chiffre, le contrat est rangé dans la sixième classe. Celui qui, s'étant obligé par un contrat, n'exécute pas son obligation, est tenu de payer à titre de peine la valeur du contrat de la classe immédiatement supérieure [1]. La famille et les parents des contractants paraissent avoir été garants de l'exécution. Le serment par Mithra était aussi employé comme garantie.

La loi observe une gradation analogue dans le fait d'attaque d'un homme contre un homme. Ce crime comporte sept moments distincts, à savoir : prendre l'arme, la brandir, frapper, blesser, répandre le sang, briser un os, enfin ôter le sentiment. L'Avesta punit chacun de ces sept actes d'un certain nombre de coups de fouet, de 5 à 90. En cas de récidive la peine est doublée. Un coup de fouet peut être racheté moyennant six drachmes. S'agit-il, dans ces textes, de véritables peines ou de simples pénitences [2]? Cette seconde explication est la plus probable. La distinction ainsi établie a un caractère tout à fait archaïque et se retrouve presque textuellement dans le Code islandais.

L'Avesta connaît la manifestation de la vérité par le jugement de Dieu. L'ordalie à laquelle il fait allusion est celle qui consiste à tenir le prévenu plongé dans l'eau pendant un certain temps, ou à retirer de l'eau bouillante un anneau d'or [3]. Il y a aussi des traces de l'ordalie par le feu [4].

---

[1] Une glose ajoute que le seul fait de demander un délai pour payer est déjà une violation du contrat. Celui qui a les moyens de payer et se refuse à le faire est considéré comme un voleur. V. Spiegel, t. III, p. 687.

[2] Suivant Spiegel et Geiger (p. 456), il s'agit de coups donnés à des animaux impurs, et constituant une sorte d'expiation.

[3] Pictet, *Origines indo-européennes*, 2e éd., III, 178.

[4] Geiger, p. 461.

Il est à peine question du mariage dans l'Avesta. On voit seulement qu'il admet la polygamie et recommande le mariage entre frères et sœurs[1].

Enfin, l'Avesta reconnaît expressément le droit de la vengeance. Il recommande d'accepter le prix du sang quand celui qui l'offre est un fidèle[2].

Après avoir interrogé les livres sacrés, nous allons recueillir les témoignages épars que fournissent les auteurs grecs et romains et la tradition nationale.

Nous ne nous proposons pas de décrire ici le gouvernement des Perses. Il suffit d'indiquer que c'était une sorte d'aristocratie féodale, avec le despotisme au sommet. Le lien féodal très fort sous les Achéménides, devint plus lâche sous les Arsacides. Les Parthes qui furent alors en Perse la nation dominante n'étaient peut-être pas assez puissants pour régner en maîtres, mais quand les Perses eurent renversé les Parthes, la nouvelle dynastie, celle des Sassanides, se trouva dans des conditions plus favorables et sut maintenir les grands vassaux dans une étroite dépendance[3].

La population se divisait en quatre classes, à savoir les mages (mobeds), les nobles, les laboureurs et les artisans[4]. La tradition faisait remonter cette distinction jusqu'à Zoroastre, mais la limite qui sépare les diverses classes n'était point infranchissable comme dans l'Inde. L'Avesta ne connaît pas le régime des castes. La petite noblesse, les *dihkans*, ou propriétaires vivant sur leurs domaines, formaient le nerf de la nation. Au-dessous d'eux les cultivateurs vivaient dans une sorte de servage. Il y avait enfin un grand nombre d'esclaves recrutés soit parmi les captifs, soit parmi les débiteurs insolvables et

---

[1] Avesta, 12-9, 3-3. Geiger, p. 245.

[2] V. les passages cités par Geiger, p. 451.

[3] Nœldeke, p. 437 : *Einiges über die inneren Verhæltnisse der Sasaniden.*

[4] Tabari (Zotenberg), t. II, p. 223. Firdousi, t. I, p. 50.

les pauvres[1] qui ne pouvaient acquitter l'impôt de capitation. Il paraît même que l'affranchissement était interdit par la loi[2]. Chaque seigneur était tenu au service militaire et marchait à la tête du contingent de son canton, mais il ne semble pas avoir eu de juridiction patrimoniale. Les juges étaient de hauts fonctionnaires, d'une capacité éprouvée[3], et probablement pris dans la classe des *mobeds*. Ils faisaient des tournées, tenaient leurs assises, et renvoyaient les affaires les plus importantes au jugement du Roi[4].

L'organisation de la famille était la même en Perse que chez toutes les nations indo-européennes. Nous savons par Hérodote que les Perses se divisaient en dix tribus de rang inégal, et que chaque tribu comprenait un certain nombre de *gentes* dont chacune se rattachait à un ancêtre éponyme[5]. Enfin la *gens* se composait de plusieurs maisons, dont les chefs exerçaient sur les personnes vivant avec eux une très grande autorité. Aristote qualifie de tyrannique la puissance que le père de famille exerce en Perse sur sa femme et ses enfants[6]. Nous verrons tout à l'heure que cette puissance comportait le droit de vie et de mort et s'étendait même sur les frères et sœurs non mariés, c'est-à-dire non séparés de la maison. Malgré cette dépendance la femme tient dans le ménage une place respectée, et si la polygamie est tolérée, il n'y a du moins, dans la maison, qu'une seule épouse légitime. Jusqu'ici nous n'apercevons dans la loi persane rien qui ne se rencontre ailleurs. Il y a pourtant un trait original par lequel cette loi se distingue profondément de toutes les lois de notre race. Loin de prohiber l'inceste elle le recommande

---

[1] Rabbinowicz, t. III, p. 321.

[2] Justin, *Hist.* XLIV.

[3] Ammien Marcellin, *Hist.* XXIII, 6.

[4] Elien, *Var. hist.* I, 34.

[5] Hérodote, I, 125.

[6] Aristote, *Eth. Nicom.*, VIII, 10. Cf. le livre d'Esther, ch. I.

et le favorise, même entre frères et sœurs, même entre ascendants et descendants. On a vainement essayé de contester le fait, ou du moins d'en restreindre la portée. Il est attesté, d'une voix unanime, par un grand nombre d'écrivains grecs et romains[1], de toutes les époques, répété par les écrivains arabes et avoué même par les historiens persans[2].

La femme était achetée par le futur époux[3], ce qui ne veut pas dire qu'elle fût esclave. On sait que le mariage, dans les temps primitifs, s'accomplissait partout sous la forme d'une vente. Était-ce la cession des droits du père, ou le paiement de l'indemnité due à la famille pour l'enlèvement? N'était-ce pas plutôt un moyen fictif employé pour lier les deux parties à une époque où on ne comprenait pas qu'un contrat pût se former par le seul consentement? C'est ce que nous ne pouvons examiner ici.

La fille apportait en mariage une dot qui lui était constituée par son père ou par celui de ses parents qui la mariait. C'était du moins un usage généralement suivi. Firdousi raconte comme un fait extraordinaire que le roi Bahman épousa les quatre filles d'un artisan et ne reçut aucune dot[4].

On trouve aussi dans les livres postérieurs à la conquête musulmane la trace d'un don du matin qui aurait été fait par le mari à la femme, le lendemain du mariage, et dont le montant aurait été de 1,000 à 2,000 pièces d'argent et de deux dinars d'or[5]. La coutume paraît ancienne, et cette apparence se trouve confirmée par ce fait que les anciens Perses ne considéraient pas le mariage comme

---

[1] Par exemple Hérodote, III, 31 ; Ctésias, ch. xliv ; Plutarque, *Artaxerxès*, ch. xxvi ; Philon, *De specialibus legibus*, § 3; Agathias, II, 23. Spiegel, t. III, p. 678 a réuni tous les faits de ce genre dont il est fait mention.

[2] Tabari (Zotenberg), t. I, p. 276, 499. Firdousi, t. IV, p. 427.

[3] Tabari (Nœldeke), p. 163-164.

[4] Firdousi, t. V.

[5] Spiegel, t. III, p. 678.

parfait tant qu'il n'avait pas été consommé par la cohabitation[1].

Les livres des Parsis de l'Inde viennent ici à notre secours[2]. Ils distinguent cinq espèces de mariage, à savoir :

1° Shâh Zan, ou mariage avec une jeune fille qui devient épouse légitime;

2° Yogan Zan, où la femme, en se mariant, stipule que son premier né sera regardé comme le fils non de son mari mais de son père ou de son frère, décédés sans enfants mâles. Elle prend alors une part de fils dans la succession de son père, et quand l'enfant a atteint l'âge de quinze ans on procède à une nouvelle célébration du mariage;

3° Satar Zan, quand la même condition est stipulée au profit d'un tiers non parent, et moyennant une somme d'argent;

4° Çâkir Zan, ou mariage avec une veuve;

5° Enfin Khodask Râi Zan, ou mariage d'une fille qui se donne à un époux contre la volonté de ses parents. Cette espèce de mariage, ajoute le texte, est la pire de toutes.

On trouve quelque chose de semblable dans les lois hindoues. Mais ce n'est pas une raison pour ne voir dans ce texte qu'un emprunt d'une époque récente.

Dans la quatrième espèce de mariage (mariage avec une veuve), si cette veuve n'a pas d'enfants de son premier mari, la moitié des enfants qu'elle a de son second mari est réputée appartenir au premier. Pour reprendre les enfants que la loi lui enlève, le second mari n'a d'autre moyen que l'adoption. Cette règle se trouve dans le Bundehesh. Elle se rattachait à Zoroastre[3]. Peut-être même

---

[1] Rabbinowicz, t. V, p. 86.

[2] Spiegel, t. III, p. 678, et le Bundehesh (West, *Pahlawi texts*, t. 1, p. 142). Geiger, p. 245.

[3] Bundehesh, XXXII, 6, trad. West, dans les *Sacred books of the East*, t. V, p. 142. Cf. dans la même collection t. XXIV, le livre intitulé : *Sad dar*, ou les cent sujets, ch. 54.

remonte-t-elle plus haut, car elle a sa source dans la religion primitive, comme l'adoption et le lévirat. On peut y
voir une conséquence du culte des morts.

Une pratique constante chez les Perses était celle de l'a-
doption. Suivant Procope, elle s'accomplissait dans la forme
d'une cérémonie toute militaire, par la tradition des armes[1].
Nous voyons cependant dans Tabari que Djouzher, roi d'Istakhr (Persépolis) adopta Ardeschir, âgé de sept ans et lui
assura le gouvernement de Darabguerd par un acte écrit
auquel figurèrent comme témoins les habitants d'Istakhr[2].
Les enfants des rois étaient habituellement confiés à des
grands seigneurs qui se chargeaient de les élever jusqu'à
leur majorité[3]. C'est un usage autrefois pratiqué dans tout
le nord scandinave. On voit aussi fréquemment chez les
Perses deux guerriers s'adopter réciproquement pour
frères[4], comme le font encore aujourd'hui les Slaves du
sud et les populations de l'Arabie.

Nous savons très peu de chose du droit de propriété. Les
Perses ne pratiquaient guère l'industrie ni le commerce,
qu'ils abandonnaient volontiers aux Grecs et aux Juifs[5].
En revanche l'agriculture était chez eux fort avancée et
l'art des irrigations poussé fort loin. Au besoin l'État exé-
cutait lui-même les travaux de canalisation, mais en général
il abandonnait l'initiative aux propriétaires, ou à des entre-
preneurs, auxquels il concédait en récompense la jouissance des terres nouvellement irriguées, et cela pour la
durée de cinq générations[6]. Tabari parle d'une banque de

---

[1] Procope, *De bello persico,* I, 11, οὐ γράμμασιν οἱ βαρβάροι τοὺς παῖδας ποιοῦνται, ἀλλ᾽ ὅπλων σκεύη.

[2] Tabari (Zotenberg), t. II, p. 68.

[3] Tabari (Zotenberg), t. II, p. 108.

[4] Ctésias, *Hist. Pers.,* c. 8.

[5] Il ne faut cependant pas prendre à la lettre ce que disent Hérodote (I, 153) et après lui Strabon (XV) que les Perses n'ont pas de marchés et n'ont coutume ni d'acheter ni de vendre.

[6] Polybe, *Hist.,* X, 28, 3.

crédit agricole qui aurait été fondée par un des derniers princes sassanides[1].

Une loi réglait la condition des propriétés voisines des fleuves. Le droit des riverains de chaque côté s'étendait dans le fleuve même jusqu'au point où un cheval perdait pied[2].

La propriété des immeubles ne pouvait être tranférée, que par acte écrit[3], mais elle pouvait s'acquérir aussi par la prescription dont la durée était de quarante ans[4].

La terre était assujettie à un impôt direct qui fut long-temps perçu sous la forme d'un partage de fruits en nature. L'État prenait le tiers ou le quart. Ce système fut modifié sous les derniers Sassanides, sans doute à l'exemple des Romains. On fit d'abord un cadastre général, et, quand cette grande opération fut terminée, on substitua à la perception d'une quantité de fruits en nature celle d'une redevance en argent, invariable, et calculée sur le produit moyen, avec un tarif par espèces de culture. L'impôt fut déclaré exigible par tiers, de quatre en quatre mois, et les terres non cultivées en furent exemptées. Cette réforme, attribuée aux rois Qobàd, Khosrou et Nouschirvan, fut accomplie vers l'an 500 de notre ère[5]. Elle atteste l'existence et en même temps l'extrême division de la propriété. Quelle que fût du reste la forme de l'impôt, la charge était très lourde et la poursuite extrêmement rigoureuse. A défaut de paie-ment, le paysan était expulsé et sa terre concédée au premier venu qui s'engageait à payer l'impôt[6].

Pour tout ce qui concerne les successions, nous n'avons que des renseignements de date récente. Ils sont contenus

---

[1] Tabari (Zotenberg), t. I, p. 283.

[2] Rabbinowicz, t. III, p. 433. Tabari (Nœldeke), p. 149.

[3] Rabbinowicz, t. IV, p. 174.

[4] Rabbinowicz, t. IV, 174.

[5] Tabari (Zotenberg), t. II, p. 129, 152, 223. Firdousi, t. VI, p. 167. Tabari (Nœldeke), p. 241-247.

[6] Rabbinowicz, t. III, p. 121; t. IV, p. 175.

dans un livre parsi de la seconde moitié du IX° siècle de notre ère, intitulé *Dadistan i Dinik,* et écrit en langue pehlvie, c'est-à-dire dans la langue usitée au temps des Sassanides[1]. Il est évident, toutefois, que les coutumes auxquelles il est fait allusion dans ce livre sont très anciennes, et d'origine purement iranienne car elles sont en opposition à la loi de l'Islam, conformes d'ailleurs à la grande tradition indo-européenne. On voit qu'il y est question du testament, de l'adoption et de la tutelle. *Ab intestat* la succession se partage également entre les fils, les filles non mariées et les épouses. Quant aux filles mariées, la dot qu'elles ont reçue est considérée comme l'équivalent de la part à laquelle elles auraient pu prétendre dans la succession. On peut disposer de tout son bien par donation entre vifs, mais le testament n'est valable qu'à la condition que tous les héritiers présomptifs y soient nommés et y reçoivent une part quelconque. C'est du moins ce qui paraît résulter du texte.

On raconte que sous le règne de Qobàd, et peu de temps après la confection du cadastre, un réformateur religieux parut en Perse, et prêcha le partage égal des terres et des femmes, c'est-à-dire la division des grands domaines et des harems seigneuriaux. Cette secte fit des progrès rapides et Mazdak qui en était le prophète devint bientôt un assez puissant personnage pour que le roi consentît à traiter avec lui, et à lui abandonner les grands qu'il voulait briser. Ce régime étrange paraît avoir duré plusieurs années, mais amena enfin une réaction. Le fils de Qobàd, Khosrou, avec l'appui des mages, convainquit d'imposture le prétendu réformateur. La secte fut détruite, les familles furent reconstituées et les biens rendus à leurs anciens possesseurs. Cela se passait en l'an 528[2].

---

[1] V. la traduction anglaise de West, *Sacred books of Orient*, Pahlavi texts, t. II.

[2] V. sur Mazdak et sa secte, Nœldeke, dans une note jointe à sa traduction de Tabari, p. 455-467. Une révolution semblable eut lieu en Chine au XI° siècle. En 1069, un décret de l'empereur Tchen-Tsong, rendu à l'instiga-

Les Perses, comme en général tous les anciens orientaux, attachaient une grande importance à la preuve
écrite. Comme les Juifs, ils constataient leurs conventions
par des actes pliés et cousus, avec signature de trois témoins sur le repli. Ces actes emportaient, comme chez
les Juifs, exécution parée et droit de suite sur les immeubles vendus par le débiteur à une date postérieure[1]. Après
l'établissement du cadastre, la propriété des immeubles
ne put être transmise que par des actes rédigés en cette
forme[2]. Quant à la vente d'objets mobiliers, elle devenait
irrévocable non par l'appréhension de la chose vendue,
comme chez les Juifs, mais par le paiement du prix[3].
Les objets trouvés appartenaient au Roi[4].

Une disposition très remarquable par son caractère
éminemment archaïque est celle qui règle l'effet du cautionnement, en matière d'obligations. La caution devait
nécessairement être poursuivie par le créancier avant le
débiteur principal, sauf son recours contre ce dernier.
Aussi, ajoute le Talmud, ne se portait-on caution qu'après
s'être fait remettre un gage par le débiteur principal[5].
Mais alors, demandera-t-on, pourquoi faire intervenir
une caution? N'est-il pas plus simple de remettre directement le gage au créancier? Assurément; mais les anciens
n'en jugeaient pas ainsi. L'intervention d'une caution,
d'un tiers, était considérée comme un élément essentiel,
à défaut duquel l'obligation principale ne pouvait même
pas naître.

---

tion de son ministre Wan gant che supprima la propriété des terres et institua
une sorte de communisme d'État. Cette institution imposée par la force et
désastreuse dans ses résultats s'écroula d'elle-même au bout de quinze ans.

[1] Rabbinowicz, t. I, p. 350, t. IV, p. 370.
[2] Rabbinowicz, t. IV, p. 174. Wünsche, t. II, 2e partie, p. 161. Avant
cette époque la possession suffisait en l'absence de titre pour établir la propriété.
[3] Rabbinowicz, t. V, p. 119.
[4] Wünsche, t. II, 2e partie, p. 58-59.
[5] Rabbinowicz, t. IV, p. 410.

L'ancienne coutume suivant laquelle les créanciers allaient jeûner à la porte du débiteur en retard, cette coutume que nous avons déjà vue pratiquée dans l'Inde, que nous retrouverons en Irlande, se rencontrait aussi chez les Perses. Elle y était observée encore de nos jours au témoignage de Sumner Maine[1]. « En Perse, m'a-t-on dit, celui qui se propose d'obtenir par le jeûne le paiement d'une obligation, commence par semer de l'orge devant la porte de son débiteur, et par s'asseoir au milieu des grains. Le symbolisme est suffisamment clair. Le créancier marque par là son intention de rester au même lieu sans manger, soit jusqu'à ce qu'on le paie, soit jusqu'à ce que l'orge, ayant poussé, lui fournisse du pain. »

Le droit criminel était fondé sur le principe de la vengeance du sang. Il y a sur ce point des témoignages très formels qui jusqu'à ce jour n'ont pas été suffisamment relevés. Dans la chronique persane de Tabari, le roi Minotscher, lors de son avènement, s'adresse à l'armée et au peuple et leur expose les principes généraux du gouvernement : « Si l'on tue quelqu'un injustement, dit-il entre autres choses, il ne faut pas que le roi pardonne au meurtrier (ainsi le veulent la justice et l'équité des rois), mais au contraire qu'il lui fasse subir la peine du talion, à moins que les parents, qui ont le droit de venger le sang, ne pardonnent au meurtrier[2]. » Un autre roi de Perse, Parwiz, un des derniers Sassanides, dit en mourant : « Celui qui ne tue pas le meurtrier de son père est un enfant illégitime[3]. » Un témoin oculaire, le Syrien Bardesanes qui vivait au second siècle de notre ère, et dont les paroles nous ont été conservées par Eusèbe, rapporte

---

[1] Études sur l'histoire des institutions primitives, trad. fr., Paris, 1880, p. 369.

[2] Tabari, t. I, p. 283 et s.

[3] *Ibid.*, t. II, p. 345. A chaque instant, dans le poème de Firdousi il est fait allusion au droit de la vengeance. V. par exemple t. VI, p. 135 et 143.

qu'il en était de même chez les Parthes et les Arméniens. Chez ces peuples, dit Bardesanes, les meurtriers sont mis à mort tantôt par les juges, tantôt par les parents de ceux qu'ils ont tués. Il ajoute qu'on peut tuer impunément sa femme, ou son frère sans enfants, ou sa sœur non mariée, ou son fils, ou sa fille[1], ce qui revient sans doute à dire que le chef de la famille exerce une sorte de juridiction souveraine sur toutes les personnes qui vivent avec lui, dans la même maison. Les membres d'une même famille sont donc solidaires pour la poursuite du meurtrier et la vengeance du sang, et s'ils consentent à traiter, c'est eux qui reçoivent le prix du sang, mais par contre ils sont aussi solidaires pour la responsabilité et pour le paiement de la composition. C'est pourquoi lorsqu'un chef de famille a commis un crime contre l'État la famille entière est mise à mort avec son chef[2].

Parmi les crimes commis contre l'État les plus grands sont la trahison et la désertion ou refus de service militaire[3]. L'abandon de la religion nationale était aussi puni de mort[4].

Les autres crimes contre l'État ou contre les personnes étaient punis de peines corporelles. Les coupables étaient condamnés à perdre les yeux, une main, un pied, mais la condamnation n'était pas toujours exécutée à la lettre,

---

[1] Eusèbe, *Préparation évangélique*, VI, Παρὰ Πάρθοις καὶ Ἀρμενίοις οἱ φονεῖς ἀναιροῦνται πότε μὲν ὑπὸ τῶν δικαστῶν, πότε δὲ ὑπὸ τῶν συγγενῶν τῶν φονευομένων.

[2] Ammien Marcellin, XXIII, 6 : Aliae (leges) per quas ob noxam unius omnis propinquitas perit. V. dans Hérodote, III, 118, l'histoire de la famille d'Intaphernès. Le droit de la vengeance existe encore dans toute sa plénitude chez les Afghans, qui sont des iraniens. Geiger, p. 453, et au Caucase.

[3] Ammien Marcellin, XXIII, 6 : Leges apud eos impendio formidatæ inter quas diritate exsuperant leges contra ingratos et desertores. Sénèque, *De Beneficiis*, III, 6 : Excepta Medorum gente non est in ulla data adversus ingratum actio.

[4] Nœldeke, p. 287.

et la peine de la mutilation pouvait être commuée par
le Roi en celle de la prison perpétuelle[1].

Le vol était toujours puni de mort, quelle que fût la
valeur de la chose volée, et qu'il y eût, ou non, restitution. C'est du moins ce qu'attestent les rabbins juifs. Ils
ajoutent qu'à la différence de la loi juive, la loi persane
punit même celui qui vole le voleur[2]. Toutefois il est
difficile d'admettre qu'une peine aussi sévère ait toujours
été rigoureusement appliquée.

La vengeance du sang s'est conservée en Perse jusqu'à
ces derniers temps. « Voici, dit Chardin [3], comme la
chose se passe lorsque quelqu'un a été tué. Ses parents
s'en vont à la justice avec des cris horribles, et traînent
après eux le plus de monde qu'ils peuvent, pour émouvoir
davantage. Le juge leur demande : « Que voulez-vous? »
A quoi ils répondent : « Nous demandons l'observance de
« la loi, le sang d'un tel, qui a tué un tel, notre parent. »
Le juge est obligé sur-le-champ de le leur promettre po-
sitivement. Cependant, si le meurtrier est capable de racheter sa vie, il fait traiter avec les parties, à qui l'on
dit : « C'est un malheur. Le coupable veut se faire der-
« viche, ou moine, par pénitence, le reste de ses jours.
« Que ferez-vous du sang d'un misérable chien demi-mort
« de douleur? Il veut donner tout ce qu'il a au monde;
« il vous offre tant. » En même temps qu'on traite avec
la famille on traite aussi avec les magistrats. Mais quand
les parties persistent à vouloir que le meurtrier meure,
elles redoublent leurs cris chez le juge, lequel délaye et
élude autant qu'il le peut, afin que le temps calme la cha-
leur de leur ressentiment, de sorte que dans ces cas de
meurtre, qui sont fort rares, l'on s'en tire d'ordinaire
pour de l'argent, partie aux parents, partie à la justice;

---

[1] Tabari (Nœldeke), p. 373.

[2] Rabbinowicz, t. V, p. 120.

[3] *Voyage en Perse*, éd. de 1711, t. VI, p. 294.

mais quand les parents ne veulent point entendre à composition, on leur livre le meurtrier. »

Le roi de Perse lui-même voulut vainement sauver un seigneur de sa cour qui avait commis un meurtre, offrant aux parties telle somme qu'il leur plairait ; « mais comme elles persistaient à vouloir son sang, on leur livra le meurtrier. La femme, la mère et la sœur du défunt le percèrent à coups de poignard, et, recevant son sang dans des vases, en portèrent chacune à la bouche pour étancher cette soif que rien n'avait pu éteindre[1]. »

La preuve se faisait par témoignages. Voici ce que disait à ce sujet le docteur juif, R. Rab : « Un fils de Noé (un païen) peut être condamné à mort par un seul juge, sur la déposition d'un seul témoin, même d'un parent, et sans avoir été averti de la gravité du crime dont il est accusé. Mais il ne peut être condamné sur le témoignage d'une femme[2]. » C'est précisément le contrepied de la loi israélite. A défaut de témoignages, le juge avait recours à la torture et même aux ordalies. Nous avons déjà vu qu'il est question d'une ordalie dans l'Avesta. Le même moyen de preuve se retrouve dans la légende héroïque. Le jeune Siawusch, fils du roi Kaous, accusé par sa belle-mère Soudabeh, se justifie en traversant à cheval un immense brasier[3].

Dans le jugement, on tenait compte au coupable de ses bons antécédents. Ceux-ci même pouvaient dans une certaine mesure effacer le crime[4].

Les juges Persans ne motivaient pas leurs sentences[5]. Ils exerçaient une autorité à peu près discrétionnaire et ne reculaient pas devant l'emploi de la contrainte corporelle. Le Talmud en fournit un exemple[6].

---

[1] Chardin, *ibid.*, p. 295.
[2] Rabbinowicz, t. V, p. 85.
[3] Firdousi, t. II, p. 237-241.
[4] Hérodote, I, 137. Sénèque, *ad Lucilium*, XI.
[5] Rabbinowicz, t. IV, p. 407.
[6] Le Talmud de Jérusalem, trad. Schwab, t. VIII, p. 255.

Ainsi que nous l'avons déjà dit en commençant, la conquête de la Perse par les Arabes et la conversion des habitants à l'islamisme n'ont pas entièrement effacé l'individualité de la race iranienne. L'ancien droit s'est perpétué, même sous l'empire du Koran, à titre de coutume locale. Il est même resté en Perse, malgré les persécutions, un petit nombre de familles fidèles à la religion de Zoroastre. Quant aux fugitifs qui trouvèrent un asile dans l'Inde, la colonie qu'ils y ont fondée n'a cessé de prospérer[1]. On compte aujourd'hui, à Bombay et dans les environs, près de cent mille Parsis. C'est chez eux qu'on a trouvé les manuscrits de l'Avesta et d'autres livres en langue pehlvie, dont plusieurs remontent à l'époque des Sassanides[2]. Ces Parsis, sous la domination anglaise, ont conservé un droit particulier, dont la dernière expression se trouve dans deux actes législatifs passés en 1865 par le Conseil supérieur de l'Inde, et réglant tout ce qui concerne les mariages et les successions *ab intestat*. Ce dernier acte reconnaît un droit de succession à l'époux survivant et attribue aux filles une part entière dans la succession de leur mère, mais un quart seulement dans la succession du père.

---

[1] Dosabhai Framji Karaka, *History of the Parsis*, 2 vol. in-8, London, 1884.

[2] Trois volumes de textes pehlvis ont été traduits en anglais par West, et forment les tomes V, XVIII et XXIV de la collection intitulée *Sacred books of the East*. D'autres traductions ont été publiées par MM. Haug et West et par un savant parsi de Bombay, M. Peshotanji.

VI.

L'ARMÉNIE, LA GÉORGIE ET LE CAUCASE.

D'après les inductions les plus probables, la race arménienne paraît avoir été une race mixte, à la fois sémitique et arienne. De ces deux éléments le second finit par absorber le premier. L'arménien est aujourd'hui classé parmi les langues indo-européennes. Il en est de même du grusinien ou géorgien, et des idiomes parlés par plusieurs populations du Caucase, notamment par les Ossètes. Les résultats obtenus par la philologie ont été confirmés par l'étude des institutions. A ce point de vue, l'Arménie et les pays du Caucase forment pour ainsi dire la transition entre l'Inde et la Perse, d'une part, et l'Europe, de l'autre. On peut donc négliger les vestiges de coutumes sémitiques qui subsistaient encore au temps de Strabon dans certaines parties de l'Arménie[1]. L'élément assyrien ou babylonien a été complètement éliminé. L'élément aryen est devenu prépondérant. Dominée tour à tour par les Romains et les

---

[1] Suivant Strabon (XI, xiv, xvi), les Arméniens avaient emprunté aux Babyloniens la coutume de prostituer les filles, avant leur mariage, dans le temple d'Anaït.

Parthes ou les Perses, l'Arménie est entrée pour n'en plus sortir dans le grand courant de notre civilisation.

Le plus ancien témoignage que nous possédions sur la législation arménienne est celui du syrien Bardesanes[1]. Comme les Parthes, les Arméniens pratiquaient encore, au second siècle de notre ère, la vengeance privée. Bardesanes dit expressément que les meurtriers étaient punis soit par les juges, soit par les parents de ceux qu'ils avaient tués. Il ajoute qu'on peut tuer impunément sa femme, ou son frère sans enfants, ou sa sœur non mariée, ou son fils ou sa fille, ce qui revient sans doute à dire que le père de famille exerce une juridiction souveraine sur toutes les personnes qui habitent avec lui et font partie de la maison. La vengeance du sang et la constitution patriarcale de la famille, tels sont donc les principes fondamentaux du droit arménien, et nous allons les retrouver dans les monuments législatifs.

Depuis qu'ils étaient entrés en contact avec les Parthes, les Romains avaient compris l'importance militaire de l'Arménie et n'avaient épargné aucun effort pour y faire prévaloir leur influence. La conversion des Arméniens au christianisme fut à ce point de vue un événement décisif. Quoique toujours disputée par les Perses, l'Arménie inclina de plus en plus vers Constantinople. Au commencement du VIe siècle de notre ère, elle faisait partie de l'empire grec, et Justinien lui donnait des lois. En 535 il publia un édit sur le droit de succession en Arménie[2], et l'année suivante, en 536, il soumit tous les Arméniens au droit romain[3]. Ces deux monuments législatifs sont d'un très

---

[1] Bardesanes, cité par Eusèbe, *Préparation évangélique*, VI, x. En Arménie comme en Perse, la famille entière était solidairement responsable du crime commis par son auteur. Voir la chronique d'Agathange, ch. II, dans les *Historiens de l'Arménie*, publiés par Victor Langlois, Paris, Didot, 1872.

[2] C'est le troisième édit de Justinien : *De Armeniorum successione.*

[3] C'est la novelle XXI de Justinien : *De Armeniis, ut et illi per omnia Romanorum leges sequantur :*

grand intérêt, bien moins pour ce qu'ils établissent que pour ce qu'ils abrogent, et parce qu'ils décrivent ce qu'ils veulent abroger.

L'édit de 535 porte que jusqu'à ce jour les Arméniens ont suivi leur coutume nationale, d'après laquelle les fils seuls peuvent succéder à leurs pères, à l'exclusion des filles, avec ce correctif toutefois que les filles ou leurs enfants peuvent recueillir l'héritage par testament. Justinien dispose qu'à l'avenir toutes les successions seront dévolues et partagées suivant la loi romaine, les filles ayant le même droit que les fils, même sur une certaine espèce de biens qu'il appelle χωρία γενεαρχικά. Nous ne savons pas au juste ce qu'il faut entendre par cette expression, dont Justinien ne donne pas la définition. Peut-être était-ce le domaine patrimonial de la famille. L'édit a même un effet rétroactif. Il s'appliquera à toutes les successions non encore partagées qui se sont ouvertes en Arménie depuis l'avénement de Justinien, c'est à dire depuis l'an 527.

La novelle XXI, qui est de l'année suivante, 536, confirme l'édit, mais en supprimant l'effet rétroactif dont nous venons de parler. La loi nouvelle n'aura d'effet que pour l'avenir. La préface contient sur l'ancienne coutume quelques détails dont l'édit ne parlait pas. D'après les termes de l'édit, la coutume excluait les filles de la succession de l'ascendant. La novelle nous apprend que l'exclusion des femmes s'appliquait à toutes les successions sans exception, notamment à celle des frères et des autres collatéraux[1]. Elle nous fait connaître en outre que les femmes en Arménie ne recevaient aucune dot au moment de leur mariage, et qu'elles étaient achetées par leurs futurs époux[2]. Ce sont là, nous le savons déjà, des institu-

---

[1] Μὴ κατὰ τὸ βαρβαρικὸν ἔθος ἀνδρῶν μὲν εἶναι τὰς διαδοχὰς τῶν τε γονέων, τῶν τε ἀδελφῶν, τοῦ τε ἄλλου γένους, γυναικῶν δὲ οὐκ ἔτι.

[2] Μηδὲ χωρὶς προικὸς αὐτὰς εἰς ἀνδρὸς φοιτᾶν, μηδὲ ἀγοράζεσθαι παρὰ τῶν συνοικεῖν μελλόντων.

tions qui appartiennent au droit primitif, et au surplus Justinien atteste qu'elles sont communes à un grand nombre de nations barbares[1].

Les édits de Justinien ne restèrent pas lettre morte. Pendant tout le moyen âge, et notamment sous la dynastie des Bagratides (du ixe au xie siècle), la législation byzantine, civile et canonique, fut appliquée en Arménie, quoique plus ou moins défigurée par les coutumes locales. Les rois arméniens promulguaient aussi des édits. C'est ainsi que le roi Jean Sempad (1020-1042) interdit de tenir les marchés aux jours de fête, dans la capitale arménienne. Cet édit, dont l'original est perdu, s'est retrouvé dans une traduction latine faite pour la colonie arménienne de Pologne.

Vers la fin du xiie siècle, de nouveaux recueils législatifs furent rédigés pour la Petite et la Grande Arménie. Dans la Petite Arménie, c'est-à-dire dans la Cilicie, où se fondait un royaume arménien, sous la dynastie roupénienne, saint Nersès de Lambron, évêque de Tarse, compléta l'ancien recueil des lois byzantines, et y ajouta quelques dispositions empruntées au rituel latin. Ce livre, écrit en 1184, n'a pas été imprimé.

La même année (1184), un abbé du monastère de Kédig, le docteur Mekhitar, surnommé Koch, offrit au prince Vakhtang un recueil rédigé par lui pour la Grande Arménie sous le titre de *Livre des procès ou jugements.* Cet ouvrage se répandit promptement et obtint force de loi dans toute l'Arménie. Il ne cessa pas d'y être observé, même après la conquête du pays par les Tartares, et ensuite par les Turcs. Les manuscrits de cet ouvrage sont nombreux, et on en trouve même à la Bibliothèque nationale à Paris. Il est cependant resté inédit jusqu'à ces dernières années. C'est seulement en 1880 que la première

---

[1] Οὐκ αὐτῶν μόνων ταῦτα ἀγριώτερον δοξασάντων, ἀλλὰ καὶ ἑτέρων ἐθνῶν οὕτως ἀτιμασάντων τὴν φύσιν, καὶ τὸ θῆλυ περιυβρισάντων.

édition a été imprimée à Eschmiazin, par les soins de l'archimandrite Vagan Bastamiantz.

En 1265, le recueil de Mekhitar Koch fut introduit dans la Petite Arménie, avec quelques remaniements, par le connétable Sempad. Mais le royaume de la Petite Arménie s'était modelé, depuis les Croisades, sur l'organisation de l'Occident. C'était un royaume féodal. Sempad sentit la nécessité de compléter le code de Mekhitar par une loi mieux appropriée aux circonstances. Il fit traduire en arménien les assises du royaume franc d'Antioche. L'original de ces assises est perdu, mais la traduction arménienne s'est heureusement conservée, et a été publiée par les Mékhitaristes de Venise en 1876[1], avec une traduction française.

Il n'en est malheureusement pas de même du code de Mekhitar. Il n'en existe pas de traduction française. Nous devons donc renoncer à en donner l'analyse complète; nous pouvons toutefois nous en faire une idée approximative. En effet, la plus grande partie de ce grand recueil a été traduite en géorgien au xviiie siècle et promulguée à Tiflis comme annexe du code du prince Vakhtang, dont une traduction russe a été publiée en 1886. Les parties ainsi empruntées sont :

1° Un recueil de lois mosaïques, tirées du Deutéronome, en 67 articles;

2° Un recueil de droit grec en 420 articles tirés, soit des Constitutions des empereurs byzantins, parmi lesquels Léon le Sage, Constantin Porphyrogénète, Nicéphore et Manuel Comnène (ce dernier mort en 1180), soit des canons de l'Église grecque, notamment des actes du sixième concile œcuménique, et des Constitutions des apôtres, ainsi que des écrits des Pères, notamment de saint Grégoire le Thaumaturge. Ce n'est pas la traduction d'un

---

[1] Nous empruntons une partie de ces renseignements à l'introduction placée en tête de ce livre par le savant éditeur.

code grec tel que l'*Ecloga*, l'*Epanagoge*, ou l'*Epitome*. C'est une compilation faite en Arménie, avec des matériaux grecs mais appropriés au pays et aux circonstances. Ainsi il y est parlé plusieurs fois des Tartares. La traduction géorgienne contient au surplus des interpolations, notamment dans l'article 371, qui proclame les droits des deux princes régnant en Géorgie.

3° Vient enfin un recueil de droit romain en 150 articles. Ce livre n'est autre chose qu'une traduction arménienne du livre de droit syroromain, qui paraît avoir été rédigé vers l'an 480 de notre ère pour l'usage des tribunaux ecclésiastiques de l'Orient, et dont le texte syriaque a été publié en 1880 par MM. Bruns et Sachau, avec une version arabe et une version abrégée en arménien. Les savants éditeurs ont conjecturé que la traduction arménienne pouvait bien avoir été faite par Mekhitar Koch. M. Hubé, sénateur à Varsovie, qui a eu sous les yeux un manuscrit complet du recueil législatif de Mekhitar, a changé cette conjecture en certitude[1].

Le recueil de droit romain est suivi d'un certain nombre d'articles relatifs au droit canonique et aux contrats de droit civil. Ces dispositions sont puisées aux sources byzantines et font souvent double emploi avec le recueil de droit grec. Quelques-unes cependant sont empruntées au droit coutumier du pays. Pour quelques autres l'auteur reconnaît lui-même qu'il les a tirées de son propre fonds. Mais ce qu'il peut y avoir d'original dans l'œuvre de Mekhitar Koch se réduit certainement à peu de chose. Maintenant que cette œuvre est imprimée, elle pourra être étudiée de près par des personnes versées dans la langue arménienne, et on saura définitivement à quoi s'en tenir sur cette question, qui n'est pas sans intérêt pour l'histoire du droit[2].

---

[1] Voir l'article publié en 1883 par M. Hubé dans la *Zeitschrift der Savigny-Stiftung*, t. III, p. 17.

[2] L'autorité du livre de Mekhitar Koch était répandue même hors de l'Arménie, dans toutes les colonies arméniennes. Suivant M. Hubé, on en retrouve

Si les anciennes coutumes nationales ont disparu en Arménie, sous la double influence du droit canonique et du droit civil gréco-romain, il n'en a pas été de même dans la contrée qui s'étend au nord de l'Arménie proprement dite, jusqu'au pied du Caucase. C'est la Grusinie, plus connue sous le nom de Géorgie, ayant pour capitale l'importante ville de Tiflis. Comme les Arméniens, les Géorgiens appartiennent à la race indo-européenne. Ils parlent une langue différente et se servent d'un alphabet particulier, mais leurs institutions paraissent avoir été semblables à celles de leurs voisins du Sud. Seulement, tandis que l'Arménie a constamment subi l'influence ou la domination étrangères, la Géorgie a conservé son indépendance sous une dynastie nationale jusqu'au commencement du XIXe siècle. Devenue province russe, elle est encore aujourd'hui régie par son ancienne loi, dont une partie est restée en vigueur.

La dernière rédaction de cette loi a été faite en 1723, par l'ordre du prince Vakhtang. Mais il existe des rédactions antérieures, qui remontent jusqu'au XIVe siècle, et que Vakhtang a jointes à son code, en forme d'appendice. Un autre appendice, non moins important, consiste dans la traduction en langue géorgienne de la plus grande partie du recueil de Mekhitar Koch. Le code a été traduit en langue russe, pour l'usage des tribunaux et du gouvernement dès 1840. Malheureusement, cette traduction, qui d'ailleurs ne comprenait pas tous les appendices, n'a jamais été mise dans le commerce. Un voyageur allemand, le baron de Haxthausen, parvint à s'en procurer un exemplaire, d'après lequel il a donné une assez longue analyse du corps de droit géorgien dans un ouvrage intitulé *la Transkaukasie*, publié à Leipzig en 1856. Aujourd'hui il est

certaines dispositions dans le privilège octroyé aux Arméniens de la ville de Lemberg par le roi de Pologne Sigismond, en 1519. Ce privilège est un code en 124 chapitres. Voir Bischoff, *Das alte Recht der Armenier in Lemberg*, Wien, 1862. M. Kohler en a donné une analyse très complète dans la *Zeitschrift für vergleichende Rechtswissenschaft*, t. VII (1887).

plus facile d'approfondir cette étude. Une traduction complète, en langue russe, du code de Vakhtang avec tous ses
appendices, vient d'être publiée à Tiflis par M. Fraenkel,
avocat, dans la *Revue juridique du Caucase* (1886) [1].

La plus ancienne rédaction de la loi grusinienne est celle
du prince George, qui régna de l'an 1318 à l'an 1346.
C'est un tarif de compositions en 46 articles. Les délits
prévus sont de quatre sortes : le meurtre, l'injure, l'enlèvement des femmes et le vol. Le meurtrier est banni du
pays pour deux ou trois ans, suivant les cas, et ses biens
confisqués, mais pour lui être rendus, à son retour. Dans
tous les cas il paye le prix du sang, qui est fixé pour la
classe moyenne à 6,000 pièces d'argent (300 roubles), pour
la classe supérieure à 18,000, et pour celle des paysans à
1,500 ou 1,200. La poursuite pour obtenir le prix du sang
appartient aux parents de la victime, mais avec cette différence que la somme à payer est réduite à moitié quand la
partie poursuivante a quitté la maison de la victime pour
aller faire ménage à part; disposition remarquable, car elle
nous révèle une organisation sociale fondée sur la communauté de famille, et, quoique cette institution ait été généralement pratiquée, elle a laissé peu de traces dans les lois
écrites.

Les injures, ce qui comprend les coups et blessures et
les mutilations, entraînent le payement d'une amende qui
est calculée d'après le prix du sang : un tiers pour une
main, un quart pour un œil, la moitié pour les deux yeux,
les deux mains ou les deux pieds, un sixième pour le pouce,
un neuvième pour les autres doigts. Quant aux blessures,
le taux est d'un cinquième si elles laissent une trace inef-
façable. Si la blessure est visible, mais sans défigurer,
l'amende se réduit au triple du taux fixé pour la simple

---

[1] Elle a été réimprimée en un volume sous le titre suivant : Сборникъ
законовъ Грузинскаго Царя Вахтанга vi, par Fraenkel et Bakradje, Tiflis,
1887.

injure verbale. Les coups et blessures sur les parties du corps protégées par les vêtements se payent comme la simple injure, alors du moins que l'usage des membres reste entier. Le prix est le même pour les dents canines et molaires, et du double pour les incisives. Or le taux de l'injure verbale est fixé à 300 pièces d'argent pour la classe supérieure, à 150 pour la classe moyenne, à 30 pour les paysans. Outre l'amende, l'offenseur est généralement tenu d'acquitter les frais de médecin.

L'enlèvement d'une femme a les mêmes conséquences que le meurtre, c'est-à-dire la guerre entre les deux familles, jusqu'à ce qu'elles consentent l'une à recevoir, l'autre à payer une composition égale au prix du sang si l'accord a lieu dans l'année, à la moitié seulement s'il n'a lieu qu'après l'année. Le prix est réduit à moitié s'il n'y a pas eu d'attentat sur la personne de la femme, et au sixième si la femme enlevée était non mariée, mais seulement fiancée. La femme abandonnée par son mari sans motif légitime a droit à la moitié du prix du sang.

Le vol prévu par la loi est le vol de chevaux ou de bétail. Il est manifeste ou non manifeste. Dans le premier cas, le volé poursuit le voleur, et s'il le rejoint et le tue, il ne doit pas le prix du sang. Quant au vol non manifeste, il ne peut donner lieu qu'à une action en justice tendant à la restitution au triple. Le prévenu de vol est tenu de comparaître sur la citation qui lui est donnée. S'il se dérobe, son adversaire peut le poursuivre et le tuer impunément.

En somme, la loi reconnaît dans tous les cas le droit de vengeance privée. Les juges ne sont que des arbitres chargés de faire une tentative de conciliation. C'est le droit criminel primitif, avec tous les caractères qu'il présente chez les populations de la race aryenne. A côté de ces dispositions, nous n'en trouvons que deux qui touchent au droit civil. L'une permet au père de disposer librement de ses acquêts lorsqu'il est devenu vieux et infirme et que son fils, qui a pris possession des propres, refuse de le nourrir.

L'autre porte que les intérêts cumulés d'un capital ne pourront jamais dépasser vingt pour cent, qu'elle qu'ait été la durée de la jouissance.

Après la loi du prince George, on trouve dans le *Corpus juris Georgici* deux lois rédigées spécialement pour la province d'Akhalzik, qui était un fief de la Grusinie. La première, en 66 articles, émane du prince Beka, qui régna de 1361 à 1391 ; la seconde a pour auteur le prince Asbug, qui gouverna la même province de 1444 à 1451. Ces nouvelles rédactions de la loi grusinienne sont intéressantes à comparer avec le texte primitif. Le prix du sang a doublé pour les classes libres ; il est de 40,000, 20,000 ou 10,000 pièces d'argent, suivant les cas. Il est réduit à 400 pièces pour un serf. Le chiffre légal est porté au double quand il y a guet-apens. Il est réduit de moitié quand il n'y a pas eu mort d'homme. Tant que le prix du sang n'est pas payé, la vengeance est permise, mais elle doit s'arrêter devant l'intervention d'un prêtre portant l'image de la mère de Dieu.

Le bannissement prescrit par la loi de George était moins une peine qu'une mesure de police. La nouvelle rédaction parle de peines corporelles, infligées au nom de la société. Les auteurs de crimes contre l'État ou la religion sont punis de l'aveuglement. Il en est de même des voleurs de chevaux. L'adultère est fouetté publiquement. La preuve des délits peut être faite soit par témoins, soit par cojureurs.

La loi punit aussi un plus grand nombre de délits, ainsi la profanation d'un lieu consacré, les menaces, la violation de sépultures. Dans ce dernier cas, l'amende est calculée sur le prix qui serait dû pour le meurtre des deux personnes du rang le plus élevé qui étaient enterrées dans le sépulcre.

Les parties peuvent convenir entre elles d'une composition inférieure au taux légal. Elles peuvent même en certains cas convertir l'amende en une peine corporelle. Le coupable se met alors à genoux, nu jusqu'à la ceinture. L'offensé recule de sept pas et lui donne par derrière trois coups de fouet sur les épaules.

A côté des dispositions pénales, la nouvelle rédaction de la loi grusinienne contient des dispositions de droit civil. Elle parle des enfants naturels et de l'adoption. On y voit que le mari peut répudier sa femme pour justes motifs, mais que la femme qui abandonne son mari lui doit une amende égale à la moitié du prix du sang. Enfin la loi nouvelle cherche à régler la situation des serfs. Le serf fugitif peut être revendiqué pendant sept ans, et même pendant trente ans s'il s'est retiré dans un pays inconnu ou inaccessible. Du reste le serf est un homme libre, quoique attaché à la terre. Il ne doit que des prestations déterminées, et, s'il s'élève des contestations entre le maître et le serf, elles sont terminées par arbitrage.

Un troisième texte, contenu dans le recueil de Vakhtang, est une loi pénale en 23 articles qui a été promulguée en l'an 1605 par le *catholicos* ou patriarche de la Grusinie. Cette loi spécifie un certain nombre de crimes qui seront punis de la mort ou du bannissement. Le système de la peine infligée au nom de la société a définitivement prévalu sur le système primitif de la vengeance privée.

Nous arrivons enfin au code proprement dit de Vakhtang, promulgué le 15 février 1723. Il se compose de 204 articles. Un complément, en 63 articles, a été ajouté dans le cours du xviiie siècle. C'est donc une loi de date toute récente, mais les dispositions qu'elle consacre semblent remonter à l'antiquité la plus reculée, et c'est précisément ce contraste qui fait du code de Vakhtang un des monuments les plus intéressants pour l'histoire du droit.

La première question dont il s'occupe est celle des preuves. Elles sont au nombre de six, savoir : le serment, le fer rouge, l'eau bouillante, le combat judiciaire, le témoignage, et enfin un certain mode de dénégation par lequel l'inculpé déclare prendre à sa charge tous les péchés de son

adversaire. Cette dernière preuve est admise pour les vols
de peu d'importance. L'inculpé saisit le plaignant, le charge
sur ses épaules et dit : « Que tes péchés soient sur moi au
jugement dernier, et que je sois condamné à ta place, si j'ai
fait ce dont tu m'accuses! » Le serment est prêté par le défendeur, assisté d'un nombre de cojureurs qui varie suivant
l'importance du procès, et dont la moitié est choisie par le
défendeur sur une liste double fournie par le demandeur.
Quant aux témoins, ils ne prêtent pas serment. Il suffit
d'un ou deux pour faire foi, mais ils doivent satisfaire à
tant de conditions de probité et d'impartialité que cette
preuve pourra bien rarement être fournie. A défaut de ces
témoins parfaits, on appelle en témoignage dix ou douze
personnes, ou même un village entier. Le combat judiciaire
a lieu à cheval, et chacun des combattants est assisté d'un
second. Mais ce mode de preuve, ainsi que les ordalies
par le fer rouge ou l'eau bouillante, n'est employé que
dans les cas graves, lorsqu'il s'agit de crimes commis
contre l'État ou la religion, ou dans les accusations d'a-
dultère.

Le code s'occupe ensuite de fixer le prix du sang, selon
le rang et la qualité des personnes, depuis le simple paysan
attaché à la terre jusqu'au prince. D'après les anciennes
coutumes, ce prix consistait en un certain nombre de têtes
de bétail, soixante pour un simple paysan. La loi nouvelle
établit un tarif en or ou en argent, mais elle permet d'acquitter une partie de l'amende en bétail, en armes, en ustensiles de ménage, attendu, dit-elle, que la monnaie est
rare en Grusinie. Le tarif le plus élevé est de 15,360 roubles d'argent. C'est celui d'un prince de première classe ou
d'un archevêque. La somme est réduite aux quatre cin-
quièmes pour un évêque. Elle décroît ensuite suivant les
classes de la population jusqu'à la dernière, composée des
paysans et des petits marchands, dont le taux est de 120
roubles.

Pour les blessures, mutilations et injures, il y a aussi

un tarif calculé d'après les classes, et qui reproduit les tarifs des lois antérieures, jusque dans les plus petits détails.

La preuve par le combat judiciaire est très rare. Elle ne peut avoir lieu qu'entre personnes du même rang ; aussi a-t-on habituellement recours aux cojureurs. Le nombre de ceux-ci varie depuis deux jusqu'à soixante, suivant la classe à laquelle appartient l'inculpé.

La loi déclare expressément qu'il n'est dû aucune amende pour l'homicide commis sur un ennemi à la guerre, sur un camarade par accident, ou dans le cas de légitime défense, ou encore sur la personne prise en flagrant délit d'adultère ou de vol. Mais la somme à payer est portée au double quand, pour commettre le crime, le coupable a forcé une maison.

Le tarif légal ne s'applique ni entre ascendants et descendants, ni entre frères et sœurs. Il n'y a pas lieu de payer le prix du sang, puisqu'il n'y a pas guerre entre deux familles. La loi laisse le soin de punir à Dieu ou au prince. Mais le tarif protège le paysan contre son seigneur. Si ce dernier abuse de son autorité, le paysan devient libre.

Le crime que les Romains appelaient *plagium*, et qui consiste à enlever des personnes libres pour les vendre comme esclaves, est assimilé au meurtre. S'il s'agit d'une femme mariée, le coupable paye trois fois le prix du sang, à savoir une fois aux parents de la femme et deux fois au mari. S'il s'agit d'enfants, la loi distingue. Si le ravisseur les a vendus à un orthodoxe, il paye la moitié du prix du sang. S'il les a vendus à un infidèle, il paye une fois le prix du sang pour le corps et une fois pour l'âme.

Le second titre du code a pour rubrique : *Des partages*. « Autrefois, dit l'article 109, tant que les frères vivaient dans l'indivision, tout était commun entre eux, la tristesse et la joie, le gain et la perte, l'appauvrissement et l'enrichissement, la bonne et la mauvaise fortune. Aujourd'hui c'est autre chose. Les biens acquis par un des frères ne profitent guère aux autres frères. Si pour une raison quelconque, par exemple pour payer les dettes, ou pour acquitter le prix du sang, la nécessité exige que les biens communs soient vendus, et si un des frères fournit de ses biens personnels l'argent nécessaire pour le payement, les biens communs deviennent sa propriété, comme s'il les avait achetés d'un étranger, et les autres frères n'y ont point part. » Nous assistons ici à la dislocation de l'ancienne communauté de famille. Le principe nouveau c'est que nul n'est tenu de rester dans l'indivision. Du reste la loi ne s'occupe que du partage entre frères. On prélève sur la masse un dixième au profit de l'aîné et le principal manoir au profit du plus jeune. On prélève encore un dixième au profit de celui d'entre les autres frères qui a le plus travaillé dans l'intérêt de la maison. Le reste est partagé également entre tous. Le père peut, de son vivant, donner à un de ses fils, par préciput, ses armes ou son bétail, mais, à sa mort, ses biens se partagent également entre tous ses fils. Les enfants naturels ne viennent point au partage, mais leurs frères sont tenus de les recevoir parmi les serfs attachés au domaine.

Le troisième titre traite du prêt à intérêt. Jusqu'ici, les intérêts stipulés ont été généralement excessifs. On n'a pas craint d'exiger pour l'argent prêté 120 p. 100, pour le blé trois fois le capital, pour le vin quatre fois. Le code abaisse le taux normal de l'intérêt à 12 p. 100. Toutefois ceux qui n'ont pas grand souci du salut de leur âme pourront prêter à 18, à 24 et même à 30 p. 100. L'anatocisme est absolument défendu et les intérêts cumulés ne peuvent être réclamés pour une somme supérieure au capital.

Le paiement des dettes peut être poursuivi sur les meubles et les acquêts et, à défaut, sur la personne du débiteur, mais quant au domaine qui est un propre de famille le seigneur ne permet pas qu'on y touche.

Les dettes du père passent à la charge des fils, à moins qu'ils ne renoncent à la succession. Celui qui a été vendu par son père ou par son frère ne peut être poursuivi pour les dettes de celui par qui il a été vendu. Si le débiteur a une fille non mariée, il faut, avant tout, prendre sur le patrimoine de quoi la nourrir et la doter.

Le créancier qui veut poursuivre doit produire son billet, mais en outre il est tenu de fournir, par chaque somme de 50 roubles, un cojureur choisi par lui entre deux personnes désignées. Si donc il demande 1,000 roubles, il doit fournir vingt cojureurs.

Le titre du vol comprend dix articles. La chose volée est restituée au septuple. De plus, en certain cas, le voleur doit payer la moitié du prix du sang. Enfin, en cas de récidive, il est condamné à subir une peine corporelle, dont la mesure est déterminée par le juge. Tout détenteur d'une chose volée est tenu de la rendre à son légitime propriétaire et d'indiquer de qui il la tient.

Les titres de la vente et de l'échange ne contiennent que deux dispositions intéressantes : l'une qui déclare la vente définitive une fois que l'acte a été écrit en présence de témoins et revêtu du sceau de la partie, sans qu'il y ait lieu en aucun cas à rescision pour lésion; l'autre, qui interdit de donner un immeuble en gage pour sûreté d'un prêt. Cette interdiction tient sans doute à ce que les immeubles sont considérés comme appartenant à la famille entière et sont d'ailleurs grevés de certains droits au profit des seigneurs.

A partir de l'article 168 les dispositions se suivent sans beaucoup d'ordre et sans rubriques. Nous transcrivons ici les plus intéressantes :

Le mari ne peut renvoyer sa femme que du consentement de celle-ci ou pour un motif légitime. S'il enfreint cette défense, il doit à sa femme le prix du sang. En cas d'impuissance du mari, le mariage est dissous et la femme peut contracter une seconde union.

Il y a trois choses, dit l'article 169, dont l'usage ne peut être interdit à personne au monde. Ce sont l'eau, le bois et l'herbe. Ces trois choses appartiennent au prince. De là pour le prince le droit d'autoriser la création de canaux d'arrosage et celui de percevoir des redevances pour l'exercice du pâturage et de l'affouage.

Nul ne peut prendre ni retenir le bien d'autrui ni se faire justice à soi-même, à peine de 60 roubles d'amende. Toutefois, si, dans une contestation entre deux personnes de familles différentes, la partie lésée ne reçoit pas la satisfaction à laquelle elle a droit, elle est autorisée à prendre et à retenir en otage un voisin ou un cotenancier de son adversaire.

Cinq articles (179-183) traitent de la chasse, règlent la responsabilité en cas d'accident et décident à qui appartient la bête tuée lorsque plusieurs chasseurs ont tiré en même temps. A défaut de preuves ou de présomptions, le plus âgé des chasseurs met sur le corps de la bête son arc et ses flèches et dit : « Fasse Dieu que je ne tue jamais plus aucune bête, si celle-ci a été tuée par une autre flèche que la mienne. »

Le maître, responsable du dommage causé par sa bête, peut se libérer par l'abandon noxal, tant qu'il n'a pas été averti par ses voisins du vice de l'animal et n'a pas été mis en demeure de prévenir l'accident.

Les cinq derniers articles du code traitent de la condition des paysans, qui sont libres, mais attachés à la glèbe. Le seigneur leur fournit la terre, leur fait les avances nécessaires et ne peut ni les congédier ni les maltraiter. Le paysan doit, en échange, des redevances et des corvées. S'il abandonne le domaine et s'attache à un nouveau seigneur, l'ancien seigneur peut le revendiquer pendant trente ans. La condition des paysans ne paraît pas avoir été malheureuse. On la sollicitait souvent comme une faveur. « Quand un étranger, dit la loi, vient dire à un seigneur : « Je veux être ton paysan, il lui appartient, à moins qu'il n'ait déjà un autre seigneur. » La tenure était héréditaire et passait même à la veuve, sans que celle-ci pût être contrainte à se remarier. L'aisance paraît avoir été assez grande, à en juger par l'attention donnée par le législateur au règlement des successions. La maison doit appartenir à l'aîné des fils, la grange au plus jeune, la charrue et les outils au meilleur laboureur, les moutons au pasteur, les armes et le cheval au soldat. Ce qui reste, après ces divers prélèvements, est partagé par égales portions.

Ici finit le code de Vakhtang ; nous laissons de côté les 68 articles additionnels, qui, au point de vue qui nous occupe, n'offrent qu'un intérêt secondaire. Si brève que soit l'analyse qu'on vient de lire, elle suffit cependant pour appeler l'attention sur ce monument législatif, et peut être quelque orientaliste se décidera-t-il à en entreprendre la traduction dans une langue plus répandue que la langue russe. S'il est bon d'étudier les lois dont la rédaction remonte aux époques les plus reculées, il est utile de leur comparer celles qui ne datent que d'hier et qui cependant parlent le même langage. Ce code du xviii⁰ siècle nous fait mieux comprendre ce qu'étaient les Grecs au temps d'Homère et jusqu'à Dracon, les Romains au temps préhistorique, les Gaulois avant César, les Germains à l'époque des invasions, les Russes sous le règne de Jaroslav, les Scandinaves au xiii⁰ siècle.

On peut toutefois faire plus encore. La loi écrite ne représente jamais qu'une faible partie des institutions politiques et sociales. Les plus intéressantes, celles qui tiennent le plus étroitement à la vie nationale, sont généralement passées sous silence. C'est tout au plus s'il y est fait, de temps en temps, quelque allusion. Après tout, les lois écrites s'adressent aux juges pour leur fournir les règles dont ils ont besoin, et n'ont pas pour but de satisfaire la curiosité des générations à venir. Mais s'il se trouve un peuple qui, sans avoir rédigé ses anciennes coutumes, les observe et les pratique encore aujourd'hui, si ces coutumes remontent incontestablement à l'antiquité la plus reculée, il ne reste plus qu'à interroger ces témoins vivants pour évoquer l'image du passé. Or ce peuple existe,

ce sont les Ossètes du Caucase. Depuis plusieurs années,
l'attention des savants russes s'est portée de ce côté, et
avec raison, car dans une ou deux générations la civilisation russe aura transformé le pays. Il faut donc se hâter
d'étudier ce peuple pendant qu'il conserve encore les dernières traces du droit primitif. C'est ce qu'ont fait Pfaff,
Bogisitch, Léontovitch. C'est ce qu'a fait en dernier lieu
M. Kovalevski, dont il nous reste à analyser le livre[1].

Les Ossètes sont une population d'environ cent mille
âmes, établie au centre et sur les deux versants de la
chaîne du Caucase. Ils parlent une langue dérivée de l'ancienne langue des Perses, et ils ont longtemps pratiqué la
religion de Zoroastre, comme on le voit par ce qui reste
de leurs cimetières, où les corps, suspendus sur des pieux,
pour que la terre ne fût pas souillée par leur contact,
servaient de pâture aux vautours. Leur conversion au
christianisme remonte au IVe siècle de notre ère. Au siècle
dernier une partie d'entre eux a embrassé l'islamisme.
Leur pays dépendait plus ou moins étroitement de la Géorgie; comme la Géorgie, il est devenu province russe dans
les premières années de ce siècle. Depuis cette époque la
population commence à se répandre dans la plaine, et
les anciennes coutumes se transforment. Mais l'ancien état
de choses subsiste encore, surtout dans la montagne. On y
trouve encore des villages placés comme des forteresses sur
des hauteurs d'un accès difficile, où chaque maison est un
donjon, habité par une même famille, ou plutôt par une
communauté de quarante, cinquante et jusqu'à cent personnes, unies entre elles par les liens de la parenté et se
rattachant à un ancêtre commun, dont elles portent le
nom. Autour de chaque maison est un mur crénelé; à un

---

[1] Современный обычай и древний закон, *Coutume contemporaine et
loi primitive,* par Maxime Kovalevski, professeur à l'université de Moscou,
2 vol. in-8o, Moscou, 1886. Il faut joindre à ce livre un intéressant article
du même auteur sur une autre peuplade du Caucase, celle des Pschaves,
lОридической Вѣстникъ, *Revue juridique,* Moscou, février 1888.

des angles, une tour en forme de pyramide à plusieurs
étages, servant à la défense. Au centre de l'habitation se
trouve une grande salle commune servant à la fois de
cuisine et de salle à manger. Sur le foyer se balance un
grand chaudron en cuivre ou en fonte, suspendu à une
chaîne de fer qui joue un certain rôle dans les croyances
religieuses des Ossètes. A droite et à gauche deux longs
bancs, un pour les hommes, un autre pour les femmes.
C'est là qu'ils viennent prendre leur repas. Entre habitants
d'une même maison tout est commun. L'autorité appartient
à un ancien, et les femmes, en particulier, sont soumises
à une d'entre elles. Hors de l'enceinte et à une petite distance un abri s'ouvre aux étrangers et aux voyageurs.

A ces caractères on reconnaît la famille primitive, telle
que nous la rencontrons dans le passé chez tous les peuples
de la race indo-européenne, de nos jours chez les Slaves
du Sud. Comme la *gens* romaine, la communauté ossète
est unie non seulement par le lien du sang, mais aussi par
le lien religieux. Le culte des ancêtres et du foyer domestique, ce culte qui se retrouve au fond de toutes les religions de l'antiquité, est encore aujourd'hui pratiqué par
les Ossètes. Encore aujourd'hui, chrétiens ou musulmans,
les Ossètes portent à boire et à manger aux morts. On dépose sur le tombeau du défunt les objets qui ont servi à son
usage personnel. Autrefois on immolait son cheval, peut-
être sa veuve; aujourd'hui on se contente d'une poignée
de crins et d'une boucle de cheveux.

Entre tous les habitants d'une même maison, membres
d'une même famille, les biens sont communs, meubles et
immeubles, ou du moins ils l'étaient dans le principe. Ce
communisme primitif, quoiqu'il tende à disparaître, n'est
pas encore abandonné partout; et là même où la propriété
individuelle a prévalu, les traces de l'ancienne coutume se
sont conservées. Il n'est pas rare de trouver dans un même
canton des terres qui appartiennent à des particuliers et
d'autres qui appartiennent à des familles, ou à des *gentes*,

ou même à des villages entiers; mais partout, comme en souvenir de la communauté primitive, les bans de culture, la vaine pâture, le droit pour chacun de prendre chez son voisin l'herbe dont il a besoin pour nourrir son bétail à une certaine époque de l'année. Il en est des meubles comme de la terre, et parmi les meubles il faut compter les maisons et constructions de tout genre, en un mot tout ce qui peut être détruit par le feu. Tous ces biens sont communs, qu'il s'agisse du butin fait à la guerre, ou des produits de la chasse et de la pêche, ou des fruits de la terre, ou des créations du travail et de l'industrie. Le travail a été fait en commun; tous y ont contribué, tous ont un droit égal sur le produit.

C'est donc une erreur, conclut M. Kovalevski, de croire que la propriété individuelle a son origine dans le fait de l'occupation. L'occupation a d'abord été collective. La propriété individuelle est née beaucoup plus tard, quand la série des générations successives a éloigné les uns des autres les membres d'une même famille, et affaibli le sentiment d'une origine commune. De nouveaux ménages se sont alors détachés pour aller s'établir ailleurs, emportant avec eux les objets à leur usage, mais du consentement de la communauté. La terre même sur laquelle ces nouveaux ménages se sont établis, qu'ils ont défrichée et mise en valeur, était dans le principe un bien commun. Pour en faire la propriété particulière d'une famille nouvelle, ou même d'un individu, le travail, l'occupation n'ont pas été des titres suffisants. Il a fallu de plus le consentement de la communauté — *absque omni contradictione*, portent nos anciennes chartes — et le droit ainsi réservé n'était pas dépourvu de sanction. En 1876, un nommé Tevitov ayant quitté la communauté sans permission pour s'établir dans un endroit désert, la communauté tout entière se transporta sur les lieux, bouleversa les travaux entrepris et rasa la maison.

Du moment où l'on admet que la propriété individuelle

dérive de la propriété collective, on comprend qu'elle ne puisse être acquise par la prescription, c'est-à-dire par la possession continuée pendant un certain temps. Elle ne peut résulter que d'un contrat. Un simple fait est insuffisant pour la créer. La distinction de la possession et de la propriété, l'usucapion, la prescription à l'effet d'acquérir, sont des institutions étrangères au droit primitif, et de date récente. On n'en trouve aucune trace dans les anciennes lois, ni chez les Ossètes.

Avec le régime de la communauté de famille, les contrats sont nécessairement rares, et le droit des obligations est peu développé. La communauté dans ses rapports extérieurs est représentée par son chef. C'est lui qui traite, au nom de tous, mais avec l'assentiment, au moins tacite, de tous. L'opposition d'un des membres de la communauté suffit non seulement pour empêcher la conclusion d'un contrat, mais même pour faire annuler un traité déjà conclu. Dans ces conditions, du reste, tous les biens de la communauté peuvent être aliénés, meubles et immeubles. Il n'y a d'exception que pour la chaîne de fer qui pend sur le foyer, et pour le chaudron de cuivre qui est accroché à cette chaîne, exception justifiée par le culte dont ces objets sont entourés.

La formation des contrats, la création des obligations nous paraissent aujourd'hui la chose du monde la plus simple. Il suffit de l'accord de deux volontés. Mais pour dégager cette idée il a fallu des siècles. On peut en suivre le développement à travers l'histoire. La forme primitive paraît avoir été celle du contrat réel, c'est-à-dire du contrat qui implique la tradition actuelle d'un objet. La partie qui reçoit cet objet est obligée de le rendre ou de le payer par ce seul fait qu'elle l'a reçu. Avec le temps, cette notion s'est élargie. Une simple convention a été considérée comme obligatoire par cela seul qu'elle était jointe à un contrat réel accessoire. Ainsi des arrhes, un gage, ont servi, dans les temps primitifs, moins à garantir l'exécution des contrats qu'à en faciliter la formation. Il en était ainsi même pour les obligations résultant d'un délit, par exemple pour l'obligation de payer le prix du sang ou la composition réglée par des arbitres. D'après la coutume des Ossètes, le tribunal arbitral exigeait, en ce cas, du débiteur, un payement partiel immédiat. C'est seulement alors qu'il était lié pour le surplus.

Les contrats purement formels, où l'obligation résulte du consentement donné avec une certaine solennité, apparaissent dans l'histoire avec le cautionnement, mais le cautionnement lui-même est un contrat d'une date relativement récente, contemporaine du moment où la communauté primitive de la famille a commencé à se dissoudre, car tant qu'a duré cette communauté, tous les membres étaient ensemble créanciers ou débiteurs. L'obligation était unique pour tous, et le cautionnement n'avait pas de raison d'être. Le jour où le cautionnement est devenu une nécessité pratique, il a fallu en faire un contrat, et, pour rendre ce contrat obligatoire, créer une forme qui n'est après tout qu'un symbole de tradition. C'est ainsi qu'un contrat purement consensuel a pu se former sous l'apparence d'un contrat réel, par la remise d'une arme, ou d'un simple fétu de paille, ou même par la simple paumée, c'est-à-dire par le concours de deux mains qui se joignent, l'une comme pour donner, l'autre comme pour recevoir.

La manière de contracter se détermine uniquement par la nature du contrat. La nature et la valeur de l'objet n'ont à cet égard aucune influence. Si, dans les ventes de terre, il est d'usage que l'acheteur offre un sacrifice aux ancêtres du vendeur, c'est pour satisfaire aux exigences du culte des morts dont les tombeaux sont placés dans le sol. C'est un usage qui se retrouve dans l'ancienne Grèce, et dont le caractère paraît plus religieux que juridique. Celui de rédiger les contrats par écrit ne s'est introduit que depuis la conquête russe. Jusque-là c'est à peine si les Ossètes avaient un alphabet.

Les contrats peuvent être rescindés et annulés pour cause de dol ou d'erreur, ce qui comprend tous les vices rédhibitoires, et aussi pour cause d'incapacité légale de la partie qui s'est obligée. Les esclaves étaient considérés comme incapables. Ils ont été affranchis en 1869. Quant aux femmes, elles doivent être autorisées de leur mari. Les veuves sont soumises à l'autorisation de leur beau-frère ou de leur fils, suivant le parti qu'elles ont pris après leur veuvage.

L'exécution des obligations était autrefois extrêmement rigoureuse. Le créancier pouvait prendre en otage un des membres de la communauté débitrice, ou même un voisin de celle-ci, tout voisin étant d'ordinaire un parent. Il pouvait aussi se saisir de son débiteur et le réduire en servitude, ou même le vendre. Aujourd'hui les poursuites s'exercent sur les biens et non plus sur les personnes. Le créancier pratique une saisie ou obtient soit une caution, soit un gage. La caution prend la place du débiteur et se soumet à toutes les rigueurs de l'exécution personnelle, sauf son recours au double contre le débiteur pour lequel elle a payé.

Les Ossètes, n'ayant ni industrie ni commerce, contractaient peu. Les seuls contrats qui aient reçu, dans leur droit, quelque développement sont relatifs à l'exploitation de la terre ou à l'élève du bétail. Les détails à ce sujet nous conduiraient trop loin. Nous relèverons seulement deux observations intéressantes. Les expéditions pour la chasse ou la guerre constituaient une sorte de société, et les produits se partageaient comme les successions, c'est-à-dire par portions égales, mais avec un préciput en faveur du plus âgé et un autre en faveur du plus jeune. Le prêt et le dépôt ne se distinguaient pas dans la pratique. Les intérêts se confondaient avec les fruits de la chose, et comme, autrefois, le bétail tenait lieu de monnaie, les dispositions de la coutume relatives au taux de l'intérêt et à l'anatocisme dérivaient logiquement de ce principe. Par exemple, l'emprunteur d'une vache devait rendre après un an une vache

et son veau, et ainsi de suite, l'augmentation du capital
étant toujours égale au croît.

C'est dans l'institution du mariage que le droit primitif
a laissé les traces les plus profondes. Malgré la loi religieuse qui ne permet aux chrétiens d'avoir qu'une seule
femme, la coutume ancienne, chez les Ossètes, est d'entretenir, à côté de l'épouse légitime, plusieurs épouses
d'ordre inférieur, et même de les prêter à d'autres, afin
d'augmenter le nombre de ses enfants, car tous les enfants
qui naissent des concubines appartiennent au maître de
celles-ci. Naturellement les gens riches et nobles peuvent
seuls se permettre un train de maison aussi dispendieux,
quoiqu'il soit un titre d'honneur chez les Ossètes, comme
chez les Germains de Tacite : *Pluribus nuptiis ambiuntur,
non libidine sed propter nobilitatem.*

L'achat des femmes n'a été aboli qu'en 1870 et 1879,
mais il faudra encore du temps avant que la pratique se
conforme à la loi. Il y a quelques années, le futur époux
donnait encore au père de la fiancée de trente à cent
bœufs, suivant les localités, sans compter les autres présents, à la mère par exemple et, ce qui est remarquable,
au frère de la mère. Ce dernier usage paraît à M. Kovalevski un souvenir du temps où l'on ne connaissait d'autre
parenté que par les femmes. Le bœuf est l'unité qui tient
lieu de monnaie, mais il peut être remplacé par un équivalent. Ainsi, une vache et deux béliers valent un bœuf,
un sabre circassien deux ou trois bœufs. Si la fiancée est
une veuve, le prix est généralement moins élevé.

Chez tous les peuples qui ont pratiqué l'achat des
femmes, le prix d'achat finit toujours par se transformer
en une dot pour la fille. C'est ce qui se voit au Caucase.
Depuis 1866, le père doit remettre à sa fille un tiers du
prix qu'il a reçu pour elle. Ce tiers forme sa dot et ne peut
être aliéné que de son consentement. En outre, chez les
tribus qui ont embrassé l'islamisme, la loi musulmane en-
joint au mari de constituer à sa femme une certaine

somme pour le cas de divorce non mérité. C'est en réalité la *donatio propter nuptias*.

Au surplus, le prix d'achat payé au père n'est pas pour celui-ci un bénéfice net. Il est tenu de payer les frais de noce, lesquels montent très haut. Il doit notamment héberger pendant plusieurs jours le futur et sa suite, qui peut aller jusqu'à cent vingt personnes.

Plus ancien que le mariage par achat était le mariage par enlèvement; la loi l'autorisait pourvu que la fille y consentît. Le père était alors tenu d'accepter le prix d'achat. Aujourd'hui, ces mariages par enlèvement deviennent rares. La loi russe les frappe d'une amende de 25 à 100 roubles. Il reste encore des traces de l'ancienne coutume dans certaines cérémonies ou jeux qui accompagnent la noce ou qui symbolisent un combat entre les deux familles. Ces cérémonies contiennent des traces plus évidentes encore de l'ancien culte des ancêtres et du foyer. Avant de quitter la maison paternelle, la femme fait trois fois le tour du foyer et touche de sa main la chaîne de fer à laquelle est accroché le chaudron. En entrant dans la maison de son mari, elle répète la même pratique, et le garçon d'honneur brandit sur elle un sabre pour écarter les mauvais esprits.

La femme mariée est obligée dans la maison aux travaux les plus pénibles. Toutefois, le mari ne peut ni la vendre ni la donner. Après la mort de son mari, elle a le droit de rester une année dans la maison, aux frais des héritiers; et, même après l'année, ceux-ci lui doivent des aliments, s'il y a lieu.

M. Kovalevski cite encore d'autres usages dont le sens est perdu aujourd'hui, mais dont l'origine est évidemment très ancienne. Ainsi, le mari en ramenant sa femme dans son village, après la noce, doit payer 9 roubles aux habitants de ce village. M. Kovalevski voit là une réminiscence du temps où la femme appartenait à la communauté tout entière. Le mari devait la racheter pour la posséder seul.

Le lévirat, dans sa plus ancienne forme, celle que nous trouvons dans les codes brahmaniques, et qui consiste dans la substitution d'un tiers au mari, pour la procréation des enfants, a disparu chez les Ossètes; mais il est encore pratiqué sous l'autre forme, c'est-à-dire après la dissolution du mariage, et pour procurer au mari défunt une postérité fictive, capable d'accomplir pour lui les rites prescrits par la religion primitive. Encore aujourd'hui, la veuve sans enfants est tenue d'épouser le frère de son mari défunt. Si la femme est restée veuve avec un fils mineur, elle peut même se donner à l'homme qui prend soin de celui-ci, et les enfants qu'elle a de cette union sont considérés comme la postérité de son fils mineur.

La puissance du père sur les enfants légitimes est très énergique. L'enfant nouveau-né pouvait être vendu ou abandonné, mais une fois accepté, il ne pouvait plus être ni donné ni vendu. L'usage était de faire élever les enfants dans d'autres maisons, loin de leurs parents, en souvenir, sans doute, de la communauté primitive, car cet usage se trouve partout. Encore aujourd'hui, le père peut renvoyer son fils de la maison paternelle, mais, en ce cas, il est tenu de partager le patrimoine commun. Chacun des mâles prend une part égale, et le fils renvoyé emporte la sienne. Quant à la fille, le père ne peut lui donner, en la mariant, que des vêtements et des ustensiles de ménage. Après les enfants légitimes, viennent les enfants de concubines. Ceux-ci ne sont appelés à la succession qu'à défaut de descendants légitimes. Autrement, ils n'ont droit qu'à des aliments. L'usage est de leur abandonner un morceau de terre à exploiter.

Enfin, il y avait encore jusqu'en 1867 les enfants nés d'une femme non libre. Ces enfants appartenaient au maître de la mère. Quand le père et la mère étaient de condition inégale, l'enfant était de la pire condition.

L'adoption était une conséquence du culte des ancêtres. Elle avait toujours lieu à défaut de descendants mâles, et l'adopté était généralement le neveu par la sœur. Quand la fille restait seule pour recueillir la succession, elle devait épouser son plus proche parent, comme l'épiclère de l'ancien droit hellénique, et son fils était considéré comme le fils du défunt. La veuve même a le droit de donner un héritier posthume à son mari mort sans enfants mâles. L'adoption posthume était aussi, chez les Athéniens, le dernier remède à cette situation, que les idées religieuses faisaient considérer comme le plus grand des malheurs.

La parenté la plus rapprochée est la seule qui ait un nom dans la langue des Ossètes : père et mère, fils et fille, frère et sœur. Au delà, on ne distingue plus, si ce n'est entre les agnats, qui font encore partie de la famille, et les gentils, qui appartiennent à des familles différentes, mais gardent encore le souvenir d'une origine commune. A côté de la parenté naturelle, il y a la parenté fictive créée par l'adoption, ou par l'éducation d'un enfant dans une famille étrangère, ou par un pacte de fraternité entre deux hommes.

Avec le régime de la communauté de famille, il n'y a pas, à proprement parler, de succession. C'est la famille qui possède, et la famille ne meurt pas. Il n'y a pas longtemps que ce régime était encore exclusivement en vigueur chez les Ossètes. Aussi le droit héréditaire se réduit à un très petit nombre de règles. Il y a trois ordres d'héritiers, à savoir : la ligne directe, ascendante et descendante, puis les agnats et enfin les gentils. C'est exactement le système des XII Tables, avec cette différence toutefois que, chez les Ossètes, les femmes sont exclues de la succession et ne peuvent recevoir qu'un cadeau de noce. Le testament est inconnu, comme chez les Germains au temps de Tacite. La disposition la plus remarquable est celle qui régit les partages. Chez les Ossètes, comme en Grusinie, le partage entre frères ne se fait pas également. Il y a un préciput en faveur de l'aîné et un autre en faveur du plus jeune ; après quoi les autres frères exercent aussi un prélèvement de

peu d'importance. Ce système de prélèvements remonte
à une très haute antiquité. On le retrouve dans les codes
brahmaniques. Suivant M. Kovalevski, ce sont, à vrai dire,
des indemnités. Le préciput de l'aîné représente les dépenses qu'il est chargé de faire pour le culte des ancêtres,
dont il est particulièrement chargé, comme chef de la
famille. Le préciput du plus jeune est l'équivalent du travail fourni par ce dernier, qui est resté sur le domaine
paternel après tous les autres, et plus que les autres a contribué à l'accroître. Le prélèvement accordé aux autres
frères dérive de la même idée. Tous ces préliminaires
n'ont pour but que de rétablir l'égalité effective entre tous
les copartageants.

Le droit criminel des Ossètes en est encore à la vengeance du sang. Au siècle dernier, elle s'exerçait sans
limites. Tout meurtre avait pour conséquence nécessaire
la guerre entre deux familles, guerre de tous contre tous,
indéfiniment prolongée jusqu'à extermination. La vengeance était une obligation religieuse. Le corps de la
victime était apporté en cérémonie dans la maison. Tous
les parents se frottaient de son sang le front, les yeux, les
joues et le menton, et s'engageaient par serment à remplir leur devoir. Après avoir accompli l'acte de vengeance, le vengeur se rendait sur la tombe de son parent,
et déclarait solennellement l'acte qu'il venait de commettre pour obéir à la coutume et à la religion. Aucune
composition n'était admise, si ce n'est pour les simples
blessures, les injures peu graves et les vols.

Aujourd'hui les mœurs sont moins barbares. Le droit
de la vengeance est limité quant aux personnes. Il ne peut
plus être exercé que par les enfants ou les plus proches
parents du mort, et seulement sur le meurtrier. Il ne
peut l'être ni pendant les deux premières semaines du
carême, ni au mépris des règles de l'hospitalité. Enfin,
et c'est là le plus grand progrès, il peut toujours être
arrêté par une composition, dont le taux est fixé par des

arbitres, mais d'après certaines règles imposées par la coutume, qui tient compte du rang et de la position sociale des parties. La plus haute composition pour le meurtre est de 18 fois 18 vaches; pour les mutilations et blessures, elle est de 3 fois 18 vaches. (Les Ossètes, paraît-il, ne comptent que jusqu'à 18.) S'il s'agit d'une femme, la composition est en général réduite à moitié, mais elle est portée au double si la femme était enceinte. S'il s'agit d'un esclave (l'esclavage n'a été aboli qu'en 1869), il n'y a pas lieu d'exiger le prix du sang. Le meurtre, en ce cas, n'est qu'un simple dommage, et l'indemnité est calculée d'après le préjudice causé; de même si le meurtre d'un homme libre a lieu par accident, ou dans des circonstances qui le justifient, par exemple en cas de légitime défense.

La solidarité primitive des membres de la famille n'a cependant pas complètement disparu. Il en reste encore quelques traces. Ainsi, indépendamment de la composition payée par le meurtrier personnellement, les parents paternels du meurtrier doivent un repas de réconciliation aux parents de la victime et peuvent être obligés de traiter ainsi jusqu'à cent personnes. Si le meurtrier s'est dérobé aux poursuites, le vengeur saisit tous les biens du fugitif, et alors il est d'usage que la composition soit payée par les frères de celui-ci. Enfin la poursuite criminelle est toujours une affaire qui se passe entre deux familles. Celui qui n'a pas de famille n'a pas de vengeur, et, s'il est tué, le meurtre reste nécessairement impuni.

Nous saisissons ici, et pour ainsi dire sur le fait, la première transformation du droit criminel chez les peuples barbares. C'est la substitution de la vengeance restreinte à la vengeance illimitée. La peine n'est plus exigée que dans la mesure du crime et peut être écartée au moyen d'une satisfaction pécuniaire qui rétablit la paix. Les monuments qui nous restent du droit primitif des anciens peuples nous montrent partout ce second régime dans des conditions analogues, sinon identiques. M. Kovalevski rapproche ces monuments, donne la raison des ressemblances et des différences et trouve à chaque pas dans les coutumes ossètes des explications qui ont l'incontestable avantage d'être fondées sur des faits. C'est une des parties les plus intéressantes et les plus neuves de son livre. Les résultats de ses recherches sont formulés par lui en quelques propositions que voici : 1° sous le régime de la vie de famille, le délit consiste, non dans une atteinte portée à l'ordre moral et social, mais dans un dommage matériel causé à une personne : d'où la vengeance et la composition; 2° la violation de ce que nous appelons un droit civil constitue un délit, et donne ouverture au même droit de vengeance, qui s'exerce par la saisie des biens ou même de la personne; 3° il n'y a donc aucune différence entre les délits civils et criminels; 4° et, par suite, aucune distinction entre la procédure civile et la procédure criminelle; 5° enfin aucune distinction entre le délit intentionnel et la simple négligence, entre le fait accidentel et le fait prémédité; impunité de la complicité par instigation et de la tentative.

Nous avons vu que toute affaire criminelle est une querelle à vider entre deux familles. Il suit de là que les crimes commis dans le sein d'une même famille ne peuvent donner ouverture au droit de vengeance; mais ce n'est pas une raison pour qu'ils restent impunis. L'ancien, celui qui a le gouvernement de la famille, exerce un droit de police intérieure. Il peut expulser celui qui a troublé la paix de la maison et le contraindre à s'exiler, par la destruction de son habitation; il peut se contenter de saisir ses biens et de le mettre lui-même en interdit, par une sorte d'excommunication, qui fait cesser tous rapports avec les autres membres de la famille. Le coupable peut éviter la confiscation en se rachetant par une somme une fois payée. Cette somme n'est pas une indemnité du dommage causé, car elle peut en dépasser jusqu'à vingt-sept fois la valeur. C'est l'équivalent de la peine encourue. Tout ce côté du droit primitif est resté jusqu'ici dans l'ombre. La pratique des Ossètes en révèle l'importance. Par là s'expliquent certains traits des législations anciennes. Par exemple, Solon, ou plutôt Dracon, le rédacteur de la loi criminelle des Athéniens, ne parlait point du parricide. Il n'avait point cru, disait-on, qu'un crime si énorme fût possible. Cette raison pouvait satisfaire des moralistes comme Plutarque, mais ce n'est pas avec des histoires édifiantes qu'on peut expliquer les anciennes lois. La vraie raison, c'est que le parricide était un crime commis dans l'intérieur de la famille, et qui, par conséquent, ne pouvait donner ouverture à la vengeance. La seule peine possible était l'excommunication et l'exil. La plupart des lois barbares gardent le même silence que la loi athénienne et évidemment par la même raison. Le parricide n'a pu être prévu par la loi criminelle que du jour où le système de la vengeance du sang a fait place à un autre système, celui de la peine infligée au nom de la société.

Le droit criminel primitif ne connaît qu'un très petit nombre de délits. Les délits contre l'État ou contre la religion considérée comme une institution politique, la plupart des délits contre la propriété privée, sont des créations d'une époque postérieure. A vrai dire même, le vol n'est pas un délit. Chez les Ossètes, il ne donne lieu qu'à une réparation civile, à la restitution de la chose volée. La coutume chez eux ne distingue pas entre le vol manifeste ou non manifeste, elle ne s'occupe pas de savoir si le vol a été commis de jour ou de nuit. Le voleur pris sur le fait peut être battu, mais il ne peut être tué en aucun cas, et sa famille pourrait exiger le prix du sang. La seule distinction admise par la coutume consiste en ce que le vol commis dans une maison habitée est considéré comme plus grave que le vol commis aux champs. En effet, il porte atteinte non seulement à la propriété, mais encore au domicile. Mais le vol prend un caractère différent quand il est commis dans l'intérieur

de la famille, ou plutôt de la *gens*. La restitution imposée
par le chef de famille peut alors s'élever au triple et même
au septuple. C'est par ce côté, sans doute, que la répression
du vol a commencé à prendre un caractère vraiment
pénal.

Parmi les délits contre les personnes, il en est trois qui
donnent lieu à des observations intéressantes. Ce sont d'a-
bord les coups et blessures, pour lesquels il existe un tarif,
moins compliqué que ceux des codes germaniques. La lar-
geur des blessures se mesure en mettant bout à bout des
grains d'orge, disposition singulière qui paraît empruntée
à l'article 49 du code de Vakhtang. Ce sont ensuite les
injures, ou atteintes portées à l'honneur. Le plus grand
outrage qu'un homme puisse faire à un homme c'est de tuer
un chien sur la tombe des ancêtres de ce dernier. Autrefois, cet outrage ne pouvait être lavé qu'avec du sang. L'atteinte portée à la chaîne suspendue au-dessus du foyer
domestique était aussi considérée comme une injure im-
pardonnable. Aujourd'hui, les choses s'arrangent plus
facilement. Il en est de même de l'adultère. C'était aussi
autrefois un crime irrémissible. Le mari outragé pouvait
tuer le séducteur trouvé en flagrant délit, et n'était pas
exposé à payer le prix du sang. Les mœurs actuelles auto-
risent les transactions. Mais bien différente est la situation
de la femme adultère. Le crime commis par elle est un
crime commis dans l'intérieur de la famille et, par suite,
justiciable de la juridiction domestique. Honteusement
promenée sur un âne à travers le village, elle est exposée
aux insultes de tous, et enfin mise à mort par son mari
assisté de ses parents. C'est le droit commun de toutes les
nations indo-européennes. Les codes brahmaniques, par
exemple, décrivent la même pratique, avec cette seule différence qu'un singe y joue le rôle de l'âne.

Cette partie du droit criminel des Ossètes jette un grand
jour sur l'histoire du droit criminel en général. Elle montre
d'où sont venues les premières peines infligées au nom de

la société. L'État s'est substitué à la famille ou à la *gens*. La juridiction domestique a servi de type aux premières législations criminelles. Le droit de la vengeance a été peu à peu relégué dans les relations internationales.

Les coutumes des Ossètes ont été officiellement constatées et réunies à diverses époques, notamment en 1836, en 1844 et en 1866. Elles varient suivant les cantons. Rien ne serait plus intéressant que de les étudier en détail. Nous n'avons pu qu'effleurer ce sujet. Nous conclurons en terminant, avec M. Kovalevski, que le droit criminel des Ossètes offre une parfaite analogie avec les anciens codes indo-européens, et particulièrement avec les anciennes lois de l'Irlande, qui ont été récemment publiées. Tous ces monuments s'éclairent et s'expliquent les uns les autres, et le point de comparaison que nous rencontrons chez les populations du Caucase est d'autant plus précieux qu'il nous montre des institutions encore vivantes.

Il nous reste à parler de l'organisation judiciaire et de la procédure. Dans le droit primitif, il n'y a, à proprement parler, ni juge, ni jugement. Entre membres d'une même famille, le chef exerce plutôt la police que la justice. Entre personnes de familles différentes, la guerre ne peut être prévenue ou arrêtée que par l'effet d'un arbitrage. En général, les arbitres sont choisis pour moitié par chacune des parties, et souvent ils doivent l'être parmi les membres d'une corporation savante et religieuse; tels sont les brehons d'Irlande, les brahmines de l'Inde, les pontifes du peuple romain. Chez d'autres peuples, tels que les Germains et les Slaves, les arbitres sont pris tout simplement parmi les anciens, ceux qui ont vu le plus de choses, et qui, par conséquent, connaissent le mieux la coutume. A mesure que l'État s'organise et grandit, ces arbitres se transforment en juges permanents. Il se crée des tribunaux mixtes, où les arbitres jouent le rôle d'assesseurs d'un président nommé par le chef de l'État. Tels sont, par exemple, les tribunaux dont parle la loi salique où le comte siège entouré des rachimbourgs.

C'est ainsi, du moins, que les choses se passaient chez les Ossètes au moment de la conquête russe. Il n'y avait pas de tribunal permanent. Les contestations entre familles différentes étaient jugées par des arbitres dont le nombre variait de trois à neuf, et qui étaient nommés par les parties, moitié par chacune d'elles et le dernier par le défendeur, ou par la partie qui demandait la réparation d'un dommage. La comparution était volontaire, et l'on ne connaissait pas les jugements par défaut. Le jugement ne pouvait être exécuté que volontairement, et la partie mécontente pouvait reprendre la voie de la vengeance privée. Aussi les arbitres s'efforçaient-ils de lier à l'avance les parties, soit en exigeant le payement immédiat d'une partie du prix du sang, soit en demandant une caution, ou un serment promissoire d'exécuter la sentence à rendre, soit enfin en forçant la partie à déposer son arme entre les mains des arbitres et à l'y laisser en gage jusqu'à l'exécution. Quant aux contestations entre membres d'une même famille, nous avons déjà vu qu'elles étaient tranchées par le chef de la maison.

Les Ossètes ne connaissaient d'autres preuves judiciaires que les preuves matérielles, ou pièces à conviction, et le serment. Il n'était question ni de l'aveu, puisque la partie n'était même pas obligée de comparaître, ni de témoignages, tels que nous les entendons aujourd'hui, parce que les témoins se seraient exposés à la vengeance. La preuve écrite était d'ailleurs impossible puisque l'écriture était inconnue. La coutume des Ossètes était donc sur ce point conforme au droit primitif de toutes les nations indo-européennes. Il est vrai qu'au moment de la conquête russe ils ne pratiquaient ni le duel judiciaire ni les ordalies; mais qu'ils les eussent pratiqués autrefois, c'est ce dont il n'est guère permis de douter. M. Kovalevski signale encore quelques traces de recours au jugement de Dieu. Au reste le serment n'est, à vrai dire, qu'une forme adoucie et simplifiée de l'ordalie.

Le serment de la partie devait être confirmé par la déclaration d'un certain nombre de cojureurs. Pour bien comprendre cette institution, qui se rencontre partout, à toutes les époques, et jusque dans l'ancienne Grèce, il faut se placer dans le milieu social où elle a pris naissance. Nous avons vu que les Ossètes vivaient sous le régime de la communauté de famille. Les membres de la même famille étaient jusqu'à un certain point responsables les uns des autres, constamment en relation les uns avec les autres. Dans ces conditions leur déclaration avait une incontestable valeur lorsqu'ils venaient confirmer par leur serment le serment prêté par l'un d'eux. C'étaient donc à proprement parler, des témoins à décharge, et cela est si vrai que leur déclaration pouvait être admise comme preuve, à elle seule, même en l'absence du serment de la partie. Tel est certainement le caractère primitif des cojureurs. Plus tard, lorsque la communauté de famille s'est dissoute, les cojureurs ont cessé d'être des témoins et sont devenus de simples cautions. Le serment par eux prêté a cessé d'être *de veritate*. Il est devenu une simple attestation *de credulitate*. C'est surtout sous cet aspect que nous le voyons fonctionner en Europe au moyen âge, mais à cette époque l'institution était déjà transformée, et M. Kovalevski en a très bien montré l'origine.

Les cojureurs étaient désignés primitivement par les deux parties, d'un commun accord. Plus tard ils l'ont été par une seule d'entre elles. Leur nombre variait suivant l'importance du délit et suivant la qualité des parties. C'est là du reste le droit commun en cette matière.

Les tribunaux russes ont commencé à introduire un système de preuves plus rationnel, mais ils n'ont pas réussi à supprimer entièrement les anciens usages. Aujourd'hui encore il est presque impossible de trouver parmi les Ossètes des témoins à charge. Plutôt que d'obéir aux citations qui leur sont données, ils aiment mieux s'exiler et se laisser condamner pour refus de témoignage. Si imparfait que puisse paraître l'ancien système, au point de vue abstrait, on ne peut s'empêcher de reconnaître que, dans les conditions où se trouvait le pays, ce système pouvait seul conduire à la découverte de la vérité.

Un coutumier rédigé en 1844 décrit comme suit l'introduction d'une instance. Chacune des parties assemble ses parents et s'assied avec eux, en plein air. La distance qui sépare les deux assemblées est assez grande pour que l'une ne puisse pas entendre ce qui se dit dans l'autre. Chacune d'elles désigne ensuite des porte-paroles, de un à cinq suivant la gravité du cas. L'auteur du dommage offre une indemnité dont le chiffre est ainsi débattu. Si l'on ne peut se concilier, on convient au moins de s'en rapporter à la décision d'un tribunal que les parties désignent séance tenante, et qui se réunit ultérieurement. Mais si les parties ne s'entendent pas pour s'en rapporter à justice, elles conservent leur situation antérieure, et la vengeance privée reprend son cours.

M. Kovalevski n'hésite pas à voir dans cette pratique la forme primitive de la procédure introductive d'instance. Aujourd'hui, dans nos législations modernes, la citation en justice est donnée par le tribunal ou en son nom. Antérieurement elle était donnée directement par la partie. C'est la *vocatio in jus* de la loi des Douze Tables, et la *mannitio* de la loi Salique. Mais il y a encore une forme plus ancienne, c'est celle de la comparution volontaire des parties. La procédure dérive alors tout entière d'un contrat librement consenti.

Devant le tribunal constitué comme on vient de le voir les parties comparaissent et exposent leurs prétentions. C'est ce que les Romains désignaient sous le nom de *legis actio*, et cette procédure s'accomplissait chez eux au moyen de certaines formules sacramentelles dont il n'était pas permis de s'écarter. Ce formalisme rigoureux se rencontre dans un

grand nombre de législations anciennes. On a cru le trouver dans la loi Salique. Il existait certainement dans la
procédure islandaise et dans les cours féodales françaises.
Mais on aurait tort de croire que c'est là un des caractères
du droit primitif. On ne voit en effet chez les Ossètes aucune trace de semblables formules; or nous venons de
montrer que les coutumes des Ossètes portent le caractère
le plus primitif. Il faut donc chercher une autre explication au phénomène du formalisme. M. Kovalevski croit
qu'il se produit naturellement là où les juges sont pris
dans une corporation instruite et privilégiée. L'explication
est en effet très plausible; toutefois il faut ajouter que dans
certains pays, et notamment en Islande, l'emploi de formules était considéré comme une institution démocratique
ayant pour effet d'annuler l'influence de l'éloquence et de
l'autorité personnelle et d'assurer ainsi l'égalité de tous
devant la loi.

L'instance étant ainsi engagée, le tribunal entend les
parties et rend ensuite sa décision, qui est conditionnelle,
en ce sens qu'elle est subordonnée au résultat des mesures
d'instruction qu'elle prescrit. Peut-être paraîtrait-il plus
rationnel d'instruire la cause avant de la juger, mais le
procédé imposé par la coutume s'explique, si l'on veut
bien remarquer que les mesures prescrites consistent uniquement dans l'accomplissement de certains actes auxquels
la loi attache nécessairement certaines présomptions, et
qui ne comportent aucune appréciation. Presque toujours
il s'agit d'un serment à prêter, et par conséquent d'un fait
matériel à constater. Dans ces conditions on comprend que
le jugement précède la preuve, celle-ci étant en quelque
sorte purement mécanique. Le serment est, en général,
exigé du défendeur; quelquefois il est déféré au demandeur, ou à la personne qui se charge de la poursuite, en
cas de vol, moyennant un salaire proportionnel, institution
qui se rencontre chez les Slaves méridionaux comme parmi
les habitants du Caucase, et qui paraît résulter des circonstances locales.

Quand les juges règlent une indemnité ils se gardent bien d'en faire connaître immédiatement le chiffre. Ils commencent par exiger de la partie condamnée un payement partiel, immédiat, consistant en un certain nombre de vaches, de moutons ou de chevaux. Ils font ensuite donner caution pour le surplus. La caution est prise parmi les parents de la partie condamnée, et reçoit pour son salaire une vache ou un mouton, suivant les cas. On procède ensuite au festin de réconciliation, et c'est alors seulement que les juges révèlent ce qui reste à payer pour parfaire l'indemnité. Habituellement la partie qui a gagné le procès fait remise de ce surplus à son adversaire. Dans la procédure que nous venons de décrire la règle qui met la preuve à la charge du demandeur n'a plus d'application, c'est au contraire le défendeur qui se trouve le plus souvent chargé de faire la preuve ; aussi bien la preuve, dans les circonstances et avec les caractères que nous avons rappelés, cesse d'être un fardeau et devient au contraire un avantage.

Il ne nous reste plus qu'un mot à dire de l'exécution des jugements. Elle ne pouvait être que volontaire, comme l'avait été la constitution d'un tribunal. On arrivait à la rendre, dans une certaine mesure, obligatoire, par un moyen indirect, c'est-à-dire par l'intervention de cautions dont l'honneur était engagé à faire exécuter le jugement, mais la partie condamnée restait toujours libre de ne pas se soumettre. La vengeance reprenait alors son cours. Par la même raison, il n'y avait pas, à proprement parler, de chose jugée. Les parties mécontentes d'un premier jugement pouvaient s'entendre pour constituer un nouveau tribunal et recommencer le procès. Elles pouvaient même rendre le juge responsable de son jugement et exercer contre lui le droit de vengeance, et il paraît que ce cas n'était pas rare.

On voit, par cette rapide analyse, quelle est l'importance

des coutumes du Caucase au point de vue de l'histoire du droit. Depuis le commencement de ce siècle, les différentes nations de l'Europe ont recherché et publié les plus anciens monuments de leur droit écrit. Ce grand travail est à peu près terminé aujourd'hui, mais il reste à le compléter par un travail du même genre sur le droit coutumier non écrit[1]. Ici la difficulté est bien plus grande, et c'est ce dont on ne se rend pas assez compte. Il semble, au premier abord, qu'il suffit d'ouvrir les yeux pour voir, et de décrire ce qu'on voit. Mais ce n'est pas tout de voir ; il faut observer et comprendre ; il faut connaître l'importance et la valeur relative de chaque trait. Les plus intéressants sont souvent ceux qui échappent à l'observateur superficiel ou inexpérimenté. La science ne peut se contenter de données vagues et incomplètes. C'est pourquoi elle ne doit pas rester indifférente aux travaux de ce genre lorsqu'ils sont conduits avec intelligence et conformément aux règles d'une méthode rigoureuse. Celui de M. Kovalevski est un des plus remarquables, et il faut remercier l'auteur non seulement des résultats obtenus, mais encore de la voie ouverte et de l'exemple donné.

---

[1] Une des études les plus utiles à entreprendre serait celle des coutumes des Afghans, qui, comme les Ossètes, appartiennent au rameau iranien de la grande famille indo-européenne. Autant que l'on en peut juger par les relations des voyageurs anglais, les coutumes de ces deux peuples sont identiques. Les Afghans ont même conservé plus fidèlement certaines institutions du droit primitif, par exemple le partage annuel des terres, tel qu'il était pratiqué dans l'ancienne Germanie, et le payement de la composition en un certain nombre de femmes esclaves, comme dans l'ancien code irlandais.

VII.

L'ANCIEN DROIT SLAVE. — LES TCHÈQUES[1].

L'histoire du droit tchèque, ne remonte pas plus haut que le ix⁰ siècle, époque des prédications de Cyrille et de Méthodius[2]. Pour les populations barbares, ou du

---

[1] Schafarik, *Slovanské starozitnosti* « Antiquités slaves. »

Palacky, *Histoire de Bohême* jusqu'au xvi⁰ siècle, en tchèque et en allemand.

Tomek, *Histoire de Bohême*, Prag, 1875, en tchèque et en allemand.

Hermenegild Jireček, *Das Recht in Böhmen und Mähren* « Le droit en Bohême et en Moravie. » Prag, 1865-1866. C'est la traduction allemande, un peu abrégée, d'un ouvrage écrit en tchèque sous ce titre : *Slovanské Pravo v Čechach a na Moravè*. Malheureusement l'ouvrage s'arrête à la fin du xii⁰ siècle.

Codex juris bohemici, publié par Jireček. Le premier volume a paru à Prague en 1867; la dernière partie du tome IV a été publiée en 1883. Il est permis d'espérer que cette belle collection sera bientôt terminée.

Le recueil publié à Varsovie en 1838, par Kucharski, sous ce titre : *Antiquissima monumenta juris slovenici*, donne les anciennes traductions latines de la *Prawa zeme ceské* et du *Rad zemského prawa*.

Rössler, *Das alte Prager Stadtrecht*, 1 vol. in-8⁰, Prag, 1845, et *Die Stadtrechte von Brünn aus dem xiii. und xiv. Jahrhundert*, 1 vol. in-8⁰, Prag, 1852.

[2] Nous ne parlons pas d'un fragment de poème publié en 1818 et contenant un jugement d'une reine Libussa, ordonnant le partage égal d'une succession. Il paraît démontré aujourd'hui que ce fragment n'a rien d'authentique. V. les articles publiés sur cette question dans le recueil intitulé : *Archiv für slawische Philologie*, Berlin, 1887.

moins étrangères à la culture romaine, comme l'étaient les Germains au v° siècle, et les Slaves au ix°, la conversion au christianisme n'était pas seulement un événement religieux; c'était encore un fait de la plus grande conséquence dans l'ordre politique et social. Toutes les dispositions prises par les rois de Bohême, au x° et au xi° siècle, toutes celles, du moins, que nous connaissons, ont pour unique objet d'abolir et de faire disparaître les anciens usages que la nouvelle religion ne pouvait tolérer, et d'introduire les prescriptions du droit canonique. C'est surtout au sujet du mariage que la loi se montre sévère. L'insistance qu'elle met à interdire la polygamie, le divorce, les unions entre parents, fait concevoir, il faut en convenir, une assez triste idée de l'état social, en Bohême, au temps du paganisme. Un décret du duc Brecislas Ier, rendu en 1039, porte que le mari qui abandonnera sa femme, ou la femme qui abandonnera son mari, seront vendus comme esclaves pour être exportés en Hongrie, sans être admis à se racheter. Si une femme se dit maltraitée par son mari, on a recours au jugement de Dieu, et le coupable est puni de la même peine. Le même décret reconnaît aux archiprêtres un pouvoir de police pour faire observer les lois qui interdisent les cabarets, prescrivent le repos du dimanche et défendent d'inhumer ailleurs que dans les cimetières; quant aux homicides, les archiprêtres sont chargés de les dénoncer aux comtes. S'ils nient, on les soumettra à l'épreuve du fer rouge ou de l'eau bouillante, et les coupables seront enchaînés et chassés hors du royaume.

Le décret de Brecislas n'est encore, comme on le voit, qu'une mesure de transition. C'est seulement dans la seconde moitié du xii° siècle qu'apparaissent les premiers essais d'une législation nationale. En 1189, Conrad Otton, roi de Bohême et de Moravie, ayant réuni à Sadzka la diète du royaume, lui fit adopter un statut en 32 articles, qui paraît avoir été envoyé dans tous les districts du pays, et spécialement publié dans chacun d'eux. Confirmé et renouvelé à diverses époques par les successeurs de Conrad Otton, il est habituellement désigné sous le non de droit des jupans ou baillis (*jura zuppanorum*). On l'appelle aussi droit du roi Conrad (*jus Conradi*).

A côté de cette loi s'en place une autre, d'un caractère moins exclusivement national. C'est le privilège des Allemands (*privilegium Teutonicorum*). Dès le règne de Wratislas II (1061-1092), les Allemands établis dans le faubourg de Prague avaient été autorisés à se constituer en commune et à conserver leur droit originaire, qui était probablement la coutume de Magdebourg. En 1178, le roi Sobieslas II leur donna une charte de privilège, et leur permit d'avoir un juge particulier. Ce privilège, en 24 articles, fut confirmé en 1231 par le roi Venceslas, qui y ajouta trois articles nouveaux. Les dispositions qu'il contient sont empruntées au droit germanique, mais aussi au droit tchèque, et sont intéressantes surtout en ce qui concerne le règlement des procès entre Tchèques et Allemands.

A partir de cette époque, les colons allemands arrivèrent en grand nombre dans les pays slaves, où ils formèrent bientôt une grande partie de la population des villes. Ils fournirent aussi de nombreux ouvriers pour l'exploitation des mines. Tous ces nouveaux venus reçurent le *jus Teutonicorum*. Les villes nouvellement fondées eurent des chartes spéciales, dont les dispositions sont puisées à la même source : ainsi Brünn en 1243, Iglau en 1249, Leobschitz en 1270, Broda en 1278, Egra en 1279. Nous ne parlons que des plus anciennes.

Pour compléter ce tableau il faut encore mentionner ici la *lex judæorum,* promulguée en 1254 pour régler la condition et les droits des Juifs. La même loi fut publiée à la même époque en Autriche et en Hongrie. Elle fut adoptée en Pologne en 1264, et en Lithuanie en 1388.

Ainsi, vers la fin du XIII° siècle, chacune des nationalités de la Bohême avait sa coutume et ses juges. En 1272, le roi Otakar II, au dire d'une chronique du temps, voulut faire rédiger ces coutumes et les réformer. Mais ses barons s'y opposèrent. Toute tentative de mettre le droit par écrit leur paraissait une atteinte portée à leur pouvoir de juges. D'ailleurs Otakar voulait prendre pour modèle le droit de Magdebourg. Cela seul aurait suffi pour éveiller la défiance des Tchèques. Le projet d'Otakar échoua. Quelques années après, le roi Venceslas II voulut le reprendre et fit venir d'Italie, à cet effet, un docteur en droit civil et canonique, M° Gozzi, d'Orviéto. Cette fois c'était de droit romain qu'il s'agissait; mais le droit romain n'eut pas plus de succès auprès des barons tchèques que le droit allemand. Il ne resta de cette seconde tentative qu'une loi sur l'exploitation des mines et sur la condition des ouvriers mineurs. Rédigée en quatre livres, sur le modèle des Institutes de Justinien, elle fut promulguée en l'an 1300, sous le nom de *jus regale montanorum*.

Une troisième tentative eut lieu en 1346, sous le règne de Charles IV. Un code complet, contenant le droit politique comme le droit civil et criminel et la procédure, fut rédigé et même promulgué sous le nom de *Majestas Carolina;* mais l'opposition des barons fut si forte que le roi abrogea lui-même son code en 1355. Pour sauver les apparences, on supposa que le livre avait péri dans un incendie. Il en existait pourtant des copies en assez grand nombre, et on les connaissait si bien qu'on les citait devant les tribunaux, en sorte que la *Majestas Carolina,* quoique abrogée, conserva une grande autorité doctrinale. On y trouve la mention de beaucoup d'anciens usages, et à ce point de vue surtout elle est importante pour l'étude historique du droit en Bohême. Elle a même été imprimée dès 1617.

La codification officielle ne pouvant pas aboutir, on y suppléa par des rédactions d'un caractère purement privé. Le plus ancien ouvrage de ce genre est le livre du sire de

Rosenberg, qui paraît avoir été écrit entre les années 1320 et 1330, et qui a été publié pour la première fois par Palacky en 1835. Rosenberg avait été grand chambellan, puis capitaine du royaume. A ce double titre il avait pu acquérir une précieuse expérience politique et judiciaire. Il peut être comparé à notre Philippe de Beaumanoir, auquel toutefois il reste bien inférieur. Son ouvrage, peu volumineux, paraît avoir été assez répandu, car on en connaît vingt manuscrits, sans parler d'une traduction latine. Kucharski lui a donné, on ne sait pourquoi, le nom de « loi du pays tchèque, » *Prava zemè Českè.*

Peu de temps après le livre de Rosenberg, et avant l'année 1350, un praticien inconnu écrivit un ouvrage non moins important sur la procédure et les actions. C'est le *Rad prava zemského, Ordo judicii terræ,* dont il existe aussi de nombreux manuscrits et une ancienne traduction latine. Il a été publié pour la première fois par Kucharski en 1838 [1]. On peut le comparer à notre *Stylus Parliamenti.*

Nous devons citer encore d'autres ouvrages d'une date plus récente et dont les textes sont tous recueillis dans le *Codex juris bohemici.* Telle est l'explication du droit du pays tchèque, *Vyklad na pravo zemské Českè,* par André de Duba, mort en 1412, après avoir rempli les fonctions de juge suprême, ouvrage dédié au roi Venceslas IV et publié pour la première fois par Palacki dans les *Archives tchèques,* puis par Kucharski en 1838. Tels sont encore les recueils de formules et de jugements, rédigés partie en tchèque et partie en latin, sous les titres suivants : *Officium circa tabulas terræ; Formæ litterarum apud tabulas confici solitarum.* Les *Tabulæ terræ* étaient une sorte de greffe où se faisaient l'enregistrement et le dépôt des actes, des citations et des jugements. Ces archives se sont conservées en

---

[1] Il a été traduit en russe par Ivanischev, en 1840. Ce travail a été réimprimé dans les œuvres d'Ivanischev, Kiev, 1876. Quant à l'ancienne traduction latine elle est très fautive, et souvent inintelligible. Elle est d'ailleurs faite sur un texte interpolé.

Moravie à partir du XIIIᵉ siècle. En Bohême elles ont péri presque entièrement lors des guerres civiles. Il en est toutefois resté des extraits qui ont permis de les reconstituer en partie ; c'est encore une source très précieuse et très abondante de renseignements sur l'ancien droit tchèque.

Vers la fin du XVᵉ siècle, entre les années 1480 et 1494, un seigneur de Moravie, le gouverneur Ctibor de Cimburg et de Tovačov, écrivit un livre où se trouve exposé le droit particulier de la province de Moravie [1]. Ce n'était dans l'origine qu'un simple coutumier, mais il ne tarda pas à être observé comme loi. Il est connu sous le nom de *Kniha To-vačovska*.

En 1499, Victorin de Vsehrd rédigeait pour la Bohême un ouvrage du même genre renfermant tout le droit tchèque en neuf livres. L'auteur avait commencé par enseigner la philosophie à Prague et avait été doyen de l'Université. Il entra ensuite dans l'administration des *Tabulæ terræ,* où il remplit une charge considérable, et mourut à Prague en 1520. Son livre, rédigé d'après les documents conservés dans les archives, est considéré comme le chef-d'œuvre de la littérature juridique en Bohême. En 1508 il fut offert par l'auteur au roi Wladislas, et pourtant il est resté inédit jusqu'en 1841.

Enfin, en 1585, un riche bourgeois de Prague appelé Okaïe (en latin *Ophthalmius*) publia en latin un ouvrage intéressant intitulé *Processus juris municipalis Pragensis*. L'auteur avait été professeur à l'Université. Il fut juge impérial en 1590, et mourut en 1598.

Après lui on ne peut plus citer que quelques opuscules sans importance qu'on trouve dans le 4ᵉ volume du *Corpus juris bohemici* (5ᵉ partie, publiée en 1883).

Les ouvrages dont nous venons de parler, depuis celui

[1] Première édition par Demuth, 1858. Édition critique par Brandl, 1868. Il a été écrit suivant Brandl entre 1479 et 1490. Brandl a aussi publié en 1868 un autre livre de droit rédigé en Moravie de 1525 à 1527, et connu sous le nom de *Kniha Drnovska*.

du sire de Rosenberg, sont des recueils purement privés, sans aucune autorité officielle. Ils n'en avaient pas moins jeté les fondements de la législation nationale, et au XVIᵉ siècle on put s'occuper sérieusement de codifier cette législation. A vrai dire, il y en avait deux, celle des villes et celle des campagnes. On fit deux codes différents.

Le code des campagnes fut entrepris le premier. Une première compilation, faite en 1492, n'a jamais été imprimée. Une seconde fut faite en 1500, par un jurisconsulte appelé Albert Rendl. Acceptée après de longues luttes entre les nobles et les bourgeois, elle a été traduite en latin, en 1527, par Rodericus Dubravius. Ce Code a été révisé en 1530, en 1549, et enfin, d'une manière définitive, en 1564. Une traduction allemande en a été publiée en 1617, par Sturba, bourgeois de Kadan. Ces trois derniers textes remplissent la première partie du tome IV du *Codex juris bohemici* (1882).

La Moravie eut aussi son code des campagnes, rédigé en 1538, et plusieurs fois révisé depuis, notamment en 1628. Il existe une traduction allemande de cette dernière révision.

Passons maintenant au droit des villes. La première rédaction du droit municipal de Prague fut publiée en 1536 par un jurisconsulte nommé Briccius a Liczsko (mort en 1543). C'est un ouvrage important, qui remplit à lui seul toute la troisième partie du tome IV du *Corpus juris bohemici* (1880). Le droit de Prague était observé dans une partie des villes, mais celles du Nord, habitées surtout par des Allemands, suivaient de préférence le droit de Magdebourg. Les États demandèrent que les deux législations fussent fondues en une seule, et le travail, confié à Paul Christian de Koldin, fut promulgué par l'empereur Rodolphe en 1579 [1]. Deux villes, Leibmeritz et Luna, résis-

---

[1] Dès 1547 l'empereur Ferdinand avait créé à Prague une cour d'appel unique pour toutes les villes.

tèrent encore quelque temps, mais depuis 1610 le code de Koldin fut seul observé dans toutes les villes de Bohême. En 1697 il fut étendu à la Moravie, et en 1717 et 1734 à une partie de la Silésie. Il a été traduit en allemand dès le XVIe siècle, et, en dernier lieu, à Vienne, en 1720.

Le code des campagnes et le code des villes sont restés en vigueur jusqu'à la fin du XVIIIe siècle. Sous le règne de Joseph II, le gouvernement autrichien entreprit de donner à la Bohême une législation toute nouvelle. L'œuvre s'est terminée en 1811 par la promulgation du code civil autrichien.

L'ancien droit de la Bohême, comme celui des autres pays slaves a sa base dans la communauté de famille, dont l'étude approfondie sera mieux placée ailleurs. Les plus anciens monuments du droit tchèque nous montrent un état de chose très primitif. Les guerres privées, la vengeance du sang, déjà tempérée par l'usage des compositions, l'État s'efforçant de substituer son action aux violences des parties, les ordalies par le combat judiciaire, le fer rouge et l'eau bouillante.

Le statut du roi Otton (1229) porte que le meurtrier payera 200 deniers à la Cour et quittera le pays jusqu'à ce qu'il ait composé avec la famille (article 17). Le statut municipal d'Iglau, en 1249, fixe à un an et un jour la durée de l'exil du meurtrier (art. 45). Le plus ancien acte de composition connu est de 1333. C'est un acte par lequel l'abbé et le couvent de Welegrad s'engagent à payer le prix du sang, tel qu'il a été fixé par arbitres, à raison d'un meurtre commis par un de leurs hommes[1]. Les coutumiers moraves décrivent la cérémonie de la réconciliation (vers la fin du XIVe siècle). En cas de meurtre commis sur un noble, le taux de la composition est fixé par les arbitres. Elle ne peut être au-dessous de 500 grivnas ou marks

---

[1] *Codex diplomaticus et epistolaris Moraviæ*, VI, 349.

d'argent. Le meurtrier doit en outre donner 500 livres de
cire, 50 pièces de drap et un cheval de guerre. Il doit aussi
faire dire 500 messes pour le repos de l'âme du défunt, et
se soumettre à la cérémonie de la réconciliation (*pokora*).
Elle consiste en ceci. Le meurtrier se présente lui douzième,
pieds nus, sans ceinture et se couche dans la fosse du défunt. Le plus proche parent de celui-ci le touche, entre
les épaules, de la pointe d'une épée, et lui dit trois fois :
Je te tiens en mon pouvoir comme tu as eu mon frère, ou
mon parent. Et trois fois le meurtrier répond : Je suis en
ton pouvoir, mais je te prie, au nom de Dieu, de m'accor-
der la vie. Après quoi le vengeur dit à haute voix : Je te
laisse la vie, au nom de Dieu.

Si la victime n'est pas de condition noble, le taux de la
composition est réduit au dixième, mais le nombre des
personnes qui doivent accomplir la cérémonie est doublé,
et même quadruplé s'il s'agit d'un paysan[1].

On trouve encore des traces de cette coutume dans des
actes moraves de 1511 et de 1517. Une formule analogue
a été trouvée en Bohême. La principale différence consiste en ce qu'une partie de la cérémonie s'accomplit dans
l'église. Mais il ne paraît pas qu'en Bohême la composition
ait été fixée à un taux minimum[2]?

La revendication des choses perdues ou volées tient une
grande place dans toutes les anciennes lois. Chez les
Tchèques elle doit être précédée d'une déclaration faite
publiquement en plein marché, après quoi le revendiquant a le droit de reprendre son bien partout où il le
trouve. S'il n'a pas fait de déclaration, il doit assigner le
détenteur pour que celui-ci produise son vendeur, et on
remonte ainsi, de vendeur en vendeur, jusqu'à celui qui

---

[1] *Kniha Tovačoska*, §§ 210-212. La cérémonie est décrite à peu près de
la même manière dans la *Kniha Drnovska*.

[2] Hubé, *Wrozda, Wrozba i Pokora*, Varsovie, 1884, Ivanischev, *La composition pour meurtre chez les Slaves*, Kiev, 1840 et Miklosich, *Die Blutrache bei den Slawen*, Wien, 1887.

ne peut justifier d'aucun titre. Celui-là restitue le prix qu'il a reçu, et paye l'amende. Lorsqu'on peut suivre le vol à la trace, par exemple pour les vols de chevaux ou de bœufs, le propriétaire, accompagné de témoins, court après le voleur jusqu'à l'endroit où les traces disparaissent. A cet endroit le village entier est responsable. Tel était du moins l'ancien droit, jusqu'au décret de Conrad, qui a supprimé cette responsabilité.

En déclarant le vol dont il a été victime, le propriétaire peut offrir une récompense à celui qui découvrira le voleur. Le tiers qui accepte cette offre s'appelle *sok*, et c'est lui qui poursuit en son nom devant la justice et fait condamner le voleur à la restitution, à l'amende et au payement de la récompense promise. La perquisition à domicile est aussi autorisée, suivant certaines formes, comme dans l'ancien droit grec et romain.

Le décret du roi Conrad, qui date de 1189, adoucit les rigueurs de la loi primitive en matière de vol. Primitivement celui qui prenait un voleur en flagrant délit avait le droit de le saisir et de le pendre, sans autre forme de procès. Conrad n'ose pas supprimer ce droit, mais il engage à y renoncer et à conduire le voleur devant un juge. En ce cas, la confiscation des biens du voleur aura lieu non au profit du roi, mais au profit du plaignant. Il en est de même de l'antique solidarité de la famille. Au cri de *nastoïle*, « au secours! » tous les parents étaient tenus de prêter main-forte. C'était la guerre. Conrad décharge de cette obligation les membres de la famille. En cas de *sok*, Conrad exige qu'on entende des témoins avant de condamner le prétendu voleur, et ordonne que le calomniateur soit puni. On sent que le pouvoir social cherche à se substituer à la vengeance privée. Les actes que la partie pouvait originairement accomplir seule ne peuvent plus désormais avoir lieu qu'avec l'intervention d'un juge. Il en est ainsi, par exemple, de l'exécution des jugements. La partie qui a gagné son procès ne pourra plus se mettre elle-même en possession des biens du condamné. La vengeance du sang est tenue de respecter le droit d'asile[1].

Pour remplacer la solidarité de la famille, et en attendant que le pouvoir social fût assez fort pour maintenir partout l'ordre et le respect de la loi, on avait eu recours en Bohême à un expédient qui ne se justifie que par la nécessité. Chaque village était responsable des crimes commis sur son territoire. Si le coupable n'était pas livré par les habitants, chacun d'eux était condamné à payer 200 deniers d'amende. Un décret de l'an 1222 réduit cette amende à 200 deniers à payer collectivement par tout le village. L'amende elle-même disparaît définitivement à la fin du XIIIᵉ siècle.

Vers la même époque disparaissent les ordalies. Les tribunaux ne connaissent plus d'autre preuve que le serment et les témoignages.

La communauté de famille a duré très longtemps en Bohême, même chez les nobles. Elle ne pouvait cesser que par un partage enregistré au greffe central de Prague, et, en fait, elle se perpétuait pendant plusieurs générations. L'ordre des successions est celui qui dérive de cette institution, et qui existait non seulement chez les peuples slaves, mais dans toute l'antiquité, notamment chez les Grecs. L'enfant ne peut succéder *ab intestat* qu'autant qu'il est commun en biens. Une fois apportionné, il ne peut plus succéder qu'en vertu d'un testament. La fille a droit à une dot prise sur le fonds commun de la famille, mais elle ne succède qu'à défaut de fils. Du reste, le droit d'aînesse est inconnu, le partage égal est la règle. La veuve peut rester avec ses enfants et vivre en commun avec eux; mais elle peut aussi se séparer d'eux et retourner dans sa famille en emportant les biens qu'elle avait apportés. On distingue les biens patrimoniaux, ou propres,

---

[1] Cf. les mémoires déjà cités de Miklosich et d'Ivanischev.

et les acquêts. « Vous autres Allemands, disait un abbé polonais, Vincent, vous ne savez peut-être pas ce que c'est qu'un bien patrimonial. Eh bien! je vais vous l'expliquer. Si je possède une chose qui m'ait été laissée par mon père et mon aïeul, c'est mon patrimoine, et, si je la vends, mes héritiers ont le droit de réclamer, *jure nostro polonico*. Mais si le seigneur duc m'a fait quelque don en récompense de mes services, je puis le vendre à qui il me plaît, même malgré mes amis, parce qu'au sujet des biens de cette espèce, mes héritiers n'ont pas le droit de réclamer. »

L'usucapion s'accomplit par trois ans et six semaines, ou par trois ans et dix-huit semaines. Ce terme de trois ans, commun à toutes les législations slaves, paraît être en rapport avec le mode de culture des terres assujetties à l'assolement triennal. Dans l'ancienne Rome l'usucapion s'accomplissait par deux ans seulement, parce que l'assolement était biennal. Au surplus, la propriété en Bohême fut soumise de bonne heure à un régime de publicité qui rendait les usurpations difficiles. Ainsi que nous l'avons déjà dit, il y avait auprès de la cour suprême, en Bohême et en Moravie, un dépôt d'archives où l'on conservait les actes translatifs de propriété, les citations en justice et les jugements. C'étaient les *Tabulæ terræ*.

Dans l'intérieur de chaque bailliage ou jupanie, le pouvoir judiciaire était exercé par deux tribunaux, dont la compétence se déterminait par l'importance des affaires. Le grand tribunal était présidé par le juge provincial, le second par le *villicus*. L'un et l'autre étaient assistés d'un certain nombre d'assesseurs. Dans certains cas les parties désignaient chacune des arbitres, dont elles pouvaient librement réduire le nombre par des récusations péremptoires. Le tribunal ainsi composé prêtait serment et prononçait sur la culpabilité, mais sans pouvoir, comme le juge ordinaire, réconcilier les parties en leur imposant une transaction. On trouve des traces de ce jury jusqu'au xive siècle. C'est ce qu'on appelait, en tchèque, *porota*.

A partir du xive siècle, l'organisation des jupanies disparut et fut remplacée par les juridictions féodales. Au sommet était la Cour du roi, composée de quatre grands officiers du royaume, à savoir le burgrave de Prague, le grand chambellan, le grand juge et le grand chancelier. Derrière eux siégeaient douze grands seigneurs et huit barons. C'est pour l'usage de cette cour qu'ont été rédigés presque tous les livres de droit tchèque. Le plus intéressant est le *Rad prawa zemskeho*, dont voici une courte analyse :

Un meurtre a été commis. C'est un frère, ou un proche parent qui se présente pour exercer la poursuite. Il fait d'abord connaître le jour où le crime a été commis. Deux semaines après cette déclaration, il s'adresse aux magistrats de la ville et leur demande un commissaire, auquel il montre le corps, les blessures et les vêtements ensanglantés. Le commissaire dresse un procès-verbal qui est enregistré aux *Tabulæ terræ*. Le poursuivant fait alors assigner le meurtrier, par un autre commissaire. Au jour fixé il se présente devant les magistrats, à midi, et demande acte de sa comparution et de la citation donnée. Même formule et même requête le soir, et les deux jours suivants; deux nouvelles citations sont ensuite données, et à chaque nouveau terme le poursuivant est tenu de se présenter à l'audience pendant trois jours consécutifs. A la troisième citation le défendeur comparaît devant la cour. Le poursuivant se tenant à la barre, demande à la cour un avocat qui, après avoir pris l'agrément de la cour, demande à son tour que deux des seigneurs conseillers soient désignés pour l'assister, lui et sa partie, et lui enseigner ce qu'ils ont à faire. « Le poursuivant, dit-il, est trop affligé pour pouvoir se conduire lui-même. » Le conseil est donc désigné, et il est entendu que si l'avocat fait quelque faute, la partie pourra rectifier l'erreur, après avoir pris l'avis de son conseil. Le défendeur se présente à son tour, demande et obtient, dans les mêmes termes, un avocat et un conseil.

Les deux parties sont en présence, le poursuivant à droite et le défendeur à gauche; l'avocat du poursuivant prend alors la parole, articule le fait et offre la preuve. Le défendeur prend la parole à son tour et fait trois questions : « Quand le crime a-t-il été commis? » — « Le poursuivant en a-t-il fait la déclaration à la cour? » — « Y a-t-il un commissaire qui ait dressé procès-verbal du crime? » Sur le premier et le second point les réponses du poursuivant sont confirmées par la cour et par le commissaire lui-même.

L'avocat du défendeur fait alors donner lecture de la plainte telle qu'elle a été enregistrée, et si les termes de la plainte écrite ne sont pas conformes à ceux de la plainte formulée verbalement à l'audience, le défendeur est acquitté; si les deux plaintes sont conformes, le défendeur est tenu de se justifier au fond en prouvant soit qu'il n'a pas commis le fait, soit qu'il l'a commis en état de légitime défense.

Si la cour ordonne le duel, elle donne à chacune des deux parties un nouveau conseil, qui leur dicte les formules et dirige leurs mouvements. Elles franchissent la barre et entrent dans le prétoire; le poursuivant entre du pied droit, fléchit le genou et relève de la main droite le pan de sa robe. Le défendeur entre du pied gauche, fléchit le genou gauche et relève de la main gauche le pan de sa robe. Les deux parties se défient réciproquement, et la cour fixe le jour et le lieu du combat. Si le défendeur avoue le fait et plaide la légitime défense, les deux parties se frappent réciproquement du pan de leur robe. Si l'une d'elles manque son coup elle perd son procès.

Au jour marqué les parties entrent en lice sans armes défensives, avec l'épée et le poignard. Elles prêtent serment l'une après l'autre, après quoi le combat commence. Si l'une d'elles se trompe en prononçant la formule du serment, elle perd son procès, ce qui, pour le défendeur, entraîne la mort [1]. Chacune des parties peut éviter le combat en s'exilant. En ce cas, le burgrave de Prague doit l'accompagner jusqu'à trois milles du château de Prague. Si l'un des deux combattants est fatigué, il peut demander un repos qui ne peut lui être refusé. On place alors une planche entre eux et pendant une heure il leur est interdit de s'attaquer. Ce repos peut être accordé trois fois, et une heure chaque fois. Si l'un des deux renverse l'autre, il doit lui trancher la tête de sa propre main et la lui mettre entre les pieds. Puis il fléchit un genou, remercie le roi et les seigneurs, et met deux thalers sur le cadavre, par forme d'expiation. Enfin il fait enregistrer l'arrêt aux *Tabulæ terræ* pour interdire la vengeance du sang. Si quelque parent du vaincu prétend le venger, il est mis à mort et ses biens sont confisqués, sans rémission.

Si le défendeur ne comparaît pas sur la citation, ou ne se présente pas au jour fixé, le poursuivant lui fait faire par un commissaire trois sommations, de six semaines en six semaines. Ces sommations sont enregistrées et proclamées au marché. Puis il se fait envoyer en possession des biens; un des magistrats lui remet une part de ces biens pour lui tenir lieu de composition et prélève pour lui-même une part égale. Mais le défendeur n'en est pas quitte pour si peu. Le poursuivant peut le faire prisonnier et même le tuer partout où il le rencontre, lui passer une corde à travers les genoux et le traîner ainsi, attaché à la queue de son cheval, jusqu'au gibet de Prague. Ce meurtre est légitime et ne peut être vengé par personne, à la seule condition qu'il ait été déclaré au magistrat, et qu'un commissaire désigné pour voir le mort, en fasse à la cour un rapport enregistré. Toutefois, si le contumace se réfugie auprès de sa femme qui le tient embrassé et le couvre de

---

[1] Tel était du moins l'ancien droit. Plus tard, la composition fut admise en ce cas, alors du moins que le défendeur était noble (V. art. 42).

sa robe, il ne peut lui être fait aucun mal. De même s'il cherche un asile auprès de la reine de Bohême ou au tombeau de saint Wenceslas.

Dans toute cette procédure les parties ne peuvent se faire représenter. Mais si la poursuite est dirigée contre tout autre que l'auteur du meurtre la représentation est admise, et en ce cas les combattants sont armés chacun d'un écu et d'un bâton. L'orphelin mineur peut aussi se faire représenter pour le combat par un de ses parents, mais à la condition que son avocat ait fait pour lui, à ce sujet, des réserves expresses.

Si les parties sont de condition inégale, le défendeur peut refuser le combat et se justifier en prêtant serment, lui septième. Il en est de même si le poursuivant est une femme mariée. Si c'est une orpheline qui poursuit, elle est représentée par un de ses parents. Mais si c'est une veuve, ou une fille de plus de dix-huit ans, laquelle demande à combattre elle-même, le combat doit avoir lieu. Seulement le défendeur est placé dans un trou en terre, qui le couvre jusqu'à la ceinture, et la femme poursuivante, armée comme lui de l'épée et du bouclier, tourne autour de lui dans un cercle qu'elle ne peut franchir.

Entre bourgeois et manants les armes des combattants sont l'écu et le bâton.

En cas de meurtre commis à l'audience de la cour, le meurtrier est saisi et décapité, mais sans confiscation de ses biens. S'il réussit à s'échapper, le poursuivant n'a pas besoin de prendre jugement. Il lui suffit de prendre le témoignage du roi et des magistrats et de le faire enregistrer aux *Tabulæ terræ,* et avec ce titre il se met en possession des biens du meurtrier afin de se payer de la composition.

Pour un coup porté au visage, devant le roi et la cour, entre égaux ou par un supérieur à un inférieur, l'outragé se venge en donnant à son adversaire un coup sur chaque joue et un sur le nez. Si l'auteur de l'outrage est un bourgeois ou un paysan, il perd la main et donne caution de ne pas se venger. Si c'est un serf, il est livré à l'outragé, qui en fait sa volonté.

Celui qui blesse avec une épée ou un couteau devant le roi et la cour, perd la main, sans distinction.

Si l'auteur d'un meurtre ou d'une blessure, faits devant le roi et la cour, parvient à s'échapper, défense est faite, à cri public, de donner asile au fugitif. Toute personne qui l'aurait reçu doit le chasser, à peine d'être tenue pour complice et responsable sur tous ses biens, même les gouverneurs des châteaux royaux. Toute personne accusée de recel est tenue de se justifier par serment. Le roi lui-même ne peut soustraire le fugitif à la justice. S'il refuse de faire droit, les habitants du lieu où le fugitif se cache ont le droit de courir sus à ce dernier, de l'arrêter, d'exercer sur lui la vengeance et de s'approprier ses biens meubles, les immeubles restant à la discrétion du roi. Et si le roi s'y oppose, nobles, seigneurs, tous, doivent lui refuser tout service, à peine de dégradation, de bannissement et de confiscation.

En cas d'attaque nocturne d'une habitation, le plaignant doit immédiatement appeler à grands cris les voisins, et leur faire constater les traces de l'attaque. Il doit ensuite, dans les quinze jours, faire désigner un commissaire pour visiter les lieux et recevoir les déclarations des voisins. L'affaire est ensuite portée à la cour dans les formes ordinaires. Si la plainte faite à l'audience est conforme à la plainte enregistrée et aux déclarations du commissaire, alors le défendeur doit se justifier par serment en appliquant deux doigts de la main sur un fer rouge. S'il refuse il est mis à mort.

En cas de dommages faits aux moissons sur pied la procédure est la même. Le défendeur se justifie par serment, en produisant deux témoins, propriétaires d'immeubles, et qui confirment son serment. Ces témoins ont remplacé l'épreuve par l'eau bouillante qui était usitée anciennement.

S'il s'agit de dommage causé aux jardins, aux prés, aux pêcheries, aux bois, la procédure est toujours la même.

Ce qui est intéressant à relever ici, c'est la forme toute archaïque de la descente sur les lieux. Au jour fixé par les commissaires, le demandeur se rend sur les lieux, à cheval. Dès qu'il aperçoit les commissaires, il met pied à terre et chapeau bas, détache son épée, ôte son manteau et ses autres habits et se dépouille jusqu'à la ceinture. S'il y manque, tous ces objets sont confisqués au profit du commissaire. Dès que le défendeur est arrivé, le demandeur entre du pied droit sur le terrain litigieux et dit : « Écoutez, sergents ! Un tel que voici m'a fait tel dommage. Et j'évalue ce dommage à telle somme d'argent. » Alors le défendeur se dépouille à son tour, entre du pied gauche sur le terrain, et dit : « Écoutez, sergents ! Ce bien est à moi et non à lui. Et si le demandeur prétendant à la propriété veut établir son droit par titre, je gage contre lui, devant le magistrat de Prague, 300 deniers. » — Le demandeur répond : « Écoutez, sergents ! Je l'ai assigné devant le tribunal et je tiens contre lui la gageure des 300 deniers devant le magistrat de Prague. » — Le défendeur reprend : « Je gage 600 deniers. » — « Je tiens les 600 deniers, » réplique le demandeur. — « Je gage 900 deniers. » — « Je tiens les 900 deniers. » — Enfin le défendeur dit : « Je gage l'*ogreb*, » — « et moi je tiens l'*ogreb*, » répond le demandeur.

Que faut-il entendre par ce mot. L'auteur du *Rad prawa zemskeho* ne le sait pas lui-même, et constate qu'il y en a trois explications différentes. Le sens le plus probable est celui-ci : Je gage tout ce que j'ai sur moi ou sous moi, c'est-à-dire mes habits, mes armes et mon cheval. (V. l'art 246 du livre de Rosenberg.)

Les parties sont tenues, à peine de mort et de confiscation, de s'entendre sur le montant de la gageure, de se présenter à la cour au jour fixé et d'exécuter le jugement rendu.

On procède de même sur l'action en restitution de fermages indûment reçus, de même encore sur l'action pour voies de fait contre les personnes ou les propriétés. Quand ces dernières affaires viennent à l'audience, le demandeur jure d'abord, puis le défendeur, avec six témoins propriétaires d'immeubles, lesquels attestent la sincérité du serment prêté par le défendeur. Si le demandeur prétend être privé de l'usage d'un membre, une expertise est ordonnée avant toute condamnation. En cas de coups et blessures, quel qu'en soit le nombre, le demandeur jure d'abord, puis le défendeur, et si ce dernier est reconnu coupable, il paye cinq gros pour chaque blessure.

L'action en revendication d'immeubles est soumise à des formalités particulières. D'abord le défendeur a le droit de demander que les lieux soient visités par un magistrat, ce qui ne peut lui être refusé. Chacune des parties obtient en outre que la moitié des membres de la cour l'assiste, comme conseil. Le demandeur expose ensuite son action, et présente neuf témoins domiciliés et propriétaires, dont trois au moins pris dans le canton où est situé l'immeuble litigieux. De ces neuf témoins le défendeur a le droit d'en exclure deux, par récusation péremptoire, à la seule condition de le déclarer immédiatement. Les témoins sont ensuite présentés au magistrat et conduits par lui à la chapelle pour prêter serment, pendant que sonne la cloche du matin, à peine de nullité. A ce moment le défendeur intervient et désigne, parmi les sept ou neuf témoins, les trois qui prêteront serment. Il peut à son tour présenter sept témoins parmi lesquels le demandeur en désigne trois qui prêtent serment. Si un seul des témoins est en retard, ou commet la moindre erreur en répétant la formule du serment, la partie qui l'a produit perd son procès. Enfin si les serments ont été régulièrement prêtés de part et d'autre, on a recours à l'épreuve de l'eau. Le demandeur entre dans l'eau, et derrière lui, à trois pas de distance le défendeur. Si, après trois pas, le demandeur chancelle, prêt à se noyer, il perd son procès. Si, au contraire, il traverse heureusement l'épreuve, le défendeur la subit à son tour. Heureux, il gagne son procès ; malheureux, il perd le bien litigieux et la vie.

En cas de vente d'un immeuble, les parents du vendeur, du côté paternel, ont le droit d'exercer le retrait dans l'an et jour, en offrant le prix à l'acquéreur. S'il y manque un gros, ou s'il y a une seule pièce fausse, le droit de retrait est perdu, et la somme consignée est confisquée au profit des magistrats.

Le possesseur d'un immeuble, qui l'a acquis par vente ou par échange et qui en a joui paisiblement pendant l'an et jour, ne peut plus être inquiété par l'action en retrait, et après trois ans et dix-huit semaines il n'est plus exposé à aucune action en revendication. De même l'action en réméré est prescrite après trois ans et dix-huit semaines. De même encore l'action en partage, alors du moins qu'elle est dirigée contre un possesseur qui détient comme sien un bien commun.

Pour la restitution de la dot on procède comme pour les revendications d'immeubles. La question de savoir si la dot appartient aux enfants se résout par les termes de l'acte de constitution, lequel a dû être enregistré aux *Tabulæ terræ*.

En général, aucun témoignage n'est admis contre les *Tabulæ terræ*, à moins qu'il n'y ait allégation de faux. En ce cas une instruction a lieu, mais si l'exception est jugée mal fondée, son auteur est condamné au feu.

La femme, du vivant de son mari, peut exercer toutes actions autres que celles qui tendent à la réparation pécuniaire d'un dommage. Si elle a conservé l'administration de ses biens, ses créanciers personnels peuvent les saisir. Si au contraire elle a remis à son mari l'administration de ses biens, les aliénations de ces biens par le mari ne sont pas irrévocables. La femme peut les faire annuler dans les trois ans et dix-huit semaines qui suivent le décès du mari, pourvu qu'elle ait fait ses réserves du vivant de ce dernier.

Les contestations de jouissance qui soulèvent une question de limite entre voisins sont introduites comme l'action de trouble, au moyen d'une gageure. Un commissaire est désigné pour planter une borne et en informer tout le voisinage à cri public.

Si un juge inférieur (*poprawce*), ou un assesseur de juge (*Konsel zemsky*) est traduit en justice, il doit se justifier par son serment, en tenant deux doigts levés vers le soleil levant, debout, entre deux fonctionnaires du même ordre, qui confirment le serment par lui prêté. S'il excipe des ordres qu'il a reçus, on lui donne un délai pour en justifier.

En matière de cautionnement ou de gage, la procédure est la même qu'en matière de revendication. Seulement, si l'intérêt du procès dépasse dix marks, la preuve se fait par sept témoins dont trois prêtent serment à la chapelle et les quatre autres plus tard. Si l'intérêt est au-dessous de dix marks, ils suffit de trois témoins, dont un prête serment à la chapelle et les deux autres plus tard.

Le rapt est puni sévèrement. S'il s'agit d'une fille et si le ravisseur prétend qu'elle a consenti, le prêtre qui a célébré le mariage prête serment sur l'Évangile et déclare s'il y a eu ou non consentement. La fille est alors conduite au monastère de Saint-George, au château de Prague, où elle reste six semaines, puis elle est amenée dans l'enceinte de la cour. Si elle reconnaît avoir consenti à l'enlèvement, elle est, avec son mari, livrée à son père, qui leur tranche la tête de sa main. Si elle dit avoir été enlevée de force, c'est elle qui, de sa main, doit trancher la tête à son ravisseur. Si ce dernier ne comparaît pas, il est traité comme le meurtrier fugitif. Si c'est une veuve qui a été enlevée, on lui donne trois jours de réflexion, après quoi elle déclare si elle a, ou non, consenti. Si oui, le ravisseur est acquitté, parce qu'une veuve est libre de se choisir un époux. Le ravisseur est alors tenu de l'épouser, mais elle perd sa dot. Si elle n'a pas consenti, le ravisseur lui est livré pour qu'elle lui tranche la tête, de sa main.

Pour la revendication d'un cheval ou de tout autre animal, on procède comme suit : le demandeur déclare au magistrat qu'il a perdu un cheval, et fait désigner un commissaire qui visite l'animal réclamé, lui coupe un morceau de l'oreille, et assigne le défendeur à comparaître dans un certain délai, en amenant l'animal. Au jour fixé, le demandeur met deux doigts sur la tête de l'animal et jure qu'il en est le propriétaire. S'il se trompe en répétant la formule du serment, il perd son procès et paye trois cents deniers d'amende. Celui chez qui l'animal a été trouvé peut aussi prêter serment dans la même forme.

Ici finit le *Rad prawa zemskeho.*

S'il y avait une noblesse en Bohême, il ne s'y trouvait pas d'esclaves. Les anciens Slaves étaient tous de condition libre. On trouve bien chez eux des serfs, en petit nombre, mais ce sont des prisonniers de guerre, ou des coupables condamnés par justice. Leur condition est d'ailleurs très douce. Les redevances, les corvées qui leur sont imposées sont toujours rigoureusement définies. C'est seulement au xvi⁰ siècle, et surtout au xvii⁰ siècle, que la servitude s'établit partout avec le caractère rigoureux qu'elle avait en Allemagne et en Pologne. Mitigée sous le règne de Marie-Thérèse, elle fut définitivement abolie sous celui de Joseph II.

Quant aux *Jura Teutonicorum,* ils se trouvent dans les chartes municipales. Les plus anciennes sont celles de Prague en Bohême, de Gröding (1228), de Brünn (1243) et d'Iglau (1249) en Moravie, de Leobschitz (1270) en Silésie, de Broda (1278) et d'Egra (1279) en Bohême. La charte d'Iglau, divisée en quatre livres, sert de type à toutes les autres. Nous en citerons seulement deux dispositions. La première est relative à l'exécution de la contrainte par corps. Le débiteur livré au créancier par le juge sera tenu en un lieu qui ne sera ni trop chaud ni trop froid, avec les fers aux mains, et il recevra pour sa nourriture le quart d'un pain d'un denier, avec une cruche d'eau. La seconde disposition est relative à la revendication des meubles, l'*anefanc* du droit allemand. On remonte de vendeur en vendeur jusqu'à l'auteur du vol, mais, pour intenter l'action, le demandeur commence par prêter serment, lui troisième, et comme après tout il faut que les procès aient un terme, la charte de Leobschitz défend de remonter au delà du septième vendeur.

Tandis que les cultivateurs tchèques détenaient, en général, le sol à titre de bail héréditaire, incessible, les colons allemands apportèrent en Bohême un nouveau mode de tenure, analogue à l'emphytéose romaine, et par suite plus rapproché du droit de propriété.

La lutte des deux populations allemande et tchèque remplit toute l'histoire de la Bohême depuis le xvi\u1d49 siècle. Vaincus et écrasés à la Montagne Blanche, en 1621, les Slaves de Bohême semblaient destinés à perdre leur existence nationale. Leur relèvement, en ce siècle, a été une sorte de résurrection ; mais, s'ils ont conservé leur langue, il n'en est pas de même de leur ancien droit, qui n'est plus qu'un souvenir. Pour trouver les institutions slaves encore vivantes, il faut aller en Russie, et surtout chez les Slaves du Sud.

VIII.

L'ANCIEN DROIT SLAVE. — LES POLONAIS[1].

Le plus ancien monument du droit polonais n'est connu que depuis quelques années. C'est une esquisse, en 29 articles, rédigée au XIIIe siècle par un allemand, en langue allemande. Le manuscrit original est aujourd'hui conservé dans la bibliothèque de la ville d'Elbing. Ce texte a été publié par Helcel dans le deuxième volume des Monu-

[1] *Starodawne prawa polskiego Pomniki.* Monuments de l'ancienne législation polonaise. Le premier volume a paru à Cracovie en 1856, le second en 1870. Le huitième vient de paraître. L'ouvrage le plus important pour l'ancien droit polonais est celui de Hubé : *Prawo Polskie nawieku trzynastym,* 1874; et *Prawo Polskie na XIV wieku,* 1886. On peut voir en outre : Joach. Lelewel, *Essai historique sur la législation polonaise, civile et criminelle, jusqu'au temps des Jagellons,* depuis 730 jusqu'en 1430, Paris, 1830, in-8º. — F. Wolowski, *De la législation polonaise,* dans la *Revue de législation et jurisprudence,* t. VIII et IX, 1838-1839. — Macieiowski, *Histoire du droit slave* (en polonais), 2e édition, Varsovie, 1856-1859. La première édition a été traduite en allemand par Buss et Nawrocki (Freiburg, 1835). — Czacki, *O litewskich i polskich prawach,* 2 vol. in-8º, Cracovie, 1861. — Bandtkie, *Jus polonicum, codicibus veteribus manuscriptis et editionibus quibusque collatis.* Varsoviæ, 1831, in-4º. — Enfin l'*Histoire de Pologne,* commencée par Rœpell et continuée par Caro, Hambourg et Gotha, 4 vol. depuis 1840 (en allemand). — Pour le droit lithuanien, on trouve les textes en polonais et en latin dans le recueil intitulé : *Zbior praw litewskich* (Recueil des lois lithuaniennes), de l'an 1389 à l'an 1529, par Dzialynski, in-4º, Poznan, 1841.

ments de l'ancien droit polonais qui a paru en 1870. Une autre édition a été donnée par Volkmann en 1869 [1]. Un document aussi important mérite à tous égards une analyse complète.

Les Polonais sont sujets du pape et non de l'empereur. Leurs tribunaux ne rendent pas la justice au nom de l'empereur. Ils ne sont pas *gehegt* comme disent les Allemands, mais leurs jugements et leurs attestations n'en ont pas moins de force. Le juge polonais n'a pas d'échevins, mais quand il trouve autour de lui des gens capables il peut les consulter, sans toutefois être tenu de suivre leur avis.

Les parties peuvent se présenter directement devant le juge, mais la difficulté commence quand le défendeur est récalcitrant. Le juge demande alors au poursuivant s'il veut assigner, et si la réponse est affirmative, il commande à l'huissier de donner l'assignation. Si l'huissier et l'assigné habitent le même village, le coût de l'assignation est de deux pfennings. Mais si l'huissier doit se rendre dans un autre village, le poursuivant doit lui donner sa nourriture et une paire de souliers. L'assignation peut être répétée par trois fois. Chacun des deux premiers défauts est puni d'une amende de 6 marks. La troisième fois, le poursuivant est autorisé à saisir. L'assigné peut toutefois présenter une excuse s'il est malade, ou en prison, ou au service du roi. Mais il doit alors prouver le fait en amenant avec lui deux témoins qui doivent être agréés par le juge.

Quand les deux parties sont en présence, le juge dit au défendeur : « Réponds. » Mais avant de répondre celui-ci doit ôter son chapeau, la touaille qu'il a autour de son cou, et le bâton qu'il porte à la main, à peine d'amende. S'il dit : Je suis innocent. — As-tu des témoins? reprend le juge. — J'en ai. — Nomme-les. — Puis s'adressant au poursuivant, le juge lui demande s'il accepte chacun des témoins

---

[1] *Das älteste geschriebene Polnische Rechtsdenkmal*, Elbing et Stettin, 1869. V. Hubé, *Le droit polonais au xiiie siècle*, p. 259-271.

désignés. Les noms des témoins acceptés sont alors mis par écrit, et l'affaire renvoyée à quinzaine. Si le défendeur se présente au jour fixé, avec ses témoins, et si tous prêtent serment sur le crucifix, il est acquitté. Le serment doit être prêté, suivant la formule, en posant sur le pied du crucifix l'index et le médius de la main droite. La moindre irrégularité entraîne la perte du procès. Les témoins qui ne se présentent pas ou qui ne prêtent pas régulièrement le serment encourent une amende de 6 marks.

Au moment où le défendeur nomme ses témoins, le demandeur peut lui dire : « Tes témoins sont achetés. Je n'en veux pas. Je veux combattre. » Le procès se vide alors par un combat.

Le défendeur ne peut être assigné que devant son seigneur. Partout ailleurs, il doit refuser de répondre; quiconque se saisit d'un homme, le charge de liens et l'enlève pour se faire justice à lui-même, encourt 6 marks d'amende.

Celui qui étant attaqué et menacé de mort se défend et blesse son adversaire n'encourt aucune peine pourvu qu'il prête serment, lui septième. S'il tue son adversaire, il paye seulement le prix du sang.

Si un homme est tué dans les champs ou sur la route, celui qui l'enterre clandestinement est réputé le meurtrier et paye la composition et l'amende, 50 marks pour un chevalier ou un marchand, 30 marks pour un hôte allemand. Si le meurtrier est inconnu, le village sur le territoire duquel le corps a été trouvé est responsable, à moins qu'il ne dénonce une famille. La famille peut à son tour se décharger en dénonçant un individu. S'il y a contestation on a recours à l'épreuve du combat, ou du fer rouge.

Les paysans peuvent encore se décharger en saisissant le meurtrier ou tout au moins en le poursuivant à hue et à cri jusqu'au plus prochain village, qui est tenu de continuer à son tour la poursuite, et ainsi jusqu'à ce que le coupable soit pris. On procède de même en cas de bri-

gandage ou de vol. De même encore si un homme est
noyé, le village est responsable, et celui qui retire le corps
sans la permission du seigneur est réputé coupable et paye
la composition et l'amende.

Si le détenteur d'une chose volée, d'un cheval par
exemple, est conduit devant le juge, il doit répondre. S'il
prétend avoir acheté la chose, le juge lui donne quinze
jours pour amener son vendeur et exige de lui une caution en attendant. Trois défauts peuvent être donnés de
quinzaine en quinzaine et chaque défaut entraîne une
peine de 6 marks, à moins d'excuse légale. Le garant qui
comparaît obtient à son tour quinzaine pour produire son
vendeur. Enfin, celui qui ne peut amener un garant paye
12 marks, et le plaignant reprend son bien.

Le vol d'une vache sur le pâturage du roi est puni
d'une amende de 70 marks, de même le vol commis dans
la chambre du roi, ou l'enlèvement d'un homme pour
l'emmener d'un pays ou d'un canton dans un autre. Même
peine pour le fait de dépouiller ou de voler un homme,
de le maltraiter, de le tuer ou de le mutiler. L'accusé
peut se justifier en jurant lui douzième. Pour un vol commis dans la cave ou dans la cuisine ou dans le château
du roi, la peine est de 50 marks, et l'accusé peut se justifier en jurant lui neuvième. Celui qui vole dans une
maison ou qui dérobe à un berger ce que celui-ci porte
dans sa panetière ou dans son sac, paye 12 marks, et peut
se justifier en jurant lui sixième. S'il s'agit de la panetière
ou du sac d'un chevalier ou d'un homme qui a un ménage,
la peine est de 300, et l'accusé se justifie en jurant lui
troisième.

Celui qui vole des abeilles paye une amende de 12 marks,
ou jure lui sixième. Si les abeilles ont d'elles-mêmes quitté
la ruche la peine est de moitié. Le maître de l'essaim fugitif peut le poursuivre et le reprendre jusqu'au coucher du
soleil.

Le vol de foin est puni de 6 marks ou de 3 marks,

suivant que le foin volé a été enlevé à dos d'homme ou sur un chariot. L'accusé se justifie en jurant lui troisième ou lui second.

Les grandes routes sont sous la protection du roi, les chemins sous la protection du seigneur. Quand un meurtre est commis sur une grande route, outre la composition qui est de 50 marks pour un chevalier ou un marchand, et de 30 pour un paysan, le meurtrier paye au roi une amende de 50 marks. Dans le premier cas l'accusé peut se justifier en jurant lui neuvième, et dans le second en jurant lui sixième. Sur les chemins l'amende est de 6 marks seulement. Les coups qui ne donnent pas la mort et qui sont portés soit sur un chemin, soit au marché, soit dans une auberge sont punis d'une amende de 6 marks ou de 300, suivant les cas. L'accusé se justifie en jurant lui troisième ou lui second.

Les injures, les coups qui font couler le sang, sont punis de 6 ou 15 marks. L'accusé se justifie en jurant lui troisième ou lui septième.

Le viol ou le rapt d'une fille ou d'une femme entraîne une amende de 15 marks au profit du juge, outre l'indemnité due à la victime. L'accusé se justifie en jurant lui neuvième. Si la fille ou femme était sortie pour aller aux champs ou aux bois cueillir des fraises ou des pommes l'amende est de 6 marks seulement, et l'accusé jure lui troisième. Si la fille était sortie sans permission, l'amende est de 300, et l'accusé jure lui second.

Celui qui enlève ses blés sans avoir averti le décimateur pour qu'il prenne sa dîme, paye une amende de 6 marks. Mais après trois sommations faites devant témoins, il peut enlever tout ce qu'il lui plaît. Si avant le temps de la moisson il coupe et enlève le blé qui lui est nécessaire pour se nourrir, et ne prévient pas le décimateur il ne paye que 300, et peut se justifier en jurant lui second.

Celui qui, en labourant, usurpe sur le terrain d'autrui paye 300. Il peut prouver sa bonne foi en jurant seul.

L'auteur nous donne ici de précieux renseignements sur
la valeur des amendes. Les marks dont il est question
dans le tarif sont de la monnaie faible. Il en faut trois pour
faire un mark de monnaie actuelle. L'amende de six
marks vaut 9 têtes de bétail. Celle de 300 se payait originairement en monnaie de sel, et vaut une tête de bétail.
Enfin pour les amendes au dessous de 12 marks le juge se
contente ordinairement de quelques poules ou de quelques
têtes de bétail, et pour les amendes plus fortes il les
exige rarement en entier. Presque toujours il en remet la
plus grande partie et accorde du temps pour le reste.

Si un chevalier meurt laissant des fils, sa veuve reste en
jouissance des biens, tant qu'elle ne se remarie pas. Si elle
se remarie, elle emmène ses servantes, qu'elle possédait lors
de son premier mariage, ou qu'elle a acquises depuis. Elle
emporte les objets qui lui appartiennent personnellement
et qui sont le fruit de son travail. Enfin, ses enfants lui
donnent un cheval pour traîner sa voiture et un autre cheval pour le valet qui la conduit. Du reste, elle n'a aucune
part à l'héritage. S'il n'y a pas de fils, la mère reste en jouissance de l'héritage tant qu'elle n'est pas remariée, et après
sa mort le seigneur prend l'héritage, à charge de doter les
filles s'il y en a. Si elle se remarie, le seigneur prend l'héritage, en lui laissant les objets qui lui appartiennent et
tout ce qu'elle a produit par son travail. L'auteur remarque
que presque toutes les femmes, en Pologne, tissent elles-
mêmes. La veuve d'un paysan reste avec son fils, si elle en
a un, tant qu'elle n'est pas remariée. Si elle n'a pas de fils
ou si elle se remarie elle emporte son lit garni, et son fils
ou le seigneur, suivant le cas, lui abandonne en outre une
ou plusieurs vaches ou autres têtes de bétail.

Quand le combat est ordonné il a lieu avec des bâtons ou
avec des épées, suivant que le défendeur est un paysan ou
un chevalier. Les combattants ont la tête et les cheveux
couverts de cendre, pour étancher au besoin le sang qui leur
tomberait dans les yeux et forcerait d'arrêter le combat.

Chacun d'eux a un bouclier et des bourrelets aux épaules pour porter plus aisément le bouclier. Chacun a son bâton et s'il le laisse échapper de sa main, on doit le lui rendre. Le combat dure jusqu'à ce que l'un des deux s'avoue ou soit déclaré vaincu.

Si le demandeur est vaincu il n'a pas d'amende à payer. Mais si c'est le défendeur qui succombe, il paie l'amende suivant le tarif. Si l'accusation portée contre lui était celle de trahison, il est lapidé, à moins qu'il ne se justifie par serment, lui douzième. Quand c'est le roi qui accuse et qu'on en vient au combat, le roi se fait représenter par un champion de son choix, libre ou serf.

Celui qui a un procès au sujet d'un de ses paysans peut, si le combat est ordonné, combattre lui-même, ou faire combattre un de ses paysans, ou même toute autre personne. De même le seigneur qui est assigné par le paysan d'un autre seigneur. Celui qui est malade peut aussi se faire représenter par un champion à gages. De même enfin les évêques, prêtres et abbés qui ont des paysans.

Le combat étant ordonné, si le défendeur prouve qu'il n'est pas en état de combattre, on a recours à l'épreuve du fer rouge. Elle se fait de deux manières. La première consiste à placer trois semelles de fer à peu de distance l'une de l'autre. Le patient, conduit par deux hommes fait trois pas en posant, à chaque pas, un pied sur une de ces semelles. Après quoi le pied est enduit de cire, et trois jours après on examine s'il y a trace de brûlure. La seconde manière consiste à prendre à la main un fer rouge et à le porter à trois pas.

Il y a une autre épreuve à laquelle on a quelquefois recours, mais rarement dans les affaires capitales, c'est l'épreuve de l'eau. On fait accroupir le patient, on lui attache les mains sur les jambes; on passe un bâton entre les bras et les genoux, de manière à rendre tout mouvement impossible. On le jette ensuite dans l'eau, avec une corde enroulée autour du ventre pour qu'on puisse le retirer. S'il coule à fond il est innocent, s'il surnage il est coupable.

Le fer et l'eau employés par les épreuves sont préalablement bénis par le prêtre. L'auteur du livre a transcrit les formules de bénédiction. Elles étaient employées dans toute la chrétienté. Ainsi la formule pour l'eau se retrouve dans le recueil de Rosière, pages 783, 774 et 775. La formule pour le fer rouge est à la page 826 du même recueil.

Quand les paysans habitent ensemble dans un même village ils vont, à tour de rôle, garder les bestiaux au pâturage. Si des bêtes sont enlevées par les loups ou par les voleurs, le gardien n'en est pas responsable, pourvu qu'il ait crié. Il prouve qu'il a crié en jurant lui troisième. Si le troupeau est trouvé sur le ban d'un autre village, le gardien n'est responsable que s'il est prouvé que c'est lui qui a conduit le troupeau sur ledit ban. Si le pâtre nie avoir reçu la bête en garde, le maître de la bête fait la preuve en jurant lui troisième ou lui second. Si le pâtre empêche une bête de manger il paye 300, à moins qu'il ne se justifie par son serment. S'il endommage une des bêtes qui lui sont confiées il doit réparer le dommage d'après l'estimation des paysans.

L'article 27 règle les droits de voisinage entre paysans, au sujet des houblonnières ou des arbres à fruits qui se projettent au-dessus des haies séparatives. Le propriétaire de l'arbre ne peut entrer sur le fonds du voisin. Ce dernier peut recueillir les fruits qui tombent chez lui, mais sans couper ni secouer les branches. Si ces branches le gênent il peut sommer le propriétaire de les couper, et celui-ci est tenu de le faire. Autrement il encourt la peine de 300.

Lorsqu'un paysan s'enfuit hors de la seigneurie, le seigneur ne peut le reprendre de force sans la permission du seigneur de la terre où le fugitif est rencontré, à peine de 50 marks d'amende. S'il y a contestation le seigneur prouve son droit en jurant lui septième, mais si le serment n'est pas régulier le seigneur paye 50 marks et chacun des témoins 6 marks.

Tout messager du roi a le droit de laisser dans un village son cheval fatigué, et d'en prendre un autre à la place. Les paysans sont tenus de transporter en voiture, de village à village, les gens appelés au service du seigneur. Ils doivent au seigneur trois jours de corvée par an, pour planter sa haie et faucher son foin. Les femmes doivent trois journées de moisson.

Les serfs proprement dits sont corvéables à merci. D'autres sont tenus d'aller servir un mois à tour de rôle, à la cour du seigneur, et à leurs frais.

Pour compléter ce tableau du droit primitif de la Pologne il faut ajouter quelques traits. La population se divisait, comme on le voit, en trois grandes classes, celle des chevaliers ou nobles, celle des paysans libres, et enfin celle des paysans attachés à la glèbe, et astreints à des services personnels. Les nobles sont seuls propriétaires. Quant aux paysans, ils cultivent la terre du seigneur comme censitaires ou métayers, et leur tenure se transmet de père en fils en ligne directe. Le seigneur a sur eux une juridiction qui ne s'appliquait d'abord qu'aux serfs, mais qui s'est étendue peu à peu même aux paysans libres. Tous les paysans, libres ou non, portent indistinctement le nom de Kmétons.

La famille, en Pologne, au XIIIe siècle, est encore fortement constituée, comme dans tous les pays slaves. Le père garde son autorité sur tous ses enfants demeurant avec lui, *in uno domicilio et pane*, mais, par contre, il n'est que l'administrateur du patrimoine; celui-ci appartient à la famille, prise dans son ensemble, et ne peut être aliéné que du consentement de tous les intéressés. Les fils sortent de la puissance paternelle lorsqu'ils vont faire ménage à part. Les filles en sortent lorsqu'elles se marient. Elles apportent à leurs maris d'abord un trousseau, *wyprawa*, qui comprend les hardes, ustensiles, bétail, et dont le mari est constitué débiteur, et en outre la dot, *posag*, qui consiste en terres ou en argent, et qui reste la propriété de la femme, pouvant être librement administrée, et même aliénée par elle avec l'autorisation de son mari. Enfin, le mari lui constitue habituellement un douaire, *wiano*, sur ses propres biens, et dès ce moment il ne peut plus en disposer sans le consentement de sa femme.

Celui qui n'a pas de fils peut en adopter un, pourvu que ce soit son plus proche parent.

Celui qui veut vendre un bien propre, à lui transmis par héritage, doit d'abord l'offrir à ses parents, *more polonico*, pour que ceux-ci exercent, s'ils le veulent, le droit de retrait.

On vient de voir que les paysans ne transmettent leurs biens qu'à leurs enfants et descendants en ligne directe. Quant aux nobles, ils transmettent leurs biens propres à tous leurs parents, en ligne directe et collatérale, suivant l'ordre des parentèles, c'est-à-dire d'abord aux descendants du défunt, puis à ceux du père du défunt, à ceux de son aïeul, et ainsi de suite. Les acquêts seuls sont à la libre disposition de celui qui les possède. Il peut les laisser par testament.

La propriété pouvait être encore acquise par la prescription, dont la durée était fixée à trois ans par un statut du duc Casimir de Mazovie cité dans un acte de l'an 1285.

L'échelle des peines est originale. Elle se compose de sept amendes, de 70 à 3, auxquelles il en faut ajouter une huitième, celle de 300 morceaux de sel. Ces peines sont nominales[1]. Dans la pratique, le juge en remet une partie ou accorde termes et délais. L'amende est perçue au profit du prince, mais il y a une part pour les juges. En outre, celui qui a tué ou blessé doit à sa victime ou aux héritiers

---

[1] Évaluées en marks, ces peines sont réduites au cinquième. Ainsi la peine de 70 se paye avec 14 marks, celle de 15 avec 3 marks. De là une certaine confusion dans le langage légal.

de sa victime le prix du sang, *caput*, en polonais *glowa*, dont le montant est fixé par l'usage. S'il ne peut payer le prix du sang, il est exposé à la vengeance de la famille. S'il ne peut payer l'amende, il est frappé d'une peine corporelle qui peut aller jusqu'à la mort. En fait, les peines corporelles sont seules appliquées aux serfs.

Enfin les habitants de chaque canton sont responsables des crimes commis sur leur territoire. Ils sont tenus de faire la police. S'ils y manquent, s'ils ne viennent pas au secours de celui qui est dépouillé ou frappé, ils doivent une amende à leur seigneur.

A côté du droit polonais dont nous venons d'exposer le plus ancien état, le droit allemand s'introduisit peu à peu en Pologne comme en Bohême. Presque toutes les villes se fondèrent sur le type allemand, d'après le droit de Magdebourg ou de Culm, et pendant longtemps les jugements rendus par les juges municipaux furent déférés par appel aux cours de Magdebourg ou de Halle. Ce fut seulement en 1356 que le roi Casimir le Grand interdit ces appels, et créa à cet effet, à Cracovie, une cour spéciale, composée du bailli de Cracovie et de sept assesseurs, envoyés par les principales villes. Les Juifs aussi eurent leur loi particulière écrite au milieu du XIIIe siècle pour la Hongrie, la Bohême et l'Autriche, elle fut promulguée en Pologne en 1264, et en Lithuanie en 1388.

Jusqu'au XIVe siècle le droit polonais n'était qu'une coutume non écrite. C'est le roi Casimir le Grand qui en fit la première rédaction. En 1346, une assemblée réunie à Wislica, accepta le projet préparé pour la petite Pologne; une autre assemblée, réunie à Piotrkow, accepta, de son côté, un projet préparé pour la grande Pologne; et enfin, en 1368, les deux statuts furent fondus en un seul, qui prit le nom du *statut de Wislica*, en deux livres et 161 articles. C'est la base de tout le droit polonais [1]. Le statut

---

[1] La dernière édition des *Statuta Kasimiri magni* est celle de Huhé, Var-

de Wislica a été complété en 1423 par le statut de Warta, qui se compose de 31 articles. Les rédacteurs de ces statuts connaissaient le droit romain et le droit canonique. Ils les citent en plusieurs endroits. Ils maintiennent, réforment ou abrogent les anciennes coutumes. On trouve aussi dans leur compilation un certain nombre d'arrêts.

Dans ces anciennes lois, c'est toujours le droit criminel qui tient la plus grande place. Les anciennes peines pécuniaires, depuis celle de 3 jusqu'à celle de 70, sont maintenues, mais on voit aussi apparaître la peine de mort, et celle du bannissement. Ces peines ne font d'ailleurs aucun obstacle à la vengeance du sang, c'est-à-dire à la guerre privée qui continue à s'exercer même entre paysans, jusqu'à ce qu'il y ait transaction. La vengeance du sang ne fut abolie qu'au xvᵉ siècle par un statut de Casimir Jagellon [1]. D'après le statut de Wislica, il y a quatre cas dans lesquels l'amende de 70 est encourue. Ce sont : 1° l'incendie, lorsque l'accusé ne peut pas se justifier légalement, c'est-à-dire par le jugement de Dieu, et, plus tard, par le serment; 2° le vol à main armée sur les routes; 3° le fait d'avoir tiré l'épée ou le poignard, étant en justice; 4° le refus, par un condamné, de s'exécuter volontairement ou de donner caution. Tous ces actes peuvent être considérés comme des actes de rébellion, d'insurrection contre le pouvoir établi. C'est pourquoi ils sont frappés de l'amende la plus forte [2], et cette amende est attribuée au roi, qui était en réalité la partie lésée. La peine de 70 est encore encourue dans d'autres cas, par exemple, pour avoir volé ou détruit trois meules, ou trois essaims d'abeilles, ou trois

---

sovie, 1881. Elle comprend : 1° *Statuta minoris Poloniæ*, en 59 articles; 2° *Præjudicia Statutis addita*, en 35 articles; 3° *Extravagantes constitutiones*, en 24 articles; 4° *Statuta majoris Poloniæ*, en 46 articles; 5° *Extravagantes constitutiones*, en 6 articles.

[1] V. sur ce point, Miklosich, *Die Blutrache bei den Slaven*, Wien, 1887. Les cérémonies qui accompagnaient le prix du sang étaient en Pologne les mêmes qu'en Bohème et en Moravie.

[2] *Stat. Wisl.*, I, 25 et 27.

chevaux. Lorsqu'un noble chevalier est tué dans sa maison, en présence de ses enfants, chacun de ceux qui ont pris part au meurtre doit la peine de 70 au tribunal, c'est-à-dire au roi, et la peine de 15 aux enfants du défunt. En ce cas, le plus atroce de tous, la peine de 70 est irrémissible, *niemilcscziwa* [1]. Enfin l'article 34 des statuts de Warta porte encore la peine de 70 contre les ouvriers des villes qui se formeront en corporations de métiers, pour écarter la concurrence des gens de la campagne [2].

La peine de 15 est spécifiée par le statut de Wislica dans dix-neuf cas, auxquels le statut de Warta en ajoute un vingtième. Elle se cumule en certains cas avec l'obligation de restituer, par exemple dans le cas où des objets saisis sont enlevés par force au saisissant [3]. Enfin quelquefois la loi prononce deux peines, à savoir une au profit de la partie et une autre au profit du roi, comme dans le cas précédent, ou encore dans le cas de saisie faite indûment. D'après le chapitre 57, l'homicide commis par un kméton sur un kméton donnait lieu primitivement à l'amende de 15 qui se payait avec trois marks, et moyennant laquelle le coupable se rachetait de la peine capitale. Le statut déclare que cette amende est devenue insuffisante, et en conséquence il la porte à 10 marks, dont 4 pour le bailli ou son juge, et 6 pour les parents du défunt. De *miles* à *miles*, l'amende est de 60 marks pour le meurtre, de 30 pour la mutilation, de 15 pour de simples blessures. Un autre texte tarife chaque membre : 8 marks pour le pouce, 3 pour un doigt. Pour les dommages aux champs l'amende descend jusqu'à 1 mark.

Les premiers chapitres du statut de Wislica contiennent les règles de la procédure. Nous ne relèverons que ce qui a trait à la contrainte et à l'exécution. Les citations qui

[1] *Stat. Wisl.*, II, 34.
[2] *Stat. Wart.*, 31.
[3] *Ibid.*, I, 25.

sont données par les sergents, de l'ordre du juge et sur la poursuite de la partie, peuvent être renouvelées jusqu'à trois fois, en cas de non-comparution du cité. Pour les deux premiers défauts le statut prononce une amende de 2 bœufs contre le seigneur, et d'un bœuf contre le kméton[1]. Le troisième défaut entraîne la perte du procès. Quand la sentence est rendue, la partie condamnée doit s'engager à exécuter le jugement et donner des cautions. Si elle refuse, elle est livrée à son adversaire, qui la charge de liens et l'emmène en captivité. Mais si le captif parvient à s'enfuir, dit le statut, il redevient libre et de plus il est libéré de sa dette, à moins qu'il ne s'agisse d'une condamnation pour vol[2].

La preuve devant les tribunaux se fait par les moyens ordinaires. Il n'est plus question d'ordalies, ni de duel judiciaire, toutefois, le serment joue encore un grand rôle. En certains cas, le statut exige des cojureurs. C'est ce qu'on voit à peu près partout à la même époque; mais quelques dispositions du statut nous révèlent à ce sujet une particularité remarquable. Le serment, dans l'ancien droit polonais, et probablement dans l'ancien droit slave, n'était pas seulement un moyen de justification pour le défendeur ou l'inculpé. C'était encore et surtout un moyen de preuve pour la demande ou l'accusation. Par exemple, lorsqu'un homicide avait été commis par plusieurs personnes, le statut nous apprend qu'anciennement les coupables, quel que fût leur nombre, étaient tous punis comme meurtriers, sur le serment de l'accusateur, *per juramentum accusatoris*[3]. Il dispose que dorénavant un seul des coupables pourra être condamné et puni de la sorte. A l'avenir, les autres inculpés pourront se justifier *par témoins*. C'est là une indication très remarquable, car elle peut

1 *Stat. Wisl.*, I, 25.

2 *Ibid.*, I, 4.

3 *Ibid.*, I, 58.

servir, comme nous le verrons, à fixer le sens du traité de l'an 912 entre les Russes et les Grecs. Là aussi la preuve du meurtre se fait par la production du corps du délit et des pièces à conviction, et par le serment de l'accusateur; après quoi, l'accusé peut se justifier, mais par témoins et non par serment[1].

La preuve par serment est la preuve par excellence. La preuve par témoins n'est admise, en général, que comme subsidiaire, et en seconde ligne. Ainsi, en cas de vol, le poursuivant a le droit de prouver le fait du vol par son serment pendant un an. S'il laisse passer ce délai sans agir, il pourra bien encore poursuivre, mais alors il devra faire la preuve par témoins[2]. Il en est de même en cas de dommages aux champs[3].

Il arrivait fréquemment que, pour écarter les témoins, on les faisait excommunier. Le statut dispose qu'ils pourront toujours être entendus, nonobstant l'excommunication[4].

Les juges percevaient sur chaque affaire un droit de deux ou quatre gros, suivant l'importance du procès[5]. Leur sentence pouvait être frappée d'appel, pourvu que ce fût immédiatement, à l'audience même. En ce cas ils étaient tenus de venir devant le juge supérieur pour se justifier. L'appelant devait alors leur avancer trois marks, qui étaient restitués si la sentence était annulée[6].

Autrefois, dit encore le statut, le coupable d'un crime pouvait échapper à la peine en prouvant qu'il avait agi par l'ordre de son maître ou de son supérieur. Cette coutume est abrogée par l'article 21 du premier livre, comme con-

---

[1] C'est le sens adopté par M. Léger, dans sa traduction de la Chronique slavone de Nestor.

[2] *Stat. Wisl.*, I, 31.

[3] *Ibid.*, I, 38.

[4] *Ibid.*, II, 10.

[5] *Ibid.*, 1, 48.

[6] *Ibid.*, I, 113; II, 11 et 12.

traire aux principes du droit canonique; mais elle est maintenue ou rétablie par l'article 15 du second livre. Il est dit
ailleurs que les morts accidentelles ne donneront lieu à
aucune poursuite[1]; d'où l'on peut inférer qu'il en était autrement avant le statut. Il en est de même de la disposition
qui porte qu'il n'y aura plus de solidarité entre parents
pour la réparation des crimes[2]. Mais entre habitants d'un
même village il y a toujours obligation de se prêter réciproquement main-forte. Ainsi, en cas de vol de chevaux, les
voisins sont tenus de se joindre au volé pour courir après le
voleur[3].

En cas de rapt, le coupable échappe à toute peine si la
fille enlevée consent à l'épouser. Mais celle-ci perd sa dot
si elle ne rapporte le consentement de son père. On reconnaît ici l'influence du droit canonique[4].

La condition des kmétons est réglée par diverses dispositions[5]. Le statut les reconnaît pour hommes libres, et leur
accorde même le droit de transmettre à leurs parents en
ligne collatérale leurs biens, meubles et immeubles, qui,
auparavant étaient recueillis par le seigneur, à défaut de
descendants[6]. Leurs biens ne peuvent être saisis pour les
dettes du seigneur[7]. Ils ont le droit de quitter la terre pour
aller s'établir où ils veulent[8], droit qui leur était contesté,
mais que le statut leur accorde. Toutefois ils ne peuvent
exercer ce droit qu'à la condition de s'être libérés de toutes
leurs obligations envers leur seigneur[9]. Les kmétons fugi-

---

[1] *Stat. Wisl.*, I, 59.

[2] *Ibid.*, I, 33.

[3] *Ibid.*, I, 50.

[4] *Ibid.* I, 21.

[5] Ces dispositions, comme plusieurs autres, du statut de Wislica, ne furent
point observées dans la pratique. C'est ce que montrent les anciens registres
judiciaires. V. Hubé, *Prawo polskie w 14 wieku*, p. 408.

[6] *Stat. Wisl.*, 55.

[7] *Ibid.*, II, 41.

[8] *Ibid.*, I, 71.

[9] *Stat. Wisl.*, II, 36; *Stat. Wart.*, 22.

tifs peuvent être poursuivis et revendiqués. Ceux qui les
ont détournés ou recélés sont punis d'une amende[1].

En Pologne comme en Bohême la prescription paraît
avoir été de trois ans, durée correspondante à celle de l'assolement[2]. La législation nouvelle tend à allonger ce délai.
Ainsi contre les femmes mariées la prescription est de six
ans ou même de dix ans, suivant les cas[3]. Pour les immeubles engagés, c'est-à-dire vendus à pacte de rachat, le statut dispose que la faculté de rachat pourra être exercée
pendant trente ans, à condition que, une fois par an, *in
colloquio generali,* l'emprunteur viendra déclarer qu'il a
donné l'immeuble en gage, et pour quelle somme, et qu'il
s'est réservé le rachat. S'il reste quinze ans sans faire cette
déclaration, il perd son droit[4]. Mais cette dernière restriction a été supprimée, et le délai porté à trente ans dans
tous les cas[5]. Le délai de trois ans est aussi celui de l'action
en garantie[6] et de presque toutes les actions criminelles[7].

Les statuts ne renferment qu'un petit nombre de dispositions relatives aux contrats. C'est en effet la partie du droit
qui se développe toujours le plus tard. Le commerce était,
dès cette époque, entre les mains des juifs. Le statut limite
le taux des intérêts, ou plutôt le fixe au taux énorme d'un
gros du mark par semaine[8]. Il défend aux juifs de prêter
autrement que sur gage, suivant l'ancienne coutume, qui
se proposait de mettre les emprunteurs en garde contre
leurs propres entraînements[9]. Une autre plaie non moins
dangereuse était le jeu. Le statut déclare qu'il n'y a pas
d'action pour dette de jeu ; le jeu n'est permis qu'au comp-

---

[1] *Stat. Wart.,* 23.
[2] *Stat. Wisl.,* I, 24, 40, 111.
[3] *Ibid.,* I, 42.
[4] *Ibid.,* I, 41 ; II, 9.
[5] *Stat. Wart.,* 9.
[6] *Ibid.,* 12.
[7] *Stat. Wisl.,* I, 112.
[8] *Ibid.,* I, 83 ; II, 25.
[9] *Ibid.,* II, 44.

tant[1]. Le recours de la caution contre le débiteur pour lequel elle a payé est privilégié au point de vue de la preuve. C'est un des rares cas où le demandeur fait la preuve en prêtant serment avec un ou deux cojureurs[2]. Lorsqu'il s'agit de ventes d'immeubles la mise en possession se fait d'une façon toute particulière, au moyen d'une reconnaissance des bornes, les voisins présents ou appelés. Ces derniers ont trois ans et trois mois pour réclamer; après quoi l'acheteur peut prouver par témoins[3].

Suivant la règle générale suivie par toutes les anciennes législations, les filles, en Pologne, n'héritent qu'à défaut de fils. S'il y a des fils, elles n'ont droit qu'à une dot. Alors même qu'elles succèdent, les cousins peuvent exercer à l'encontre d'elles un droit de retrait sur les immeubles[4]. A la mort de la mère il y a partage entre le père et les enfants. On fait masse de tous les biens, et les enfants en prennent la moitié. Telle était du moins l'ancienne coutume. Le statut de Wislica la restreint au cas où le père se remarie[5], et enfin le statut de Warta l'abroge purement et simplement[6]. Il en est autrement de la veuve. Celle qui reste avec ses enfants n'est pas tenue de partager avec eux; mais, si elle se remarie, elle doit leur abandonner les biens du père et la moitié de ses propres biens[7]. Primitivement, la tutelle appartenait à l'époux survivant ou aux parents paternels. Le statut de Warta autorise la tutelle testamentaire et fixe la majorité à 15 ans pour les garçons, à 12 ans pour les filles[8], tandis que le statut de Wislica donnait à tous le droit d'agir à l'âge de 12 ans[9].

[1] *Stat. Wisl.*, I, 78, 79.
[2] *Ibid.*, II, 13.
[3] *Stat. Wart.*, 12.
[4] *Stat. Wisl.*, II, 17, 48.
[5] *Ibid.*, I, 81; II, 19.
[6] *Stat. Wart.*, 5.
[7] *Stat. Wisl.*, 1, 101.
[8] *Stat. Wart.*, 4.
[9] *Stat. Wisl.*, I, 72.

C'est seulement à la fin du xiv° siècle que le grand-duché de Lithuanie fut converti au christianisme. Le grand-duc Jagellon devint en 1386 roi de Pologne, et l'union personnelle des deux États tendit à se changer en union réelle. L'ancienne langue lithuanienne disparut peu à peu et fut remplacée d'abord par le russe, puis par le polonais. Les plus anciens monuments du droit de la Lithuanie sont des traductions russes des statuts de Wislica et de Warta. Ce dernier fut même donné aux Lithuaniens en même temps qu'aux Polonais par le roi Wladislas II. En 1468 Casimir IV, roi de Pologne et grand-duc de Lithuanie, publia pour les Lithuaniens une ordonnance judiciaire en 23 articles. Enfin en 1529 le roi Sigismond donna à la Lithuanie un code particulier, divisé en treize livres. Ce code, rédigé originairement en langue russe, fut traduit, dès cette époque, en polonais et en latin.

Les trois premiers livres du code lithuanien de 1529 ont pour objet les droits fondamentaux de la couronne, le service militaire et la condition de la noblesse. C'est le droit public du grand-duché, exprimé en formules toutes modernes; ce qui nous dispense d'en parler plus au long. Nous devons cependant signaler une disposition remarquable au sujet des aliénations de biens immeubles. Elles ne peuvent avoir lieu qu'en présence et du consentement des officiers royaux, ou même du roi s'il s'agit de biens concédés par le roi. On ne peut aliéner au delà du tiers de ses biens, ni donner en hypothèque au delà des deux tiers, et encore à charge du retrait lignager. Les testaments se font en public, devant le prince ou l'officier du prince. On peut, avec autorisation de justice, donner ou léguer un tiers des biens paternels ou maternels, c'est-à-dire des propres. Un malade peut tester devant témoins, mais le testament ainsi fait doit toujours être approuvé par justice.

Le livre IV traite de la dot et du douaire, à peu près

dans les mêmes termes que le statut polonais, mais le code lithuanien détermine avec plus de précision la portion de biens disponible et les réserves. Lorsqu'il y a plusieurs filles, elles reçoivent, en se mariant, des dots pareilles. La somme de leurs dots doit être égale au quart des biens quel que soit leur nombre et quel que soit le nombre des fils. Le père et la mère peuvent, avec l'autorisation de la justice, déshériter leur enfant; mais en ce cas, s'il n'y a pas d'autre enfant, ils doivent laisser les deux tiers de leurs biens à leurs plus proches parents.

Les deux livres suivants, qui traitent de la tutelle et de l'organisation judiciaire, ne contiennent aucune disposition remarquable. Il en est autrement du livre VII, qui porte pour titre : *Des violences et des homicides.* Le code lithuanien prononce contre le meurtrier la peine capitale; mais en même temps il conserve le prix du sang, *golovtchina,* payé à la famille, et l'amende payée à l'État, en sorte que la peine récente se cumule avec l'ancienne, au lieu de la remplacer. En matière de preuve, le code lithuanien proclame, plus clairement encore que le statut polonais, l'ancienne règle du droit slave. Qu'il s'agisse de meurtre ou simplement de coups et blessures, le plaignant doit faire immédiatement sa déclaration publique devant les plus proches voisins et produire le corps du délit et les indices matériels ou pièces à conviction. Cela fait, il complète la preuve par son serment. L'accusé n'est pas admis à prêter serment. Il ne peut se défendre qu'en produisant des témoins à décharge.

La poursuite du meurtrier est exercée par la famille du mort. Cette obligation est imposée aux enfants d'abord, puis aux frères, aux sœurs et aux autres parents, par ordre. La loi ne distingue pas entre l'intention coupable et l'imprudence. Dans tous les cas, l'auteur des blessures doit l'amende et la *golovtchina.* Lorsqu'un homme a été frappé la nuit, celui des assaillants qui a éteint la lumière est réputé avoir porté les coups. L'action contre l'auteur d'un meurtre se prescrit par dix ans; contre l'auteur d'actes de violence, par trois ans.

La procédure relative aux questions de propriété et de bornage fait l'objet du livre VIII. Les règles tracées à ce sujet sont évidemment empruntées à d'anciennes coutumes locales et méritent d'être relevées. La possession se prouve par témoins, sans serment des parties. Lorsqu'elle s'est prolongée pendant trois ans, elle est protégée contre toute violence, mais elle ne fait pas obstacle à toute revendication. En ce cas chacune des deux parties amène dix-huit témoins, et chacune d'elles réduit à six le nombre des témoins amenés par son adversaire. On juge alors la possession par les témoignages; après quoi le possesseur est admis à prêter serment, lui septième, sur la question de propriété. Le serment ainsi prêté fait preuve. Si les dix-huit témoins amenés par l'une des parties sont tous reprochés par l'autre, celui qui les a amenés peut combattre les reproches, et, s'il réussit à les faire écarter, le reprochant est condamné envers chacun de ces témoins à une somme égale au montant de la *golovtchina* pour coups et blessures.

Nous laissons de côté le livre IX, qui traite des forêts, de la chasse et des ruches à miel, et nous passons au livre X, qui parle des biens acquêts, sur lesquels peuvent être exécutées les obligations contractées par les propriétaires. Le code organise une sorte de régime hypothécaire, avec publicité. Le payement des créances garanties par une hypothèque inscrite peut être poursuivi pendant dix ans contre les tiers acquéreurs. Mais l'engagement des immeubles se produit le plus fréquemment sous la forme primitive de la vente à réméré. Si le vendeur à réméré laisse passer le terme, l'acheteur devient propriétaire irrévocable, à la seule condition de mettre les parents du vendeur en demeure d'exercer le retrait.

La condition des paysans, des serfs et des esclaves fait l'objet du livre XI. Chaque classe a sa valeur fixée par un tarif, avec deux prix, l'un pour le cas de meurtre, l'autre pour celui de simples blessures, et la femme est évaluée en général au double de l'homme. La classe des personnes non libres se recrute de quatre manières. Elle comprend : 1° les enfants qui naissent de parents non-libres; 2° les captifs pris en terre ennemie; 3° les voleurs condamnés à mort, lorsqu'ils ont été livrés à la partie qui les a fait condamner et épargnés par elle; 4° ceux qui se vendent eux-mêmes en esclavage, l'homme libre qui épouse une femme esclave ou la femme libre qui prend un mari esclave.

Les deux derniers livres ont pour objet le vol, avec ou sans violence. La loi lithuanienne reproduit en cette matière les dispositions qui se retrouvent partout, mais elle les expose avec une grande précision. Le voleur pris en flagrant délit, c'est-à-dire, suivant l'expression de nos anciennes coutumes, *saisi et vêtu de la chose emblée,* est pendu sur-le-champ, sans forme de procès. Celui qui poursuit un voleur à la trace a le droit de faire une perquisition dans toute maison où le voleur paraît s'être réfugié. Un autre cas prévu est celui où l'on sait que les voleurs viennent de tel village, mais on ne sait pas qui. Alors, dit la loi, on ira demander justice dans ce village, et l'on prendra trois habitants qui seront tenus de jurer qu'ils ne connaissent pas le voleur. S'ils refusent de jurer, le village entier est tenu à la réparation du dommage.

La poursuite contre les tiers détenteurs des objets volés a lieu suivant les règles ordinaires. Si le détenteur nomme son auteur et l'amène devant la justice, il ne perd que le prix qu'il a payé. Mais s'il ne peut nommer ou amener son auteur, il est tenu d'indemniser complètement le plaignant et de payer l'amende. S'il jure qu'il a acheté au marché, au camp, ou en foire, et s'il confirme son serment en produisant des témoins, il n'encourt aucune peine; mais il est tenu de rendre la chose et perd le prix qu'il a payé.

Le voleur qui est trouvé dans une maison peut être tué impunément, à charge de déclaration immédiate. Mais, s'il n'est pas tué sur-le-champ, il doit être conduit au juge dans les trois jours. Passé ce délai, si le prisonnier vient à mourir, celui qui l'a pris est retenu doit la *golovtchina*.

Tels sont les principaux traits du code lithuanien.

Le code lithuanien fut révisé une dernière fois en 1564; quant à la Pologne, elle ne parvint pas à rédiger un code. La législation polonaise eut toujours sa base dans le statut de Wislica, complété et modifié par des constitutions royales de diverses dates. La plus remarquable de ces modifications a trait à la condition des immeubles, qui furent déclarés indisponibles par testament et imprescriptibles. Ils étaient d'ailleurs insaisissables, du moins quant au fonds, les créanciers n'ayant d'action que sur les revenus. Ces lois singulières s'expliquent par la situation du pays, constamment exposé aux invasions des Mongols, des Tartares, des Turcs et des Cosaques. Tout propriétaire de terre était tenu au service militaire, l'armée nationale était tout entière organisée d'après ce système, et le salut du pays se serait trouvé compromis si la propriété avait pu facilement changer de mains. Mais nous n'avons pas à parler de la législation polonaise dans les temps modernes. Cette étude aurait d'ailleurs peu d'intérêt, car cette législation a aujourd'hui entièrement disparu; elle a été remplacée par les codes prussien, autrichien et russe, et, dans le royaume actuel de Pologne, par le code Napoléon.

IX.

L'ANCIEN DROIT SLAVE. — LES RUSSES.

———

Les plus anciens monuments du droit russe[1] qui soient parvenus jusqu'à nous sont quatre traités de paix conclus, au xᵉ siècle, entre les princes russes et les empereurs grecs de Constantinople. Le texte slavon de ces traités a été conservé par la chronique qui porte le nom de Nestor, et qui n'a été publiée, pour la première fois, qu'à la fin du xviiiᵉ siècle. L'authenticité en a été vivement contestée ; elle est aujourd'hui hors de doute. Quant au sens, on peut aussi le considérer comme à peu près fixé par les travaux des philologues éminents qui ont étudié ces textes difficiles[2].

[1] La bibliographie de l'histoire du droit russe serait très longue ; nous nous bornerons à citer les ouvrages suivants :

Ewers, *Das älteste Recht der Russen*, 1 vol. in-8°, Dorpat, 1826.

Alexander von Reutz, *Versuch über die geschichtliche Ausbildung der Russischen Staats- und Rechtsverfassung*, 1 vol. in-8°, Mitau, 1829.

Biéliaev, *Leçons sur l'histoire de la législation russe* (en russe), 1 vol. in-8°, Moscou, 1879.

Vladimirski Budanov, *Histoire du droit russe* (en russe), Kiev, 1886.

Tous les textes importants pour l'étude de l'ancien droit russe ont été réunis par Vladimirski Budanov, *Chrestomathie pour l'histoire du droit russe*, 3ᵉ édition, Kiev, 1885.

[2] Voir la traduction française publiée par M. Léger, professeur au Collège de France, 1 vol. in-8°, Paris, 1883.

Le premier traité, conclu en 907 entre le prince russe Oleg et les empereurs grecs Léon et Alexandre, n'est qu'une très courte convention commerciale. Les marchands russes sont autorisés à venir à Constantinople, à condition de demeurer hors de la ville et de n'y entrer que par groupes de cinquante au plus, sans armes, sous la conduite d'un agent de l'empereur. Le gouvernement grec s'engage à leur fournir des vivres pendant leur séjour en Grèce, et des agrès pour leurs navires au moment de leur départ.

Le second traité est conclu en 912 entre les mêmes princes. Les envoyés d'Oleg, qui apportent à Constantinople l'instrument signé par Oleg et confirmé solennellement à Kiev par le serment du prince et de tous les boïars, portent tous des noms scandinaves. Ce sont évidemment des Varègues, les descendants des compagnons de Rourik et de ses frères. Leurs noms seuls suffiraient pour attester l'authenticité de l'acte, car, au temps de Nestor, personne en Russie n'aurait été capable d'inventer de pareils noms. Les parties se promettent réciproquement paix et amitié ; mais de plus elles prévoient et règlent avec une précision rigoureuse la forme et le jugement des contestations qui pourront s'élever à l'avenir entre Russes et Grecs. Afin de prévenir tout conflit entre la loi grecque et la loi russe, le traité crée une sorte de droit commun, qui est presque entièrement emprunté à la loi russe. Il ne pouvait en être autrement, car, quand deux peuples de civilisation inégale sont en contact l'un avec l'autre, c'est toujours le plus avancé des deux qui fait les concessions. La loi la plus parfaite n'est pas à l'usage du peuple dont l'état social est inférieur.

Le traité distingue deux sortes de crimes : contre les personnes et contre les propriétés. Dans l'un et l'autre cas, il y a un point à régler avant tout : c'est celui de la preuve. D'après le premier article du traité, la preuve se compose de deux éléments. Le plaignant commence par produire devant le juge soit le corps du délit, soit les pièces à conviction, par exemple le vêtement ensanglanté de la victime. Mais si cette production suffit pour prouver le fait du crime, elle peut ne pas suffire pour établir la culpabilité de l'accusé. En ce cas, le plaignant est admis à compléter la preuve par un serment prêté suivant sa religion. Il jure que son adversaire est coupable, et alors la preuve est faite; l'accusé est nécessairement condamné, à moins qu'il ne fasse lui-même la preuve contraire. Il n'est question, comme on le voit, ni de cojureurs ni d'ordalies, moyens inadmissibles devant des tribunaux grecs; mais il n'est pas question non plus de la preuve par témoins, qui eût été difficilement praticable pour les Russes. C'est ainsi que le traité a trouvé un moyen terme entre les deux lois.

Ces dispositions sont trop importantes pour que nous ne les citions pas intégralement :

« En fait de crimes, lorsqu'il s'agira de meurtre, nous ordonnons ce qui suit : Si les pièces à conviction sont effectivement produites, elles font foi. Si l'on n'y ajoute pas foi, la partie prête serment, et si, après le serment prêté par cette partie suivant sa religion, il se découvre en justice qu'elle a menti, en ce cas elle est punie.

« Si un Russe tue un chrétien, ou si un chrétien tue un Russe, qu'il soit mis à mort au lieu même où il a commis le meurtre. S'il s'enfuit après avoir commis le meurtre, et qu'il ait de quoi payer, en ce cas ce qui lui appartient d'après la loi est pris par les parents du mort, [réserve faite à l'épouse du meurtrier de tout ce qui appartient à elle d'après la loi][1]. Si le meurtrier s'est enfui et n'a pas de quoi payer, il n'en doit pas moins être poursuivi par le plaignant et mis à mort. »

Pour les simples blessures, la peine est de 5 livres d'argent, suivant la loi russe. Si le coupable est hors d'état de

---

[1] Les mots entre crochets ne sont pas sûrs. D'autres lisent « sauf la récompense promise par la loi à celui qui arrête le meurtrier. »

payer, et jure, suivant sa religion, que personne ne peut lui venir en aide, on lui prend tout ce qu'il a, et jusqu'à ses vêtements, mais il garde sa liberté.

Le voleur qui, étant pris en flagrant délit, résiste et ne se laisse pas lier, peut être tué impunément. S'il se laisse lier et conduire devant le juge, il est seulement condamné à rendre l'objet volé, et, en outre, à titre de peine, trois fois la valeur de cet objet : c'est la *pœna quadrupli* du droit romain. Il en est de même dans le cas où un objet est pris par violence ou à force ouverte.

Le traité prescrit ensuite des mesures réciproques pour le sauvetage des navires en détresse et de leurs équipages. Puis il passe à des questions qui touchent plutôt au droit civil. Les captifs rachetés sont libres, mais à la charge de rembourser le prix de rachat, soit en argent, soit par leur travail. Si des Russes au service d'une puissance étrangère sont pris par les Grecs, ils seront renvoyés en Russie, à charge de rançon. Les Russes pourront entrer, comme soldats, au service de l'empereur grec. Les hommes libres vendus comme esclaves, Grecs en Russie, ou Russes en Grèce, pourront être rachetés, moyennant le prix fixe de 20 livres d'or. Si un esclave russe s'enfuit, s'il est volé ou enlevé par force, le maître russe peut le revendiquer devant les tribunaux grecs et l'emmener en Russie. A cet effet, il a le droit de perquisition, par lui-même ou par son représentant, dans la maison de l'auteur présumé du vol. Si ce dernier s'y refuse, un des esclaves peut être saisi par le réclamant, en compensation. Le Russe qui a pris du service en Grèce peut librement disposer des biens qu'il laisse à son décès, par testament écrit. A défaut de testament, ses biens passent à ses parents grecs ou russes.

Enfin le traité stipule l'extradition réciproque des malfaiteurs, sur la réclamation adressée par l'un des deux gouvernements à l'autre, disposition remarquable, car la pratique de l'extradition dans l'Europe occidentale ne remonte guère au delà du xve siècle.

Le troisième traité est de l'an 945. Il est conclu entre le prince russe Igor, d'une part, et, d'autre part, les empereurs grecs Romain, Constantin et Étienne. C'est moins un traité nouveau que la confirmation et le développement des traités antérieurs. Il contient d'abord des mesures de police réglant l'arrivée annuelle de la flotte russe, les avertissements qui devront être donnés à ce sujet, l'entrée des marchands russes dans Constantinople. Un marchand russe ne pourra acheter de soie pour plus de cinquante pièces d'or. Le traité stipule la recherche et l'extradition réciproque des esclaves fugitifs. Si l'esclave ne se retrouve pas, le maître russe est admis à prêter serment, et reçoit alors du gouvernement grec une indemnité de deux pièces de soie par esclave. Le gouvernement russe retient une prime de deux pièces d'or par esclave sur les valeurs emportées en Russie par les fugitifs qu'il restitue. Le vol, avec ou sans violence, n'entraîne plus que la restitution au double, mais avec une peine corporelle, suivant la loi grecque ou russe. La prime à payer pour les captifs grecs rachetés et ramenés dans leur pays est fixée à forfait, et suivant les cas, à cinq, huit ou dix pièces d'or par tête. Pour le captif russe, elle est fixée à dix pièces d'or. S'il se trouve entre les mains d'un Grec, celui-ci aura droit au remboursement du prix payé par lui, et, à cet égard, son serment fera foi. Les Russes en Grèce ne pourront se faire justice eux-mêmes. Ils devront s'adresser à l'empereur ou à ses juges. Les dispositions du traité de 912 sur le meurtre et les blessures sont maintenues, et en outre il est expliqué que le meurtrier, chrétien ou russe, sera livré aux parents de sa victime, qui le tueront. Cette disposition, commune à toutes les législations primitives, avait disparu du droit romain. Sur ce point le droit grec se met, comme on le voit, au niveau du droit russe. Il le fallait bien, car les Russes n'avaient probablement point de bourreau. Enfin le traité maintient et amplifie les dispositions antérieures relatives au service militaire des Russes en Grèce, à l'alliance des deux pays et aux rapports de voisinage sur la frontière, du côté de Kherson.

Le quatrième et dernier traité date de l'an 971. Il est conclu entre le prince russe Sviatoslav et l'empereur grec Jean Tzimiskès. C'est un traité de paix et d'alliance offensive et défensive, qui se réfère d'une manière générale aux traités antérieurs.

Les dispositions que nous venons d'analyser nous fournissent des données certaines sur l'état de la société russe au Xe siècle. Le droit primitif de la vengeance privée a déjà fait place à la justice sociale, infligeant une peine, au nom du souverain. Toutefois il reste encore une trace profonde de l'idée ancienne. C'est la poursuite du crime par les parents de la victime, et la faculté de rachat laissée au meurtrier. C'est encore le droit de tuer sans jugement le voleur pris en flagrant délit. C'est enfin le caractère de la preuve où le jugement de Dieu apparaît encore, sinon sous la forme barbare du fer rouge et de l'eau bouillante, du moins sous la forme du serment, que les Grecs pouvaient admettre. Nous savons d'ailleurs, par le témoignage d'un voyageur arabe qui visita la Russie à cette époque, que le duel judiciaire y était pratiqué partout. « Lorsqu'un Russe est en procès avec un autre, dit Ibn Dost, il le cite au tribunal du prince, et tous deux se présentent devant lui; lorsque le prince a rendu sa sentence, on exécute ses ordres; si les deux parties sont mécontentes de son jugement, alors elles sont obligées par lui de décider l'affaire par les armes. C'est celui dont le sabre est le plus tranchant qui a gain de cause. Au moment du combat, les proches des deux adversaires arrivent en armes et entourent le champ clos. Les combattants en viennent alors aux mains, et le vainqueur peut imposer au vaincu telles conditions qu'il lui plaît. »

Les relations des Russes avec Constantinople ne restèrent pas longtemps de simples relations d'affaires. Lorsque, vers l'an 1000, la Russie se fit chrétienne, en même

temps que la Hongrie, elle se rattacha étroitement à l'É-
glise grecque, et ce fut le *Nomocanon* du patriarche Photius qui introduisit chez les Russes les préceptes du droit
canonique[1]. Ils pénétrèrent peu à peu dans le droit civil.
La chronique de Nestor nous fait assister à ces premiers
essais de transformation et à la rédaction du premier code
russe.

Le plus grand des souverains de l'ancienne Russie, celui
qui l'avait convertie au christianisme, Vladimir, était
mort à Kiev en 1015, et son royaume avait été partagé
entre ses fils. L'un deux, Sviatopolk, tua deux de ses
frères, Boris et Glieb, et se fit couronner à Kiev; mais un
autre frère, Iaroslav, qui régnait à Novgorod, marcha
contre Sviatopolk, fut tour à tour vainqueur et vaincu,
et remporta enfin en 1019 une victoire décisive. « Iaroslav,
dit la chronique de Novgorod, entra dans Kiev, s'assit sur
le trône de son père Vladimir et distribua des récompenses
à ses compagnons : aux chefs, 10 grivnas; aux simples
soldats, 1 grivna; aux hommes de Novgorod, 10 grivnas;
et il les congédia en leur donnant une loi et une ordonnance écrites, et il leur dit : Conformez-vous à cet édit.
Ce qui est écrit sur ce livre, observez-le. » Ce livre est le
plus ancien code russe, connu sous le nom de *Russkaïa
Pravda*. Originairement destiné à la principauté de Novgorod, il fut accepté de fait dans la Russie tout entière.
Après la mort de Iaroslav, en 1054, ses trois fils, Iziaslav,
Sviatoslav et Vchévlad, se réunirent et, d'un commun
accord, ajoutèrent quelques articles au texte primitif.

Ce monument de l'ancien droit slave a été découvert en
1738 par Tatichev, dans un manuscrit du commencement
du xve siècle. Il a été publié pour la première fois par
Schlözer, en 1767. Depuis lors on en a trouvé cinquante
manuscrits, dont quelques-uns plus anciens. Ces manus-

---

[1] On possède encore de très anciens recueils de droit canonique écrits en
slavon et empruntés à cette source. Ils portent les noms de Vladimir et de
Iaroslav.

crits, comme il arrive d'ordinaire pour les livres de droit, donnent des textes différents. On distingue aujourd'hui deux récensions, l'une plus ancienne, l'autre beaucoup plus récente ; et de chacune de ces deux récensions, on possède deux textes, dont l'un est beaucoup plus court que l'autre. Ainsi, pour la première récension, l'un des deux textes a 115 articles, et l'autre 43 seulement[1].

L'analyse des traités d'Oleg et d'Igor avec les Grecs nous a déjà fait voir que, chez les Russes, comme chez tous les anciens peuples, la punition du meurtrier était abandonnée à la vengeance des parents de la victime ; seulement le meurtrier pouvait se racheter en payant une composition en argent, qui est appelée en russe *vira*, вѣра. Quelques écrivains allemands ont voulu voir dans cette institution la trace d'une influence germanique, qui se serait exercée sur les Slaves par l'intermédiaire des Varègues scandinaves. Supposition aussi fausse qu'inutile, car les Russes étaient bien capables d'inventer la *vira*, comme les Germains avaient inventé le *wergeld;* et, d'autre part, les Scandinaves, qui n'étaient pas, à proprement parler, des Germains, ont subi l'influence slave bien plus qu'ils n'ont imposé la leur. Leur langue même est imprégnée d'éléments slaves. Sans entrer plus avant dans la discussion d'une opinion que personne ne soutient plus aujourd'hui, nous remarquerons que, dès le xe siècle, cent ans après l'arrivée de Rourik et de ses frères à Novgorod, les Russes, ou plutôt le clergé chrétien, car on était au moment de la conversion, voulurent abolir la *vira*. La chronique de Nestor contient sur ce point un récit caractéristique : « Vladimir, dit-elle, vivait dans la crainte de Dieu ; cependant le nombre des brigands augmentait, et les évêques dirent à Vladimir : « Le nombre des brigands

---

[1] Outre l'excellent ouvrage d'Ewers, on peut consulter un livre écrit en russe, publié à Moscou en 1846 par Kalatchov. Le même auteur a publié séparément les quatre textes de la *Russkaïa Pravda* avec de courtes notes (3⁰ édition, Pétersbourg, 1881).

augmente. « Pourquoi ne les punis-tu pas? » Il leur dit :
« J'ai peur de pécher. » Ils lui répliquèrent : « Tu es établi
« par Dieu pour punir les méchants et favoriser les bons.
« Il faut punir les brigands, mais après les avoir convain-
« cus de leurs crimes. » Vladimir supprima la *vira* et se
mit à punir les brigands. Et les évêques et les anciens
dirent : « Nos guerres sont nombreuses. S'il y a une *vira*,
« qu'elle nous serve pour acheter des armes et des che-
« vaux. » Vladimir dit : « Qu'il en soit ainsi[1]. »

Histoire ou légende, ce récit est instructif pour qui sait
le comprendre. La composition suppose le droit de la
vengeance et exclut toute idée de peine infligée au nom
de l'État. Quand les évêques pressent Vladimir de substituer le régime de la peine au régime de la vengeance,
Vladimir hésite. Il se demande s'il a le droit de le faire,
tant l'ancienne coutume est entrée dans la conscience de
tous. Il se décide enfin ; mais, s'il supprime la *vira*, c'est
pour la rétablir bientôt, à titre de peine payée au trésor
public. C'est ainsi que, dans les lois germaniques, le
fredum avait peu à peu pris une place à côté de la composition.

La réforme introduite par Vladimir fut-elle durable?
Nous ne savons. Ce qu'il y a de certain, c'est que la *vira*
existe encore au XIᵉ siècle dans la loi de Iaroslav, et paraît
bien n'être qu'une simple composition. Le droit de la
vengeance règne encore dans toute sa barbarie primitive.
La chronique de Nestor en fournit un exemple de l'an
1071. Un prince russe, Jean, poursuit des hommes qui
ont commis des crimes et finit par s'en emparer avec l'aide
des bateliers de la Volga. « Jean dit aux bateliers : « Y en
« a-t-il parmi vous à qui ces hommes aient tué quelque
« parent? » Ils répondirent : « A moi ils ont tué ma mère,
« à moi ma sœur, à moi mon enfant. » Jean leur
« dit : Vengez les vôtres. » Ils les saisirent donc, les

---

[1] Nestor, ch. XLV.

tuèrent et les pendirent à un arbre[1]. » Voilà le droit primitif.

La loi de Iaroslav commence donc par proclamer le droit ou plutôt le devoir de la vengeance. C'est une obligation absolue pour les parents en ligne directe, et, en ligne collatérale, pour les frères, les oncles et les neveux, sans distinction entre les meurtres volontaires ou involontaires. De même la loi de Dracon, chez les Athéniens, ne reconnaissait ce droit de vengeance que pour les parents en deçà du degré de cousins, ἐντὸς ἀνεψιότητος καὶ ἀνεψίου. Les parents plus éloignés n'ont pas le droit de vengeance, mais ils reçoivent le prix du sang, qui est fixé à 40 grivnas, c'est-à-dire 20 livres d'argent, quelle que soit la condition du meurtrier, Russe ou étranger, noble, soldat ou marchand.

En cas de simples coups et blessures, c'est au blessé qu'il appartient de se venger lui-même. S'il est hors d'état de le faire, il reçoit 3 grivnas et en outre les frais de médecin. La preuve est faite par cela seul que l'on montre la blessure ou la contusion. On n'appelle de témoins que si le coup n'a pas laissé de traces. Nous avons déjà rencontré une disposition analogue dans le traité de 912 entre les Russes et les Grecs; il y a toutefois cette différence que la *Pravda* n'admet plus le serment et introduit la preuve par témoins.

Celui qui frappe avec un bâton ou un instrument quelconque, ou même avec l'épée, mais sans la tirer hors du fourreau, paye 12 grivnas. Si la blessure a eu pour effet d'enlever ou de paralyser le pied, ou la main, l'amende est de 40 grivnas. La blessure faite à un doigt vaut 3 grivnas; pour avoir touché aux favoris ou à la barbe, on paye 12 grivnas; pour avoir mis l'épée hors du fourreau, sans frapper, 1 grivna; pour avoir secoué un homme, soit en le tirant à soi, soit en le repoussant, 3 grivnas; mais comme ce fait ne laisse pas de traces, il faut des témoins, et si le plaignant est un étranger, un Varègue ou un Poméranien

---

[1] Nestor, ch. LXV.

qui, par cette raison, ne peut pas trouver de témoins, il est admis à prouver le fait par son serment[1]. C'est le même privilège qui est accordé, par le traité de 912, aux Russes, devant les tribunaux grecs.

Après le droit du sang viennent les dispositions relatives au vol. La peine, ici, est uniformément la même dans tous les cas, à savoir la restitution et 3 grivnas d'amende ; mais les cas prévus par la loi sont à remarquer. Le premier cas prévu est un cas de recel. Un esclave s'enfuit et trouve un refuge chez un Varègue, ou chez un étranger qui le tient caché. Si le maître déclare le vol commis à son préjudice, l'esclave doit lui être remis dans les trois jours. Si le fugitif est reconnu, passé ce délai, la peine est encourue par le recéleur. Le second cas est celui où il est fait usage d'une chose, par exemple d'un cheval, sans le consentement du propriétaire. Ces deux cas sont assimilés au vol. Ici se présente la règle en matière de vol proprement dit. Si la chose volée est rencontrée dans les limites de la commune, le propriétaire volé a le droit de s'en saisir. S'il n'use pas de ce droit, soit qu'il éprouve des doutes sur l'identité de la chose rencontrée, soit que le détenteur de celle-ci se prétende lui-même propriétaire et refuse de se laisser dessaisir, alors le revendiquant ne doit pas employer la force, et doit seulement mettre son adversaire en demeure de produire son garant. L'adversaire peut obtenir un délai de cinq jours pour faire cette production, mais à la condition de fournir immédiatement deux cautions.

Il peut arriver que la chose revendiquée ne soit pas représentée par le détenteur. Ce dernier peut même prétendre qu'il ne l'a pas reçue. En ce cas, les parties vont s'expliquer devant une sorte de jury, composé de douze personnes de la commune. Si le détenteur est jugé être dans son tort, il restitue et paye l'amende.

---

[1] Biéliaev suppose que Iaroslav n'a pas voulu soumettre des étrangers non chrétiens à un mode de preuve qu'il empruntait à la législation grecque.

La loi pourrait s'arrêter ici, mais le rédacteur a cru devoir ajouter trois décisions particulières qui résolvent certaines difficultés.

Et d'abord, à la règle qui porte qu'en cas de revendication d'un objet volé on remontera de garant en garant jusqu'au voleur, la loi impose elle-même une limite. Le revendiquant ne sera pas tenu d'avoir affaire à plus de trois personnes. Parvenu au troisième défendeur, il peut lui dire : « Donne-moi dès à présent la chose volée, et pour le prix que tu as payé, tu exerceras ton recours contre ton vendeur, en présence d'un témoin de la vente. » Mais l'amende n'est due que par le voleur, quand on l'a trouvé. Si c'est un esclave qui a été volé, le troisième défendeur en rend provisoirement un autre, et garde l'esclave jusqu'à la découverte du voleur. En second lieu, si un esclave frappe un homme libre et se réfugie ensuite dans une maison, le maître de la maison est tenu de livrer l'esclave, à moins qu'il ne préfère payer 12 grivnas, et dans ce dernier cas, l'esclave reste exposé à la vengeance de l'offensé, qui peut le frapper et même le tuer impunément, s'il le rencontre. Enfin, celui qui est tenu de restituer une chose doit la restituer entière et en bon état, faute de quoi faire il en payera la valeur, mais pas plus.

Telles sont les dispositions du code de Iaroslav. Ainsi que nous l'avons déjà dit, elles furent révisées et complétées par les trois fils de Iaroslav, entre 1054 et 1068. La loi nouvelle ne frappe plus indistinctement tous les meurtres ; elle ne punit que celui qui est commis avec intention. Le taux de la *vira* est porté de 40 à 80 grivnas, pour les nobles et les officiers du prince, du moins en général. Il est réduit à 12 grivnas pour un simple ancien du village, pour une nourrice ou un père nourricier, et enfin à 5 grivnas pour un paysan ou pour un esclave. Ainsi la *vira* n'est plus uniforme. Il y a une échelle, suivant la qualité de la personne tuée.

Un tarif semblable, avec une échelle descendante de

3 grivnas à une petite pièce de monnaie, est établi pour les animaux domestiques : chevaux, bœufs, vaches, moutons, suivant leur âge. Il y a aussi un tarif pour le vol. La loi spécifie le vol d'un cheval, celui d'un essaim d'abeilles, d'un navire, d'un oiseau domestique, d'un chien, d'un mouton, d'une chèvre ou d'un porc, même d'une certaine quantité de foin ou de bois. L'amende la plus élevée est de 3 grivnas. Pour le vol d'un esclave, elle est de 12 grivnas.

La nouvelle loi prévoit encore deux autres délits : elle punit d'une amende de 3 à 12 grivnas, selon les cas, celui qui a maltraité un paysan, ou un noble, ou un officier du prince, ou un homme portant l'épée. Elle inflige une amende de 12 grivnas à celui qui déplace une borne.

Viennent ensuite des dispositions particulières destinées à résoudre certaines difficultés d'application. Ainsi, lorsqu'un seigneur a été tué, si le meurtrier ne peut être trouvé, la *vira* est payée par celui sur la propriété duquel se trouve la tête du mort. De même un voleur peut être tué comme un chien, lorsqu'il est pris en flagrant délit dans la chambre à coucher, dans la cour ou dans l'écurie. Mais, si on ne le tue pas sur-le-champ, si l'on attend jusqu'au jour, alors on n'a plus d'autre droit que de le conduire devant le juge, et si on le tue on doit payer la *vira*. Lorsqu'un voleur est tué, on examine la position du corps. Si les pieds sont en dehors de la porte, la *vira* est due, mais si les pieds sont en dedans de la porte, le meurtre est légal. Lorsqu'un vol est commis par plusieurs et jusqu'à dix, chacun des coupables paye une amende entière.

Les deux derniers articles de la loi règlent ce qui est dû aux receveurs des amendes, lors de leurs tournées, et aux péagers, lors de la construction ou de la réparation des ponts.

La seconde édition de la *Russkaïa Pravda* est de la fin du XIIIᵉ siècle. Ewers la place entre 1280 et 1299. C'est l'ancien texte qui lui sert de base, mais avec des gloses et des explications nombreuses, empruntées sans doute à l'usage et à la jurisprudence. Le nouveau texte, ainsi rajeuni et paraphrasé, est extrêmement utile pour fixer le sens de l'ancien. Il y est, pour la première fois, question du jugement de Dieu, par le fer rouge ou l'eau bouillante. Il y est aussi parlé du bannissement. Trois articles règlent ce qui concerne les successions. Les fils succèdent seuls, les filles n'ont droit qu'à une dot. A défaut de fils, la succession, sauf pour les boïars et la drujina, c'est-à-dire la suite du prince, est en déshérence, et c'est le prince qui la recueille. Chacun peut, en mourant, disposer librement de ses biens entre ses enfants par un partage. La veuve qui continue à demeurer dans la maison prend une part d'enfant et son douaire. Les enfants d'un premier lit prennent ce qui revenait à leur mère. Une disposition spéciale, attribuée à Vladimir Monomaque, permet le prêt à intérêt. Plusieurs articles règlent la situation du débiteur qui a engagé sa liberté personnelle (Закупъ). Le crime d'incendie est spécifié. L'incendiaire est banni, et sa maison livrée au pillage, après prélèvement de ce qui est dû à l'incendié pour le dommage. Les droits dus aux officiers de justice, le salaire des maçons, celui des constructeurs de ponts, sont réglés d'après un tarif. La tutelle des enfants mineurs appartient à la mère non remariée, et ensuite au plus proche parent, qui administre leur patrimoine, mais en faisant les fruits siens, à la charge de nourrir et d'élever lesdits mineurs. Le bâtard né d'une esclave est affranchi avec sa mère, mais ne prend aucune part dans la succession paternelle.

Le dernier article traite de la condition des esclaves et des serfs. Parmi les dispositions de cet article, nous relevons celles-ci : l'esclave préposé à un commerce engage son maître jusqu'à concurrence de sa propre valeur. Il en est de même de l'esclave qui commet un vol. Mais, dans ce dernier cas, le maître peut se dispenser de racheter son esclave, à la condition d'en faire l'abandon noxal.

On peut rapprocher de la *Russkaïa Pravda* quelques
traités conclus, au XIIe siècle, par les princes de Novgorod
et de Smolensk avec les Allemands ou avec la ville de
Riga. C'est dans un de ces traités qu'il est fait, pour la
première fois, mention du duel judiciaire. Nous nous contentons de les signaler en passant.

Au XIIIe siècle, l'invasion des Tartares arrêta pour longtemps le développement de la civilisation en Russie. La
Russkaïa Pravda, dans la forme qu'elle avait reçue au
siècle précédent, resta le droit commun du pays. On y
ajouta seulement quelques dispositions qui témoignent du
malheur des temps. L'argent réclamé en justice ne portera
pas d'intérêt. Le taux de la main-d'œuvre est fixé, ainsi
que les rapports du propriétaire avec les paysans. Mais les
principautés du Nord et de l'Ouest se donnèrent des lois
particulières qui datent de la fin du XIVe ou même du XVe
siècle. Telles sont les chartes données en 1397 au pays de
la Dvina, celle de Pskov vers 1463, celle de Novgorod en
1456, une ordonnance judiciaire de 1486 pour Moscou,
une autre de la même époque pour le pays du lac Blanc.
La plus importante de ces lois nouvelles est celle de Pskov,
qui contient 113 articles. Elle règle l'ordre des juridictions,
la forme de la procédure, les preuves, le duel judiciaire et
les frais de justice. Elle modifie sur plusieurs points très
importants le droit de la *Russkaïa Pravda*. En matière
criminelle, par exemple, l'amende qu'elle exige s'appelle
non plus la *vira,* mais le rachat (*prodaja*). L'obligation de
la payer est exclusivement personnelle et ne retombe
jamais sur la commune. Enfin elle n'est due que dans le
cas où le crime est prouvé. Dans les matières de droit civil
la charte de Pskov introduit des institutions nouvelles, ou
du moins inconnues à la *Russkaïa Pravda*, par exemple la
prescription, dont le délai est fixé à quatre ou cinq ans,
mais qui ne s'applique qu'aux terres non cultivées; le
retrait, accordé à ceux qui ont, sur une terre vendue, des
titres plus anciens. La charte distingue deux sortes de pro-

priété, et même une propriété sociale, où les ayants droit sont de véritables actionnaires.

Les dispositions relatives aux dettes sont très remarquables. Le créancier ne peut poursuivre les héritiers du débiteur que s'il a un titre écrit. Entre plusieurs créanciers, les contestations se décident par le serment, et la charte leur permet de nommer un syndic liquidateur. Si le débiteur est vivant, le créancier qui le poursuit, en vertu d'un titre écrit ou d'un gage, a le droit, en cas de contestation, de prêter le serment décisoire, ou de le déférer à son adversaire. Le taux de l'intérêt n'est pas soumis à un *maximum*.

Les paysans sont libres et jouissent du droit de propriété. La loi règle en détail leurs rapports avec les seigneurs.

Les testaments sont faits conformément à la loi canonique par-devant le curé et en présence de témoins. *Ab intestat,* la succession est déférée non seulement aux descendants, mais encore aux ascendants et aux collatéraux. Les filles ne sont plus réduites à une certaine part, comme dans la *Russkaïa Pravda*. Elles sont appelées à la succession entière, que le défunt soit un boïar ou un simple paysan. Les droits de la veuve sont réduits à un usufruit viager.

La charte de Pskov connaît et décrit les sociétés par actions, dont le capital consiste indifféremment en meubles ou en immeubles. Elle pose en principe que celui qui a vendu, acheté ou échangé quelque chose, étant en état d'ivresse, peut faire annuler son obligation.

La codification générale commence au xvie siècle avec les deux ordonnances judiciaires (*soudebnik*) promulguées, l'une par Ivan III en 1497, l'autre par Ivan le Terrible en 1550. La première a 68 articles; la seconde, qui n'est guère qu'une seconde édition revue et augmentée, en compte 100.

Le principal but de ces ordonnances est de régler l'organisation des tribunaux, de définir la compétence et de tracer les formes de la procédure. Elles fixent le prix des actes judiciaires, les formalités des assignations, les délais de comparution. Les moyens de preuve sont de quatre sortes, à savoir : les écrits, les témoins, le serment, et enfin le duel judiciaire. En matière criminelle, les ordonnances introduisent dans le droit russe un principe nouveau : on prendra désormais en considération les antécédents du prévenu, et même la commune renommée. Le voleur récidiviste est puni de mort, alors même que l'objet volé est insignifiant, ou même que le vol n'a pas été consommé. En général, le premier crime n'était puni que du knout. Quand cinq ou six honnêtes gens viennent affirmer avec serment que le prévenu est un voleur, celui-ci est tenu de payer tout ce que le poursuivant lui réclame, et cela sans instruction ni jugement. Et lorsque le fait du vol est prouvé, même en l'absence de toute récidive, le coupable est puni de mort, si cinq ou six honnêtes gens viennent affirmer avec serment que c'est un malfaiteur.

Les ordonnances dont il s'agit ne se bornent pas à régler la procédure; elles introduisent quelques principes nouveaux en matière de droit civil. Par exemple, en ce qui concerne le contrat de vente, on ne pourra désormais acheter des marchandises neuves au marché, si ce n'est en présence de deux ou trois témoins, et, s'il s'agit de chevaux, il sera nécessaire de faire marquer le cheval et enregistrer la vente. En cas de faillite d'un marchand, on recherche s'il est malheureux ou coupable. Dans le premier cas, le failli obtient des lettres de répit pour payer ses dettes en capital, sans intérêts. Les paysans sont libres de passer d'une terre à une autre, à la condition d'obtenir un congé, en soldant les loyers dont ils sont débiteurs. La loi détermine comment on devient serf et indique en première ligne le cas où un homme se vend lui-même. Enfin les successions sont soumises à une règle toute nouvelle. Les filles sont appelées à succéder non pas encore avec les fils, mais à leur défaut et en seconde ligne. Après elles, en troisième ligne, la succession est dévolue au plus proche parent.

La fin du xvi° siècle a été pour la Russie le commencement de l'ère moderne. Maîtresse de Kasan et d'Astrakan, délivrée des Tartares refoulés en Crimée, la Russie se retourne vers l'Occident et réforme sa législation sur le modèle des nations voisines. Dès l'année 1649, le tsar Alexis Mikhaïlovitch lui donne un véritable code civil, en 963 articles, bientôt suivi d'un code ecclésiastique et d'un code de commerce. C'est le point de départ du droit actuel, qui, après un siècle et demi de travaux, a été de nouveau codifié en 1832. Cette dernière période de la législation russe est en dehors de notre sujet, et nous n'en parlons que pour mémoire. Une étude plus intéressante pour nous serait celle des anciennes coutumes non écrites qu'observent encore aujourd'hui les diverses populations qui habitent le territoire de l'empire. Le gouvernement russe a entrepris à ce sujet une vaste enquête, dont une partie a déjà été publiée. C'est là qu'on trouvera dans toute sa pureté, et sans mélange d'éléments étrangers, le vrai droit national de la race slave. En attendant, on peut déjà se faire une idée de ce droit en étudiant les monuments écrits de la législation russe, qui jusqu'à ces derniers temps ont été ou complètement ignorés ou imparfaitement compris. S'ils ne nous apprennent pas tout ce que nous voudrions savoir, et, par exemple, s'ils sont à peu près muets sur le régime primitif de la commune russe, nous pouvons en prendre notre parti. C'est en étudiant la législation des Slaves du Sud que nous trouverons à combler cette lacune.

X.

L'ANCIEN DROIT SLAVE. — LES SLAVES DU SUD.

———

Les Slaves méridionaux, dont il nous reste à parler, occupent, comme on sait, tout le nord de la péninsule des Balkans, entre l'Adriatique et la mer Noire. Ils parlent des dialectes différents et n'ont jamais pu se réunir en un seul corps de nation. Les diverses provinces qu'ils habitent ont été presque constamment soumises à des maîtres étrangers. Les Grecs de Constantinople, les Hongrois, les Vénitiens, les Allemands de l'Autriche, et enfin les Turcs y ont établi leur domination, introduit leur religion et fait prévaloir leurs lois. Quoique combattue, et parfois avec succès, l'influence étrangère n'en a pas moins arrêté ou tout au moins ralenti le développement de la civilisation nationale. Partout le peuple s'est attaché avec une ténacité étonnante à ces anciennes coutumes, mais ces coutumes ne sont, encore aujourd'hui, conservées que par la tradition ; les monuments législatifs sont rares et incomplets [1].

Le plus ancien est un statut de 1273, rédigé par Mathieu, ban de Slavonie. Cette province dépendait alors du

———

[1] On les trouve dans le recueil publié par Jireček sous le titre de *Svod Zakonuv Slovanskych, Codex legum Slavonicarum*. 1 vol. in-8°, Prague, 1880.

royaume de Hongrie, et le statut de 1273 est très semblable au droit hongrois. Il règle la procédure, fixe le taux des amendes qui doivent être infligées aux parties défaillantes, les délais pour comparaître et pour exécuter les jugements, les fonctions du *pristald* ou commissaire de justice, enfin les peines de la dénonciation calomnieuse. La preuve par excellence est le serment et, à défaut de serment, le duel judiciaire. Du reste, les parties peuvent toujours faire entre elles une composition, à l'amiable. En matière purement pécuniaire, le débiteur condamné ne peut être emprisonné que s'il est manifestement insolvable, et en matière criminelle l'inculpé qui possède un bien reste en liberté provisoire sans donner caution. Le juge qui visite une terre litigieuse ne doit pas mettre les fruits en sa main avant que le procès soit terminé. Le reste du statut est relatif au recouvrement des impôts et au droit de gîte, qui est ramené dans les limites d'un *maximum*.

Parmi toutes ces dispositions judiciaires ou fiscales, il s'en trouve deux que nous relevons, parce qu'elles touchent à la constitution même de la famille et de la propriété. Aux termes de l'article 17, le père ne répond pas du délit de son fils émancipé, ni réciproquement, ni le frère pour le frère quand ils ont partagé la succession, à moins qu'ils ne soient complices ou participants. Ainsi, la solidarité qui existait primitivement entre tous les membres d'une même famille n'est maintenue qu'autant que subsiste la vie commune dans la même maison, et celui qui est sorti de la communauté pour faire feu et ménage à part ne répond plus que de lui-même et de ses actes personnels. L'article 18 porte que la portion héréditaire de celui qui meurt sans enfants appartient à sa famille. *Portio hereditaria sine herede decedentis,* dit le texte, *generacioni suæ debeat remanere.* Cela veut dire apparemment que les parts dont il s'agit seront recueillies, à défaut de descendants, par les collatéraux, sans que ces parts puissent être laissées à des étrangers, ni revendiquées par le fisc comme biens vacants et sans maître. La famille les prend, parce que c'est elle qui en est propriétaire et en quelque sorte *jure non decrescendi.*

On ne saurait méconnaître dans ces deux articles une trace de la communauté de famille, de la *zadruga,* qui existe encore aujourd'hui et dont nous parlerons plus loin. Le législateur ne songe assurément ni à la décrire ni à la définir. Il en parle comme d'une coutume ancienne et connue de tous, et pour régler une difficulté portant sur un point particulier. Ce n'en est pas moins une trace précieuse à recueillir.

Un autre monument de la même époque, mais beaucoup plus original, est le statut de Vinodol.

Le Vinodol était un canton de la Dalmatie situé sur le littoral de l'Adriatique, entre Fiume et Zeng. Il comprenait plusieurs villes ou villages, dont le principal était Novigrad, et formait une seigneurie dépendante du royaume de Hongrie. En 1288, le seigneur et les anciens se réunirent et mirent par écrit les anciennes coutumes du pays. Ce texte a été conservé dans deux copies dont la plus ancienne a été écrite au xve siècle. Il a été publié pour la première fois en 1843, par le professeur Mazuranitch, et le seul commentaire dont il ait fait l'objet a été écrit en russe par le professeur Leontovitch, d'Odessa, en 1868. La langue dans laquelle il est rédigé, vieil esclavon mélangé de quelques mots italiens, est très difficile à comprendre. Il y a même quelques passages dont on n'a pas encore aujourd'hui l'explication. Mais c'est, sans contredit, le plus important monument de législation que nous possédions en ce qui concerne les Slaves du Sud. Peut-être nous saura-t-on gré d'en donner ici un courte analyse.

La disposition la plus remarquable du statut de Vinodol, celle qui domine en quelque sorte toutes les autres, est la disposition relative aux preuves. La règle générale pour les matières criminelles est celle-ci : La preuve par excellence, ou plutôt la seule preuve, est le serment. Mais qui prêtera serment? Sera-ce l'accusateur ou l'accusé? L'accusateur, s'il a des témoins ; sinon, l'accusé. C'est la règle générale chez tous les peuples slaves, mais nulle part nous ne l'avons trouvée formulée avec autant de précision.

Celui qui doit prêter serment jure, suivant les cas, lui sixième, lui douzième ou lui vingt-cinquième. S'il ne peut trouver des cojureurs en nombre requis, il supplée à ce qui manque en prêtant lui-même plusieurs fois le même serment. Lorsque le plaignant est une femme et qu'il s'agit d'injures, de voies de fait ou de viol, les cojureurs doivent être des femmes.

Les témoins aussi peuvent être des femmes, quand il s'agit de délits commis par une femme contre une femme. La femme ne peut servir de témoin à son mari, mais le fils peut témoigner pour son père, et réciproquement; les frères et sœurs le peuvent les uns pour les autres, à une condition toutefois, c'est qu'ils fassent ménage à part. Les témoins ne prêtent pas serment, et c'est précisément en quoi ils diffèrent des cojureurs. Le demandeur les présente à la cour et prononce la formule suivante : « Tant que vous êtes et tels que vous êtes, il en est ainsi. » Le défendeur répond : « Tant que vous êtes et tels que vous êtes, il n'en est point ainsi. » On procède alors à l'audition des témoins, et les non-comparants sont forclos. Les témoins sont interrogés par le *pristav*, ou commissaire, et ne doivent pas prendre la parole avant d'être interrogés, sous peine de 40 sous d'amende.

Telle est la règle générale. Elle comporte toutefois quelques exceptions. Et d'abord il y a des cas où le demandeur est admis à prêter serment, quoiqu'il n'ait pas de témoins. Par exemple, en cas de mêlée, le plaignant peut prêter serment d'emblée, à condition de jurer lui cinquantième. De même lorsqu'il y a des pièces à conviction, ou un corps de délit, comme du sang versé, ces indices tiennent lieu de témoignages et suffisent pour autoriser la prestation de serment. Ils peuvent même servir à compléter l'idonéité des cojureurs lorsque ceux-ci ne sont pas suffisamment qualifiés. Les gardes champêtres et certains officiers de police ont aussi le droit de dresser des procès-verbaux, qui font foi jusqu'à preuve contraire, même en l'absence de témoins. Enfin, lorsqu'il a été crié au secours (*pomagaite*), c'est-à-dire en cas de flagrant délit, il suffit que le plaignant prête serment, quoiqu'il n'y ait pas de témoins.

Le prévenu est toujours interrogé, mais on l'avertit qu'il est libre de répondre ou de ne pas répondre.

Au civil le statut est moins exigeant qu'au criminel. Lorsqu'il s'agit d'une action intentée en vertu d'un contrat, le demandeur produit ses témoins, et cela suffit pour la preuve si l'objet de la demande ne vaut pas plus de vingt sous. Au-dessus de ce taux, le demandeur doit en outre prêter serment. Lorsque la demande est justifiée à la fois par des livres de commerce et par des témoins, le serment n'est exigé qu'au dessus de cinquante livres.

Les délits prévus par le statut sont d'abord le vol, sous toutes ses formes, l'usurpation des biens vacants, les injures et violences contre une femme, les coups et blessures, le meurtre, l'adultère, l'incendie, et la trahison. La peine ordinaire est l'amende, quarante sous pour le vol de jour, cinquante livres pour le vol de nuit, quand il a été crié au secours. (La livre valait vingt sous.) L'amende profite en général au seigneur, mais il y a des cas où la commune en prend la moitié. D'autres fois c'est la partie lésée qui en profite. Ainsi l'amende pour avoir décoiffé une femme est de cinquante livres, dont quarante-huit pour la femme. Pour coups et blessures, entre kmétons, l'amende est de quarante sous, outre l'indemnité au blessé et les frais de médecin ; pour le guet-apens, cinquantes livres ; pour le meurtre d'un kméton, l'incendie et l'adultère, cent livres. L'amende du meurtre appartient tout entière aux parents de la victime. Si celle-ci est un homme de la suite du prince, c'est le prince qui fixe arbitrairement le montant de l'amende.

Nobles, clercs ou kmétons, sont tous égaux devant la loi et subissent les mêmes peines. Ceux qui ne peuvent pas payer l'amende sont mis à mort, à moins qu'ils ne prennent la fuite. Nul ne peut recevoir un banni, lui donner à boire ou à manger ou lui porter secours, à peine de cinquante livres d'amende.

Pour le meurtre ou l'incendie, l'amende a un caractère particulier en ce que, si le coupable a pris la fuite et n'a pu être saisi, la moitié de l'amende est supportée [par la famille du fugitif, c'est-à-dire par les collatéraux.

En certains cas, le statut prononce une peine corporelle. Ainsi, pour l'adultère, la femme coupable qui ne peut payer l'amende est marquée, et, si elle recommence, elle subit un châtiment corporel, au gré du seigneur. En cas d'incendie, le coupable récidiviste est toujours puni de mort. En cas de trahison, le coupable est livré à la discrétion du seigneur, qui en fait sa volonté.

Le droit de légitime défense est reconnu et comporte une grande extension. Celui qui a été attaqué la nuit a le droit de poursuivre son agresseur et de le tuer s'il le rencontre, sans encourir de ce fait aucune responsabilité.

Une disposition expresse reconnaît aux filles le droit de succéder à leur père comme à leur mère, mais seulement à défaut de fils. Le même droit appartient aux descendants des filles. Le statut ajoute que l'héritier fera dans la maison tout le service que faisaient ses auteurs. C'est évidemment encore une trace de l'ancienne communauté de famille, ou *zadruga*.

Plusieurs articles sont relatifs au droit ecclésiastique et à la police du culte. Les popes qui ont une église en ville doivent dire la messe tous les jours, sous peine d'amende. Ils sont tenus de monter la garde comme tous autres. Aucune ordination, aucune profession dans un monastère ne peut avoir lieu que du consentement du seigneur. Les droits de l'évêque sont définis, et notamment le droit de gîte. Lors de ses tournées, il ne peut réclamer ce droit pour plus de sept chevaux.

Au point de vue politique, toutes les associations sont interdites. Aucune assemblée, communale ou privée, ne peut être tenue sans l'autorisation du seigneur. Les additions faites par le seigneur aux lois générales ou communales sont confirmées. Les juges sont institués et nommés par le seigneur. Aucune amende ne peut être prononcée que par lui ou ses délégués.

La procédure a un caractère formulaire. Nous avons déjà cité la formule de la présentation des témoins. En voici une autre; le demandeur s'adresse à la cour et lui dit : « Je vais te faire telle preuve, au sujet de tel procès, » ou « Je te dis qu'un tel a fait telle chose. » Le ministère des avocats est admis, mais à condition qu'un noble se présente pour un noble, un kméton pour un kméton. Leurs honoraires sont fixés de cinq à dix sous. Nul n'est tenu de porter plainte, mais la plainte une fois portée, il faut la suivre jusqu'au bout. La dénonciation calomnieuse, le faux témoignage, sont punis d'amende. Les actions contre les fonctionnaires doivent être intentées dans l'année qui suit l'expiration de leurs fonctions. Le fonctionnaire absent ou empêché peut se faire remplacer par sa femme.

Enfin les parties sont toujours invitées à transiger, et particulièrement au moment de la prestation de serment. La transaction se fait alors devant la justice et il en est donné acte.

Il existe en Dalmatie un grand nombre de statuts plus récents que celui de Vinodol. Tels sont les statuts de Polizza (de l'an 1400), ceux de Raguse (de 1272 à 1311), de Lissa, de Curzola. Moins originaux que le statut de Vinodol, ils contiennent cependant des dispositions intéressantes; c'est ainsi qu'à Raguse nous trouvons une institution toute semblable à celle des *Recuperatores* du droit romain. Dans le statut de Polizza le droit rural tient une grande place. Les haies, les bornes, les moulins, les diverses espèces d'animaux domestiques font l'objet d'autant de chapitres particuliers. Dans tous on sent l'influence italienne, qui se répand sur le fond slave et s'efforce de pénétrer dans les institutions comme dans la langue[1].

L'Esclavonie et la Dalmatie étaient, au moyen âge, dans la dépendance au moins nominale du royaume de Hongrie. Il en était autrement de la Serbie. Au xive siècle, les Serbes étaient prépondérants entre les Slaves du Sud et parvinrent même à fonder un empire qui menaça l'existence de l'empire grec. Leur puissance fut de courte durée. C'est en 1346 que leur prince, Étienne Douchan, s'était fait couronner empereur à Uskub, et quarante-trois ans après, en 1389, la sanglante bataille de Kassovo soumettait la Serbie et la Bosnie au joug des Turcs[2].

Fondateur d'un vaste empire, Douchan voulut être législateur, comme l'avait été Justinien. Il fit rédiger un code dont la première partie fut publiée en 1349 (art. 1 à 104), et la seconde en 1354 (art. 105-120)[3].

Nous ne dirons rien des vingt-huit premiers articles. Ils traitent du droit ecclésiastique et sont tirés soit du *Nomocanon* de Photius (publié en 883), soit du *Syntagma* de

---

[1] Voir *Monumenta historico-juridica Slavorum meridionalium*, pars prima, *Statuta et leges,* Agram, 1877-1883, t. I, Leges et statuta Curzulæ et Spalati; t. III, Statuta civitatum Buduæ, Scardonæ, Lesinæ.

[2] Voir dans le *Bulletin de l'Académie royale de Belgique,* année 1884, un intéressant mémoire de M. Émile de Borchgrave, membre de l'Académie. Ce mémoire est intitulé : *L'empereur Étienne Douchan de Serbie, et la péninsule Balkanique au xive siècle.*

[3] Le texte connu sous le nom de Loi du tsar Douchan a été imprimé pour la première fois à Vienne en 1794, mais sur un manuscrit de date récente. De nouvelles éditions d'après des manuscrits du xive siècle ont été données par Schafarik (Prague, 1851) et par Novakovitch (Belgrade, 1870). Kucharski et Jireček l'ont inséré dans leurs recueils, Kucharski y a joint une traduction en allemand. Une traduction française des 105 premiers articles a paru dans Ami Boué, *La Turquie d'Europe,* Paris, 1840, t. IV, p. 426. Le travail le plus complet est celui de M. Zigel, professeur à Varsovie, *Zakonnik Stefana Duchana,* 1 vol. in-8°, Saint-Pétersbourg, 1872.

Blastarès (publié en 1335). C'est le droit canonique de l'É-
glise grecque orthodoxe. Le clergé orthodoxe est exempté
de la juridiction séculière, et toute conversion à l'hérésie
latine est punie de la marque.

Nous parlerons plus longuement de la loi civile. Elle
commence par confirmer toutes les chartes portant concession de terres à des nobles. Ces concessions sont déclarées irrévocables et héréditaires, en ce sens qu'elles se
transmettront en ligne directe à l'infini, et en ligne collatérale jusqu'au troisième fils du frère. Elles sont affranchies de toute corvée et ne doivent que la dîme à l'Église
et le service militaire au tsar. Elles peuvent comprendre
des serfs et des églises. Les premiers ne peuvent être détachés de la terre, à moins qu'ils ne soient affranchis. Quant
aux églises, le seigneur en est patron.

A la mort d'un noble, son bon cheval et ses armes doivent être donnés au tsar, mais son habit orné de perles
et sa ceinture dorée appartiennent au fils, ou, à défaut
de fils, à la fille. Celle-ci est libre de vendre ou de conserver ces objets.

Les injures sont uniformément punies d'une amende de
100 perpers[1]. Celui qui enlève une femme est pendu ou
mutilé du nez et des mains.

L'article 38 pose en principe la solidarité des membres
d'une même famille demeurant ensemble dans la même
maison. Le frère répondra pour le frère, le père pour le
fils, les parents pour les parents. Ceux qui ont feu à part
ne sont pas tenus de payer. C'est la grande règle que nous
avons déjà rencontrée dans la charte esclavone comme
dans le statut de Vinodol.

Les articles 40-43 traitent des citations en justice. En
général, la citation doit être donnée le matin pour comparaître à midi. L'homme qui revient du service militaire
ne peut être cité avant trois semaines. Si le demandeur

---

[1] Le perper (*hyperperon*) valait dix-huit grammes d'argent, environ 3 fr. 60.

qui a fait citer ne comparaît pas, il est donné défaut congé.

Les hommes d'une même famille habitant au même feu sont solidaires pour les corvées comme pour les amendes (art. 47). L'article 52 définit les obligations des paysans. Ils doivent travailler pour leur seigneur deux jours par semaine : à savoir, un jour pour faucher le foin, un jour pour cultiver la vigne ou faire tout travail équivalent. Ils doivent au tsar un tribut annuel et par tête, fixé à un *perper*. Du reste les fruits de leur travail leur appartiennent en propre, et leurs personnes et leurs biens sont à l'abri de toute attaque.

Les terrains non clos sont soumis à la servitude de parcours, de village à village, mais dans le même canton.

Les articles suivants répriment les délits de pâturage et de chasse. Dans le premier cas, le dommage est évalué par jurés (art. 56). En cas de contestation sur les limites de deux villages, chacune des parties produit un nombre égal de témoins, et le jugement est rendu conformément à la déclaration de ceux-ci.

Le droit criminel est contenu dans les articles 64-74. La preuve par excellence est le jugement de Dieu par l'eau bouillante ou par le fer rouge (art. 64, 78, cf. 118). Celui qui jette un sort paye 100 perpers s'il est noble. S'il n'est pas noble, il paye 12 perpers et reçoit la bastonnade. Le meurtre non prémédité est puni d'une amende de 300 perpers. En cas de préméditation, le coupable subit la mutilation des deux mains. L'excuse de provocation est expressément admise. Après avoir posé cette règle à l'article 66, le législateur en introduit une autre à l'article 69, du moins pour le meurtre prémédité. S'il est commis par un noble sur un non-noble, l'amende est de 100 perpers. S'il est commis par un non-noble sur un noble, l'amende est de 300 perpers et le coupable est mutilé des deux mains. Celui qui tue un prélat, un prêtre ou un moine, est pendu. Enfin celui qui tue son père ou sa mère, son frère ou son enfant, est brûlé. L'injure contre un membre du clergé est punie de 100 perpers d'amende. Celui qui arrache la barbe d'un noble est mutilé des deux mains. Entre gens du peuple, le même délit n'entraîne que 6 perpers d'amende. En cas d'incendie, le village ou le canton sont responsables, à moins qu'ils ne livrent le coupable. Toute violence est interdite. Les chevaux dont on s'est servi pour exécuter un enlèvement sont confisqués, moitié au profit du tsar, moitié au profit de la partie. Le recéleur est condamné à rendre sept fois la valeur de la chose recélée.

Les articles 67 et 68 traitent du vol et de la poursuite de la chose volée. C'est toujours un des traits les plus caractéristiques dans toutes les législations. La loi serbe contient à cet égard les mêmes dispositions. Lorsqu'un homme reconnaît son bien entre les mains d'un autre, si c'est dans la forêt, ou dans la campagne, il conduit le détenteur au plus prochain village et met ce village en demeure de lui restituer la chose par sentence du juge. Le village est tenu de payer la somme fixée par le juge. Le détenteur ou l'acheteur d'une chose perdue ou volée est toujours tenu de nommer son auteur, autrement il doit payer.

Les dispositions contenues dans les articles suivants sont de toute espèce et se suivent sans ordre apparent. Les serfs sont soumis à la juridiction du seigneur, mais il y a quatre cas réservés à la juridiction du tsar; ce sont les crimes, les sacrilèges, les vols et les brigandages.

Une femme ne peut être citée en justice sans son mari; lorsqu'elle est seule, en l'absence de son mari, le sergent ne peut pénétrer dans la maison, mais il peut charger la femme d'avertir son mari de la citation. En cas de rébellion contre un sergent de justice, la maison du rebelle est mise au pillage et lui-même dépouillé de tout ce qu'il possède.

Viennent ensuite quelques dispositions particulières sur les frais de justice. Les juges en tournée ne peuvent rien exiger des populations, ils sont seulement autorisés à recevoir les présents qui leur seront volontairement offerts. Les détenus qui parviennent à s'échapper de leur prison et à se réfugier dans la demeure du tsar, ou du patriarche, sont libres. Les serfs fugitifs ne doivent être accueillis par un nouveau maître qu'avec la permission du tsar, sous la peine portée pour le fait de haute trahison. Celui qui emmène en pays étranger un serf appartenant à un autre paye sept fois la valeur de cet homme.

L'article 86 pose une règle très importante relative aux objets trouvés. Celui qui trouve une chose ne devra pas la prendre, même en disant : « Je la rendrai. » Il doit la déclarer, autrement il est puni comme voleur et brigand. Le butin fait en pays étranger doit être remis au tsar ou aux généraux, qui en font le partage. Les objets achetés dans une vente publique de butin sont à l'abri de toute revendication.

Tous marchands peuvent librement circuler dans le pays et y faire leurs achats et ventes. Personne ne peut ni les arrêter, ni les forcer de vendre leurs marchandises en leur imposant un prix, à peine d'une forte amende, qui s'élève, suivant les cas, à 300 ou 500 perpers.

Les villes sont affranchies du droit de gîte, mais elles sont responsables des objets volés sur leur territoire.

Les derniers articles fixent et déterminent les droits du tsar et ce qu'il peut exiger de ses sujets. L'entretien des forteresses est dû par les habitants de chaque canton. Une aide est due au baptême ou au mariage d'un fils du tsar. Quand le tsar passe dans le pays, toute la population doit l'accompagner d'un village ou d'un canton à un autre. A la guerre, le tsar est représenté par son général, qui a seul qualité pour exercer la juridiction militaire. A l'armée, toutes querelles sont défendues. Si deux hommes se battent, on doit les laisser faire et ne pas prêter main-forte. Celui qui accourt aux cris et se mêle à la querelle est puni de mort. Les ambassadeurs qui viennent de pays

étranger et se rendent auprès du tsar doivent être bien
reçus partout où ils passent. Ils ont droit à un dîner et un
souper dans chaque village. Lorsqu'une compagnie de l'armée a fait halte dans un village., la compagnie qui suit
ne peut s'arrêter dans le même village.

La loi additionnelle de 1354 se compose de 16 articles.
Elle confirme l'autorité des chartes émanées du tsar, le
droit des paysans de plaider contre leur seigneur, la responsabilité des villages et des cantons pour l'extradition
des malfaiteurs. En ce qui concerne l'ordre judiciaire,
elle institue, pour juger les affaires, suivant leur importance, trois tribunaux, composés de 6, 12 ou 24 juges. Ces
juges ne doivent être ni parents ni ennemis les uns des
autres. Ils ne peuvent réconcilier les parties. Leur sentence doit toujours porter acquittement ou condamnation.
Ils prêtent serment et décident à la majorité. Ils sont pris
dans la classe de l'accusé, nobles ou gens du commun,
comme c'était la loi sous les anciens tsars et sous le tsar
Étienne (Stephan Milutine, grand-père du tsar Étienne
Douchan).

A la suite du code de Douchan, on trouve encore quarante articles qui ont été ajoutés à diverses époques et sans
aucun ordre. Il y est question du droit de gîte, de la garde
des passages pour arrêter les voleurs, de la protection due
aux voyageurs, aux marchands, aux moines, des devoirs
imposés aux juges et aux exécuteurs de justice. Lorsqu'un
individu acquitté par un juge est ensuite reconnu coupable, le juge qui l'a acquitté est condamné à 1,000 perpers
d'amende. Lorsque deux parties se présentent devant le
tribunal du tsar, dit l'article 133, elles doivent être jugées
d'après les premières paroles qu'elles prononcent, et non
d'après les dernières. L'ivresse est punie. Il ne peut y
avoir d'orfèvres que dans la capitale et dans les villes
fortes qui appartiennent au tsar. On craint évidemment
qu'ils ne fassent de fausse monnaie.

A ces anciens textes il faut ajouter quatre traités conclus

par la république de Raguse avec les princes de Serbie en 1332, 1349, 1386 et 1387. Ces traités proclament la liberté des relations commerciales entre les deux pays et disent comment seront jugées les contestations entre Serbes et Ragusains, dans l'un comme dans l'autre territoire. Le défendeur sera toujours admis à se justifier par serment, en jurant lui sixième. Les témoins devront être pris dans les deux nations, par moitié, ainsi que les cojureurs. Il y a là un certain nombre de dispositions intéressantes. Nous ne pouvons que les indiquer ici.

Du XIVᵉ siècle nous passons sans transition à la fin du XVIIIᵉ. A ce moment, commence une ère nouvelle. Les populations slaves du Balkan affirment ou conquièrent leur indépendance, et entreprennent même de se donner des lois écrites. Malheureusement, les rédacteurs de ces lois connaissaient fort mal les coutumes nationales. C'est ainsi que le code serbe de 1844 ne fait guère que reproduire le code autrichien de 1811. Seules, les lois civiles du Monténégro ont conservé l'empreinte slave et tout archaïque. Il convient de les analyser ici. Nous verrons ensuite comment les autres lois ont réglé l'institution de la *zadruga* ou communauté de famille.

La principauté du Monténégro est restée longtemps soumise à l'empire de la coutume[1]. La population formait 42 tribus (*pleme*), dont chacune comprenait un certain nombre de *gentes* ou confréries (*brastvo*). A la tête de chaque tribu était un capitaine qui, assisté des chefs inférieurs (*glavari*), administrait le canton et rendait la justice, autant que la justice pouvait être rendue dans un pays où la vengeance était obligatoire, et la guerre privée une pratique de tous les jours. C'est seulement en 1796 que le prince Pierre Iᵉʳ rédigea et fit accepter par les chefs du pays un code som-

---

[1] Chiudina, *Storia del Montenegro (Crnagora) dà tempi antichi fino à nostri*, 1 vol. in-8°, Spalato, 1882.

maire en 16 articles, auxquels il ajouta 17 autres articles en 1803[1]. Ces lois furent très imparfaitement exécutées. La haute-cour de justice qui devait y pourvoir ne put être organisée qu'en 1831. Une nouvelle loi, en 95 articles, fut rédigée et promulguée en 1855; et, enfin le code civil, préparé par M. le professeur Bogisič, a été promulgué en 1888.

Parlons d'abord du code de 1796.

La première disposition est celle qui porte la peine de mort contre les assassins. L'assassin est lapidé ou fusillé. S'il réussit à s'enfuir à l'étranger, ses biens sont confisqués, et attribués, pour moitié aux parents de la victime, pour l'autre moitié au canton, à titre de prix du sang (*globa*). Tous ceux qui ont donné à l'auteur du crime aide et assistance sont punis comme complices. L'assassin peut être tué par toute personne en quelque lieu qu'il se rencontre, et, en ce cas, les deux morts se compensent; la famille innocente de l'assassin n'a rien à payer.

Après l'assassinat, viennent les simples blessures faites dans une querelle. Les parties sont conduites devant le juge, qui décide lequel des deux combattants s'est le premier servi de ses armes. Si l'accusé est reconnu coupable, il paye une indemnité au blessé et une amende. Si la blessure a été faite par bravade et sans aucune provocation, l'indemnité et l'amende sont du double.

De simples voies de fait injurieuses sont punies d'une amende de 50 ducats. Mais l'offensé peut tuer impunément l'offenseur, pourvu que ce soit sur-le-champ.

En cas de blessure par accident, le tribunal intervient

---

[1] Le code de 1796-1803 a été traduit en français dans le *Moniteur* de 1854 (12-14 avril). Mais ce travail, qui paraît fait d'après une traduction italienne, est souvent fautif. Quant au code de 1855, il en existe une traduction française dans l'ouvrage de M. Delarue, intitulé *Le Monténégro* (Paris, 1862). Une traduction allemande a paru à Vienne en 1859. Outre l'ouvrage de M. Delarue, on peut consulter l'ouvrage suivant : Popovič, *Recht und Gericht in Montenegro*, Agram, 1877.

et tâche d'amener une transaction entre les parties. Il en est de même lorsqu'un homme a tué étant en légitime défense et jure devant Dieu qu'il a été attaqué.

Tout homme qui épouse une femme dont le mari est encore vivant, ou une fille sans le consentement des parents de celle-ci, est banni, et ses biens confisqués. Le pope qui célèbre un pareil mariage est également puni.

Celui qui tue un voleur pris en flagrant délit est considéré comme étant en état de légitime défense, et ne peut être poursuivi comme meurtrier.

D'après les anciennes coutumes, le vol était puni d'une amende dont le taux variait suivant la nature et la valeur de l'objet volé. La loi nouvelle substitue à l'amende une punition corporelle de vingt à cent coups de bâton, suivant les cas.

Celui qui veut vendre un immeuble doit d'abord l'offrir, devant témoins, à ses parents et ensuite à ses voisins. En cas de refus de ceux-ci, il peut vendre à qui il veut. L'acte de vente doit être fait par écrit, en présence de trois témoins, signé et daté par l'écrivain.

L'article 16 et dernier défend de se faire justice à soi-même, en aucun cas et sous aucun prétexte.

Les articles ajoutés en 1803 à ce code primitif ont pour objet de pourvoir à des nécessités particulières. Ainsi le vol de bœufs ou chevaux avec violence est assimilé à l'assassinat. Il est interdit de tuer le frère, ou le parent, ou l'allié d'un meurtrier et de punir ainsi l'innocent pour le coupable ; celui qui se venge de la sorte sur des innocents est considéré comme meurtrier et puni de mort. Il est interdit de troubler la paix des bazars et marchés, et celle des églises. Les Monténégrins sont soumis pour la première fois à un impôt qui est fixé à soixante deniers par feu. Le duel est interdit. Les juges prêtent serment suivant une certaine formule. Leurs devoirs sont rigoureusement définis, ainsi que le respect qui leur est dû. Pour les dégâts causés dans les champs, l'indemnité est réglée par arbitres, et, s'il y a eu mauvaise intention, le coupable est déféré au tribunal.

Presque tous les articles du code de 1798-1803 se trouvent reproduits dans celui de 1855. Les vingt-six premiers articles de ce code traitent du droit politique. Tous les Monténégrins sont égaux devant la loi; l'honneur, la propriété, la vie et la liberté de tous sont mis sous la protection de la loi. Le respect dû au prince, les obligations des juges, l'obligation au service militaire, la punition des crimes de trahison et de rébellion, telles sont les principales dispositions de cette première partie du code.

Les articles 27 à 44 ne font guère que reproduire les dispositions criminelles de l'ancien code. Le duel est permis, les seconds seuls sont punis d'une amende de cent écus, comme dans le code de Douchan. Un article spécial prévoit le crime d'incendie de maison habitée. Le coupable est puni de mort, et peut même être tué par l'incendié. Il est tenu, en outre, de réparer le dommage.

L'article 45 reproduit la disposition de l'ancien code relative aux ventes d'immeubles. Viennent ensuite des dispositions nouvelles sur la constitution de la famille, le régime des successions et les mariages. Les fils ne peuvent sortir de la communauté de famille qu'à la mort du père et de la mère, ou avec leur consentement (art. 47). Le père peut librement disposer, entre vifs ou par testament, des biens acquis par lui, et ce, soit au profit d'un étranger, soit au profit d'un de ses enfants à l'exclusion des autres. S'il n'en a pas disposé, sa succession *ab intestat* se partage également entre ses fils, mais la veuve garde la jouissance viagère de tous les biens. Les filles n'ont droit qu'à des dots. Les mineurs qui n'ont ni père ni mère sont mis en tutelle jusqu'à l'âge de vingt ans accomplis. Toutes ces dispositions ne s'appliquent, comme on le voit, qu'aux biens acquêts. Quant aux propres, ils sont en réalité la propriété commune de la famille. La veuve qui se remarie perd son usufruit sur les biens de son mari, mais elle reçoit à ce moment une sorte d'indemnité, à savoir : si elle n'a pas d'enfants, autant de fois dix thalers qu'elle a vécu d'années dans la maison de son mari, comme épouse ou comme veuve ; et si elle a des enfants autant de fois un ducat par chaque fils, et deux ducats par chaque fille. Les filles succèdent à défaut de fils, et recueillent dans la succession du père les biens de l'aïeul. S'il y a des sœurs non mariées, elles concourent avec les filles, mais la fille prend deux parts et la sœur une part seulement. La dot apportée en mariage par une femme est recueillie à son décès par ses frères, à leur défaut par ses sœurs, et à défaut de ses sœurs par les autres parents. A défaut de parents, la succession est dévolue au fisc. Le fils qui manque de respect à son père encourt les peines suivantes : pour la première fois l'amende, pour la seconde fois la prison et la punition corporelle ; pour la troisième fois, le père peut le chasser de sa maison.

La perception de l'impôt est remise aux anciens de chaque village, sous le contrôle de la cour de justice. L'article 65 porte que tout Monténégrin qui se présentera devant les juges avec une pierre au cou sera soumis à une punition corporelle. Il y a là une pratique superstitieuse que la loi tient à déraciner [1].

L'article 66 traite des obligations des prêtres, ce qui conduit naturellement à la matière du mariage, laquelle appartient, par son origine, au droit canonique. Lorsqu'un enfant naît hors mariage, le père est tenu de payer 130 thalers pour l'entretien de cet enfant, qui, du reste, une fois majeur, est assimilé, pour les droits de succession, aux enfants légitimes. En cas d'adultère, le mari peut tuer les deux coupables pris en flagrant délit. La femme qui attente à la vie de son mari ou de son enfant est punie de

---

[1] V. l'histoire de l'œuf de serpent dans Pline, *Histoire naturelle*, XXIX, 54.

mort. Si la vie commune est insupportable, les époux peuvent être séparés de corps, et en ce cas la femme a droit à des aliments tant qu'elle se conduit bien. Si la femme vole son mari, les deux premières fois elle est punie de la prison, la troisième fois la séparation est prononcée, et en ce cas le mari peut se remarier.

Cet article sert de transition pour nous amener à la matière du vol (art. 78-84). Le voleur pris sur le fait pour la troisième fois est puni de mort. Toute personne peut le tuer en flagrant délit, et reçoit même une prime de 20 thalers; mais, si elle a tué un innocent, elle est considérée comme ayant commis un meurtre. L'échelle de punitions corporelles établie par la loi précédente pour les différentes espèces de vols est maintenue.

Le vol dans les églises, même pour la première fois, est toujours puni de mort. Il en est de même du vol de munitions destinées à la défense du pays.

Un article spécial (87) prévoit le cas de calomnie. Le calomniateur est puni comme l'aurait été le calomnié s'il eût été déclaré coupable. La preuve se fait par témoins et, au besoin, par le serment des parties et de leurs cojureurs. La décision est rendue en faveur de celle qui amène le plus grand nombre de cojureurs. Peut-être ne s'attendait-on pas à trouver une disposition semblable dans un code dont la promulgation ne remonte guère à plus de trente ans.

La loi interdit les festins ruineux, au delà d'une certaine mesure; elle défend aux femmes de couper leurs cheveux et de se déchirer le visage en signe de deuil. Elle règle le taux des intérêts à vingt deniers par thaler. Tout prêt d'argent doit être constaté au moyen d'un écrit ou d'un gage.

La loi accorde le droit d'asile aux étrangers, la liberté de conscience à tous.

Lorsqu'un délit est commis en état d'ivresse, sans qu'il y eût haine déclarée, la peine est réduite de moitié.

Tout Monténégrin qui, dans une querelle, appelle à lui

les hommes de sa famille, et provoque une mêlée d'où résulte un meurtre, est puni de mort, et ceux qui ont obéi à son appel payent dix thalers d'amende.

Enfin l'article 95 et dernier porte sur l'exécution de la peine de l'emprisonnement. Comme il n'y a pas de prison, les coupables sont employés à des corvées et travaux de routes.

Aujourd'hui toutes ces lois sont remplacées par le code civil entré en vigueur le 1er juillet 1888. Toutefois la constitution de la famille est en dehors de ce code, et reste régie par les anciennes coutumes du pays.

Nous sommes ainsi conduit à étudier l'institution de la *zadruga*, ou communauté de famille, d'après les diverses lois encore en vigueur chez les Slaves méridionaux. Les plus anciens textes où elle se trouve décrite sont les lois relatives à l'organisation des Confins militaires de l'empire d'Autriche. Cette organisation, créée au commencement du XVIIIe siècle, à l'instigation du prince Eugène, a duré, comme on sait, jusqu'à ces dernières années. Une loi fondamentale, de l'an 1807, la règle dans tous ses détails. Tout le territoire des confins était divisé en petits domaines comprenant chacun une maison avec cour et jardin, une certaine étendue de terre labourable, et le droit de pâturage dans les terrains communs. Ces domaines étaient concédés à charge de service militaire, et à titre de fiefs, partant inaliénables, du moins en règle générale. Ils appartenaient à la famille vivant en communauté, aux hommes d'abord, et lorsqu'il n'y avait plus d'hommes dans la maison, le bien passait aux femmes, à condition que l'une d'elles épousât un homme en état d'accomplir le service militaire. Les lois sur les successions ne s'appliquaient qu'en cas d'extinction complète de la communauté. Le droit de disposer par testament n'était accordé qu'au dernier survivant, et seulement pour le bétail et les meubles.

La communauté comprend non seulement la famille proprement dite, mais toutes les personnes reçues dans la famille et admises dans la maison à tout autre titre que celui de salarié. La direction de la communauté est confiée au plus ancien homme capable et à sa femme. Tous leur doivent respect et obéissance. A cette condition, tous ont des droits égaux sur le domaine et sont également obligés de donner leur travail dans l'intérêt de la communauté. Les revenus ainsi obtenus par le travail commun servent à l'entretien de tous. Le surplus, s'il y en a, est partagé également, mais le père et la mère prennent double part. Aucun membre de la communauté ne peut exercer une industrie séparée si ce n'est avec la permission du père et autant que le domaine ne réclame pas ses services, et la moitié de ce qu'il gagne ainsi doit être versée par lui dans la communauté. Du reste les membres de la communauté peuvent posséder séparément de l'argent et des meubles, et en disposer librement, soit entre vifs, soit à cause de mort.

Lorsqu'une communauté devient trop nombreuse, elle peut se partager en deux, à plusieurs conditions, dont la principale est le consentement de tous les intéressés majeurs. Ces partages ne peuvent être effectués qu'avec l'approbation et sous la surveillance de l'autorité militaire supérieure. Réciproquement, deux communautés peuvent être réunies en une seule.

Un individu peut passer d'une communauté à une autre, avec le consentement du père de famille, et à charge de régler ses comptes avec la communauté dont il cesse de faire partie. Quant aux femmes qui se marient hors de la communauté, elles n'ont droit à aucune part, et reçoivent seulement une dot fixée par la coutume, ainsi que les frais de noce. La loi stipule expressément que les repas de noce ne dureront pas plus d'un jour.

La loi de 1807 a été révisée en 1850. La loi nouvelle, faite pour la Croatie, l'Esclavonie et le banat serbe, a supprimé le caractère féodal des concessions, et a converti tous les tenanciers en propriétaires. Elle maintient au surplus les dispositions de la loi précédente, et notamment la distinction entre le fonds principal, propriété inaliénable de la famille, et l'excédent, qui reste soumis au droit commun. Elle règle avec plus de précision les droits de pâturage dans les communaux et les droits d'usage dans les forêts. Enfin elle maintient expressément les communautés de famille. Elle confère au dernier survivant de la communauté le droit de disposer, par testament, même des immeubles. L'administration reste toujours confiée au père et à la mère, avec le concours des hommes majeurs de dix-huit ans, dans les cas graves, et sous la surveillance de l'autorité municipale.

Le code civil serbe, rédigé en 1844, contient un chapitre sur la *zadruga* (art. 507-530). C'est, à peu de chose près, la même organisation que dans les Confins militaires, avec cette seule différence qu'en Serbie il n'est plus question de concession à titre de fief, ni d'obligation permanente au service militaire. La *zadruga* est définie une communauté de vie et de biens, fondée sur la parenté ou l'adoption. Chacun des membres de la communauté reste propriétaire des objets mobiliers qui sont à son usage personnel. L'administration appartient à l'ancien, qui ne peut ni aliéner ni hypothéquer sans l'assentiment des membres de la communauté mariés et majeurs. Les droits des veuves et des filles sont réglés avec précision.

Les deux lois les plus récentes sont celles de 1870 et 1874 pour la Croatie. L'article 2 de cette dernière loi interdit, pour l'avenir, la création de toute nouvelle *zadruga*. Les anciennes sont maintenues, mais les partages sont facilités et encouragés. Le partage se faisait originairement par tête. Les dernières lois ont introduit la règle du partage par souches.

Il existe encore chez les Slaves du Sud un très grand nombre de *zadrugas*. On peut lire à cet égard les descriptions qu'en ont données, d'après nature, MM. Bogisič et Krauss[1]. Il est peut être plus intéressant pour nous de rapporter ici les paroles d'un de nos vieux jurisconsultes, Guy Coquille. Le tableau qu'il trace du ménage des champs en Nivernais ne diffère pas de ce qu'on voit encore aujourd'hui dans les contrées du Balkan.

Voici les propres paroles de Coquille[2] : « Selon l'ancien établissement du ménage des champs en ce pays de Nivernois, lequel ménage des champs est le vrai siège et origine des bordelages, plusieurs personnes doivent être assemblées en une famille pour demener ce ménage, qui est fort laborieux, et consiste en plusieurs fonctions en ce pays qui de soi est de culture malaisée, les uns servant pour labourer et pour toucher les bœufs, animaux tardifs, et communément faut que les charrues soient traînées de six bœufs; les autres pour mener les vaches et les juments en champ, les autres pour mener les brebis et les moutons, les autres pour conduire les porcs. Ces familles ainsi composées de plusieurs personnes, qui toutes sont employées, chacun suivant son âge, sexe et moyens, sont régies par un seul, qui se nomme maître de communauté, élu à cette charge par les autres, lequel commande à tous les autres, va aux affaires qui se présentent ès villes ou ès foires, et ailleurs, a pouvoir d'obliger ses parsouniers en choses mobilières qui concernent le fait de la communauté, et lui seul est nommé ès rôles des tailles et subsides. Par ces arguments se peut congnoistre que ces communautez sont vraies familles et collèges qui, par considération de l'intellect, sont comme un corps composé de plusieurs

---

[1] Bogisič, *Recueil des coutumes actuelles des Slaves méridionaux* (Agram, 1874, en croate), ouvrage analysé eu français par Fedor Demelič, dans la *Revue de législation* (1876). Krauss, *Sitte und Brauch der Sudslaven* (1 volume in-8°, Wien, 1885). M. Rivière a publié dans le *Bulletin de la société de législation comparée* (Paris, 1888) un intéressant article sur la *zadruga*.

[2] *Questions sur les coutumes,* n° 58.

membres, combien que les membres soient séparez l'un
de l'autre ; mais par fraternité, amitié et liaison économique font un seul corps... En ces communautés on fait
compte des enfants qui ne savent encore rien faire, pour
espérance qu'on a qu'à l'avenir ils feront ; on fait compte
de ceux qui sont en vigueur d'âge pour ce qu'ils font ; on
fait compte des vieux, et pour le conseil et pour la souve-
nance qu'on a qu'ils ont bien fait. Et ainsi de tous âges et
de toutes façons ils s'entretiennent comme un corps politique qui par subrogation doit durer toujours. Or, parce
que la vraie et certaine ruine de ces maisons de village est
quand elles se partagent et se séparent, par les anciennes
lois de ce pays, tant ès ménages et familles de gens serfs
qu'ès ménages dont les héritages sont tenus à bordelage, a
été constitué, pour les retenir en communauté, que ceux qui
ne seroient en la communauté ne succéderoient aux autres,
et on ne leur succéderoit aussi. Les articles de la servitude
personnelle déclarent plus politiquement cette communauté, à savoir quand tous vivent d'un pain et d'un sel. »

Il n'y a pas un trait de ce tableau qui ne convienne à
la *zadruga* slave aussi bien qu'au ménage nivernais.
Remarquons en passant, avec Coquille, que cette institution
n'a rien de commun avec le servage ou la main-morte, et
qu'elle s'applique indifféremment à des personnes serves
ou franches. En réalité, c'est l'ancien type de la famille
rurale.

Mais on peut remonter plus haut encore, et c'est ce qu'a
fait tout récemment un pénétrant observateur, M. Bogisič [1]. La *zadruga* est une grande famille dont les membres sont unis entre eux par les liens de la parenté, de
l'alliance et de l'adoption. En la décomposant on arrive
à la famille élémentaire, composée uniquement du père,
de la mère et des enfants. C'est la maison du petit nombre,

---

[1] Bogisič, *De la forme dite* Inokosna *de la famille rurale chez les
Serbes et les Croates*, Paris, 1884.

inokosna, par opposition à celle où les bras sont nombreux, *zadruga*. Jusqu'ici on avait cru que cette famille rurale élémentaire se comportait comme la famille urbaine, c'est-à-dire que les biens étaient la propriété du père de famille, qui pouvait en disposer et qui les transmettait en héritage à ses enfants. Cette idée a même été acceptée par les législateurs modernes, et a passé dans tous les codes, même dans ceux de la Serbie et du Monténégro; c'était une erreur. La famille rurale élémentaire n'est pas, en fait, soumise à d'autres règles que la famille rurale composée. Elle constitue une association dans laquelle la propriété appartient à tous, aux enfants comme au père, et chaque enfant peut, du vivant du père, se retirer en emportant sa part. De là découlent de graves et nombreuses conséquences. Ainsi il n'y a pas, à proprement parler, de succession, puisque lors du partage chacun prend ce qui lui appartient déjà dans une masse commune; ainsi encore les biens ne répondent pas des dettes, à moins que ces dettes n'aient été contractées par tous les intéressés, à l'unanimité. Enfin les biens immeubles qui forment le capital social sont inaliénables ou du moins ne peuvent être aliénés que du consentement de tous.

Telle paraît être la plus ancienne forme de la famille, et c'est avec ce caractère que nous la voyons constituée dans les anciennes lois de l'Inde. Comment l'association primitive s'est-elle dissoute pour faire place, dans les villes, à la propriété du père de famille? C'est ce qu'il est impossible de dire dans l'état actuel de la science. Ce qu'il y a de certain c'est que cette transformation remonte à une antiquité extrêmement reculée. La type primitif, celui de la famille associée, ne s'est conservé qu'exceptionnellement, dans de certaines contrées, et pourtant il a laissé partout des traces qu'on ne saurait négliger. C'est expressément par souvenir de la communauté primitive que le droit romain donne au fils et à la fille le nom d'héritiers siens : *Sui quidem heredes ideo appellantur quia domestici heredes*

sunt et vivo quoque parente quodammodo domini existi-
mantur [1]. La transition d'une forme à l'autre s'accuse très
nettement dans la loi crétoise de Gortyne, qui semble avoir
servi de modèle à l'article 47 de l'ancien code de Monténégro : « Le père, dit cette loi, sera le maître des enfants et
des biens, et il dépendra de lui de faire un partage. La
mère sera la maîtresse de ses biens personnels. Tant qu'ils
vivront, le partage ne pourra pas être exigé, mais si l'un
d'eux vient à décéder, les biens du décédé seront partagés
conformément à la loi [2]. » Ici se présente à l'esprit la pa-
rabole de l'enfant prodigue [3] : « Et le plus jeune des deux
enfants dit à son père : Mon père, donne-moi la part qui
me revient dans les biens, et le père partagea avec eux. »
Il est bien évident qu'il s'agit ici non d'une part de succession, mais d'une part de communauté.

Cette constitution de la famille vivant en communauté
exclut naturellement le partage annuel des terres de culture tel que nous le voyons encore pratiqué en Russie.
Le partage annuel représente un degré ultérieur de civilisation, c'est une transition entre la communauté de famille et la propriété individuelle. Nous n'en trouvons pas
de traces chez les Slaves du Sud.

---

[1] Gaius, *Instit.*, II, 157.

[2] *Loi de Gortyne,* IV, lignes 23-31.

[3] Luc, V, 12 : Πάτερ, δός μοι τὸ ἐπιβάλλον μέρος τῆς οὐσίας. Καὶ διεῖλεν αὐτοῖς
τὸν βίον.

XI.

LES ANCIENS MONUMENTS DU DROIT
DE LA HONGRIE[1].

———

On lit dans la chronique anonyme des Hongrois[2] qu'a-
près une grande bataille gagnée sur les Grecs et les Bul-
gares le chef magyar Arpad, et son armée, s'arrêtèrent au
bord du lac de Curtueltou, près de la forêt de Gemelsen, et
y restèrent trente-quatre jours. Cette assemblée mit en

[1] On peut consulter les ouvrages suivants :

Endlicher, *Monumenta Arpadiana*, Sangalli, 1849. Kovachich, *Formulæ
solennes styli in cancellaria auriaque regum*, Pesth, 1799. *Vestigia comi-
tiorum apud Hungaros*, Pesth, 1790-1806. *Codex authenticus juris tavernicalis*, Bude, 1803. Le *Corpus juris hungarici*, dernière édition, Bude,
1846, contient l'ouvrage de Verboczi : *Opus tripartitum*. Kelemen, *Historia
juris hungarici*, 1818. Hajnik Imre, *Magyar alkotmany és jogtörténelem
(Histoire des institutions et du droit chez les Magyars)*, Pesth, 1872. Schu-
ler Libloy, *Siebenburgische Rechtsgeschichte*. 2e éd., Hermannstadt, 1867-
1868.

L'histoire de Hongrie la plus complète est celle de Fessler, refaite par Er-
nest Klein, 5 vol. in-8º, Leipzig, 1867 et suiv. L'ouvrage est écrit en allemand, mais par un Hongrois, et au point de vue national.

La collection intitulée *Monumenta Hungariæ historica*, actuellement publiée par l'Académie royale de Budapest, contient un très grand nombre de
chartes et d'actes de tout genre intéressants pour l'histoire du droit.

[2] *Anonymi gesta Hungarorum*, 40, dans Endlicher, p. 36.

ordre les coutumes nationales, régla les droits de chacun et les services qui pouvaient être exigés, déclara enfin comment la justice serait rendue pour chaque espèce de crime. Cela se passait en 895, au moment même où le vaste et fertile pays situé entre les Carpathes, le Danube et la Save venait d'être conquis par les Magyars. Un autre chroniqueur, qui écrivait vers l'an 1200, Simon de Kesa, nous apprend qu'avant d'entrer dans ce pays les Hongrois avaient remis le commandement à un chef suprême, investi du droit de maintenir la discipline et de punir tous les crimes, avec cette restriction toutefois que si ses jugements étaient injustes, ils pourraient être cassés, et lui-même déposé par l'Assemblée nationale. Celle-ci devait être convoquée périodiquement. Tous les Hongrois étaient tenus de se rendre en armes au lieu désigné. Celui qui ne comparaissait pas, et n'avait pas d'excuse valable, était tué à coups de couteau ou réduit en esclavage[1]. Verboczi qui écrivait au XVIe siècle, et dont nous reparlerons bientôt, rapporte la même coutume, à peu près dans les mêmes termes, et ajoute que le héraut chargé de la convocation portait un glaive ensanglanté[2].

Un siècle plus tard, en l'an 1000, le chef de la nation hongroise, Étienne, un descendant d'Arpad, était proclamé roi dans la ville de Gran, et les prélats mettaient sur sa tête la couronne envoyée de Rome par le pape. La nation hongroise embrassait le christianisme, renonçait à parcourir l'Europe les armes à la main, et prenait place parmi les nations civilisées. Ces guerriers nomades, venus des montagnes de l'Oural et des bords de l'Irtych, s'étaient mis à cultiver la terre et devenaient à leur tour un boulevard de la chrétienté contre les invasions des populations orientales. Le régime militaire du temps de la conquête ne leur suffisait plus. Il faisait place à des lois écrites, acceptées

---

[1] Simonis de Kesa, *Gesta Hunnorum*, 2, dans Endlicher, p. 89.
[2] Verboczi, *Opus tripartitum*, I, 3.

par l'Assemblée nationale. Celles qui furent ainsi portées sous le règne de saint Étienne (997-1038) ont été recueillies, sans doute par quelque clerc, secrétaire du roi, et forment deux livres dont le premier contient 35 articles et le second 21. C'est le plus ancien monument de la législation hongroise, et le premier acte du *Corpus juris hungarici.*

Remarquons, tout d'abord, le caractère de l'œuvre de saint Étienne. Les peuples germaniques avaient commencé par rédiger leurs anciennes coutumes. Chez eux la législation proprement dite n'était venue que plus tard. En Hongrie, au contraire, l'acte primitif est une loi, un produit réfléchi de la volonté nationale, qui a sans doute ses éléments dans le passé, mais qui les transforme et crée ainsi un ordre de choses nouveau. Ailleurs, et autrefois, l'État a pu jouer entre les individus le rôle d'un simple arbitre ; en Hongrie, dès le premier jour, il parle en maître, et en maître assez fort pour se faire obéir.

Cette différence est d'autant plus remarquable que la hiérarchie sociale est la même. On distingue, en Hongrie comme en Allemagne, les nobles, les simples hommes libres et les esclaves. La noblesse est formée par l'élite de l'armée conquérante. Les esclaves sont des captifs ou des condamnés. Quant aux hommes libres, ils comprennent la masse du peuple et les affranchis. D'après les services et les redevances dont ils sont chargés, soit envers le roi, soit envers les seigneurs, ils prennent des noms différents, *udvornici, jobagiones,* la force des choses les met plus ou moins dans la dépendance des seigneurs, mais ils restent toujours libres de leur personne, et peuvent toujours aller s'établir où il leur plaît. Les plus indépendants sont les habitants des villes et les hôtes ou colons appelés de l'étranger pour peupler les lieux déserts ou abandonnés. Ces hôtes sont toujours protégés par une charte, qui règle les conditions de leur établissement. A ces diverses classes de la société, saint Étienne en ajoute une nouvelle, le clergé, qui, par ses richesses et ses lumières, acquiert rapidement une grande autorité et devient un pouvoir politique.

Entre ces diverses classes les terres sont inégalement réparties. Au moment de la conquête, les Magyars se divisaient en cent et quelques tribus, dont chacune était formée de plusieurs familles, constituées sous un régime patriarcal. Le cantonnement eut lieu par familles ; on laissa aux chefs le soin de faire, entre leurs subordonnés, des répartitions plus ou moins précaires. Une grande partie des terres resta en dehors de ces opérations, et forma le domaine de l'État. C'est sur ce domaine que furent prises les dotations du clergé, et les récompenses accordées par le chef de la nation à ceux de ses compagnons qui l'avaient le mieux servi. Ainsi s'introduisit le régime féodal, en Hongrie comme ailleurs, avec cette différence toutefois que la royauté hongroise était plus forte, que par suite le pouvoir des seigneurs fut plus contrôlé et moins oppressif. Dès le règne de saint Étienne le roi nomme et révoque les fonctionnaires chargés de l'administration des comitats, ou bailliages. Il a ainsi en sa main la justice, l'armée et les finances, et tous les nobles sont justiciables de sa cour.

Sur les 56 articles dont se compose le décret de saint Étienne, il y en a quinze qui concernent la religion. Les biens de l'église et les droits des évêques sur ces biens sont déclarés inviolables. Les clercs ne peuvent être accusés que devant les tribunaux ecclésiastiques et le témoignage d'un laïque n'est pas reçu contre eux. La loi prescrit l'entretien du clergé par le peuple, l'observation du dimanche, des quatre-temps et du carême. Ceux qui n'observent pas le jeûne sont enfermés pendant une semaine, au pain et à l'eau. Ceux qui ne se rendent pas à l'église le dimanche sont fouettés et tondus, à l'exception de ceux qui restent pour garder les feux. Celui qui travaille le dimanche est puni par la confiscation de son bœuf, de son cheval, de ses outils, suivant les cas, et le bœuf est donné à manger aux gens du village. Ceux qui laissent mourir leurs parents

sans confession sont aussi condamnés au jeûne. Enfin ceux
qui refusent d'observer le christianisme sont soumis à l'autorité ecclésiastique qui a le droit de leur imposer des pénitences jusqu'à sept fois. A la huitième fois, c'est le roi qui
intervient et qui punit. Tout le monde est tenu d'assister à
l'office divin. Ceux qui n'écoutent pas sont expulsés, ou
même fouettés et tondus, suivant leur qualité.

Il doit y avoir une église par dix *villæ*. Les habitants
sont tenus de construire l'église et de lui donner deux
domaines, deux serfs, un cheval et une jument, six
bœufs et deux vaches, et trente têtes de menu bétail. Les
vêtements et costumes sont fournis par le roi; le prêtre
et les livres par l'évêque. Tout le monde doit, en outre,
payer la dîme. Ceux qui s'y refusent sont traités comme
voleurs.

Après le droit ecclésiastique vient le droit criminel. La
loi définit les crimes, fixe les peines et institue un tarif de
compositions. Au premier abord on croirait que les Magyars,
prenant pour modèle les lois germaniques, ont suivi la tradition que nous avons rencontrée chez tous les peuples
Aryens. Ce serait se méprendre grandement. Les Magyars
n'étaient point d'origine aryenne. Ce n'est pas chez les Germains ni chez les Grecs qu'il faut chercher les origines de
leur droit. On leur trouverait plutôt des affinités avec les
nations de l'Asie orientale. La composition, chez eux, n'est
pas le prix du sang versé. Elle représente la valeur de la
vie du coupable qui est admis à se racheter. L'idée, comme
on le voit, est toute différente de celle qui a prévalu dans
le reste de l'Europe.

Le meurtrier volontaire peut racheter sa tête en payant
cinquante sous d'or au roi, cinquante aux parents de la
victime et dix aux arbitres ou médiateurs qui ont réconci-
lié les deux familles. Le meurtrier involontaire ne paye
que dix sous d'or. Telle est la règle, mais les circonstances
qui modifient le crime modifient aussi la peine. Par
exemple si un meurtre a été commis sur un esclave, soit

par un esclave appartenant à un autre maître, soit par un homme libre, la loi permet dans le premier cas l'abandon noxal, et se contente, dans le second cas, du remplacement de l'esclave tué. Le mari qui tue sa femme doit payer aux parents de celle-ci une composition en têtes de bétail, variable suivant la qualité du meurtrier. Le noble (*comes*) doit cinquante bœufs, le soldat (*miles*) en doit dix, le vilain (*vulgaris*) en doit cinq.

Celui qui tire l'épée du fourreau pour frapper est égorgé avec la même épée. Mais s'il n'a pas frappé il peut se racheter en payant seulement la moitié de la composition ordinaire.

Pour les simples blessures la peine est le talion. Mais si le blessé guérit, le coupable peut se racheter en payant la composition ordinaire du meurtre.

Le parjure à la main coupée. Il peut la racheter en payant une amende de cinquante ou de douze bœufs, suivant qu'il est *unus valentium* ou un simple *vulgaris*.

Viennent ensuite une série de dispositions relatives aux rapports des seigneurs entre eux. La loi interdit de faire affranchir les esclaves d'autrui en les présentant comme siens, ou de réduire un homme libre en servitude, ou de débaucher les tenanciers établis dans une seigneurie soit à titre de soldats, *milites*, soit à titre d'hôtes, *hospites*. Le seigneur a sur eux un droit de poursuite et de revendication. Toute infraction à ces défenses est frappée d'une amende en bœufs, dont la plus grande partie revient au roi et le reste au seigneur lésé.

Le ravisseur d'une fille est tenu de la rendre aux parents de celle-ci, et de payer une amende de dix ou cinq bœufs suivant qu'il est riche ou pauvre.

Un homme libre ne peut épouser une esclave qu'en devenant esclave lui-même. Tout commerce illicite avec une femme esclave est puni pour la première fois du fouet ; pour la seconde fois du fouet et de la tonsure ; pour la troisième fois de la perte de la liberté. Si le coupable est un esclave, il est vendu, et le prix partagé entre les deux seigneurs.

Le coupable du crime d'incendie restitue l'édifice et les meubles brûlés, et paye en outre une amende de seize bœufs, qui valent quarante sous.

Les attaques de maisons, à main armée sont punies d'une amende de cent, dix ou cinq bœufs suivant que le crime a lieu de seigneur à seigneur, ou de *miles* à *miles*, ou de vilain à vilain.

La sorcellerie, l'emploi de sortilèges et maléfices sont punis de peines canoniques. En cas de récidive le coupable est livré au roi ou même à la partie lésée qui en fait sa volonté.

Le vol est puni de peines différentes suivant la qualité du voleur. Si c'est un homme libre, il est vendu comme esclave, à moins qu'il ne se rachète. La seconde fois il est traité comme esclave voleur, la troisième fois il est mis à mort.

L'esclave voleur est traité comme il suit : la première fois on lui coupe le nez, à moins qu'il ne paye cinq bœufs; la seconde fois il perd les oreilles, à moins qu'il ne les rachète au même prix; la troisième fois il est mis à mort.

La femme mariée qui commet un vol peut être rachetée deux fois par son mari, mais à la troisième fois elle est vendue en esclavage.

Le seigneur qui abuse de son pouvoir pour enlever quelque chose à un *miles* restitue au double ce qu'il a pris.

Le crime de conspiration contre le roi ou le royaume entraîne l'excommunication. Le régicide, la trahison, la rébellion sont punis de mort, et les biens du coupable sont confisqués, mais non au préjudice des enfants.

La calomnie contre le roi est punie de mort; contre toute autre personne, le coupable a la langue coupée, à moins qu'il ne paye suivant les cas une ou deux compositions.

L'esclave n'est pas reçu à témoigner en justice contre son maître. Il en est de même de l'*udvornik*.

Le *miles* peut appeler, au roi, de la sentence rendue par le seigneur ; mais, si son appel est mal fondé, il paye au seigneur une amende de dix sous d'or.

Le droit criminel tient, comme on le voit, la plus grande place dans le décret de saint Etienne, comme dans toutes les législations primitives. Le droit civil n'est représenté que par quelques articles, mais d'une importance capitale [1].

Et d'abord toutes les propriétés, celles du roi comme celles des particuliers, sont déclarées inviolables ; en d'autres termes toutes les concessions de terres faites après la conquête sont reconnues définitives et irrévocables, ce ne seront pas seulement des bénéfices viagers. Chacun a le droit de disposer de ses biens comme il l'entend, de les laisser à sa femme, à ses enfants, à ses collatéraux ou à l'église. Ainsi la propriété est héréditaire et peut être transmise à titre gratuit, soit par donation entre vifs, soit même par testament. Telle est du moins l'interprétation généralement adoptée en Hongrie. C'est dans cette disposition du décret de saint Étienne que les Magyars trouvent encore aujourd'hui la base légale du droit de tester.

D'autres articles favorisent les affranchissements et assurent la condition des veuves. L'affranchissement non solennel, c'est-à-dire passé devant témoins, mais sans intervention du roi ou de son représentant est déclaré irrévocable. Alors même qu'il n'y a pas eu d'acte passé devant témoins, la liberté promise peut être maintenue sur la seule déclaration de la veuve et des fils du maître décédé.

La veuve qui reste avec des fils et des filles, et s'engage

---

[1] Nous ne nous arrêterons pas à relever les analogies qui rapprochent le droit magyar du droit slave. Les Slaves formaient l'ancienne population du pays. Il n'est pas étonnant que les Magyars leur aient beaucoup emprunté.

à les nourrir et à vivre avec eux, garde les biens, et personne ne peut la contraindre à se remarier. Si au contraire elle laisse ses enfants et se remarie, elle rend tous les biens et ne garde que ses hardes. La veuve qui reste sans enfants et promet de ne se point remarier conserve tous les biens, sa vie durant, et peut même en disposer, mais après sa mort tout revient aux parents du mari, et, à leur défaut, au ro i.

La femme abandonnée par son mari, qui est allé s'établir hors du royaume, est traitée comme la veuve, et peut se remarier aux mêmes conditions. Si le mari revient, il peut aussi se remarier avec une autre femme, mais seulement avec le consentement de l'évêque. Ainsi le droit canonique admettait ou tolérait alors la dissolution du mariage par l'absence de l'un des époux.

L'esclavage n'est pas supprimé, mais on voit qu'il va bientôt disparaître. Saint Étienne a donné la liberté à tous les esclaves chrétiens de ses domaines. Il déclare que toute personne peut racheter et affranchir les esclaves d'autrui. Sur le prix un tiers revient au maître, un tiers au comte et un tiers au roi.

Telles sont les principales dispositions du décret de saint Étienne. A la fin du XIe siècle un autre roi, qui fut aussi un saint, Ladislas, compléta l'œuvre de son prédécesseur. Les lois de Ladislas, qui régna de 1077 à 1095, ont été réunies en trois décrets ou livres, dont le premier, en 43 articles, est surtout consacré au droit canonique. On y trouve cependant une règle importante de procédure : celui qui fait défaut devant la cour du roi, soit comme demandeur, soit comme défendeur, perd son procès et encourt une amende dans un cas, la restitution au double dans l'autre.

Le second décret de Ladislas contient seize articles et le troisième trente. Il n'y est guère question que du vol, sous toutes ses formes. La répression devient plus énergique et se rapproche davantage des conceptions du droit primitif. Celui qui prend un voleur sur le fait, lui liera les mains et

le traînera devant le juge, qui punira sur l'heure, sans
autre forme de procès. Tout ce que la loi exige c'est que le
voleur soit remis au juge dans les quatre jours, sous peine
d'amende. Celui dont les bêtes ont été volées et qui les suit
à la trace a le droit de perquisition dans le village où les
traces aboutissent. Pour couper court à l'industrie des recé-
leurs, il est interdit de vendre ailleurs qu'au marché,
devant le juge et le péager, en présence de témoins. Si
l'objet volé est de peu de valeur, une oie, par exemple, ou
une poule, on se contente d'arracher un œil au voleur,
mais en général il est pendu sans merci, à moins qu'il ne
trouve asile dans une église, auquel cas il a la vie sauve,
mais les yeux crevés. Si l'objet volé vaut plus de dix deniers,
le voleur homme libre restitue douze fois cette valeur et
paye en outre une amende d'un bœuf, le voleur esclave
restitue le double, et a le nez coupé. Par mesure préven-
tive le commerce des bœufs et des chevaux est presque
complètement interdit sur les frontières du royaume. Ce
qu'on vend à l'étranger est présumé provenir d'un vol.

La loi ne se montre pas difficile en fait de preuve. La
clameur publique suffit. Qu'un village tout entier dénonce
tel ou tel comme voleur de profession, l'affaire est portée
devant le juge, et, s'il y a condamnation, tous les biens du
malheureux sont confisqués, les trois quarts au profit du
roi, le reste au profit des habitants du village qui a exercé
la poursuite. La clameur publique n'est même pas nécessaire si un village est suspect comme donnant asile à des
voleurs. Le commissaire du roi s'y transporte, partage les
habitants par groupes de dix, et prend et juge un homme
de chaque groupe. Si cet homme est innocent, les neuf
autres le sont aussi, mais s'il est condamné, la peine subie
par lui ne libère pas les autres. Ils y passent tous jusqu'à
ce qu'il se trouve un innocent.

Au xi⁰ siècle ces dispositions paraissaient déjà rigoureuses. Au xiii⁰ elles étaient devenues intolérables. Elles
furent expressément abrogées par la Bulle d'or, la grande

charte de la Hongrie, promulguée sous le règne d'André II, à deux reprises, en 1222 et 1235. Cette charte, qui forme encore aujourd'hui la base du droit public de la Hongrie, qui a défini les pouvoirs du roi, de la noblesse et du clergé, et qui a proclamé, comme suprême garantie constitutionnelle, le droit de résistance, abolit toute poursuite criminelle par la clameur publique. Nul, désormais, ne pourra être arrêté ni mis à mort autrement que par jugement. Les femmes et les enfants ne pourront être vendus pour le crime de leur mari ou de leur père. En cas de condamnation capitale le roi peut confisquer les biens et les distribuer à qui il lui plaît, mais il ne peut les faire incendier, et la femme du condamné a toujours le droit de reprendre sa dot. Les grands principes du droit criminel, trop longtemps méconnus, ne pourront plus être mis en oubli, car ils sont incorporés dans la constitution. En même temps on voit apparaître dans la Bulle d'or une règle de droit civil qui, à elle seule, révélerait déjà l'avènement d'une ère nouvelle. A défaut de fils, la fille hérite. Il est vrai qu'elle n'hérite pas pour le tout. Tandis que le droit primitif ne lui accordait qu'une dot, désormais, à défaut de fils, elle prendra les biens de la succession jusqu'à concurrence du quart. Le reste passera aux collatéraux, et, à défaut de ceux-ci, au roi.

A côté de ces lois générales on trouve un grand nombre de chartes locales, accordées par le roi aux bourgeois d'une ville ou aux colons d'un district. Ces chartes assurent aux habitants la libre disposition de leurs personnes et de leurs biens, et règlent avec précision les obligations et redevances auxquelles ils sont assujétis. Ils élisent leur maire qui est aussi leur juge et siège avec douze jurés. Le duel judiciaire est aboli et toutes les affaires se terminent *duodecim hominum juramento*[1]. La charte de fondation de la

---

[1] On trouve cependant le duel judiciaire expressément maintenu dans la charte de Bistricz en 1255.

ville d'Agram (1242) établit une échelle de composition pour tous les délits contre les personnes, et pose en principe qu'en cas de vol, le seigneur de la terre où le vol a été commis est tenu de rendre la chose volée ou de faire connaître le voleur. Une autre charte, donnée aux *hospites* de Cosve (1270) maintient le talion pour les cas de meurtre ou de blessures emportant mutilation et dispose pour toutes autres blessures, ainsi qu'il suit :

« Si un hôte se prend de querelle avec un autre, se jette sur lui et le frappe, il payera autant de fois soixante deniers qu'il y a de pas entre les deux maisons.

« En cas de blessure faite avec une épée, le coupable payera autant de fois soixante deniers que la blessure a de pouces de profondeur.

« Celui qui frappe un autre avec un couteau, a la main percée, en plein marché, avec le même couteau. »

Les lois ne disent jamais tout, et cela est vrai des lois de la Hongrie. Avec elle on devine, plutôt qu'on ne connaît, l'état social du pays. Heureusement d'autres documents nous sont parvenus, plus riches que partout ailleurs, sur l'administration de la justice civile et criminelle dans les premières années du XIIIᵉ siècle. Les registres des anciennes Cours ne remontent guère, en France, qu'au commencement du XIVᵉ siècle. En Angleterre, en Allemagne, en Pologne on n'en a pas trouvé de plus anciens. C'est donc une singulière bonne fortune qui nous fait rencontrer en Hongrie un registre commençant en l'an 1209 et finissant en 1235. Ce registre est celui de la justice du chapitre épiscopal de Varad, entre la Hongrie et la Transylvanie (en allemand *Gross-Waradein*)[1]. Il contient 389 jugements, dont neuf seulement sont datés, rangés dans un ordre qui n'est

---

[1] Le registre de Varad a été imprimé pour la première fois à Kolosvar en 1540. Mais l'édition fut presque entièrement détruite. En 1740, Mathias Bel inséra le registre, avec un commentaire dans son *Apparatus ad historiam Hungariæ*. Enfin Endlicher l'a réimprimé en 1849, à la suite des *Monumenta Arpadiana*.

pas l'ordre chronologique. Le copiste aura sans doute transcrit les actes à mesure qu'ils lui tombaient sous la main. Ce
sont plutôt les jugements de Dieu que les jugements du
chapitre, car, dans les neuf dixièmes des cas, l'affaire est
décidée par l'épreuve du fer rouge. Voici comment se passaient les choses :

En toute matière, civile ou criminelle, les parties comparaissent d'abord devant le juge du comitat, ou devant
le juge délégué par le roi. Ce juge entend les parties,
vérifie les titres et reçoit les témoignages. Mais souvent la
preuve fait défaut et il n'y a dans l'affaire que des présomptions insuffisantes. Le juge ordonne alors que les
parties subiront l'épreuve du jugement de Dieu. Un officier de justice, une sorte de sergent, *pristaldus*, est chargé
de conduire les parties, ou de les faire rendre à Varad,
dans un certain délai et de les présenter au chapitre de
Varad. En effet, aux termes de l'article 22 du décret du
roi Coloman (qui date de l'an 1100 environ), l'épreuve du
jugement de Dieu ne peut avoir lieu que dans les églises
épiscopales et dans les grandes prévôtés, ainsi qu'à Presbourg et à Nitria (Nyitra, sur la Neitra)[1].

Sur le rapport du pristald, le tribunal procède à l'é-
preuve. Celle des deux parties qui doit la subir a déjà été
désignée par le juge, tantôt le demandeur, tantôt le défendeur, suivant la vraisemblance de leurs allégations respec-
tives. Après avoir jeûné pendant trois jours, le patient
reçoit la communion. On lui met ensuite dans la main
un fer rouge qu'il porte quelques pas plus loin, puis on
enferme cette main dans un sac scellé du sceau du chapitre. Quelques jours après le sac est enlevé, après que
les sceaux ont été vérifiés et reconnus intacts. Le tribunal
reconnaît de ses yeux s'il y a ou non trace de brûlure,
et tout est dit. Tous les jugements se terminent par l'une

---

[1] *Judicium ferri et aquæ in aliqua ecclesia fieri interdicimus, nisi in
sede episcopali et majoribus præposituris, necnon Posonii et Nitrix.*

de ces deux formules : *Portato ferro combustus est, Portato ferro justificatus est*. On exécute ensuite la condamnation civile déjà prononcée éventuellement, ou la peine portée par la loi. Ainsi dans une affaire de vol (n° 67), quatre des six accusés sont immédiatement pendus, *portato ferro combusti sunt et suspensi*.

On serait tenté de supposer que l'épreuve devait être subie par la partie en personne. On trouve cependant un grand nombre d'affaires où le patient n'est qu'un mandataire ou représentant de la partie. On admet, par exemple, pour plusieurs cointéressés un seul d'entre eux, un frère pour son frère malade, accusé de meurtre (n° 90), un fils pour sa mère trop âgée (n° 2). En matière de revendication, c'est au garant et non au garanti que l'épreuve est imposée (n°s 249, 265, 274).

Très souvent, au moment où l'épreuve va commencer, un arrangement intervient. La peur saisit le patient, ou même son adversaire; elle amène suivant les cas un aveu, un désistement ou une transaction. Souvent aussi l'une des parties fait défaut. Dans aucun de ces cas l'épreuve ne peut avoir lieu. Quelquefois la partie se désiste après l'épreuve, mais avant l'ouverture du sac.

Il arrive quelquefois que le patient veut user de fraude. Dans une affaire où il s'agissait d'une simple dette de trois fertons, la moitié d'un mark, le défendeur, au moment de subir l'épreuve, mit dans sa main l'hostie qu'il avait gardée dans la bouche. Il fut surpris et tenu de payer (n° 332). D'autres fois, après l'épreuve, le patient ouvre le sac dans lequel sa main est enfermée, et s'efforce sans doute de faire disparaître les traces de brûlure. Mais pour ouvrir le sac il faut rompre les sceaux apposés sur les attaches. La fraude est facile à reconnaître, et quand elle est reconnue l'épreuve est annulée (n°s 146, 309, 311). Souvent le patient se sent brûlé, et, avant l'ouverture du sac, il prend la fuite ou se réfugie dans une église ayant droit d'asile. Il peut encore obtenir par ce moyen un arrangement, ou, s'il s'agit d'un crime emportant peine capitale, la vie sauve (n°ˢ 18, 19, 100, 105, 120, 121, 150, 214, 216, 224, 259, 270, 319, 321).

Celui qui doit subir l'épreuve peut avoir un juste motif qui l'empêche de se présenter. Dans ce cas, il est excusé. quelquefois il est dispensé de l'épreuve comme trop faible pour la supporter (n°ˢ 67, 90, 92).

L'homme qui, se sentant brûlé, s'est réfugié dans une église, échappe ainsi à la peine, mais non aux restitutions et amendes. Ainsi le voleur ne sera point pendu, mais s'il est hors d'état de payer, il sera vendu, comme débiteur insolvable, avec sa femme, ses fils et ses filles (n°ˢ 150, 189).

Les clercs, même les simples diacres, sont admis à remplacer l'épreuve du fer rouge par celle du serment (n° 34). Le serment est exigé surtout dans les affaires civiles. Il se prête à Varad, devant le chapitre, sur la tombe de saint Ladislas (n°ˢ 110, 125, 140, 157, 208, 209, 248, 323). Quelquefois le juge déclare s'en rapporter au serment qui sera prêté par un tiers, par exemple par un témoin, ou par la femme d'une des parties, ou par deux parents ou dix témoins, ou encore par quatre parents du défendeur, lesquels seront désignés par le demandeur. Ce dernier cas est remarquable parce qu'il s'agissait d'un fait de recel, c'est-à-dire d'un crime. Il y en a un exemple dans un cas de meurtre (n° 74). Une question d'état est tranchée par le serment de deux parents (n°ˢ 209, 241, 244, 247, 266, 351).

Lorsqu'il s'agit d'une question de propriété, le serment prend un caractère étrange. Le réclamant se place sur le terrain même qui est en litige. Il prend une poignée de terre et la met sur sa tête, puis il prononce des imprécations contre lui-même et contre toute sa postérité [1].

---

[1] Ceci se trouve non dans le registre de Varad, mais dans de vieilles chartes publiées par l'Académie hongroise (Collection des documents relatifs à l'histoire de Hongrie, tomes 3 et 5). « Ad majorem tamem cautelam ipsum Grab super prædicta particula terræ personaliter constitutum ad per-

Les crimes les plus fréquents sont le vol, le larcin ou vol avec violence, le meurtre, l'empoisonnement, l'incendie, les dommages causés aux propriétés, les coups et blessures.

Les procès civils sont en général relatifs à des questions d'état ou de propriété, quelquefois de douaire ou de succession. Souvent aussi il s'agit simplement du recouvrement d'une créance en argent, sans mention de la cause. On voit apparaître ici toutes les classes de la société, et elles étaient nombreuses en Hongrie, udvorniks, serfs, jobagions, *ministeriales regis, castrenses,* etc.

Dans certaines affaires il est question de cautions, et on voit clairement qu'en Hongrie on suivait, à l'égard des cautions, la règle du droit primitif, c'est-à-dire qu'elles étaient poursuivies avant le débiteur principal (n°s 86, 117).

Le prévenu de vol de chevaux ou de bestiaux est tenu de nommer son auteur et de le présenter. Celui-ci prend le fait et cause de son acheteur, et subit seul l'épreuve (n°s 168, 265, 274, 302).

Il en est de même en matière d'occupation d'immeubles par la violence (n° 249).

Tous les actes importants de la vie civile peuvent être faits ou rapportés devant la Cour et reçoivent ainsi une solennité qui en assure l'exécution. Ce sont surtout les affranchissements d'esclaves, les ventes d'immeubles et les testaments qui sont passés en cette forme. Pour les transactions, c'est la règle. Dans les ventes, il est d'usage de faire intervenir le plus proche parent du vendeur, qui donne son consentement et renonce ainsi au droit de retrait (n°s 342, 142). Le testament se fait verbalement devant le chapitre, sous la forme d'une adoption (n° 136).

On s'est souvent demandé ce qu'était en réalité l'épreuve.

sonam suam et ad filios filiorum suorum jurare fecimus oribili juramento. » — « Sicut moris est jurare super terram, recipiendo terram, ad manus et ponendo super capita sua jurabunt. « Cf. une charte de 1360 citée par Grimm, *Deutsche Rechtsalterthümer,* p. 120.

Y avait-il supercherie de la part des juges, ou bien le résultat était-il abandonné au hasard? Et dans ce dernier cas, comment le hasard pouvait-il être favorable? Comment le patient pouvait-il porter un fer rougi à blanc sans se brûler les mains? Nous voyons cependant que tout compte fait, l'épreuve subie faisait autant d'innocents que de coupables. L'explication suggérée par les indications du registre de Varad nous paraît être celle-ci : le fer était chauffé non au rouge blanc, mais à une température suffisante pour produire une brûlure du premier degré. L'épreuve durait à peine quelques secondes, et dans ces conditions la brûlure était légère. Elle pouvait facilement se guérir en quelques jours, et le plus ou moins de rapidité de la guérison décidait du sort du patient. Il ne faut pas oublier que la main qui avait porté le fer était enveloppée, après l'épreuve, dans une sorte de sac ou de gant, où elle restait pendant plusieurs jours, temps suffisant pour que la plaie, s'il y en avait une, se guérît complètement et sans laisser de trace. On ne voit pas qu'en aucun cas la brûlure ait été grave, ni qu'elle ait entraîné la perte d'un membre. Il n'est question que de voir s'il reste une cicatrice. Ainsi s'explique ce fait que les résultats positifs sont aussi nombreux que les négatifs, et cet autre fait que les parties ne manifestent aucune épouvante quand il s'agit de subir l'épreuve, et qu'elles trouvent des mandataires prêts à subir l'épreuve pour eux. Quant à la supercherie, il est possible qu'il y en eût, mais nous n'avons pas besoin de le supposer.

Le jugement de Dieu a été pratiqué en Hongrie jusque vers la fin du xiiie siècle. La suppression des épreuves eut pour conséquence un changement dans la procédure. Au commencement du xive siècle, l'extinction de la ligne masculine dans la maison royale de Hongrie ayant fait passer la couronne à un prince de race française, Charles d'Anjou et de Naples, qui régna de 1310 à 1342, un des premiers soins du nouveau roi fut de réformer la procédure, et le modèle qu'il se proposa fut la procédure française. Cette tradition, expressément attestée par Verboczi[1], a été mal à propos contestée par quelques écrivains, tels que Fessler et Kelemen. On s'accorde généralement aujourd'hui à la tenir pour bien fondée. La Cour royale de Bude se modela donc, en quelque sorte, sur le Parlement de Paris. Comme lui, elle eut son style et ses formules.

Celles-ci ont été recueillies et mises en ordre, sous le règne de Louis Ier, le deuxième des princes angevins (1342-1382), par un légiste dont le nom est demeuré inconnu[2]. Si le fond du droit reste toujours le même, comme on le voit par la comparaison des actes de tout genre et de toute époque qui remplissent aujourd'hui plusieurs volumes des *Monumenta Hungariæ historica,* du moins on peut mesurer les progrès accomplis par la procédure civile et criminelle. L'épreuve du fer rouge a disparu. Le duel judiciaire subsiste encore, même dans les procès purement civils, comme les revendications, mais sous une forme adoucie. L'ancienne forme, celle du combat à mort, sans armes défensives, est devenue un objet d'horreur. On ne la tolère que par exception. La preuve se fait en général par témoins, et, à défaut, par le serment. Le témoignage doit toujours être appuyé par l'affirmation unanime d'un certain nombre de cojureurs. On en compte parfois jusqu'à deux cents, mais le juge n'en entend jamais plus de trois. Les autres se contentent de lever la main. D'autres formules nous font assister à des poursuites criminelles, et particulièrement au règlement de la composition pécuniaire, qui met fin à toutes poursuites.

La législation de la Hongrie a donc subi, de bonne

---

[1] Voici les paroles mêmes de Verboczi, livre II, titre 6, § 12. « Processus iste judiciarius et usus processuum quem in causis inchoandis, prosequendis, discutiendis et terminandis observamus, regnante ipso domino Carolo rege, per eumdem ex Galliarum finibus in hoc regnum inductus fuisse perhibetur. »

[2] Ce recueil découvert par Kovachich dans la bibliothèque de Vienne et publié par lui en 1799, contient 246 formules et porte le nom d'*Ars Notarialis.*

heure, une influence française. Ce ne fut pas la seule. Nous avons déjà vu que le droit canonique était appliqué par les tribunaux ecclésiastiques dont la compétence s'étendait à des matières très diverses, et, entre autres, aux testaments. Les colons allemands qui fondèrent des villes en Hongrie apportèrent aussi dans ce pays leurs habitudes et leurs coutumes, et on trouve dans le droit de la bourgeoisie quelques traces d'origine germanique. Quant au droit romain, il ne fut jamais autre chose en Hongrie qu'un objet d'étude, propre à former et à développer l'esprit des jurisconsultes. Il ne pénétra pas dans la pratique. Tandis que l'Allemagne l'adoptait à titre de droit commun, la Hongrie le repoussait, et codifiait son droit national.

Ce travail de codification paraît dater du xv° siècle, et commença par le droit des villes ou de la bourgeoisie. Il y avait en Hongrie huit villes privilégiées, Bude, Pesth, Kaschau, Bardfa, Tyrnau, Presbourg, Epéries et Sopronia (OEdenburg). Après la conquête de Bude et de Pesth par les Turcs, le nombre des villes libres se trouva réduit à six. On en créa une septième qui fut Zakolcza. Chacune de ces villes avait sa juridiction particulière, civile et criminelle, composée du juge et de douze assesseurs jurés, tous nommés pour un an par l'assemblée municipale, composée généralement de cent personnes. Ce tribunal désigne à son tour un *judex minor* pour l'expédition des petites affaires. Au-dessus de ces tribunaux est une cour d'appel pour les affaires importantes. Elle est composée du *magister tavernicorum*, et de juges députés, un par chaque ville libre.

L'institution de cette Cour devait conduire tôt ou tard à la codification du droit qu'elle était chargée d'appliquer. Et en effet, dès le xv° siècle, on voit apparaître un recueil intitulé : *Droit civil et coutumes des huit anciennes villes libres de la Hongrie*[1]. Il est divisé en quatre livres dont

---

[1] Ce recueil a été publié en 1803 par le savant Kovachich, avec d'autres

le premier traite des successions, le second du sang versé, le troisième des testaments, et le quatrième des dettes. Quoique dépourvu de caractère officiel, ce livre paraît avoir eu en fait toute l'autorité d'un code.

En matière civile, le défendeur est cité par le juge à jour fixe. L'affaire peut être remise à un autre jour, par deux fois. A la troisième audience elle est nécessairement jugée, que le défendeur comparaisse ou non. Si le demandeur ne fait pas sa preuve, soit par témoins, soit par lettres, le défendeur est admis à faire serment qu'il ne doit rien. En cas de condamnation, il n'est pas question d'exécution contre la personne du débiteur. On le met d'abord en demeure de payer. S'il n'a pas d'argent ni d'or, et s'il déclare avec serment qu'il n'en a pas, le juge saisit les meubles, puis la maison de ville, puis les terres du débiteur, et les adjuge au créancier, sur estimation, jusqu'à due concurrence. A Pesth on observe, à ce sujet, une coutume singulière : quand le débiteur n'a pas d'argent pour payer, on détache de sa maison un morceau de bois ou de pierre sur lequel on écrit le lieu, la date, le chiffre de la dette, les noms du créancier et du débiteur ; on enveloppe cet objet dans une cédule descriptive, et on le remet au créancier qui le garde un an et un jour. Ce délai expiré, le créancier représente son gage, et le juge fait estimer la maison par deux experts. Si le débiteur ne s'acquitte pas dans les quinze jours de l'expertise, la maison est adjugée au créancier en toute propriété. Il en est du reste ainsi de toute espèce de gage, même du gage conventionnel. Le créancier non payé retient en paiement de sa créance et d'après estimation la chose engagée, avec cette seule réserve que lorsqu'il s'agit d'une maison, les parents du débiteur, et à leur défaut les voisins, ont un droit de retrait.

pièces concernant la juridiction du *magister tavernicorum* sous ce titre : *Codex authenticus juris tavernicalis.*

Les ventes d'immeubles ont lieu en général par devant témoins et en présence du tribunal. Les tiers qui prétendent avoir des droits sur les immeubles vendus peuvent les faire valoir pendant un an et un jour. Passé ce délai ils sont forclos. Les frères, les parents par le sang, les amis, les voisins ont un droit de retrait. Si l'acheteur est un forain qui refuse de venir habiter la ville, le retrait peut être exercé par tout habitant. La femme ne peut aliéner les biens propres qui lui proviennent de son père et de son aïeul; du moins elle peut faire révoquer les aliénations consenties par elle. Il lui suffit de déclarer qu'elle a été contrainte par son mari. Les tuteurs ou exécuteurs testamentaires ne peuvent non plus aliéner les immeubles appartenant à des mineurs. En général les parties ne peuvent revenir sur leur consentement, et toute vente est irrévocable, sauf l'action résolutoire du vendeur en cas de non paiement du prix.

Liberté absolue de tester, en ce qui concerne les acquêts, mais quant aux propres, provenant du père ou de l'aïeul, il est interdit d'en disposer au préjudice de la femme et des enfants. Les biens propres ne peuvent même être aliénés entre vifs qu'en cas de nécessité absolue. Le mari ne peut ni aliéner par acte entre vifs, ni donner par testament les biens compris dans le douaire de sa femme. Mais le mari et la femme peuvent librement disposer, soit entre vifs, soit par testament, des biens qui leur sont advenus pendant le mariage, même par succession.

Au décès de l'un des époux, s'il y a des enfants, tous les biens sont dévolus à l'époux survivant et aux enfants. S'il y a partage, l'époux survivant prélève le mobilier qui garnit la maison, les filles mariées rapportent les sommes dépensées pour les frais de leur noce, et la masse se divise par portions égales entre l'époux survivant et tous les enfants, filles ou garçons.

Le mari peut disposer, par testament, des acquêts faits pendant le mariage, pourvu que la femme y consente. Mais la femme peut s'y opposer et réclamer pour elle la moitié des acquêts. En d'autres termes, la coutume institue entre les époux le régime de la communauté d'acquêts.

L'enfant qui tient une mauvaise conduite est incapable de recueillir sa part héréditaire. Il en est de même de l'hérétique. La femme notoirement infidèle ne peut disposer de ses biens, qui sont dévolus au mari. Les enfants naturels ne peuvent concourir avec les enfants légitimes. Les enfants dont la conduite est bonne ne peuvent être déshérités, mais ceux qui ont encouru de graves reproches peuvent être exclus, avec l'autorisation du tribunal. Enfin la coutume prévoit et décrit la démission de biens, ou bail à nourriture, dont la révocation peut toujours être prononcée par le tribunal lorsque le preneur n'exécute pas fidèlement ses obligations.

En droit criminel il ne reste plus que quelques vestiges de la législation de saint Étienne et de Ladislas. Les crimes sont énumérés et définis avec précision. La peine capitale est fréquemment appliquée. Elle s'exécute de toutes les manières : par la hache, le bûcher, la roue, la potence, du moins pour les hommes, car pour les femmes on les noie dans un sac ou on les enfouit. Les autres peines sont l'amende, qui se paie par moitié au juge et par moitié à la partie lésée, et en certains cas exceptionnels l'amende honorable, le bannissement, le fouet, la marque et la mutilation de l'oreille ou de la main. La peine du vol est graduée suivant la valeur de l'objet volé; il n'entraîne la peine capitale que si cette valeur dépasse quatre florins d'or. De même l'amende varie suivant les circonstances, mais la loi fait elle-même l'appréciation par avance, et ne s'en rapporte pas à l'estimation du tribunal. Il y a un prix fixe pour chaque mot injurieux, pour chaque coup, pour chaque membre lésé. S'il y a une plaie, on sait quelle doit en être la longueur et la profondeur. Si la barbe a été arrachée, on compte les poils et chaque poil vaut un mark.

Toutes ces dispositions sont assez rigoureuses, mais il faut ajouter que l'application n'en est pas toujours exigée. En général, la peine n'est prononcée que sur la poursuite exercée par la partie lésée. Or, non seulement cette partie peut transiger, mais souvent c'est le juge lui-même qui conseille la transaction. En cas de simple meurtre, par exemple, le juge doit interpeller à trois reprises la partie poursuivante, et lui demander si elle insiste pour obtenir une condamnation. « Mon brave homme, lui dira-t-il, ou ma brave femme, que gagneras-tu à la mort de cet homme? Est-ce que cela te rendra ton mari ou ton frère[1]? » Si le poursuivant insiste, la condamnation est prononcée et exécutée, mais la loi et le juge ont tout fait pour éviter cette extrémité.

Il y a pourtant un cas, un seul, où le procès peut être instruit d'office. C'est celui où un meurtre a été commis sur la personne d'un forain qui n'a ni parents, ni amis, dans la ville. Alors c'est le juge lui-même qui remet ses pouvoirs au juge inférieur, descend de son siège et se transforme en accusateur. On peut aussi, en cas d'homicide, prononcer une condamnation par contumace, et cette condamnation est définitive. Le contumax peut être mis à mort en quelque lieu qu'il soit rencontré.

L'accusateur est tenu de faire la preuve, et il la fait par les moyens ordinaires, c'est-à-dire par les témoignages ou indices. Mais s'il ne la fait pas, l'accusé n'est pas nécessairement absous. En certains cas il est mis à la question; d'ordinaire on exige de lui un serment, et, suivant la gravité du cas, un certain nombre d'assistants ou de cojureurs. Pour le meurtre, par exemple, la loi veut que

---

[1] Lib. III, cap. 61, *De homicidio :* « ...Mitibus sermonibus obviari actori ne festinet in mortem ipsius homicidæ... Judex actorem debet inquirere utrum sua jura contra homicidam petit effectui mancipari, qui si responderit quod vult, judex tanquam misericordia· motus compatiendo debebit dicere : Bone vir, aut Bona mulier, quid tibi auxiliabitur de morte hujus viri? Numquid resurget ipso facto vir tuus vel frater? »

l'accusé se présente, lui centième, et qu'il jure lui quarantième. Enfin si l'accusé s'évade de la prison où il est
détenu préventivement, il est par là même tenu pour coupable.

Une disposition remarquable, et qui se retrouve dans les
lois suédoises est celle-ci. Lorsqu'un meurtre a été commis
par plusieurs personnes, en troupe, l'accusateur ne peut
en poursuivre qu'une seule comme auteur principal, une
autre comme second auteur, ayant encouru seulement la
moitié de l'amende, un troisième comme *auxiliator specialis*
passible d'une amende moins forte. Les autres ne peuvent
être que des complices, et ne jouent qu'un rôle secondaire
au procès.

Le livre dont nous venons de parler ne concernait encore que le droit d'une certaine classe de la population. Il
restait à accomplir une œuvre plus difficile, la rédaction
de la coutume générale du royaume. Au commencement
du xvie siècle un jurisconsulte distingué qui avait étudié
le droit romain à Vienne, mais qui avait appliqué le droit
national comme juge, Étienne de Verboczi, lieutenant du
roi, entreprit ce travail, par l'ordre du roi Ladislas auquel
il le présenta en 1514. Ladislas l'approuva, mais mourut
avant d'avoir pu le promulguer, et quelques années après
la monarchie hongroise périssait à la bataille de Mohacz.
Le livre de Verboczi n'en eut pas moins d'autorité, et
aujourd'hui encore l'*opus tripartitum* — c'est le titre sous
lequel il fut publié — forme la base du droit civil hongrois[1].

---

[1] Le livre de Verboczi n'est pas absolument original. L'auteur a eu sous
les yeux une *Summa legum* écrite dans la première moitié du xive siècle
par un allemand de Wiener-Neustadt, manuel de pratique emprunté au
droit romain et aux coutumes de la Basse-Autriche. Ce recueil qui paraît remarquable nous a été conservé dans deux manuscrits, de Vienne et d'Olmütz,
et dans une traduction allemande (à Presbourg). V. un mémoire lu en 1883
à l'Académie des sciences de Vienne, par Tomaschek, sous ce titre : *Ueber
eine im österreich in der ersten hälfte des xiv Jahrhunderts geschriebene*

La première partie traite des droits de la noblesse. Elle se transmet par le père, et peut toujours être créée par le roi, qui fait des nobles à volonté. Les nobles ont quatre droits fondamentaux : 1° Ils ne peuvent être détenus qu'en vertu d'un jugement, après avoir été cités et entendus, sauf les cas de crimes atroces, tels qu'assassinat, incendie, viol, brigandage, et encore à condition qu'ils soient pris en flagrant délit, sur le lieu même. 2° Ils ne doivent obéissance qu'au prince légitimement couronné. Ce prince même n'a aucun pouvoir ni sur leurs personnes ni sur leurs biens, si ce n'est dans les cas et suivant les formes de la loi. 3° Ils ne doivent aucune taxe ni redevance quelconque, et ne sont astreints qu'au service militaire. 4° Enfin ils ont le droit de résistance contre toute atteinte portée aux droits reconnus par la Bulle d'or.

Tous les biens des nobles sont censés provenir de donation royale. Ils font retour à la couronne en cas de déshérence et peuvent être confisqués en cas de félonie. Les nobles ne peuvent ni les aliéner, ni les hypothéquer au delà d'une certaine somme sans la permission du roi.

Les biens se distinguent en propres, *bona avita*, et acquêts. Chacun peut disposer librement de ses acquêts ; mais, pour les propres, le père ne peut les aliéner que du consentement de ses fils.

Le père a la puissance paternelle sur les filles jusqu'à leur mariage, sur les fils jusqu'au partage. Le père et les fils sont en quelque sorte co-propriétaires et vivent en commun ; mais, en cas d'abus, ils peuvent respectivement exiger le partage. Il est bien entendu que les acquêts ne font pas partie de cette communauté, et que chacun garde les siens.

La majorité complète est fixée à l'âge de vingt-quatre ans, mais avant cet âge, le mineur acquiert progressive-

Summa legum incerti auctoris, und ihr Quellenverhältniss zu dem Stadtrechte von Wiener Neustadt und dem Verböcischen Tripartitum.

ment certains droits. Ainsi à douze ans il peut ester en justice, à seize ans il peut s'obliger, à dix-huit ans il peut aliéner tous biens autres que des immeubles. Les filles ont les mêmes droits à douze, quatorze et seize ans.

La succession est dévolue aux fils d'abord, puis aux frères et collatéraux. Elle se partage également. Toutefois la maison paternelle est attribuée au plus jeune pour sa résidence et son habitation. Quant aux filles, elles n'ont aucun droit sur les fiefs, mais elles prennent, quel que soit leur nombre, le quart de la succession, à partager entre elles. En se mariant, d'ailleurs, elles reçoivent une dot, et les biens qu'elles apportent ainsi en mariage peuvent être dotaux ou paraphernaux.

En matière de possession il est permis de repousser la force par la force pendant un an. Quant au droit de propriété, la prescription est de cent ans pour le roi, de quarante ans pour l'Église, de trente-deux ans pour les nobles, de douze ans, et même, en certain cas, d'an et jour pour les bourgeois.

Les femmes sont soumises à une tutelle perpétuelle, c'est-à-dire qu'elles ne peuvent agir seules. La tutelle des mineurs est légale, testamentaire ou dative. Elle appartient de plein droit à la mère non remariée.

Au premier livre est annexé un tarif d'évaluations légales qui doit être fort ancien, car il remonte à une époque où la monnaie était rare, et où, comme dans l'ancienne Rome, le bétail servait de mesure à toutes les valeurs d'échange. L'unité est un bœuf, qui vaut un mark. Une vache et son veau, ou quatre porcs, ou quatre moutons, valent autant qu'un bœuf. Une charruée de terre vaut trois marks, ou, si l'on veut, trois bœufs.

Le deuxième livre de l'*opus tripartitum* est consacré à l'exposition de la procédure civile et criminelle, c'est-à-dire de cette procédure qui, comme nous l'avons déjà dit, paraît avoir été empruntée à la France, au moins dans ses traits généraux. La marche en est simple : celui qui veut exercer une action en justice s'adresse d'abord au juge, et c'est le juge qui fait assigner la partie, par commission du roi. Les nobles sont cités personnellement, les non nobles en la personne de leur maître, qui est tenu de les repré-senter. Il est donné, pour comparaître, un certain délai, passé lequel intervient condamnation par défaut. Si les deux parties comparaissent, elles s'expliquent contradic-toirement, après quoi on administre la preuve. On entend d'abord les témoins. L'enquête terminée et le procès-verbal dressé, on passe aux serments. Le droit de faire preuve par son serment appartient, suivant les cas, et suivant le ré-sultat de l'enquête, tantôt au demandeur, tantôt au défen-deur. Le demandeur jure lui cinquantième. Quant au défendeur, il est aussi tenu de fournir des cojureurs, mais généralement moitié moins. Leur nombre descend jusqu'à trois quand il n'y a pas d'enquête. Le défendeur peut même jurer seul quand il est poursuivi pour dette d'argent, sans titre. S'il y a contestation seulement sur le chiffre, c'est le demandeur qui prête serment avec autant de cojureurs que la dette compte de marks. Les cojureurs doivent être nobles. On peut les récuser comme non nobles ou infames, mais en s'exposant à une amende de 200 florins d'or. Un paysan n'est cru sur son serment que jusqu'à la valeur d'un florin.

A côté de cette procédure, Verboczi en décrit une autre plus simple et en même temps plus efficace, c'est ce qu'il appelle *oculata revisio* ou descente sur les lieux. Lorsqu'il s'agit d'un immeuble occupé par violence, le juge se trans-porte sur les lieux, convoque les voisins et reçoit leur témoignage. Il prononce ensuite immédiatement la sentence capitale ou l'amende, et fait exécuter sa décision sur-le-champ, sans qu'il y ait lieu de faire prêter aucun serment.

La peine capitale est réservée pour les crimes les plus graves. En général la peine est une amende par laquelle le coupable est censé se racheter. Elle est de 400 florins pour un prélat ou un baron, et de 200 florins pour tout autre noble. (Le florin vaut 1/4 de mark). Il y a aussi des amendes spéciales pour certains délits. Ainsi pour la calomnie 200 florins, pour les injures 100 florins, à titre d'*emenda linguæ,* pour la rébellion 72 florins, ou un mark d'or. Primitivement chacun des auteurs de la rébellion payait une amende entière, mais, au temps de Verboczi, il n'en est plus exigé qu'une, quel que soit le nombre des coupables. L'ancien droit ne considérait comme rebelle que celui qui avait tiré l'épée. Verboczi atteste que de son temps on assimile à la rébellion toute résistance faite avec une arme ou par des moyens violents.

Le condamné peut demander un nouveau jugement, pour cause d'erreur du juge, ou en désavouant son procureur. La cause est alors décidée d'urgence et sans aucune remise. Les jugements sont assujétis à des formes rigoureuses. L'omission d'un seul mot, d'une seule lettre, suffit pour en entraîner la nullité.

Le livre III contient des dispositions particulières pour certaines provinces ou pour certaines classes d'habitants. Ainsi l'*homagium,* c'est-à-dire le prix moyennant lequel un coupable peut racheter sa vie, est fixé pour l'Esclavonie à 100 florins d'or seulement, c'est-à-dire à la moitié du prix d'un noble hongrois; il est de 66 florins dans la Transylvanie, et de 25 florins seulement dans le pays des Szeklers. L'*homagium* est toujours le prix du sang, mais le sang dont il s'agit ici est celui du meurtrier, et non celui de la victime. Verboczi fait ressortir ce caractère de la loi hongroise : « *Nonnulli dicunt homagium pretium esse hominis interempti;* » mais, dit-il, cette opinion est absurde, *nam mortuus nullo pretio redimi et a mortuis suscitari potest. L'homagium* est l'estimation du meurtrier lui-même, *quæ talis est ut homicidæ redimant se ab his quibus competit, juxta æstimationem capitum suorum.*

L'*homagium* des bourgeois est le même que celui des nobles, mais, au point de vue du serment, la loi fait entre les deux classes une grande différence. Le serment des bourgeois n'est reçu que jusqu'au taux d'un florin, à moins qu'il ne s'agisse d'une créance non prouvée par titre.

La transmission des immeubles entre bourgeois se fait par la prise de possession suivie d'une *fassio* ou déclaration publique. A partir de ce moment les tiers ont un an et jour pour réclamer, après quoi ils sont forclos. Verboczi atteste que de son temps la prescription d'an et jour se répand de plus en plus, *villanorum more,* et remplace la prescription de douze ans.

En cas d'usurpation commise de force le possesseur troublé ou évincé peut se défendre, et même reprendre la possession par la force, pendant une année. Ainsi c'est une guerre qui dure un an. Verboczi n'avait pas besoin de nous dire qu'il en est ainsi *de vetusta consuetudine regni.*

L'*homagium* des jobagions ou vilains est de 40 florins, sur lesquels le juge ne prend rien. La somme entière est payée à la partie adverse. Le vilain fait preuve par son serment, en jurant lui quarantième avec d'autres vilains comme lui, et même, suivant les cas, lui vingtième, ou lui dixième.

Le débiteur insolvable est livré par son seigneur au créancier qui peut le garder quinze jours en prison sans être tenu de lui fournir des aliments. Après ce délai le débiteur peut sortir de prison, en s'engageant, avec caution, à payer chaque semaine à son créancier le tiers de tout ce qu'il pourra gagner soit en travaillant, soit même en mendiant. S'il refuse de faire cette promesse, ou s'il ne la tient pas, il est réduit en servitude. Verboczi nous apprend que, primitivement, la dette non payée croissait au double, mais que cette rigueur a été supprimée.

La terre appartient aux seigneurs. Les paysans ne sont point propriétaires. Ils ont néanmoins sur leurs cultures un droit qu'ils peuvent vendre ou léguer à qui bon leur semble, et que le seigneur est tenu de racheter s'il veut reprendre le fonds. Un paysan ne peut plaider contre un noble que par l'intermédiaire de son seigneur.

La succession des paysans est soumise à la loi du partage égal entre tous les enfants, filles ou garçons. Toutefois la fille mariée qui a reçu une dot est censée avoir reçu sa part. La veuve hérite de tous les biens acquis en commun par les deux époux. Le paysan qui ne laisse pas d'héritier légitime peut tester, mais de ses meubles seulement et de la moitié des acquêts. Les propres et l'autre moitié des acquêts profitent au seigneur, qui liquide la succession et acquitte les dettes. Si le testateur laisse un fils de moins de douze ans, il peut faire une sorte de substitution pupillaire.

Lorsque des bestiaux sont trouvés en délit, le propriétaire du terrain peut les saisir et les garder trois jours, après quoi il doit les remettre au comte ou au juge. Quant aux animaux volés ils peuvent être revendiqués contre tout détenteur. Ce dernier est tenu de justifier, par témoins, d'une acquisition régulière. S'il ne fait pas cette preuve, le demandeur est admis à faire serment, lui troisième, et obtient ainsi la restitution. Le défendeur qui ne peut pas produire son garant est pendu comme voleur. Par une exception remarquable, toute revendication est suspendue au sujet des chevaux emmenés à la guerre.

Le livre de Verboczi, dont nous venons de donner un trop rapide aperçu, peut être considéré comme le dernier monument de la législation nationale en Hongrie. A peine était-il paru que les Turcs envahissaient le pays et que la monarchie hongroise périssait à Mohacz. Pendant près de deux siècles les Turcs occupèrent une partie de la Hongrie. Le reste appartint à la maison d'Autriche qui, après une lutte prolongée, finit par expulser les envahisseurs. Avec les Autrichiens l'influence allemande pénétra en Hongrie et les lois nouvelles se modelèrent sur le type germanique. L'ancienne procédure orale fut remplacée par une procédure écrite. En matière criminelle on eut le secret et l'inquisition. Le droit civil put toutefois se maintenir. Le gouvernement autrichien crut bien pouvoir profiter de sa victoire, après les événements de 1848, pour introduire en Hongrie le code civil autrichien de 1811, mais la tradition violemment interrompue a été renouée en 1861. L'ancien droit, écrit ou non, a été restauré comme n'ayant jamais été valablement abrogé. Le nouveau gouvernement de la Hongrie a déjà rédigé un code pénal, un code d'instruction criminelle, et un code de commerce. Il prépare en ce moment un code civil et un code de procédure. Dans quelques années, la Hongrie aura ce qui lui a manqué depuis trois siècles : une législation nationale.

XII.

L'ANCIEN DROIT SCANDINAVE. — LA SUÈDE.

La collection des anciennes lois suédoises, commencée en 1827 par MM. Collin et Schlyter, continuée depuis 1834 par ce dernier seul, et terminée par lui en 1877, après cinquante ans de travail, est un des monuments les plus considérables qui aient été élevés, dans ce siècle, à l'histoire du droit[1]. Ces lois n'étaient connues jusqu'ici que par des éditions anciennes, incomplètes et fautives, ou par des traductions plus fautives encore. C'était tout ce qu'on pouvait faire, il y a deux cents ans, à une époque où l'on commençait à peine à étudier scientifiquement l'histoire du Nord et la philologie scandinave. Aujourd'hui, tous ces vieux livres sont devenus inutiles. Grâce à M. Schlyter, nous pouvons enfin lire les anciennes lois suédoises dans des textes corrects, établis d'après la comparaison de tous les anciens manuscrits et pourvus de glossaires qui ne laissent aucun mot, aucune locution, aucun passage difficile sans en donner l'explication et le commentaire. Les

[1] *Corpus juris Sveogothorum antiqui, Samling af Sveriges gamla lagar,* 13 vol. in-4°, 1827-1877.

savants du Nord peuvent maintenant écrire l'histoire de leur droit. Dès à présent ils possèdent un fondement solide et des matériaux tout préparés.

Au commencement du XIII° siècle, la Suède n'était encore qu'un assemblage de pays distincts, séparés les uns des autres par d'épaisses forêts, et vivant chacun de sa vie propre, sous l'autorité d'un roi commun[1]. Chacun de ces pays avait sa coutume et son assemblée générale (*Landesting*), dans laquelle un magistrat élu par le peuple, tantôt exerçait le pouvoir judiciaire, tantôt enseignait la loi aux assistants. Ce magistrat s'appelait l'homme de la loi, *laghman*. Lorsqu'on voulut fixer la coutume par l'écriture, on lui donna la forme qu'elle avait prise en passant par la bouche du laghman, et le nom de celui-ci resta parfois attaché à la loi dont il n'avait été que l'interprète. C'est ainsi que la loi d'Upland remonte à un laghman appelé Viger Spå, qui était encore païen, celle de Vestrogothie à un nommé Eskill.

Cette dernière paraît être la plus ancienne de toutes. On en possède deux rédactions, dont la première remonte aux premières années du XIII° siècle[2]. La seconde est de la fin du même siècle. La loi de l'Ostrogothie est de la même époque; il en est de même de la loi d'Upland confirmée en 1296 par le roi Birger Magnusson. La loi d'Upland a servi de modèle à celle de Sudermanie, confirmée en 1327 par le roi Magnus Erikson. Toutes deux ont inspiré la loi de Vestmannland, qui a été prise longtemps, mais à tort, pour la loi spéciale de la Dalécarlie, et dont nous possédons deux rédactions. Entre 1320 et 1347 a été rédigé le code de la province d'Helsingie, la plus septentrionale du royaume, code qui s'étendit bientôt à

---

[1] Voy. Konrad Maurer, *Udsigt over de nordgermaniske Retskilders historie,* 1 vol. in-8°, Kristiania, 1878.

[2] Le *Codex antiquior* de la loi de Vestrogothie a été traduit en français, avec des notes, par M. L. Beauchet, dans la *Nouvelle Revue historique de droit français et étranger,* année 1887.

toute la Finlande, où il fut porté par les colons suédois venus du Nord. La province méridionale de Småland paraît avoir eu aussi sa loi, rédigée vers le milieu du XIV° siècle, mais nous n'en possédons qu'une partie, celle qui traite du droit ecclésiastique. Enfin la loi de l'île de Gothland complète la série des anciennes lois provinciales. Rédigée vers la fin du XIII° siècle, à une époque où l'île, encore à peu près indépendante, n'avait que des rapports éloignés avec la Suède, elle diffère sensiblement des autres lois. La langue même dans laquelle elle est écrite présente tous les caractères d'un dialecte particulier.

Nous n'avons pas parlé de la Scanie, dont la loi remonte aux premières années du XIII° siècle. Mais, jusqu'au traité de Roeskilde, en 1659, la Scanie a été une province danoise, et dès lors il paraît convenable d'en rattacher l'examen à celui de l'ancienne législation du Danemark.

Indépendamment des lois provinciales, il y avait aussi des coutumes locales faites pour les villes. Le plus ancien texte de ce genre est de la fin du XIII° siècle, et connu sous le nom de *Biarköaretten,* c'est-à-dire apparemment *droit municipal.* Rédigé originairement pour la ville de Stockholm, il fut bientôt appliqué dans les autres villes. Visby, dans l'île de Gothland, a eu aussi sa loi municipale rédigée vers le milieu du XIV° siècle. Cette loi est très complète et contient notamment tout un livre sur le droit maritime, qu'il ne faut pas confondre avec une compilation rédigée sur le même sujet, dans le même lieu, un siècle plus tard, et textuellement emprunté aux lois maritimes de la France, de la Hollande et de Lübeck.

La rédaction des lois provinciales était à peine terminée lorsqu'on songea à les fondre toutes en un seul code. La Norvège avait donné l'exemple sous le roi Magnus, mort en 1280. Environ soixante et dix ans plus tard, un travail du même genre s'accomplit en Suède, sous un autre Magnus, fils d'Éric (1319-1365). L'oppo-

sition des évêques ne permit pas d'y comprendre le droit
ecclésiastique, et, par suite, le nouveau code ne paraît
pas avoir été officiellement approuvé ni promulgué comme
loi du royaume, mais il fut successivement adopté dans
les diverses provinces, et remplaça ainsi peu à peu les
anciennes lois. Cette révolution était terminée partout dès
l'année 1379.

En même temps, un nouveau code était rédigé pour
les villes. Il diffère peu du précédent. Seulement il contient un livre sur le droit maritime, et le livre qui traite
des asemblées provinciales (*Tingmalabalk*) est remplacé
par un livre sur l'organisation du conseil municipal
(*Rådstufvubalk*). Une édition révisée du code général de
Magnus fut promulguée en 1442 par un de ses successeurs, le roi Christophe de Bavière (1440-1448). Le code
ainsi révisé porte le titre de *Codex Christophorianus*,
mais ce n'est pas à proprement parler une œuvre législative nouvelle. Les rédacteurs n'ont guère fait que trans-
crire le code de Magnus en rajeunissant le style et la
langue. Les différences entre les deux livres sont si peu
considérables, qu'ils furent souvent confondus. C'est ainsi
qu'en 1481 un archidiacre d'Upsal, Ragval Ingemundsön,
voulant traduire en latin le code de Christophe, se trompa
de texte et traduisit effectivement le code de Magnus, et
le savant Messenius, qui publia cette traduction à Stock-
kholm, en 1614, ne s'aperçut pas davantage de l'erreur
commise.

Tous ces textes n'ont été imprimés qu'au XVIIᵉ siècle,
de 1607 à 1700. Ces anciennes éditions sont aujourd'hui
sans valeur. La publication du grand recueil confié par
le gouvernement suédois aux soins de M. Schlyter les rend
inutiles. Il convient seulement d'y joindre les ordonnances des rois de Suède réunies dans une autre collection qui se publie en ce moment sous le nom de *Diplomatarium Suecicum*, et dont le cinquième volume, imprimé
en 1865, s'arrête à l'année 1347.

Quoique suranné en bien des parties, le *Codex Christophorianus* a régi la Suède pendant trois siècles. Des ordonnances royales comblèrent provisoirement les lacunes. Un grand travail de révision, entrepris en 1686, ne fut terminé qu'en 1734. Le 6 décembre de cette année, les États adoptèrent un nouveau code général, applicable indistinctement aux campagnes et aux villes, et laissant de côté le livre du Roi *(Konungabalk)*, c'est-à-dire le droit politique, qui occupait une place dans tous les codes antérieurs.

Depuis cette époque, il a été publié un grand nombre de lois nouvelles. Les plus importantes ont pour objet le droit maritime et le concours entre créanciers (1862), le droit pénal et la police de l'industrie (1864), le régime hypothécaire (1877), enfin les lettres de change (1880). Mais le code de 1734 est encore en vigueur dans toutes les parties qui n'ont été ni abrogées ni modifiées, et forme encore aujourd'hui le fond de la législation suédoise. En dehors même des limites actuelles du royaume, le code de 1734 est resté en vigueur dans le grand-duché de Finlande, sauf les modifications apportées par des lois récentes, principalement dans le droit pénal et dans le droit commercial et maritime.

Les rédacteurs de 1734 n'ont pas cherché à faire une œuvre originale. Ils ont pris pour base le *Codex Christophorianus,* qu'ils ont mis d'accord avec les ordonnances postérieures et accommodé aux besoins nouveaux, et, comme le *Codex Christophorianus* se rattachait lui-même très étroitement aux vieilles lois provinciales, comme d'ailleurs le droit romain n'a jamais pénétré dans la péninsule scandinave, où il n'a même été enseigné que très tard et très imparfaitement, on voit que la législation suédoise est essentiellement une législation nationale. Elle s'est transmise et développée comme la langue du pays par une tradition constante et jamais interrompue, à ce point que plus d'une disposition de la loi actuelle

se trouve déjà dans les coutumes d'Upland et de Vestrogothie, qui remontent à plus de six cents ans. Ces coutumes elles-mêmes, qui n'ont été rédigées pour la plupart
qu'au moment où elles allaient être remplacées par un
code général, n'étaient certainement que la reproduction
de lois plus anciennes, antérieures à l'établissement du
christianisme, modifiées sous l'influence du droit canonique. A ce titre, elles méritent une attention particulière
et donnent lieu aux rapprochements les plus inattendus.
Peut-être nous saura-t-on gré d'en donner ici quelques
exemples [1].

Les anciennes lois antérieures au code de Magnus commencent par un livre consacré au droit ecclésiastique. Ces
dispositions, empruntées au droit canonique, n'ont pas
d'intérêt pour nous. Elles ont d'ailleurs été laissées de
côté, comme nous venons de le voir, par les codes de Magnus et de Christophe, dont le livre premier est intitulé
Livre du Roi (Konungabalk). C'est le droit constitutionnel
de la Suède ancienne.

D'après le code de Christophe, le royaume de Suède est
habité par deux nations, les Suédois proprement dits et
les Goths. Il comprend sept évêchés et onze provinces, en
y comptant les deux Finlandes. Il est gouverné par un
roi, dont l'autorité est souveraine et inaliénable.

La royauté est élective. Elle n'est devenue héréditaire
qu'au xviiᵉ siècle. Dans chaque province, l'Assemblée générale ou *Landsting* nomme douze députés qui se rendent
avec le laghman au grand *Ting* national de Mora, en
Upland. Là se fait l'élection. Le roi élu prête serment de

---

[1] Les meilleurs ouvrages à consulter sur la Suède sont : *Illustrerad
Svensk historia*, par Mantelius, Hildebrand et Alin, 1877-1878. Le troisième volume s'arrête à l'an 1611. Stiernhöök, *De legum Sueogothicarum
origine et incremento*, in-4°, 1672. Nordström, *Bidrag till den Svenska
Samhälls-författningens historia*, 2 vol. in-8°, Helsingfors, 1839-41. Nau-
mann, *Svergens Statsförfattnings historia*.

protéger l'Église, de rendre la justice, d'observer les lois, de gouverner avec l'avis de son conseil, de conserver le domaine royal, de défendre les privilèges des nobles et du clergé, de garantir la liberté des paysans, enfin de maintenir partout la paix. Il ne peut être établi d'impôts que pour certains besoins, et en certains cas déterminés, par exemple en cas de guerre, ou pour le couronnement du roi, ou quand il marie un de ses enfants. L'assemblée reçoit le serment du roi, et prête à son tour serment de fidélité par la bouche du laghman d'Upland. Le roi fait ensuite sa tournée d'inauguration dans les onze provinces, où le serment est renouvelé dans les onze assemblées locales. Dans chaque province, il peut faire grâce à trois personnes. C'est la tournée de saint Eric (*Eriksgata*). Après quoi le roi, de retour à Upsala, peut s'y faire sacrer dans la cathédrale.

Le conseil du roi se compose de quinze personnes, l'archevêque d'Upsala, deux évêques, six chevaliers et six écuyers. Tous doivent être nés dans le royaume et prêter serment.

Si le roi se marie, il donne à sa femme, suivant l'usage, le don du matin, *morgongåfva*, en présence et de l'avis de son conseil. Ce don doit consister en une simple jouissance viagère. La reine n'en peut jouir qu'à la condition de ne pas se remarier si elle devient veuve, et de rester dans le pays.

Les dispositions qui suivent s'appliquent à l'ordre des privilégiés (*frælsis men*). Toute personne peut y entrer à la condition d'avoir un cheval, d'une valeur de quarante marks au moins, et une armure complète, et de justifier d'une fortune suffisante pour satisfaire à cette charge. Tous les ans, un délégué du roi passe, dans chaque province, la revue des chevaliers, agrée les remplaçants et juge les excuses. Tout refus de service entraîne la dégradation et quarante marks d'amende. Le déserteur est mis à mort et ses biens sont confisqués. Si le chevalier est fait prisonnier, le roi doit le racheter ; s'il perd son cheval dans un combat, le roi lui en donne un autre.

La loi contient ensuite certaines dispositions relatives aux auberges publiques établies pour mettre les paysans à l'abri des exigences des voyageurs. Elle prévoit et punit certains actes qu'elle considère comme des atteintes à l'autorité royale. Ainsi violer la paix du roi, en attaquant une personne munie d'un sauf-conduit royal, est un crime qui entraîne la mort et la confiscation des meubles ; la rébellion contre les jugements rendus au nom du roi est punie d'une amende de quarante marks ; il en est de même de la chasse dans les parcs royaux. La dépossession violente est aussi considérée comme un crime qui intéresse la majesté royale. Quiconque s'empare d'un immeuble par la violence doit restituer et payer quarante marks. La plainte peut être portée devant toutes les juridictions, et même devant le roi, mais à condition d'être élevée sur-le-champ, c'est-à-dire au plus prochain dimanche, ou au plus prochain *ting,* ou enfin dans les six semaines, si le plaignant se décide à porter l'affaire devant le roi.

Les codes suédois ne parlent ni des états généraux du royaume, ni de leur division en quatre ordres, à savoir la noblesse, le clergé, les bourgeois et les paysans. Cette division, qui n'avait d'autre fondement que la coutume, s'est maintenue en Suède, même après la suppression de tous les privilèges, et n'a été abolie qu'en 1866. Aujourd'hui les quatre ordres sont remplacés par deux Chambres, qui se réunissent annuellement comme dans tous les pays constitutionnels.

Avant l'introduction du christianisme, l'esclavage était pratiqué dans tous les pays du Nord. Il fallut de longs efforts pour le faire disparaître, ce n'est qu'en 1335 que le roi Magnus Erikson en supprima les derniers vestiges. Quant au servage, il ne fut jamais introduit en Suède, et plus heureux que leurs voisins du Danemark, les paysans suédois conservèrent toujours leur liberté.

La première forme de procédure en Suède avait été le combat judiciaire. Aboli vers l'an 1000, sous l'influence des idées chrétiennes, il fut remplacé par l'épreuve du fer rouge (*jernbyrd*). Celle-ci fut abolie à son tour par le célèbre Birger Iarl, chef de la dynastie des Folkungs, régent de Suède de 1250 à 1266, et fondateur de Stockholm. Toutefois ce ne fut pas sans peine que le peuple suédois renonça à l'épreuve du fer rouge. Un passage de la loi d'Helsingie nous apprend qu'en 1320 les juges de la province avaient encore eu recours à ce moyen, et que le conseil du royaume dut interposer son autorité. Le jugement de Dieu ainsi écarté, il ne resta d'autre moyen de preuve que le serment prêté par l'une des parties et confirmé par un certain nombre de cojureurs. C'est aussi le seul dont parlent les lois provinciales. La véritable preuve, par témoins ou par titres, n'existe qu'en germe à cette époque, et n'est devenue prépondérante qu'à partir du XVIIᵉ siècle. Encore a-t-elle gardé l'empreinte de la procédure primitive, qui réduisait pour le juge la recherche de la vérité à un calcul mécanique. On distingue toujours en droit suédois les preuves complètes, les demi-preuves et celles qui, sans égaler une demi-preuve, « sont cependant plus que rien. »

Les lois qui régissent le mariage et la condition des époux portent l'empreinte d'une très haute antiquité. La femme ne peut se marier, quel que soit son âge, qu'à la condition d'être donnée par son plus proche parent mâle. C'est ce parent (*giptoman*), qui reçoit la demande et l'agrée; on procède alors aux fiançailles *(fæstning)* en présence de quatre témoins, dont deux de chaque côté. Le code de Christophe porte que la mère doit être consultée, mais ce n'est pas elle qui décide ni qui agit. Originairement la fille n'avait aucun droit de succession, seulement elle était dotée par son *giptoman,* mais, au XIIIᵉ siècle, les femmes furent reconnues aptes à succéder dans tous les pays scandinaves, d'abord à défaut de fils, puis même en concurrence avec les fils. En Suède, cette dernière innovation est attribuée au régent Birger Iarl, mais elle ne pénétra que lentement, dans la pratique.

Le mariage a lieu six semaines après les fiançailles, sans autre formalité que le discours solennel fait par le giptoman, et l'*ascensio thori*. La bénédiction nuptiale n'est prescrite que par la loi d'Ostrogothie, et n'a été généralement exigée que par la loi ecclésiastique de 1571. Un usage constant, et qui paraît remonter à la plus haute antiquité est celui du repas de noces. La loi détermine avec soin le nombre de personnes qui doivent y assister, ainsi que la valeur des présents de noces. La loi de Visby va jusqu'à régler le nombre des plats qui doivent être servis sur la table. D'après le code de Christophe, il ne doit pas y avoir plus de huit personnes pour porter les habits de la mariée, et quiconque vient au repas sans y être invité paye une amende de 40 marks, égale à celle du meurtre. Enfin la femme est livrée au mari qui l'emmène dans sa maison. La livraison a lieu solennellement et le *giptoman* en prononce la formule. Si la livraison est refusée, hors les cas d'excuse légale, le fiancé se rend au ting, prend quatre témoins, et, en leur présence, il a le droit de pénétrer dans la maison, même par force, et d'enlever sa femme.

Le lendemain des noces, le mari donne à sa femme le don du matin (*morgongåfva*), dont le taux varie suivant la condition des époux. Le maximum est de 40 marks pour un chevalier, 20 pour un écuyer, 10 pour un simple noble, 3 pour un paysan, 1 pour l'homme qui n'a pas de domicile fixe. La donation a lieu solennellement, en présence de douze témoins.

Le régime matrimonial primitif paraît avoir été la séparation de biens ou plus exactement le régime sans communauté, le mari administrant les biens de la femme. Ce régime s'est conservé dans la loi de l'île de Gothland.

D'après cette loi, la femme recevait du *giptoman* une dot (*haim fylgi*), et de son fiancé un présent (*hogsel*). Si elle mourait sans enfants, avant son mari, ses héritiers n'avaient droit qu'à la dot.

La communauté s'introduisit peu à peu et par l'usage[1]. A l'époque de la rédaction des lois elle avait définitivement prévalu. La communauté commence au coucher; elle comprend tous les biens autres que les immeubles de famille (*arfvejord*), c'est-à-dire les meubles, les acquêts et les fruits des propres. Toutefois la loi d'Upland fait une exception pour l'or et les esclaves.

Pendant le mariage, l'administration appartient au mari comme protecteur (*målsman*) de sa femme.

A la dissolution du mariage, la communauté se partage entre les époux ou leurs représentants, mais par portions inégales. Le mari prend les deux tiers, la femme un tiers, en vertu d'une disposition que la loi d'Upland attribue à un roi Éric. Il est bien entendu que les propres sont prélevés de part et d'autre, ainsi que les biens donnés à la femme ou réservés par elle sous les noms de *hemfylgd* et *d'omynd*. Dans la loi d'Ostrogothie, la femme n'a droit au partage de la communauté que si elle survit à son mari.

Enfin, lorsqu'un des époux commet certaines fautes, il est puni de la perte de son droit dans la communauté.

Ce système, qui est celui des lois provinciales, a passé dans les codes de Magnus et de Christophe, mais les statuts des villes (*Biarköarätt, Stadslagh*) établissent la communauté universelle, du moins pour les biens urbains, et le partage par moitié. Le statut de Wisby contient des dispositions particulières pour le cas où il y a des enfants. Après la réforme, au XVIIe siècle, le droit de partage égal fut aussi accordé aux veuves de prêtres.

Le code de 1734 n'a rien changé à l'ancienne législation.

---

[1] Voyez le savant ouvrage de M. d'Olivecrona sur le Régime des biens entre époux, *Om makars giftorätt i bo*, in-8°; Upsala, 1878, 4e édition.

C'est seulement le 19 mai 1845, sous le règne d'Oskar Ier, qu'une loi, depuis longtemps réclamée, a introduit le partage égal dans tous les cas.

La veuve non remariée a la tutelle de ses enfants et administre leurs biens avec le conseil des parents les plus proches. Lorsqu'un des époux se remarie, il doit d'abord partager avec ses enfants. S'il n'y a ni père ni mère, les enfants sont confiés à leur plus proche parent, qui administre leurs biens et en rend compte tous les ans à la famille. Il peut être destitué ou remplacé, au ting, par un jugement rendu avec assistance de jurés.

L'ordre des successions n'est pas le même dans toutes les coutumes; la différence est surtout sensible entre les lois de la Suède proprement dite et celle de la Gothie. Mais, au fond de tous ces systèmes, on retrouve un principe fondamental, qui était autrefois celui du droit athénien, et qui du droit des Lombards a passé dans le droit canonique ; c'est le principe de la succession *per parentelas*. On entend par ce mot *parentela* tous ceux qui descendent d'un auteur commun. En conséquence, la succession appartient d'abord à la ligne directe descendante; puis au père et à la mère et à leurs descendants, c'est-à-dire aux frères et sœurs; en troisième ordre à l'aïeul, à l'aïeule et à leurs enfants, c'est-à-dire aux oncles, tantes et cousins, et ainsi de suite. Du reste, la succession dans chaque parentèle n'est pas toujours déférée au plus proche en degré. Ainsi le père et la mère en concours avec des frères et sœurs ne prennent qu'une part, et les frères et sœurs prennent l'autre, quoique plus éloignés d'un degré. Un trait caractéristique de ce système est l'exclusion de la représentation. Ainsi, dans les plus anciennes lois, celles de la Gothie, lorsque le défunt laissait un fils et un petit-fils né d'un autre fils, la succession appartenait toute entière au premier, à l'exclusion du second. Mais cette rigueur ne se maintint pas. Déjà la loi d'Upland admet la représentation en ligne directe à l'infini, et en ligne collatérale au profit

des descendants de frères et sœurs, jusqu'à la quatrième
génération. Les codes de Magnus et de Christophe la limi-
tent à la seconde génération dans la ligne directe et dans la
première ligne collatérale.

Une dérogation non moins importante aux anciens principes fut la vocation des femmes à la succession en concours avec les fils. Les vieilles chroniques attribuent cette
innovation à Birger Iarl et lui assignent pour date l'an
1262, où le roi Valdemar, fils de Birger, épousa la prin-
cesse Sophie de Danemark. Jusque-là les femmes étaient
dotées, mais n'héritaient qu'à défaut de fils. Birger les ap-
pela au partage de la succession, comme à celui de la communauté, et dans la même proportion : le fils prenant les
deux tiers, la fille un tiers. Cette disposition a passé dans
les codes de Magnus et de Christophe, mais l'égalité fut
adoptée dans les villes, où l'on tenait moins à la conservation des biens dans les familles. Le code de 1734 resta
fidèle à la tradition des codes antérieurs, et l'égalité n'a
triomphé définitivement que par la loi précitée du 19 mai
1845. Les derniers vestiges de la tutelle des femmes n'ont
disparu qu'en 1872.

Le partage entre cohéritiers a lieu par la voie du tirage
au sort, en présence de deux parents au moins. Si l'un des
copartageants se croit lésé, il peut réclamer dans le délai
d'un an et une nuit, et alors il est procédé au rétablisse-
ment de l'égalité par un jury composé de douze parents,
âgés de plus de quinze ans.

Les revendications de succession, par des parents qui se
prétendent plus proches, ne peuvent être intentées que
dans les trois ans qui suivent le décès.

On sait que le testament était inconnu au droit germanique primitif. Le droit canonique introduisit les testaments *ad pias causas,* et nous les trouvons sous cette forme
dans les lois provinciales. Mais les lois municipales admi-
rent qu'on pouvait disposer par testament de tous ses
biens, tant meubles qu'immeubles, sous la réserve de neuf

dixièmes pour les enfants, de deux tiers pour les autres
parents dans le pays, et de moitié pour les parents hors du
pays. Les testaments pouvaient être faits soit oralement,
soit par écrit, en présence de deux témoins. C'est encore la
forme usitée en Angleterre. Elle a été conservée dans le
code de 1734 et jusqu'à ce jour.

Les parentés illégitimes sont l'objet de dispositions très
précises. La légitimation par mariage subséquent est admise. Le mari peut désavouer l'enfant de sa femme, en
jurant, avec douze cojureurs, qu'il n'a eu aucun rapport
avec celle-ci dans les quarante semaines qui ont précédé
la naissance. L'enfant naturel doit être nourri par sa
mère jusqu'à trois ans, et par son père jusqu'à sept, mais
il ne peut prendre plus de deux marks dans la succession
de son père et plus d'un mark dans celle de sa mère, et il
ne peut recueillir d'autres successions que celles où son père
et sa mère sont appelés avec lui. Quant à la succession de
l'enfant naturel, elle est dévolue d'abord au père et à la
mère, et, après eux, aux autres parents dans l'ordre des
successions légitimes. Les enfants adultérins ou incestueux
n'héritent pas. Enfin les successions vacantes appartiennent
au roi, en vertu d'un droit appelé *Dana arf*.

Il ne faut pas confondre l'héritier du droit suédois avec
l'*heres* du droit romain. Ce dernier continuait la personne
du défunt, succédait à tous les droits et à toutes les obligations, *ultra vires*. La renonciation n'était permise qu'à
certaines classes d'héritiers, et le bénéfice d'inventaire ne
fut introduit que par Justinien. En droit scandinave, le
principe est tout différent. L'héritier n'est qu'un successeur aux biens, ou plutôt à ce qui reste des biens après le
payement des dettes. Celles-ci doivent être liquidées et payées
avant tout partage, mais uniquement sur les biens de la
succession et sans que l'héritier soit tenu sur ses biens personnels[1]. Comment se faisait cette liquidation, et quelle

---

[1] Voyez Winroth, *Om arfvingarnes ansvarighet för arflåtarens förbin-
delser*, in-8°, Upsala, 1879.

en était la procédure? C'est ce que les lois suédoises ne nous apprennent point; mais les lois islandaises comblent cette lacune, et nous y reviendrons en parlant du Grágás.

La distinction fondamentale introduite par le droit romain entre la propriété et la simple possession est inconnue au droit suédois, qui, encore aujourd'hui, n'admet pas d'actions possessoires. Quant à la propriété, elle se reconnaît, en général, à certains signes matériels.

La terre peut se transmettre de cinq manières, à savoir par succession, partage, vente, donation et engagement, à quoi il faut ajouter la prescription qui s'accomplit par trois ans de possession et qui équivaut à titre. Toutes ces transmissions ont lieu avec publicité. Nous avons déjà parlé des successions et donations. L'aliénation par vente ou échange a lieu devant le ting. Le centenier ou le laghman, en présence d'un jury composé de douze hommes pris dans la centaine, proclame la vente et prononce l'investiture de l'acquéreur. Si l'immeuble est revendiqué par un tiers, l'affaire est décidée par le serment des douze jurés qui ont assisté à la vente, et, après le rejet d'une première revendication, il n'en est admis aucune autre, de qui que ce soit. L'engagement est soumis à une formalité analogue. Il a lieu devant le ting, sur une estimation faite par le centenier et quatre personnes. Si la dette n'est pas payée à l'échéance, le débiteur a un délai de grâce d'un an et une nuit pour libérer l'immeuble. Après lui ses parents ont un délai de six semaines pour exercer le retrait, et, ces délais expirés, le créancier impute sur sa créance la valeur de l'immeuble, dont il reste propriétaire. La même publicité est requise pour le dégagement de l'immeuble.

Nous avons déjà signalé la distinction entre les immeubles propres ou acquêts. Les propres ne peuvent être aliénés qu'à charge du retrait qui peut être exercé par la famille du vendeur. Celui-ci doit d'abord offrir son immeuble au plus proche parent, à trois reprises différentes, devant le ting, après quoi le parent, ainsi mis en demeure, a un délai d'an et nuit pour exercer le retrait. Le prix du retrait est fixé par un jury de six personnes nommées pour moitié par chacune des deux parties.

La vente mobilière est aussi soumise, en général, à certaines formalités sur lesquelles nous reviendrons en parlant du vol.

Les codes suédois entrent dans des détails très circonstanciés sur la création des villages, la construction des bâtiments, la culture des terres, l'élève du bétail, l'usage des communaux et spécialement des forêts communes qui, autrefois, couvraient la plus grande partie du pays. C'est le code rural et économique. Il serait très intéressant d'étudier ces dispositions et de montrer comment elles ont été appliquées, quels en ont été les effets, comment la forêt primitive a été défrichée, convertie en terrains de culture et par suite en propriétés individuelles. Nous reviendrons sur ce sujet à propos des lois danoises. Signalons seulement ici le droit d'occupation consacré par la loi de Helsingie pour les immenses forêts « du Norrland. « Quiconque voudra choisir dans la terre « commune un point convenable pour y établir une ferme « ou un village, prendra, à côté de celui ou de ceux qui s'y « trouvent déjà, mais sans empiéter sur leurs terres, une « quantité de forêt aussi grande que celle des prairies et « des champs réunis. Il prendra de deux côtés, aussi loin « qu'un boiteux peut marcher à l'aide de béquilles sans se « reposer. Ce sera la longueur du terrain. Il sortira de chez « lui avec cheval et voiture, avant le lever du soleil à l'é- « poque du solstice d'hiver, coupera une charge de piquets « et reviendra à l'heure du midi. Ce sera la prise de pos- « session légale d'un terrain en friche. S'il veut prendre « du terrain pour champs et prairies, il défrichera l'éten- « due nécessaire pour y récolter trois charges de grains, « plantera les quatre poteaux d'une maison, et fera, assisté « de deux témoins, le tour de sa terre, dont il jalonnera « la limite. » Jusqu'au règne de Gustave Vasa, la terre a été ainsi au premier occupant dans les vastes solitudes du Norrland.

Dans les lois suédoises, comme dans les lois germaniques, le droit criminel occupe une grande place, d'abord les crimes contre les personnes, puis les atteintes portées au droit de propriété. Ces deux classes d'infractions se distinguent profondément, et c'est là un des caractères les plus remarquables du droit primitif. La première forme du droit criminel a été la vengeance privée : la guerre d'individu à individu, ou plutôt de famille à famille. Les premières lois ont été faites, moins pour supprimer cet état de choses que pour le réglementer et faire régner la paix. Elles ont rendu la composition obligatoire, en ont fixé le taux pour chaque cas, et lui ont donné le caractère d'une amende, qui, en général, se partage par tiers entre le roi, le canton ou centaine, et la partie poursuivante. Enfin, elles ont fait intervenir la puissance publique entre le criminel et la partie poursuivante. S'il y a doute ou contestation, le jury déclare le fait. Le roi ou ses officiers font ensuite exécuter la loi.

Un meurtre est commis, et le meurtrier est pris en flagrant délit ou dans les vingt-quatre heures. S'il a commis le crime volontairement, hors le cas d'excuse légale, comme celui de légitime défense, la loi exige vie pour vie. C'est une concession faite à l'émotion du premier moment, et, si le plus proche héritier de la victime survient et tue le meurtrier, il en est quitte pour une simple amende. Mais, après les vingt-quatre heures, toutes voies de fait doivent cesser. Le ting est convoqué et le meurtrier a un sauf-conduit pour s'y rendre. S'il reconnaît être l'auteur du fait, ou si le jury déclare que le fait a été commis par lui, il a un délai d'un mois pour aller trouver le roi, et de quatorze nuits pour revenir. Le roi nomme un jury qui décide si le meurtre dont il s'agit est un crime. Si le meurtrier est absous, la partie poursuivante est condamnée à l'amende; mais, si le meurtrier est déclaré coupable, il doit quitter le pays. Il est hors la loi *(fridhlös)* jusqu'à ce qu'il ait fait sa paix avec les héritiers de la victime. Lui donner à manger une seule fois, l'abriter une seule nuit est un fait passible d'amende, et l'amende devient égale à celle de l'homicide si l'assistance se prolonge au delà d'un jour. On peut le tuer impunément, toutefois ses biens ne sont pas confisqués. S'il vient à traiter avec la partie poursuivante, il peut obtenir du roi son pardon et la paix, en payant la part d'amende due au roi et à la centaine.

La poursuite doit être intentée dans l'an et jour; passé ce délai, la preuve ne peut plus être faite que par l'aveu de l'inculpé.

S'il est commis un meurtre dont l'auteur reste inconnu, la centaine tout entière est responsable. Elle paye une amende de 40 marks, c'est-à-dire égale à l'amende du meurtre ordinaire, moitié pour le roi et moitié pour les héritiers de la victime. Tous les habitants mâles et majeurs de quinze ans contribuent par tête au payement de cette amende.

Le meurtre involontaire, les blessures volontaires ou involontaires sont punis d'amendes dont le taux varie suivant la gravité du fait. La loi entre, à ce sujet, dans de très minutieux détails, exactement comme les lois germaniques. L'échelle est la même, et les expressions présentent une analogie frappante. Ainsi, pour savoir quelle amende doit être infligée lorsqu'un os est sorti de la blessure, on jette cet os sur un bouclier, et l'on écoute le son qu'il rend, ou bien encore, pour mesurer la gravité d'une balafre au visage, on distingue suivant qu'elle est ou non visible d'un côté de la rue à l'autre. Les blessures faites par un mari à sa femme se payent double, comme dans la loi salique, sauf toutefois le droit de correction légitime et raisonnable. Signalons encore un trait caractéristique, l'abandon noxal du chien qui mord. C'est le seul cas où la loi scandinave admette l'abandon noxal, et le même trait se retrouve dans les lois de Solon.

Tel était le système pénal de la loi primitive. On ne tarda pas à le trouver insuffisant. Déjà, dans l'ancienne loi de Vestrogothie, c'est-à-dire dans le plus ancien texte des lois suédoises, nous trouvons un certain nombre de crimes pour lesquels il n'y a pas de composition *(urbota-mål)*. Ce sont l'assassinat *(mord)* ou homicide avec circonstances aggravantes, par exemple avec recel du corps, le parricide, la bigamie, le meurtre par poison ou sortilège, le meurtre entre époux ou habitants de la même maison, l'incendie de la maison habitée, auxquels il faut ajouter la révolte contre le roi et la trahison contre le pays. Tous ces crimes sont considérés comme des forfaits atroces *(högmælis)*, des actes infâmes *(nidingsverk)*. Le coupable doit être mis à mort sans pouvoir se racheter. Si c'est un homme, il sera décapité ou mis sur la roue; si c'est une femme, elle sera enterrée ou brûlée vive.

Une autre addition au droit primitif consiste dans la création d'une classe particulière de crimes, sous le nom d'attentats contre le serment du roi *(edzörebrotten)*. Cette institution remonte, comme beaucoup d'autres, à ce même Birger Iarl dont nous avons parlé, et qui fut, en Suède, le véritable fondateur du pouvoir royal. Birger proclama la paix du domicile, celle de la femme, celle de l'église et celle du ting. Tout nouveau roi, au moment où il prenait la couronne, devait prêter serment de maintenir cette paix, et le même engagement était pris par les grands du royaume. Ces dispositions s'appliquaient à tous forcements de maisons, à tous meurtres commis dans une maison, dans l'église, le cimetière, ou l'assemblée du ting, à toutes blessures faites dans les mêmes circonstances, à tous actes de vengeance exercés sur un autre que le coupable, ou après la réconciliation, enfin aux crimes de viol et de mutilation. Quiconque commet un attentat contre la paix du roi est mis hors la loi *(bilto-*

gher), et ses biens confisqués à l'exception des immeubles propres. L'exil dure jusqu'à ce que la partie lésée implore elle-même la clémence du roi pour le coupable, et celui-ci ne peut rentrer, en tout cas, qu'en payant l'amende de 40 marks. Ces dispositions furent confirmées par un des fils de Birger Iarl, Magnus Ladulås, qui régna de 1278 à 1290, et, depuis cette époque, elles passèrent dans toutes les lois suédoises, où elles forment toujours une section particulière (*edzörisbalk*).

Telles étaient les dispositions relatives aux crimes contre les personnes. Elles font encore une grande part aux idées et aux sentiments de l'époque primitive où·la vengeance était l'unique forme de la justice. Il en est autrement des crimes contre la propriété. Le vol, en effet, n'est jamais qu'un acte méprisable et déshonorant.

Si le voleur est pris en flagrant délit, ayant encore entre les mains la chose volée, on lui lie les mains derrière le dos et on le traîne devant le ting. Le plaignant prête serment, avec douze cojureurs, et sur-le-champ l'inculpé est pendu, sans autre forme de procès, pourvu toutefois que la valeur de l'objet volé dépasse un demi-mark. En cas de vol de bétail, il y a, en outre, confiscation des biens autres que les immeubles propres.

Si, au contraire, le voleur n'est pas pris en flagrant délit, il y a une preuve à faire. Chacune des parties est admise à prêter serment avec ses cojureurs, au nombre de douze, et le jury décide. S'il condamne, il prononce une amende de 40 marks, la plus forte des amendes qui se trouvent dans la loi.

Nous supposons toujours que l'objet volé vaut plus d'un demi-mark. Au-dessous de ce taux, l'amende décroît jusqu'à 6 *öra*, et le nombre des cojureurs descend jusqu'à trois. Ici encore, s'il y a flagrant délit, la loi prononce une peine corporelle que le juge applique sans forme de procès; le voleur pris sur le fait est battu de verges, ou bien il perd les oreilles. On le traîne au ting les mains attachées par devant et non par derrière, mais en aucun cas, la composition n'est admise. Il n'y a pas de rançon pour le voleur manifeste. Toute personne qui laisse échapper un voleur, ou accepte de lui une rançon, ou le soustrait à la peine, est frappée d'une amende de 40 marks.

La recherche des objets volés donne lieu à une procédure particulière ; c'est la perquisition à domicile (*ranzsaka*). Le plaignant déclare, devant ses voisins, le vol qu'il croit avoir été commis, puis il se rend au domicile suspect, avec quatre témoins, et requiert la perquisition, au nom de la loi. Cette réquisition ne peut pas être repoussée. Chacune des deux parties prend deux témoins. Le plaignant indique ce qu'il cherche, l'inculpé fait connaître ce qu'on trouvera chez lui. Puis le plaignant entre avec ses témoins, en chemise. Si l'objet volé se trouve dans la maison, l'inculpé est traîné au ting, et traité comme voleur manifeste. Dans le cas contraire, il reçoit 3 marks à titre d'indemnité. Toute résistance est punie d'une amende de 3 marks. En ce cas, le plaignant requiert les voisins et pénètre de force avec eux. Enfin, dans le cas où l'on trouve la chose volée, on examine s'il y a dans la maison une ouverture par où l'objet ait pu être jeté du dehors par un tiers, et alors l'inculpé est admis à se justifier avec douze cojureurs.

Les lois anglo-saxonnes font la même distinction entre le vol manifeste, qui est puni de mort, sans composition, et le vol non manifeste, qui est puni d'une simple amende, du moins en général[1]. Ce système est au fond, celui de la loi Salique[2] et de la loi des Ripuaires[3]. Quant à la perquisition, elle se retrouve non seulement dans les lois que nous venons de citer, mais encore dans celles des Burgon-

---

[1] Voir, par exemple, les *Lois de Canut,* II, 26 et 64 ; Schmid, *Die angelsächsischen Gesetze,* p. 287 et 305.

[2] *Capitulum Childeberti,* § 7.

[3] *Loi des Ripuaires,* chap. xli : « Si quis a contubernio probabiliter liga-« tus super res alienas fuerit, eum ad excusationem non permittimus. »

des et des Bavarois[1]. On peut remonter beaucoup plus haut
encore, aux Douze Tables et aux lois de Solon. Les Douze
Tables prononçaient, en cas de *furtum manifestum,* la
peine capitale qui s'appliquait sans jugement, sur un simple ordre du magistrat[2]. Dans le cas de *furtum nec manifestum,* la peine consistait seulement en une amende égale au
double de la valeur de l'objet volé. De même, chez les
Athéniens, celui qui saisit un voleur en flagrant délit le
traîne (ἀπάγει) devant le magistrat, qui le met à mort, sans
forme de procès. Qui ne se rappelle, enfin, la procédure
de la perquisition *per lancem et licium* que décrivent en
termes identiques Platon, dans le *Traité des lois,* et Gaius?
Si la perquisition faite en présence de témoins amène la
découverte de l'objet volé, le maître de la maison est condamné au triple par l'action *furti concepti,* sauf son recours
contre le tiers qui a pu introduire dans la maison l'objet
volé. Ce recours s'appelle *actio furti oblati.* Si le maître de
la maison s'oppose à la perquisition, alors la loi donne au
plaignant une action spéciale appelée *prohibiti furti.* Le
plaignant pénètre dans la maison par autorité de justice;
il est nu, couvert d'une ceinture autour des reins, γυμνὸς καὶ
ἄζωστος, dit la loi grecque, et il porte un plat à la main[3].
Dans ce cas, si la chose volée se retrouve, il y a *furtum
manifestum,* et, par suite, peine capitale.

A coup sûr, ces ressemblances ne sont pas fortuites, et
toutes ces législations, qui s'éclairent et se complètent réciproquement, ne sont, en définitive, que l'expression
d'une seule et même idée. Reste à expliquer cette idée, et
ce n'est pas le plus facile, car comment comprendre que
le même fait soit puni plus ou moins sévèrement, suivant
que l'auteur est ou non pris en flagrant délit? Dans l'un et

---

[1] *Loi Salique,* chap. XL; *Loi des Ripuaires,* 47; *Loi des Burgondes,* 16;
Loi des Bavarois, 10 et 14.

[2] *Gaius,* III, 189 : « Nam liber verberatus addicebatur ei cui furtum fe-
« cerat. »

[3] Platon, *Lois,* XII, VII.

l'autre cas, il est également coupable. Pourquoi n'est-il pas également puni? Le sens de cette vieille loi était déjà perdu au temps de Gaius, qui la traite de ridicule. Peut-être s'en serait-il moins égayé s'il avait pu se reporter aux temps héroïques, à l'époque où, pour la première fois, le législateur était intervenu pour faire cesser les guerres privées et maintenir la paix entre les membres de l'État. Il aurait compris que la peine se substituait à la vengeance de la partie lésée, et que, dès lors, elle avait dû se mesurer moins à la culpabilité de l'agent qu'au ressentiment de la victime.

En défense à l'action de vol, le détenteur de la chose revendiquée est admis à prouver qu'elle est née ou qu'elle a été faite chez lui, ou qu'il la tient d'un tiers par achat, bail, gage ou prêt, ou enfin qu'il l'a trouvée et déclarée comme le prescrit la loi. Il a un délai pour mettre en cause son auteur, et celui-ci est tenu de le garantir en prenant son lieu et place. Ce sont à peu près les dispositions de la loi Salique et de la loi Ripuaire, mais en voici une qui ne se rencontre pas chez les Francs. Pour en retrouver l'équivalent, il faut remonter jusqu'aux premiers temps d'Athènes et de Rome. Les meubles importants, tels que les esclaves, le bétail, les armes, l'or et l'argent, les maisons même, à l'exclusion du sol, dont nous parlerons tout à l'heure, ne peuvent se vendre qu'avec certaines formalités, c'est-à-dire en présence d'un ami et de deux témoins, *meth viin och vitne*. Grimm[1] rappelle ici, et non sans raison, la *mancipatio* de l'ancien droit romain; mais ce qui n'est pas moins remarquable, c'est qu'aux termes de la loi suédoise, l'ami qui a procuré la vente est garant de cette vente, à défaut du vendeur. Or cette disposition singulière se trouve dans les lois de Platon[2].

[1] Grimm, *Deutsche Rechtsalterthümer*, p. 608.
[2] Platon, *Lois*, XII, VIII : Ἐγγυητὴς μὲν δὴ καὶ ὁ προπωλῶν ὁτιοῦν τοῦ μὴ ἐνδίκως πωλοῦντος ἢ καὶ μηδαμῶς ἀξιόχρεω· ὑπόδικος δ' ἔστω καὶ ὁ προπωλῶν, καθάπερ ὁ ἀποδόμενος.

La base de l'organisation judiciaire en Suède est le ting, c'est-à-dire l'assemblée du peuple présidée, dans la province par le laghman, dans la centaine ou district (*herad*) par le chef de centaine (*heredzhöfding*). Ces magistrats sont électifs. Pour l'élection du laghman, le laghting, ou assemblée provinciale, se réunit, sur la convocation de l'évêque, et désigne six nobles et six paysans. L'évêque se joint à eux, avec deux clercs désignés par lui, et ces quinze personnes présentent trois candidats au roi, qui choisit. L'élection du chef de centaine a lieu de la même manière. L'assemblée de la centaine nomme douze électeurs qui, sous la présidence du laghman, présentent trois candidats au roi.

Il y a, par an, dans chaque centaine, trois sessions ordinaires dont chacune dure environ deux mois. Pendant la durée de la session, le ting doit s'assembler au plus une fois par semaine. Pour que la réunion soit valable, il faut qu'elle compte un certain nombre d'assistants. Le code de Christophe en exige 24, à savoir 6 de chaque quartier. C'est le minimum qui doit se trouver présent à peine d'amende. Indépendamment des sessions ordinaires, le ting peut être extraordinairement convoqué par le chef de la centaine, au moyen soit d'une proclamation, soit d'un message porté dans tout le district sous la forme d'un bâton portant certains caractères, comme la scytale lacédémonienne. Ce message passe rapidement de main en main. Quiconque le reçoit est tenu de le porter immédiatement à son voisin.

A côté du ting, tenu par le chef de centaine, il y a encore le ting du laghman et celui du roi. Le laghman doit en tenir au moins un par an, dans chaque centaine de la province. Le roi ou ses délégués tiennent au moins un landsting par an, dans le chef-lieu de la province. Il y en a encore dix dans le code de Christophe. C'est seulement sous Gustave-Adolphe, en 1614, qu'il fut créé une Cour suprême (*Hofrätt*) à Stockholm.

Dans les villes, le ting est remplacé par le conseil municipal, qui siège, sous la présidence des bourgmestres, à l'hôtel-de-ville. Au-dessous, sur la place du marché, il y a un tribunal inférieur, et des assises royales sont tenues deux fois par an par un conseiller du roi.

Chez tous les peuples germaniques, et même ailleurs, on rencontre cette participation du peuple à l'exercice du pouvoir judiciaire; mais la division de ce pouvoir entre le peuple et le magistrat n'est pas partout la même, à beaucoup près. Le plus souvent c'est le peuple, ou ses représentants, qui juge en droit comme en fait; le magistrat ne fait que prononcer le jugement et en assurer l'exécution. Le peuple a la *jurisdictio,* le magistrat n'a que l'*imperium,* ou, comme on disait au moyen âge, le *bannum.* En Suède il en est autrement, du moins à l'époque de la rédaction des coutumes. Le pouvoir de juger, l'application du droit au fait appartient au magistrat; mais, si les parties sont contraires en fait, la loi veut, en certains cas, non pas en tous, que la question soit soumise à douze personnes prises dans l'assemblée, et qui prononcent avec serment sur la vérité du fait; c'est le jury (*nempde*). En l'absence de documents certains sur l'origine de cette institution, plusieurs systèmes différents ont été proposés. Le plus plausible paraît être celui que soutient M. Schlyter [1]. D'après lui le jury serait un perfectionnement de l'institution des cojureurs. Ces hommes, que chaque partie amenait avec elle, au nombre fixé par la loi dans chaque cas, pour fortifier son serment par leur affirmation, n'étaient pas des témoins. Leur déclaration n'était qu'une adhésion à la déclaration faite par la partie elle-même. Ne devait-il pas sembler naturel, à un moment donné, de réunir les deux troupes en une seule, et d'étendre leurs pouvoirs en leur demandant un verdict, non plus seulement sur la sincérité de la partie, mais sur la vérité du fait? Cette explication est confirmée par le caractère du jury, tel qu'il nous appa-

---

[1] Schlyter, *Juridiska Afhandlingar,* I.

raît dans les lois du XIIIe et du XIVe siècle et dans le code de Christophe. Le jury, en effet, est désigné, par le magistrat; mais la désignation doit être approuvée par moitié par chacune des deux parties, qui peut d'ailleurs exercer trois récusations. Enfin il prononce à la majorité simple, de sept sur douze. Si la partie qui succombe eût eu à produire six cojureurs, l'abstention d'un seul eût suffi pour lui faire perdre son procès. Il en est de même quand, au lieu de six cojureurs, elle fournit six jurés, et que ces six jurés ne sont pas unanimes en sa faveur. Enfin les jurés prêtent serment, non pas au moment où ils se constituent, mais au moment où ils rendent leur verdict.

En général le juge est tenu de juger et le jury doit rendre un verdict. Toutefois le jury peut déclarer qu'il ne voit pas clair dans l'affaire, qui est alors renvoyée à la prochaine réunion du ting. Le chef de centaine peut aussi dire qu'il ignore quelle loi doit être appliquée dans le cas donné. Mais il est tenu de juger à l'audience suivante, à moins qu'il ne renouvelle la même déclaration avec serment. L'affaire est alors portée devant le laghman. Il peut y avoir appel du tribunal de la centaine à celui du laghman, et de ce dernier aux assises du roi, même dans les affaires qui ont été jugées avec l'assistance d'un jury, mais l'appel, même dans le code de Christophe, a le caractère d'une prise à partie dirigée, soit contre le magistrat, soit même contre les jurés. L'appelant dépose une amende, le magistrat ou le jury en consigne une double, et une partie de la somme totale est attribuée à celui qui gagne son procès.

L'assignation est donnée à personne ou domicile, en présence de deux témoins et verbalement, ordinairement par le demandeur, quelquefois par le centenier lui-même. Si l'assigné fait trois fois défaut, il est condamné. La procédure n'a, du reste, rien de particulier. Elle s'est maintenue, dans les tribunaux de première instance, à peu près telle qu'elle était au XIVe siècle. Mais dans les cours d'appel et la cour suprême, elle a été remplacée par la procédure écrite et secrète. La condition des débiteurs condamnés paraît avoir été assez douce. La contrainte par corps n'a lieu que pour le recouvrement des amendes en cas de meurtre, de blessures, ou de vol à main armée. Dans ces trois cas, le débiteur insolvable est mis dans la servitude du créancier, à raison d'un an pour 3 marks, ce qui faisait près de cinq ans pour un meurtre ordinaire. Du reste, l'exécution n'a lieu que sur les biens. Le centenier se transporte sur les lieux avec un jury de douze personnes, et saisit d'abord les meubles et le bétail, en second lieu les grains et le foin, en troisième lieu la maison, puis la terre, puis enfin le droit aux jouissances communes. La loi réserve d'ailleurs aux parents un droit de retrait pendant trois ans sur les immeubles propres, et à la femme l'exercice de ses reprises.

XIII.

L'ANCIEN DROIT SCANDINAVE. — LE DANEMARK.

Il existe aujourd'hui deux collections des anciennes lois danoises. La première a été publiée de 1821 à 1846 par M. Kolderup Rosenvinge, professeur à l'Université de Copenhague. La seconde est due aux soins de M. Thorsen (1852-1853). Ces deux recueils, quoique inférieurs à la collection des lois suédoises publiée par M. Schlyter, infériorité dont on peut facilement se convaincre, en comparant la loi de Scanie publiée par Thorsen avec la même loi publiée, en 1859, par Schlyter, dans le neuvième volume du *Corpus juris Sueogotici,* n'en fournissent pas moins, dès à présent une base suffisante à l'étude de l'ancien droit danois.

L'ancien royaume de Danemark, au moyen âge, se composait de trois provinces ou plutôt de trois pays distincts, la Scanie, la Seeland et le Jutland. Le Halland et le Bleking se rattachaient à la Scanie, les îles de Laaland, Falster et Mœn à la Seeland, l'île de Fionie au Jutland qui s'étendait au sud jusqu'à l'Eyder, et comprenait ainsi le Slesvig, appelé alors Jutland méridional.

Ces trois pays avaient trois lois distinctes, qui furent

mises par écrit dans le cours du xiii° siècle; la rédaction n'eut pas d'abord de caractère officiel, mais on s'habitua à y voir l'expression exacte de la coutume en vigueur, et les livres qui la contenaient reçurent la sanction royale.

La plus ancienne est la loi de Scanie. La rédaction primitive qui remontait au xii° siècle est perdue, mais elle a servi de modèle à deux autres rédactions que nous possédons encore, l'une en latin, par Andreas Sunesen, archevêque de Lund, écrite entre 1206 et 1215; l'autre en langue danoise, écrite entre 1203 et 1212.

Nous avons également deux rédactions de la loi de Seeland, toutes deux en danois, et attribuées l'une au roi Valdemar, l'autre au roi Erik, sans qu'on sache quels étaient ce Valdemar et cet Erik. Ce qu'il y a de certain, c'est que ces deux rédactions ont été faites par de simples particuliers, sans caractère officiel, que le texte qui porte le nom de Valdemar est antérieur à l'autre, enfin que l'un et l'autre ont été écrits après la loi de Scanie, entre les années 1220 et 1250.

Enfin la loi du Jutland, écrite en langue danoise, fut publiée par le roi Valdemar II, en 1241, à l'assemblée générale du royaume réunie à Vordingborg. Au texte primitif de cette loi s'ajoutèrent, dans la suite, des dispositions complémentaires connues sous les noms d'articles de Thord Degn (1354), et de Gloses de Knud Mikkelsen. Ce dernier était évêque de Viborg à la fin du xv° siècle.

A la différence des codes suédois, les codes danois ne contiennent pas de dispositions relatives au droit ecclésiastique. Dès le xii° siècle, et probablement vers 1171, les évêques danois avaient réglé cette matière par des conventions passées avec les États de leur province. Nous possédons deux traités de ce genre, émanés l'un de l'évêque de Roeskilde, Absalon, pour la Seeland, l'autre de l'archevêque de Lund, Erskill, pour la Scanie.

Enfin, à côté des lois générales, il se créa un droit particulier pour les villes à mesure que les villes se fondèrent. Le plus ancien est celui de Slesvig, rédigé en latin, de 1200 à 1202. Flensborg emprunta d'abord le droit de Slesvig, puis se fit un droit particulier en 1284 (en langue danoise). Celui d'Aabenraa (en latin), date de 1355. Celui d'Haderslev (en danois) fut confirmé par le duc Valdemar en 1292. Dans le Jutland septentrional, le droit de Slesvig fut donné dès le XIVe siècle aux villes de Horsens et Ebeltolft. Le droit de Ribe, publié en 1269, est emprunté en partie à celui de Lübeck. Il fut bientôt appliqué à toutes les villes du Jutland et de la Fionie, spécialement à Nyborg (1271). On trouve cependant des lois particulières pour Aalborg (1342), Viborg (1440), Kolding (1327), Aarhus (1441), Skagen (1507) et en Fionie Odense (entre 1340 et 1375). En Seeland, la plus ancienne charte de Copenhague est de 1254 (en latin). Celle de Roeskilde, confirmée en 1268, fut accordée à d'autres villes. En Scanie, à la même époque, Lund reçut une charte qui fut ensuite donnée à toutes les villes de la province, et fut désignée, comme en Suède et en Norvège, sous le nom de droit municipal commun, *Biærkeræt*.

Nous ne parlons que pour mémoire des statuts des ghildes ou corporations.

Les ordonnances royales méritent plus d'attention. Une des plus anciennes est l'ordonnance du roi Knut sur le meurtre, et l'abolition du jugement de Dieu (28 décembre 1200). La plus importante est l'ordonnance de Frédéric II sur le droit maritime, publiée en 1561. Vers la même époque on s'occupa, en Danemark, de codifier les lois existantes et de les ramener à une seule. Lorsque la révolution de 1660 eut créé la monarchie absolue, un des premiers soins du nouveau gouvernement fut de nommer une commission pour la rédaction du nouveau code, qui fut publié plus de vingt ans après, en 1683, sous le nom de loi danoise de Christian V, *Kong Christian den femtes Danske Lov*. Il est encore en vigueur aujourd'hui, et fut même introduit en 1755 dans les Antilles danoises, mais non dans le Slesvig, qui resta toujours sous l'empire de l'ancienne loi du Jutland[1].

Les lois danoises appartiennent à une époque plus ancienne que les lois suédoises. Elles nous font connaître un état de civilisation antérieur. Nous y trouvons encore l'institution de l'esclavage. L'épreuve par le fer rouge *(jernbyrd)*, abolie seulement par une ordonnance de Valdemar II (1202-1241), existe encore dans la loi de Scanie et même dans celle de Seeland; enfin la famille, en Danemark, est encore solidaire des crimes commis par un de ses membres; elle contribue au payement des amendes, comme elle prend sa part de celles qui sont dues.

Nous ne trouvons pas ici, comme dans les lois suédoises, un livre consacré au droit ecclésiastique, ni un autre traitant des droits du roi. Chaque code commence par régler l'ordre des successions et les droits de la veuve. Nous allons les parcourir rapidement en signalant les dispositions les plus singulières.

D'après la loi du Jutland (I, 27), la concubine devient épouse légitime lorsqu'elle est restée dans la maison pendant trois hivers, que, pendant tout ce temps, elle a partagé le lit du maître de la maison, bu et mangé avec lui, et qu'elle a porté ses clefs. C'est ainsi que, dans l'ancien droit romain, la puissance du mari sur la femme *(manus)* s'acquérait par une sorte d'usucapion d'un an (Gaius, I, 111).

La femme mariée est assimilée au mineur quant à la capacité, et ne peut aliéner que jusqu'à concurrence de cinq sous. Mais le régime des biens est celui de la communauté légale, à l'exclusion seulement des immeubles

---

[1] Outre l'*Esquisse de l'histoire des sources du droit scandinave,* par Konrad Maurer (Kristiania, 1878), on peut consulter Allen. *Fædrelandets historie* (7e édition, Copenhague, 1870; traduite en français, Paris, 1879), et Kolderup-Rosenvinge, *Danske Retshistorie* (3e édition, Copenhague, 1860).

propres et des meubles recueillis par succession pendant
le mariage. Cette restriction disparaît même dans les coutumes des villes et fait place à la communauté universelle.
Le principe du partage égal et par moitié se trouve déjà
dans la loi de Scanie et a toujours été pratiqué en Danemark.

La veuve était sous la tutelle de son plus proche parent,
sans le consentement duquel elle ne pouvait ni se remarier ni vendre sa terre. Dans les villes, toutefois, la tutelle des femmes ne se maintint que pour la forme. La
femme choisissait et au besoin révoquait son tuteur.

L'enfant naturel héritait de sa mère comme l'enfant
légitime, mais il n'héritait de son père qu'à la condition
d'être reconnu par celui-ci devant le ting, encore ne pouvait-il recevoir au delà de la moitié de ce qu'il aurait eu
s'il eût été légitime. Une ordonnance, qu'Andreas Sunesen appelle récente, donne à l'enfant naturel le droit
de recueillir la succession tout entière à défaut d'enfants
légitimes.

La majorité était fixée à l'âge de quinze ans. Toutefois,
d'après la loi du Jutland, elle n'est complète et ne comporte le droit d'aliéner les immeubles qu'à dix-huit ans.
Au XVIIe siècle, et sous l'influence des idées romaines,
elle a été différée jusqu'à vingt-cinq ans.

L'ancien droit danois ne connaissait d'autre tutelle que
la tutelle légitime du plus proche parent. Mais la loi du
Jutland indique déjà qu'il appartient au roi de donner des
tuteurs, et la tutelle dative devient peu à peu le droit commun des villes.

La propriété se transmet par tradition. Pour les immeubles, cette tradition prend un caractère solennel (*scotatio, skjödning*). Elle a lieu devant le ting. L'acheteur ôte
son manteau et le remet aux témoins, qui le tiennent
étendu. Le vendeur y jette une poignée de terre et déclare
qu'il transfère la propriété à l'acheteur. Au moyen de cette
cérémonie, la vente se trouve constatée par une preuve

contre laquelle il n'y a pas de preuve. La *scotatio* se maintint jusqu'au XVIe siècle, époque à laquelle elle fut remplacée par l'emploi d'un acte écrit, inséré dans les registres du ting.

La possession d'un immeuble pendant trois ans (proprement trois récoltes, *threnne halma*) conférait au possesseur le droit de repousser toute revendication par son serment et celui d'un certain nombre de cojureurs, la preuve à faire dans ces conditions étant considérée comme un avantage et non comme un fardeau. Cette possession ou saisine s'appelait *laghahæfd*. A son défaut, le défendeur devait mettre en cause son auteur, *hiemmelsmand,* et ainsi de suite jusqu'à ce qu'il se rencontrât un possesseur pouvant invoquer la possession de trois ans. Celui-là prenait le fait et cause des autres, et faisait la preuve. A partir du XIIIe siècle, l'usage s'introduisit, pour le possesseur, de prendre les devants, et d'assigner tous les intéressés devant le ting pour voir déclarer la propriété définitivement acquise par la possession. La déclaration écrite du ting constituait un titre contre lequel aucune preuve n'était admise. Les règles anciennes sur la saisine tombèrent en désuétude lorsque l'introduction d'un système rationnel de preuve eut fait de la preuve à fournir une charge et non un avantage. Ce qu'il y a de plus remarquable, c'est qu'on ne trouve pas de trace d'action possessoire, et encore aujourd'hui ces actions sont inconnues en Danemark.

En fait de meubles, la simple possession actuelle suffisait pour qu'on procédât de la même façon. Le possesseur jurait lui douzième, et avec deux témoins, qu'il avait acheté la chose au marché, ou qu'il l'avait fabriquée lui-même. S'il ne pouvait faire cette preuve, le revendiquant était admis à faire la preuve contraire avec moitié moins de cojureurs. Du reste, les ventes mobilières avaient lieu, en Danemark comme en Suède, avec l'assistance d'un ami, ou fidéjusseur de la vente, et de deux témoins (*viin oc vidne*).

Les lois écrites fournissent rarement des renseignements suffisants sur la constitution de la propriété rurale. Elles supposent connu l'état de choses auquel elles s'appliquent. Aussi sommes-nous heureux de trouver dans les lois danoises quelques chapitres sur ce sujet. On y voit clairement comment ont eu lieu l'occupation et l'appropriation du sol. Plusieurs familles se réunissaient et découpaient en commun dans la forêt primitive un territoire qui s'appelait la *marche*. Les terres labourables (*kamp* « *campus* ») étaient divisées en plusieurs sections, suivant leur qualité et leur situation, et chacune de ces sections était ensuite également répartie entres toutes les familles, au moyen d'une mensuration uniforme (*rebning*, de *reb* « cordeau »). Les habitations étaient groupées sur une hauteur, mais sans se toucher. Chacune d'elles était entourée d'un espace libre pour les constructions accessoires et le jardin potager ; cet espace est appelé *huustoft*. Enfin en dehors des terres labourables était le communal, prairies naturelles, bois, terres vaines et vagues dont la jouissance appartenait à tous (*allmenning*, « la terre de tous, » ou *overdrev*, « le pâturage »). L'ensemble des parcelles appartenant à chaque chef de famille s'appelait *bool*, la culture. Tout le territoire communal était soumis au même système d'exploitation, c'est-à-dire à l'assolement triennal, seigle, orge, jachère, et sur tous les terrains en jachère s'exerçait la vaine pâture. Tous les chefs de famille étaient propriétaires avec des droits égaux. C'est ce qu'on appelait le village primitif, *by*, *adelby*.

En cas d'empiètement d'un voisin sur l'autre, les droits de chacun se déterminaient facilement. Il suffisait de mesurer de nouveau, au cordeau, les lots de chaque section, en allant de l'est à l'ouest. Chaque habitant du village avait le droit de provoquer cette opération, qui effaçait toutes les possessions en ramenant tous les cultivateurs à leur titre primitif. En dehors de la marche, et sur le territoire qui n'appartenait à personne, un habitant pouvait occuper pri-

vativement une certaine quantité de terrain, la défricher
et la mettre en culture, soit par lui-même, soit par des
métayers ou des fermiers. C'est ce qu'on appelait *ornum,* ce
qui veut dire sans doute le « terrain *occupé hors* de la
marche. » Ces cultures isolées se multipliaient parfois, de
manière à former à leur tour une agglomération, mais
cette agglomération restait toujours inférieure au village
primitif. Elle prenait le nom de « hameau » (*torp*). Souvent le hameau était une colonie destinée à absorber le
trop plein de la population du village, mais la métropole
avait toujours un droit supérieur. Pendant trois ans elle
pouvait contraindre les colons à revenir habiter le village.
Le village n'eût-il plus qu'un seul habitant, celui-là pouvait rappeler tous les autres et les ramener à l'exécution du
contrat primitif. La loi du Jutland contient, à cet égard,
une disposition formelle.

Les choses se sont passées de même dans tous les pays
scandinaves, du moins en Suède, où les anciennes lois
rappellent l'origine et la constitution de la propriété rurale.
On trouve des traces de ces vieilles institutions même en
Norvège, quoique moins distinctes. Mais, si le point de
départ a été le même dans les trois royaumes, il s'en faut
de beaucoup que la condition de la population rurale se soit
maintenue et développée de la même façon. En Danemark,
les guerres continuelles, les invasions des Wendes et des Allemands, après la mort du dernier des Valdemar, appauvri-
rent la classe agricole. En même temps, la substitution de
la cavalerie à l'infanterie dans les guerres amena la création
d'une noblesse territoriale. Les riches propriétaires, ceux
qui pouvaient avoir un cheval de guerre, une armure
complète, des écuyers armés et montés, prirent en peu de
temps une influence prépondérante, politique et sociale.
Les paysans libres disparurent rapidement; ils furent remplacés par des affranchis ou par des fermiers, ou plutôt des
censitaires, trop pauvres pour s'acquitter envers le maître
autrement qu'en nature ou en services. De là la corvée, les

droits seigneuriaux et enfin l'interdiction de quitter la seigneurie pour aller s'établir ailleurs. Ainsi naquit la servitude de la glèbe. Inconnue en Danemark au XIIIe siècle,
elle y était complètement établie au XVIe et n'a disparu qu'à
la fin du siècle dernier. Nulle part elle ne fut plus dure et
plus oppressive. La Norvège, protégée par sa situation et
ses montagnes, ne fut pas atteinte par cette plaie de la
servitude qui s'étendit, à la même époque, sur la plus
grande partie de l'Europe. La noblesse même ne put pas
s'y établir. Mais en Suède la lutte fut longue et pénible, et
la liberté aurait fini par succomber comme en Danemark,
si la résistance des paysans n'avait pris un caractère national, et n'avait trouvé des chefs comme Engelbrecht, les
Sture et enfin les Vasa.

Nous trouvons, en ce qui concerne les successions, des
dispositions analogues à celles des lois suédoises. Les filles
succèdent, mais elles ne prennent que demi-part en concurrence avec des fils. La représentation, inconnue dans la
loi de Scanie et dans l'ancienne loi de Seeland, apparaît
pour la première fois dans la nouvelle loi de Seeland, mais
seulement pour les petits-fils. La loi du Jutland admet la
représentation à l'infini dans la ligne descendante. L'époux
survivant recueille la moitié des biens, à l'exception des
biens propres, lorsqu'il n'y a pas d'enfants nés du mariage,
et, dans le cas contraire, il prend une part d'enfant. Pour
bien comprendre ces dispositions, il ne faut pas perdre de
vue que le partage de la communauté se confond avec le
partage de la succession. La succession n'est, en général,
autre chose que la liquidation d'une communauté taisible,
qui existait entre tous les membres d'une même famille,
vivant ensemble dans la même maison et confondant tous
leurs biens dans une seule masse. Au décès du chef, la société se dissout et chacun prend sa part.

Les contrats se forment, en général, par le seul consentement. Toutefois ils ne deviennent irrévocables que quand
les parties se sont donné une poignée de main (*haandslag*).

Il est d'usage de les publier au ting, soit pour en rendre la preuve plus facile, soit pour en avertir les tiers.

Le droit criminel est le même que celui de la Suède. Il a pour principe la vengeance privée, et s'efforce de rétablir la paix par le moyen des compositions. La plus haute amende est de quarante marks. Vient ensuite l'amende de neuf marks, et enfin celle de trois marks. Il y a un certain nombre de crimes atroces pour lesquels aucune composition n'est admise (*ubodemaal*); ce sont l'assassinat dans certaines circonstances, le vol, l'incendie, la haute trahison. Nous ne retrouvons pas, en Danemark, la disposition particulière du droit suédois relative aux crimes contre la paix du roi (*edzöre*). Les crimes dont il s'agit sont rangés soit parmi les crimes non rachetables, soit parmi ceux dont l'amende est de quarante marks.

L'amende du meurtre se paye en trois fois, mais le coupable ne supporte qu'un tiers de chaque paiement. Les deux autres tiers sont fournis, l'un par les parents paternels, l'autre par les parents maternels. Réciproquement, l'amende payée ne profite que pour un tiers au plus proche héritier du défunt. Les parents paternels en prennent un tiers et les parents maternels un autre. La répartition entre les parents, soit pour donner soit pour recevoir, a lieu suivant une progression décroissante en raison de l'éloignement en degré. Les trois paiements doivent être terminés dans l'espace d'un an.

Si le meurtrier, assisté de cojureurs, venait déclarer avec serment, sur la fosse de la victime, qu'il avait été provoqué par un coup ou une blessure, l'amende qui lui était due pour ce coup ou cette blessure était déduite de celle qu'il devait pour le meurtre. Il y a, sur ce point, une disposition expresse dans les lois de Scanie et de Seeland.

Le vol, en Danemark, n'était puni de mort que quand la valeur de l'objet volé dépassait un demi-mark. La peine de mort entraînait comme conséquence la confiscation envers le roi, et la restitution, au simple ou au double, envers la personne volée. Elle n'était, du reste, appliquée qu'au vol manifeste, c'est-à-dire quand le voleur était trouvé vêtu et saisi de la chose volée. Dans les autres cas, et quand l'objet volé ne valait pas un demi-mark, le voleur en était quitte pour une peine corporelle, avec amende et restitution. Mêmes dispositions que dans les lois suédoises en ce qui concerne le droit de saisir le voleur manifeste, de lui lier les mains, de le conduire au ting et de le pendre sans jugement. Mêmes dispositions encore sur le droit de tuer le voleur de nuit ou le voleur armé. Mêmes dispositions enfin sur le droit de perquisition (*ranzsakan*), ses formes et ses effets.

Le pouvoir judiciaire est exercé, en Danemark comme en Suède, par les assemblées populaires de la centaine ou de la province (*herredsting, landesting*). L'assemblée se compose de tous les propriétaires libres sous la présidence de l'intendant ou prévôt royal (*konglige ombudsmand*, ou *foged*). Pour chaque affaire, un jury est désigné (*næfnde*). Les jurés sont, en général, au nombre de douze, quelquefois moins, rarement plus. En Seeland et en Scanie, ils sont nommés par la partie poursuivante, en Jutland par le président de l'assemblée, mais toujours sauf le droit de récusation, qui appartient au défendeur dans une large mesure. Du reste le président n'a que la police de l'assemblée et veille à l'exécution des jugements, mais il n'y participe pas.

A côté du jury, la loi du Jutland institue une juridiction particulière qui n'a pas d'analogue dans les autres lois, c'est celle des hommes de la vérité (*sandmænd*) ou juges nommés à vie par le roi, au nombre de huit dans chaque centaine, avec une compétence déterminée en certaines affaires civiles ou criminelles. Comme les jurés, ils rendent leur sentence sous la foi du serment; mais, à la différence des jurés, ils reçoivent une indemnité de voyage toutes les fois qu'ils se rendent au ting. C'est un premier essai de tribunaux permanents, motivé par la nécessité pratique.

Les hommes libres ne se rendaient plus aux assemblées. Le même fait s'était produit plus tôt dans l'empire franc, et Charlemagne avait dû y pourvoir par l'institution des *scabini*. Du reste, la nouvelle institution tomba en désuétude comme l'ancienne, et le pouvoir judiciaire passa de fait aux intendants et prévôts royaux, et au conseil du roi en dernier ressort.

La procédure primitive a été une tentative de conciliation. Si elle n'aboutissait pas, la guerre recommençait entre les parties. Si, au contraire, elle réussissait, alors se présentait la question de la preuve. A défaut d'aveu, on avait recours d'abord au duel judiciaire, puis, après l'abolition du duel, vers l'an 1000, au jugement de Dieu par l'épreuve du fer rouge (*jernbyrd*). Enfin l'épreuve du fer rouge fut elle-même abolie au commencement du XIIIe siècle et remplacée par le serment.

La partie prête serment, soit seule, soit assistée de cojureurs dont le nombre est fixé par la loi et varie généralement suivant l'importance de l'affaire, depuis trente-six jusqu'à trois. Le nombre le plus ordinaire paraît avoir été celui de douze. C'est le seul que connaisse la loi du Jutland. Si la partie ne fournit pas le nombre de serments exigé par la loi, elle perd son procès.

En certains cas, les cojureurs devaient être pris parmi les parents de la partie (*kynsnæfnd*), et ils étaient alors désignés par la partie adverse, sauf récusation dans de certaines limites.

L'institution des cojureurs n'a disparu qu'au XVIe siècle. C'est seulement à cette époque qu'un système rationnel de preuve a été établi en Danemark. Ce n'est pas que, dans le système des serments, le témoignage fût inconnu. Seulement il n'était admis, du moins en général, que comme un indice. Quand le demandeur produisait des témoins, alors le défendeur ne pouvait plus se justifier par un simple serment. Il devait se soumettre à l'épreuve du fer rouge ou à la décision du jury. En certains cas, le serment des cojureurs devait être fortifié par la déposition de deux témoins. Le seul témoignage qui fît pleine foi était celui des hommes du ting sur les choses qui s'étaient passées au ting (*thingswitnæ*). C'est ce que les Anglais appellent *record de cour*.

La conséquence la plus remarquable de ce système consiste en ce que la preuve à faire est considérée non comme une charge mais comme un avantage. En règle générale, cet avantage appartenait au défendeur, qui pouvait faire écarter la demande en prêtant serment, avec l'assistance de ses cojureurs. Ce droit ne disparaissait que dans le cas dont nous venons de parler, quand il s'agissait d'un crime et que le poursuivant produisait des témoins, ou bien encore dans le cas de flagrant délit.

La procédure est semblable à celle de la Suède. Jusqu'au xviie siècle, elle est restée orale et publique. A cette époque, elle a fait place à la procédure écrite et secrète, au civil comme au criminel. Le défendeur était assigné à comparaître devant le ting. S'il ne comparaissait pas, il était réassigné au ting suivant. Au quatrième ting, il était considéré comme présent, et condamné, à moins qu'il ne présentât ou ne fît présenter une excuse, et ne produisît deux témoins.

L'exécution des jugements est abandonnée aux parties. Celle qui a obtenu une condamnation peut saisir les meubles ou les bestiaux de son adversaire, à titre de gage (*nam*); le même mot se retrouve dans l'ancien coutumier de Normandie (articles 63-68). Mais, pour arriver à un résultat, la partie est obligée de s'adresser au prévôt royal et d'obtenir son concours. Alors seulement celui qui a perdu son procès est tenu de s'exécuter, et passible d'amende en cas de résistance.

Les anciennes lois du Danemark présentent, comme on le voit, la plus grande analogie avec celles de la Suède, chose assez naturelle d'ailleurs, puisque les deux peuples appartenaient à la même race et parlaient la même langue. Les différences sont venues plus tard. L'influence allemande a pénétré en Danemark, et le droit romain y a été sinon reçu, du moins connu et étudié. C'est pourquoi, de toutes les législations scandinaves, celle du Danemark est aujourd'hui la plus éloignée du type primitif, mais elle tend de plus en plus à y revenir, grâce au mouvement de concentration et d'unification qui rapproche depuis un demi-siècle les trois royaumes du Nord.

XIV.

L'ANCIEN DROIT SCANDINAVE. — LA NORVÈGE.

Les anciennes lois de la Norvège (*Norges gamle Love*) ont été publiées aux frais de l'État, de 1846 à 1885 ; les trois premiers volumes, de 1846 à 1849, par MM. Kayser et Munch ; le quatrième, en 1885, par M. Gustave Storm. Il reste encore à publier les glossaires et les tables. En attendant, on peut se servir de la traduction danoise de Paus, malheureusement très incorrecte (2 vol. in-4°, Copenhague, 1751-1752). Il faut joindre à cette collection le *Diplomatarium norvegicum,* publié par MM. Lange, Unger et Hvitfeld (17 vol. in-8°, 1848-1876).

La Norvège, pays montagneux, où les communications sont difficiles, se prêtait moins à l'unité que la Suède et le Danemark. Au commencement du ixe siècle, elle était encore divisée en trente cantons dont chacun avait son roi et son ting. Un de ces rois, Harad Haarfager, soumit tous les autres et fonda le royaume de Norvège. La division en tribus se maintint, mais il se produisit un mouvement de concentration qui forma quatre groupes dont chacun eut son assemblée générale ; ces quatre groupes sont : 1° celui du nord, *Frostaling,* chef-lieu Trondhiem ; 2° celui de l'ouest, *Gulating,* chef-lieu Bergen ; 3° celui du centre, *Eidsivating*, entre la frontière suédoise et les crêtes du Dovrefield ; 4° enfin celui du sud-est, *Borgarting,* qui s'étendait le long de la côte du Cattégat, entre Christiania et Göteborg. Chacun de ces quatre districts eut sa loi particulière, et ces lois furent écrites dès le XIIe siècle, probablement par les soins et en quelque sorte sous la dictée du président qui, en Norvège comme en Suède, portait le nom d'homme de la loi *(lögmadr),* et était chargé de réciter et d'expliquer la loi devant le peuple.

De ces quatre lois, deux seulement, les plus importantes, celles du Frostating et du Gulating, nous sont parvenues intégralement. Ces textes remontent au XIIIe siècle, mais on y trouve la trace évidente de différentes rédactions antérieures, dont l'une (pour le Gulating) daterait du commencement du XIIe siècle. Quant aux lois de l'Eidsivating et du Borgarting, elles ont été rédigées aussi au XIIe siècle, mais nous n'en possédons plus aujourd'hui, à part quelques fragments, que la partie relative au droit ecclésiastique.

Aux lois provinciales, il faut joindre quelques textes des lois municipales *(Bjarkörett),* qui paraissent avoir été rédigés à l'usage de la ville de Nidaros, aujourd'hui Trondhiem.

Magnus Haakonssön, qui régna en Norvège de 1263 à 1280, fut chargé par les assemblées des quatre provinces de réformer leurs lois, et publia en 1274 un nouveau code, commun à tout le royaume. C'est une simple compilation des quatre anciennes lois avec des modifications de détail. En même temps fut rédigé un droit municipal *(Bylov),* qui fut introduit, en 1276, dans la ville de Bergen, et ensuite appliqué aux autres villes du royaume.

Le code de Magnus est resté en vigueur pendant plus de quatre siècles, au moins nominalement, car une grande partie de ses dispositions tomba peu à peu en désuétude ou fut modifiée par ordonnances royales. Au XVIIe siècle, la langue avait tellement changé, que le texte primitif n'était plus compris par le peuple. On publia en 1605, sous le nom de *Code de Christian IV,* un nouveau texte, en langue moderne, mais sans distinguer entre les dispositions conservées ou abrogées, si ce n'est pour le droit ecclésiastique. Ce fut seulement en 1687 que la Norvège reçut un nouveau code, qui fut rédigé sur le modèle du code danois de 1683, et qui forme encore aujourd'hui la base du droit norvégien [1].

Au temps de la rédaction des anciennes lois norvégiennes, l'esclavage est encore en pleine vigueur. Le pouvoir du maître est absolu, et l'influence du christianisme n'a encore pu introduire que deux restrictions : si le maître tue ou mutile son esclave, il doit en faire la déclaration devant témoins, le jour même, et, d'autre part, l'esclave ne peut être vendu pour être conduit en pays étranger, à moins qu'il ne se soit rendu coupable d'un crime certifié par des témoins. Le maître est civilement responsable du délit de son esclave, sauf le droit de faire l'abandon noxal. En cas de dommage fait à l'esclave, l'indemnité est payée au maître ; toutefois elle profite à l'esclave pour le tout si le dommage à été causé par un autre esclave, et pour un douzième si l'esclave a été blessé en accompagnant son maître au ting, à l'église ou à un banquet.

Les enfants nés des unions entre libres et esclaves suivaient la condition de la mère. Toutefois, jusqu'à l'âge de trois ans, l'enfant né d'une mère esclave pouvait être reconnu par le père et jouissait alors de tous les droits d'une personne libre.

---

[1] Les principaux ouvrages à consulter sur la Norvège sont : Munch, *Det norske Folks Historie,* 8 vol. in-8°, 1852-1863; Keyser, *Norges Stats- og Retsforfatning,* 1867, 1 vol. in-8°; Aubert, *De norske Retskilder og derer Anvendelse,* 1 vol. in-8°, 1877; Aschehoug, *Statsforfatningen i Norge og Danmark indtil* 1814, 1 vol. in-8°, 1866; Brandt, *Forelæsninger over den norske Retshistorie,* 2 vol. in-8°, 1880-1883.

L'esclave pouvait être affranchi ou se racheter moyennant une somme convenue. L'affranchissement avait lieu à l'église. L'affranchi restait soumis au patronage de son ancien maître, lien de dépendance qui pouvait se réduire à un simple rapport de protection. Pour obtenir cette amélioration dans sa condition, l'affranchi devait donner un banquet de libération, *frelsesöl,* avec neuf mesures de bière. Il invitait à ce banquet le patron et la femme du patron, les plaçait au siège d'honneur et leur offrait la somme fixe d'un mark et demi.

Le droit de patronage durait jusqu'à la quatrième génération, d'après la loi de Frostating. D'après celle de Gulating, il ne se perpétuait pas au-delà de la seconde.

La qualité d'affranchi pouvait être acquise par la prescription de vingt ans.

A la fin du XIIe siècle, l'esclavage s'est éteint en Norvège. On n'en trouve plus aucune trace dans le code de Magnus.

Le rang d'un homme dans la société détermine l'amende à laquelle il a droit lorsqu'il est attaqué dans sa personne ou son honneur. Les anciennes lois distinguent, à cet effet, différentes classes, depuis le noble (*lendrmadr*) dont la valeur est de six marks, jusqu'à l'affranchi, qui ne vaut qu'un mark. Dans les villes, cette distinction des classes ne paraît pas avoir été admise, et la valeur moyenne d'un homme, quelle que fût son origine, fut fixée uniformément à trois marks. Le code de Magnus supprima quelques degrés de l'échelle, et introduisit dans le calcul de l'amende un nouvel élément, l'appréciation des circonstances du fait. Ce qu'il y a de particulier dans les anciennes lois norvégiennes, c'est que le prix du sang, étant dû par toute la famille du meurtrier à toute la famille de la victime, varie suivant le nombre des parties prenantes. En effet, la guerre est entre les deux familles; pour elles la vengeance est à la fois un droit et un devoir, à raison de la solidarité qui lie toutes les personnes unies par le sang.

Chaque personne ou plutôt chaque degré de parenté ayant droit à une certaine indemnité, la somme totale peut s'élever jusqu'au triple, et même, en certains cas, jusqu'au quintuple de la valeur attribuée par la loi à la victime du meurtre. Nous nous garderons bien de suivre les anciennes lois dans les détails de calculs aussi compliqués. Il n'en est déjà plus question dans le code de Magnus, aux termes duquel il n'y a plus, pour chaque personne, qu'une amende fixe, payée par le meurtrier au plus prochain héritier de la victime.

Le mariage est avant tout un contrat civil, même après l'introduction du christianisme, dont l'influence ne se fait sentir que dans la prohibition du mariage entre parents jusqu'au sixième degré, d'abord, et ensuite jusqu'au quatrième seulement. Le mariage est considéré surtout comme un traité d'alliance entre deux familles. Il doit être précédé des fiançailles, c'est-à-dire d'un accord (*festar*) entre le futur époux et le père de la jeune fille, ou du moins celui qui a le droit de la marier. L'ensemble des conditions stipulées s'appelle *mundr*. Au moyen de cette formalité, la femme est légitimement *acquise, mundi keypt*.

La femme apporte une dot, *heimanfylgia*. Le mari y joint un augment de dot qui est, en général, de la moitié de la dot; cet augment s'appelle *tilgiöf* ou *gagngiads*. La dot et l'augment étant réunis, le mari se trouve avoir fourni le tiers du tout, de là le nom de *þridungsauki*. Enfin le lendemain des noces le mari donne à sa femme le douaire ou don du matin, *linfé, bekkjargiöf*. Si la future épouse n'a rien et ne peut apporter aucune dot, le mari doit lui en constituer une de deux marks. Autrement il n'y a pas de mariage.

Le consentement de la future épouse n'est pas requis, à moins qu'elle ne soit veuve ou qu'elle ait perdu ses parents et soit âgée de plus de quinze ans. En principe, tout se passe entre le futur époux et celui qui a le droit de donner la femme en mariage, *giptingarmadr*, c'est-à-dire le père, la mère, le frère ou le tuteur. Mais cette règle du vieux droit fléchit sous l'influence du droit canonique.

Le mariage doit être célébré dans l'année des fiançailles. Celui des deux contractants qui manque à sa parole est mis hors la loi. La principale cérémonie consiste en un grand banquet auquel sont invités de nombreux témoins.

Le mari administre les biens de sa femme, mais le patrimoine de chacun des deux époux reste séparé. Celui de la femme comprend la dot, l'augment, le don du matin, et en outre, tout ce qui advient à la femme pendant le mariage, par succession ou autrement. Si le mari meurt le premier, son patrimoine passe à ses héritiers, et la femme garde le sien. Si la femme meurt la première, son patrimoine passe à ses héritiers, à l'exception de l'augment, qui reste au mari. En cas de séparation, si les torts viennent du mari, la femme exerce tous ses droits; si les torts viennent de la femme, le mari garde la jouissance des biens de celle-ci et la propriété de l'augment.

Le mari était tenu de faire devant témoins une évaluation des apports de sa femme. A défaut de cette évaluation, celle-ci prenait, au décès du mari, un tiers de la masse, outre ses hardes, pourvu que le mariage eût duré douze mois.

Les époux peuvent contracter entre eux une communauté, *félag*, qui paraît n'avoir compris que les fruits des propres et les profits de l'industrie des époux. Dans le partage de cette communauté, le mari prend deux tiers et la femme un tiers. D'après la loi de Frostating, la communauté avait lieu de plein droit après douze mois de mariage. D'après la loi de Gulating, il fallait vingt ans, à moins de convention expresse entre les époux, et encore ceux-ci ne pouvaient, tant qu'ils n'avaient pas d'enfants, faire une convention semblable sans le consentement de leurs héritiers présomptifs. La loi de Borgarting paraît avoir exigé trente ans de mariage.

La femme ne pouvait, sans l'assistance de son mari,

faire aucun achat dont la valeur dépassât une certaine somme, variable suivant la classe du mari, en moyenne une *öre* pour la femme d'un paysan. En cas d'infraction à cette règle, le mari a un délai d'un mois pour demander la nullité du contrat.

Le mari qui bat sa femme doit lui payer une amende égale à celle qu'il aurait le droit d'exiger si sa femme était battue par un autre. Si la femme est battue plus de trois fois, elle peut se séparer de son mari, en emportant tous ses biens, y compris l'augment.

En cas d'absence du mari, la femme, d'après la loi de Borgarting, ne peut se remarier avant trois ans.

A côté du mariage légitime, la loi reconnaissait une sorte de concubinat, qui, prolongé pendant plus de vingt ans, devenait légitime par une sorte de prescription. En ce cas, la communauté s'établissait de plein droit, et les enfants devenaient légitimes. Les enfants nés avant le mariage, mais après les fiançailles, étaient aussi considérés comme légitimes. En cas de mariage subséquent, les enfants nés antérieurement étaient légitimés, non par le mariage, mais par la naissance d'enfants issus du mariage.

Les cas de séparation étaient déterminés par le droit canonique et appartenaient à la juridiction épiscopale.

L'influence du droit canonique se fait sentir dans le code de Magnus qui exige les trois bans, ou publications, avant les fiançailles, et remplace le mariage civil par la bénédiction à l'église. Ce code n'admet plus de communauté entre conjoints qu'en vertu d'une convention expresse. D'après le nouveau droit des villes, la femme peut acheter toute espèce de meubles, sans autorisation de son mari, mais, pour acheter des immeubles, il lui faut l'autorisation de son mari ou de son héritier présomptif.

La minorité se divisait en deux périodes. Dans la première, qui finissait à l'âge de huit ans, le mineur était absolument incapable, et représenté par son tuteur dans les amendes à payer ou à recevoir. Dans la seconde, qui durait jusqu'à quinze ans, le mineur payait ou recevait la moitié des mêmes amendes. A quinze ans, la majorité commençait, pour les deux sexes. Le vieillard dont l'intelligence était affaiblie pouvait être mis en tutelle sur l'avis de ses parents paternels et maternels.

La tutelle, *fiarhald*, gestion des biens, appartenait au plus proche parent, dans l'ordre des successions, homme ou femme, sous la surveillance des autres membres de la famille. Le tuteur devait faire estimer les biens avant de les prendre en charge. Autrement, le mineur devenu majeur en était cru sur son serment. La tutelle des enfants pauvres était une charge à laquelle les parents ne pouvaient se soustraire qu'en justifiant eux-mêmes de leur indigence. En général, les pauvres étaient à la charge de la commune et étaient répartis entre les habitants, qui les recevaient tour à tour. La personne du mendiant n'était pas protégée par une amende.

Le code de Magnus diffère la majorité jusqu'à l'âge de vingt ans pour les deux sexes.

On peut encore compter dans la famille les serviteurs ou domestiques. Le louage de services se contractait pour un an. La loi ne contient, à cet égard, qu'un petit nombre de règles, et laisse du reste toute liberté aux parties.

En Norvège comme en Suède, le travail agricole est toujours resté libre; seulement le roi Haakon Haakonssön mit obstacle à l'émigration des travailleurs. Pendant la saison des travaux, entre Pâques et la Saint-Michel, il fut interdit à tous ceux qui ne possédaient pas trois marks de quitter leur domicile pour faire un commerce. Cette interdiction, renouvelée dans le code de Magnus, est restée en vigueur jusqu'aux temps modernes.

Nous venons de voir la constitution de la famille. Passons maintenant au régime de la propriété.

Les immeubles, en droit norvégien, sont propres (*odal-*

jörd) ou acquêts (*kiöbejörd*). Aucune législation n'a poussé
plus loin le respect des biens propres. Sont propres, d'a-
près la loi de Frostating, les biens qui sont restés dans une
famille pendant trois générations successives, de mâle en
mâle, et sont actuellement possédés par la quatrième
génération. Quant aux biens de l'Église, ils deviennent
propres par trente ans de possession. La loi de Gulating
exige une génération de plus. Sont encore considérées
comme propres les terres données comme prix du sang,
ou cédées à charge de nourriture viagère, ou données par
le roi, soit comme présent d'amitié, soit comme récompense de loyaux services, ou reçues comme prix de l'éducation d'un enfant étranger à la famille, ou enfin échan-
gées contre un propre.

D'après le code de Magnus, sont propres les biens qui
sont depuis soixante ans dans le même lignage, ceux qui
ont été donnés par le roi sans conditions, ceux qui ont été
transmis de père en fils pendant trois générations et sont
parvenus à la quatrième, enfin ceux qui ont été échangés,
propre contre propre.

Le propre ou *odel* appartient en réalité à la famille tout
entière ; s'il est vendu par celui qui le possède, les membres de la famille sont appelés dans un certain ordre à en
exercer le retrait. Le délai du retrait est de vingt ans d'a-
près la loi de Frostating, mais, d'après celle de Gulating,
ce délai dure tant que le bien vendu n'est pas devenu le
propre d'une autre famille. Cette dernière loi donne même
au retrayant le droit de payer seulement les quatre cin-
quièmes de la valeur de l'immeuble, et cela à quelque
époque qu'il exerce le retrait, pourvu qu'il ne laisse jamais
passer vingt ans sans faire devant le *ting* une déclaration
portant réserve de son droit.

Le code de Magnus impartit, pour l'exercice du retrait,
un délai de soixante ans, à condition que le droit soit
réservé tous les dix ans par une déclaration devant le *ting*.
Quant au vendeur lui-même, il ne peut exercer le retrait

que s'il s'est expressément réservé cette faculté par l'acte de vente.

La propriété dans les villes n'a jamais été soumise à la loi de l'*odel*. L'aliénation des acquêts et des meubles n'était assujettie à aucune formalité.

A côté de la propriété particulière, il y a en Norvège une grande étendue de biens communs, *almenning*, dont l'usage est commun à tous, ou du moins aux habitants de certaines localités. La propriété est censée appartenir au roi, c'est-à-dire à l'État. D'après une ancienne tradition conservée dans la *saga* d'Egil, le fondateur de la monarchie norvégienne, Harald Haarfager, se serait arrogé la propriété de toutes les terres de la Norvège, cultivées ou non. Son successeur, Haakon le Bon, aurait renoncé à ce droit en ce qui concerne les terres cultivées, mais l'aurait maintenu pour les terres incultes. Dès lors, l'occupation permanente dans les terres incultes ne peut avoir lieu qu'avec l'autorisation du roi. En cas d'autorisation, le colon a douze mois pour défricher et enclore. Cela fait, il ne peut plus reculer sa clôture, mais il a, en outre, le terrain environnant à la distance du jet de la cognée dans tous les sens. La possession continuée sous le règne de trois rois différents, et pendant trente ans au moins, suppléait au défaut d'autorisation.

L'ordre des successions se règle uniquement sur le degré de parenté. Primitivement, le droit de succéder s'arrêtait aux cousins, du côté maternel, et aux cousins issus de germains du côté paternel. C'est la disposition de l'ancienne loi athénienne ἐντὸς ἀνεψιότητος καὶ ἀνεψιοῦ. A degré égal, les mâles sont préférés aux femmes.

Une personne vivante qui n'a pas d'héritier au degré successible peut disposer de sa succession par donation entre vifs. Cette donation peut être révoquée, à savoir par un homme une fois, et deux fois par une femme.

Les enfants naturels et leurs descendants ont un rang inférieur dans l'ordre successoral, mais ils ont un rang. Ils peuvent même être introduits au rang des légitimes par le père, du consentement des héritiers. Cette légitimation a lieu au moyen d'une cérémonie singulière. L'adoptant, car il s'agit en réalité d'une adoption, donne un festin auquel sont employées trois grandes mesures de bière. Il tue un bœuf de trois ans, enlève la peau de la cuisse gauche et en fait une chaussure qu'il met à côté du bassin où l'on puise la bière. L'adoptant met le pied dans cette chaussure, puis, après lui, l'adopté et tous les membres de la famille, qui donnent leur consentement et sont pris à témoins de la déclaration du père. Un frère pouvait employer la même cérémonie pour donner à son frère naturel le rang de frère légitime.

La loi de Frostating proclame l'égalité entre les enfants, et soumet au rapport les dons faits à l'un d'eux en avancement d'hoirie. L'enfant naturel ne peut recevoir en don au delà d'une certaine somme, à moins que les parents du donateur n'y consentent. Le même consentement était exigé pour les dons faits aux églises. Toutefois une ordonnance de l'an 1152, rendue sur la demande du légat du pape, permit à chacun de donner librement, par testament et pour le repos de son âme, un dixième des propres et un quart des acquêts. Ainsi s'introduisit l'usage des testaments, institution jusque-là inconnue en Norvège.

L'héritier présent et majeur devait se présenter le septième jour à partir du décès, ou au plus tard le trentième jour. S'il était mineur, il pouvait se présenter dans les cinq ans qui suivaient sa majorité; s'il était absent, dans les douze mois qui suivaient son retour. Faute par lui de se présenter dans le délai, son droit était éteint par la prescription. Telle était du moins la disposition de la loi de Gulating. Celle de Frostating donne au mineur et à l'absent un délai de dix ans à partir de la majorité ou du retour. L'héritier prend place sur le siège d'honneur du défunt et convoque tous les créanciers pour le septième jour. Ils sont payés intégralement, ou par contribution si la succession est insuffisante. Le fils et les filles peuvent seuls être tenus des dettes *ultra vires.*

Le code de Magnus admet les sœurs à succéder avec leurs frères, mais pour demi-part seulement, et à condition de rapporter ce qu'elles peuvent avoir reçu en dot. Les biens propres (*odel*) étaient attribués de préférence aux fils, et le principal manoir à l'aîné, mais sans toutefois porter atteinte à l'égalité.

Dans le code de Magnus, l'ancienne cérémonie de la légitimation est remplacée par une déclaration faite devant la porte de l'église, sur les livres saints, par les parties et toutes les personnes dont le consentement est requis.

A défaut d'héritiers, la succession appartient au roi.

La transmission de la propriété entre vifs a lieu par le simple consentement des parties, même à l'égard des tiers. C'est là un trait caractéristique du droit norvégien, signalé par M. Brandt. En Suède et en Danemark, au contraire, la loi prescrivait certaines formalités solennelles. Ces formalités ne sont pas inconnues en Norvège, mais elles ne sont pas de l'essence du contrat et sont uniquement destinées à lui donner de la publicité et à en assurer la preuve. Telle est par exemple la tradition qui s'accomplit, pour la terre, au moyen d'une cérémonie symbolique (*skeyting*) : le vendeur met dans la main de l'acheteur une poignée de terre prise sous les quatre angles du foyer, sous le siège d'honneur et aux limites entre le champ et la prairie, entre le pâturage et le bois. Cette cérémonie a lieu en présence de témoins, soit à l'assemblée du *ting,* soit à l'église, ou dans un festin nombreux, ou sur un navire dont l'équipage est au complet. Après cela, si le vendeur se refuse à exécuter le contrat, l'acheteur se rend sur les lieux et se met de force en possession, avec l'assistance des hommes du *ting.* Le code de Magnus, tout en conservant cette formalité, l'a rendue inutile en exigeant un acte écrit passé par-devant témoins, en présence des officiers publics, pour toute vente d'une valeur de plus de dix marks.

Le louage des terres se fait devant témoins, et la durée légale du contrat est d'un an. Toutefois on peut stipuler un plus long bail.

L'intérêt de l'argent est fixé à 20 p. 0/0 par la loi de Frostating, à 12 1/2 p. 0/0 par celle de Gulating, mais il n'est point interdit de stipuler davantage.

Le droit norvégien distingue deux classes d'obligations, celles qui sont prouvées (*vitafé*) et celles qui ne le sont pas. Les premières sont celles qui ont été contractées en présence de témoins, ou qui, depuis, ont été confirmées, soit par une déclaration passée devant douze témoins dont six nommés par chacune des parties, soit par l'aveu fait par le débiteur en présence de témoins, soit par un jugement du *ting*. En ce cas, l'obligation est exécutoire; mais, hors ces cas, le créancier est tenu d'assigner son débiteur devant le *ting* et de lui déférer le serment. Le débiteur prête serment d'après la valeur de la chose due, à savoir : seul si la valeur ne dépasse pas une *öre,* lui second s'il s'agit de deux *öre,* et lui troisième s'il s'agit de trois *öre* ou plus.

Le payement a lieu aussi par-devant témoins, autrement le débiteur peut être forcé de payer une seconde fois, sauf à répéter ensuite la somme comme créance non prouvée, c'est-à-dire en déférant le serment à son adversaire.

Après vingt ans, une dette ne peut plus être prouvée par témoins, mais le serment peut toujours être déféré.

Quand le prétendu débiteur est un héritier ou un tuteur, le serment prêté par lui est un simple serment d'ignorance.

Si le débiteur refuse de s'exécuter, le créancier s'adresse aux hommes du *ting* et se fait mettre par eux en possession des biens du débiteur jusqu'à concurrence du double de ce qui lui est dû.

Un débiteur peut éteindre sa dette en cédant une créance contre un tiers. Cette cession-payement a lieu devant témoins par une cérémonie analogue à celle de la tradition immobilière (*Skuldskeyting*).

Le gage mobilier est donné en présence de témoins. A défaut de payement à l'échéance, le gage devient la propriété du créancier.

Le gage immobilier est pratiqué non seulement sous la forme de la vente à réméré ou de l'antichrèse, mais encore sous la forme de l'hypothèque (*underpant*) avec droit de préférence et droit de suite. L'effet du droit de suite consiste en ce que, si le bien hypothéqué est aliéné à un tiers, le créancier peut le saisir et se l'approprier dans les douze mois qui suivent l'aliénation.

La disposition la plus remarquable est celle que nous trouvons dans l'ancienne loi de Gulating, au chapitre LXXI. Quand un débiteur se trouvait hors d'état de payer, il devait se rendre au *ting* et là offrir sa personne à ses parents, pour la somme par lui due, en commençant par le plus proche parent. Si aucun de ses parents ne consent au marché, alors il appartient à son créancier jusqu'à ce qu'il ait payé sa dette. Les conditions de cette dation en servitude sont convenues par-devant témoins. La même loi s'applique aux femmes, pourvu qu'elles soient assistées de leurs parents. Le débiteur devenait ainsi l'esclave temporaire, soit de son créancier, soit du parent qui avait payé pour lui, mais gardait cependant sa qualité d'homme libre à l'égard des tiers. Il était *in mancipio*. Refusait-il de travailler, son maître pouvait le frapper, mais, s'il était frappé par un autre, il pouvait exiger l'amende fixée par la loi pour coups portés à un homme libre, et le maître, de son côté, pouvait exiger l'amende due pour coups portés à un esclave. Le maître ne pouvait le vendre, à peine de 40 marks d'amende, à moins qu'il ne fût évadé et repris. Le débiteur qui se donnait ainsi en servitude pouvait donner ses enfants avec lui, mais seulement jusqu'à concurrence de 3 marks. Si le débiteur en servitude ne veut pas travailler pour son maître, celui-ci le conduit au *ting* et met les parents du récalcitrant en demeure de le libérer, et, sur leur refus, il peut le tuer ou le mutiler. La loi dit *qu'il peut couper où il veut, haut ou bas.*

Ce texte de la loi de Gulating est célèbre. Grimm et d'autres après lui l'ont rapproché du texte des Douze Tables : « Partes secanto, si plus minusve secuerint sine fraude esto. » Dans l'expression, l'analogie est complète. Elle l'est moins dans le fond des choses. La loi norvégienne songe à punir un esclave rebelle ; la loi des Douze Tables s'occupait de satisfaire les créanciers en concours.

La servitude pour dettes a été conservée par le code de Magnus, mais avec des adoucissements. Elle ne s'applique pas au débiteur malheureux et de bonne foi qui s'engage par serment à s'acquitter dès qu'il pourra le faire.

Dans l'ancien droit norvégien comme dans toutes les législations primitives, la peine n'est conçue que comme un moyen de rétablir la paix et de réconcilier les familles. L'amende est le prix du sang versé ou la réparation du dommage causé. Elle sert aussi, mais ce n'est là qu'un effet secondaire, à diminuer les ressources de celui qui a commis un crime et à lui ôter les moyens de se rendre redoutable. Une partie de l'amende profite sans doute à la société, à l'État, mais cette portion de l'amende représente encore une indemnité, c'est le salaire des juges.

C'est seulement à défaut du payement de l'amende que le coupable est retranché de la société et mis hors la loi. Cependant il y a des crimes tellement atroces, qu'ils ne peuvent être rachetés à aucun prix. Tels sont les crimes commis dans les assemblées religieuses ou politiques, au temple ou au *ting*. Pour ceux-là la peine est l'excommunication, le retranchement complet de la société. Le coupable retombe dans l'état sauvage. Il n'a plus qu'à gagner la forêt pour vivre au milieu des bêtes fauves (*skogarmadr*).

Il y a aussi des crimes honteux et dégradants qui paraîssent mériter un châtiment corporel, comme les châtiments qu'un maître inflige à ses serviteurs. Dans cette classe se rangent le vol, l'adultère ou la trahison de la femme et la sorcellerie. En général, l'emploi de la ruse est considéré comme particulièrement méprisable, le vol est un crime plus grand que le brigandage, le meurtre dissimulé est plus odieux que le meurtre à force ouverte.

Les crimes non rachetables entraînent la confiscation des biens du coupable. Quand il s'agit de crimes rachetables, une partie de l'amende est attribuée à la société, car elle aussi a souffert du crime et a droit à une indemnité. Primitivement, l'amende revenait tout entière à la partie lésée, et le montant en était d'autant plus fort que la victime avait un rang plus élevé. Quant à l'amende qui revient à l'État, elle est calculée, non plus d'après le rang de la victime, mais d'après la qualité du coupable, et avec cette idée nouvelle apparaît le droit criminel moderne.

Ainsi, à proprement parler, il n'y a qu'une seule peine : la mise hors la loi. Seulement on peut se racheter, suivant le cas, soit en payant une amende, soit en subissant un châtiment corporel, soit enfin en réparant le dommage causé.

Il est inutile d'énumérer ici les diverses espèces de crimes mentionnés par les lois. Rappelons seulement que, dans les cas de crimes rachetables, le roi pouvait permettre au coupable de rester dans le pays, en s'engageant à payer l'amende.

La loi norvégienne admet comme excuse, ou tout au moins comme motif d'atténuation, la provocation, la légitime défense, le cas fortuit et l'incapacité résultant de l'âge ou de la démence.

Les bannissements comme les rappels de ban étaient solennellement proclamés au *ting*, afin que nul n'en ignorât. Il était interdit, en effet, de nourrir ou d'héberger un banni, ou de lui donner les moyens de fuir. Quiconque

enfreignait cette défense encourait la proscription, d'après
la loi de Frostating, et une amende de quarante marks
d'après la loi de Gulating. Le fait seul d'assister avec un
proscrit à un festin ou à une assemblée donnait lieu au
payement d'une amende. Porter au proscrit de quoi manger, dans la forêt où il se cache, est un fait puni d'une
amende de trois marks par la loi de Gulating. Cette loi
permet cependant à la femme de nourrir son mari pendant
cinq nuits à partir du jour où il a été condamné.

Le code de Magnus n'a pas essentiellement modifié ces
principes. Sa tendance est de substituer à l'amende fixe
et invariable une amende arbitrée par le tribunal, suivant
les circonstances du fait, et d'étendre l'application des
châtiments corporels. Il détermine plus spécialement les
crimes non rachetables, et règle, en cas de confiscation,
non seulement les droits des créanciers, mais même la
part à réserver pour l'éducation des enfants. Pour les
crimes rachetables, il supprime la confiscation des meubles
et acquêts, laquelle s'exerçait après le payement de l'a-
mende privée, et il réduit l'amende publique au maximum de treize marks et un tiers. Enfin, le fait d'avoir
nourri ou hébergé un proscrit est puni comme suit : pour
une nuit, un mark; pour deux nuits, trois marks; pour
trois nuits ou plus, treize marks et un tiers, c'est-à-dire le
maximum de l'amende publique.

Voici maintenant quelques dispositions particulières.
Le meurtre simple (*vig*) devait être déclaré par son auteur,
le jour même, dans l'habitation la plus voisine du lieu
où le meurtre avait été commis. Si cette habitation était
celle des parents ou alliés de la victime, le meurtrier
pouvait faire sa déclaration dans la seconde ou dans la
troisième. Faute de déclaration, il était considéré comme
assassin (*morder*).

Le meurtre par inadvertance donnait lieu au payement
de l'amende privée d'après la loi de Gulating; mais, d'a-
près celle de Frostating, l'auteur de l'accident conservait

tous ses biens. Il devait seulement quitter le pays, et la loi lui donnait, à cet effet, un délai de cinq nuits en été, et d'un mois en hiver. Au premier abord, il paraît étrange que l'homicide involontaire soit puni d'une amende, même dans les cas où il n'y a pas faute. C'est que la loi a voulu maintenir la paix et satisfaire la famille pour prévenir les vengeances. Dès lors, le résultat est tout. L'intention importe peu.

Le meurtre était légitime lorsque l'homme frappé avait été surpris en flagrant délit avec une des sept personnes suivantes; la femme, la mère, la fille, la sœur, la belle-mère, la belle-sœur et la bru. On pouvait aussi tuer le voleur pris en flagrant délit dans l'intérieur de la maison ou de l'enclos.

L'instigateur ou le complice d'un meurtre ne payaient qu'une demi-amende aux parents de la victime.

Le tarif des coups et blessures est très compliqué et tout à fait analogue à celui des autres lois scandinaves.

La loi autorise l'abandon noxal pour les animaux comme pour les esclaves.

Le code de Magnus supprime les amendes pour coups de couteau et les remplace par un châtiment corporel. Le coupable a la main percée du même couteau dont il s'est servi pour commettre le crime.

Le brigandage ou larcin commis avec violence (*ran*) est distingué soigneusement du vol (*þyft*). Ce dernier crime est regardé comme plus grave et particulièrement déshonorant. D'après l'ancienne loi, le voleur encourt la mise hors la loi quand la chose volée vaut plus d'un *örtug*. Si la chose vaut moins, la peine est celle-ci : on lui rase la tête, on l'enduit de goudron et on le couvre de plumes, puis on lui donne la chasse en lui lançant tout ce qui tombe sous la main. S'il en échappe, il a subi sa peine, mais il reste toute sa vie privé de ses droits. Le code de Magnus a modifié ces dispositions en introduisant une aggravation de peine pour le cas de récidive, et en punissant le vol, au-dessous d'une öre, d'une simple amende de trois marks.

Les anciennes lois norvégiennes admettent trois moyens de preuve, qui sont : le témoignage, le serment et le jugement de Dieu.

Pour faire preuve complète, le témoignage doit être donné par deux personnes. Quand il n'y a qu'un seul témoin, dit la loi de Gulating, c'est comme s'il n'y en avait pas, mais s'il y en a deux, c'est comme s'il y en avait dix, à moins qu'il n'y ait des témoins contraires. Dans ce dernier cas, on comptait les témoignages, et le nombre faisait preuve. Cette règle se retrouve partout, mais voici des particularités propres à la Norvège. Lorsqu'il s'agit d'affirmer quelque rumeur publique, la partie amène dix personnes, dont deux déposent sous la foi du serment, et les huit autres déclarent que telle est la vérité. En ce cas, le défendeur est tenu de se justifier par le serment ou par le jugement de Dieu. Cette procédure s'appelle *heimilis-kvidarvitni*.

Quand la preuve par témoins n'était pas complète, le défendeur pouvait se justifier par le serment qu'il prêtait, suivant les cas, avec l'assistance d'un certain nombre de cojureurs; ainsi il y avait le serment de douze, celui de six, celui de trois et celui de deux. En général, la partie choisissait elle-même ses cojureurs. Toutefois, en certain cas, quelques-uns des cojureurs devaient être pris parmi certaines personnes désignées par l'adversaire. Selon Keyser, le serment serait d'introduction récente en Norvège, et aurait remplacé la *kvid*, qui s'est maintenue seulement en Islande.

Enfin, quand le défendeur ne pouvait pas fournir le serment requis, il pouvait se justifier par le jugement de Dieu. Dans les temps du paganisme, l'épreuve en usage était le duel (*einvigi, hólmganga*). On trouve aussi la trace d'une épreuve qui consistait à passer sous une sorte d'arc formé par trois bandes de terre gazonnée, sans les renverser. Après l'introduction du christianisme, on se servit du fer rouge (*jærnbyrd*) et de l'eau bouillante (*ketiltak*). Mais ces épreuves furent expressément abolies par le roi Haakon Haakonssön, en 1247.

Le code de Magnus modifia à son tour l'institution des cojureurs, en ce sens que désormais l'affirmation du fait en litige ne fut plus demandée qu'à la partie. Les cojureurs vinrent seulement déclarer que cette affirmation leur paraissait vraisemblable et qu'ils ne savaient rien de plus.

Le premier acte de la procédure civile est une mise en demeure[1]. Le demandeur va trouver le défendeur au domicile de ce dernier, et là, en présence de témoins, il le somme de rester chez lui, à certain jour, pour entendre la réclamation qui lui sera faite. Au jour fixé, le demandeur revient avec ses témoins et expose sa demande. Si le défendeur y fait droit ou donne caution, tout est dit. Sinon, l'affaire est remise à un tribunal arbitral (*skiladòmr*) qui s'assemble cinq jours après, devant la porte du défendeur. Il est composé de douze juges pris parmi les propriétaires du canton, et dont la moitié est désignée par chacune des deux parties. Ce tribunal ne peut juger qu'à l'unanimité. Si les juges ne peuvent se mettre d'accord, l'affaire est portée devant un nouveau tribunal, puis devant un troisième, composé cette fois de vingt-quatre juges, et, de là, devant le *ting* cantonal. Dans tous les cas, c'est le *ting* provincial qui rend le jugement définitif. En certain cas, et notamment quand il s'agissait d'argent prêté en présence de témoins, l'affaire pouvait être directement portée au *ting* cantonal, après trois sommations. Dans les affaires de retrait (d'*odel*), le tribunal arbitral s'assemblait sur la terre même dont le retrait était requis. L'exécution forcée du jugement était faite par les hommes du *ting*, qui se ren-

---

[1] Voir Hertzberg, *Grundtrækkene i den ældste norske Proces*, 1 vol. in-8º, 1874.

daient au domicile de la partie condamnée, sous la conduite du prévôt royal, et saisissaient le double du montant
de la condamnation. Le bénéfice appartenait pour moitié
au canton et pour moitié au roi, à titre d'amende, comme
en cas de larcin avec violence (*ran*). C'est ainsi que dans la
loi athénienne, l'action d'exécution s'appelait *action de dépossession* (δίκη ἐξούλης). La résistance du condamné était re-
gardée comme un acte de violence coupable.

Le code de Magnus simplifia cette procédure et ne laissa
fonctionner, dans chaque affaire, qu'un seul tribunal arbitral.

La procédure criminelle a lieu devant le *ting* et n'offre
rien de particulier, si ce n'est en ce qui concerne le début
de la poursuite. En cas de meurtre commis sur un homme
dans sa propre maison, sa femme ou le plus proche héritier
présent doivent, sur-le-champ, convoquer une assemblée
par le moyen d'une flèche qui est portée de maison en maison. L'assemblée se réunit le jour même ou au plus tard
le lendemain. C'est le plaid de la flèche (*Örvarting*). Si les
paysans réunis sont au nombre de vingt-sept au moins, le
poursuivant et le meurtrier étant présents, le jugement
peut être rendu séance tenante. Mais ordinairement l'assemblée se borne à constater les faits, et la procédure
s'engage par assignation à cinq jours devant le *ting* du canton.

La peine ordinaire du meurtre était la mise hors la loi
(*fredlöshed*), qui toutefois n'était prononcée qu'à défaut de
composition entre les parties. Mais en cas de flagrant délit
le meurtrier saisi et condamné, était à défaut de composition, conduit au bord de la mer par tous les hommes du
ting, le prévôt royal marchant en tête et, mis à mort, soit
par la partie poursuivante elle-même, soit par un exécuteur
des ordres du prévôt.

Pour le vol, la loi norvégienne est la même que les
autres lois scandinaves. Si un homme est pris en flagrant
délit de vol, il est immédiatement conduit au *ting* avec la

chose volée attachée sur son dos, jugé sans délai et mis à mort. La perquisition à domicile, afin de découvrir les choses volées, est soumise aux formalités accoutumées. La loi norvégienne ajoute que, si le soupçon porte sur un esclave, le plaignant peut se faire livrer cet esclave, le garder chez lui pendant un certain temps et le soumettre à la torture afin d'obtenir un aveu. La loi athénienne contenait une disposition semblable.

En résumé, les lois norvégiennes offrent une grande analogie avec les lois suédoises ou danoises. Il semble pourtant qu'elles révèlent un état social plus ancien, plus primitif, par cela même qu'elles sont moins formalistes. Le formalisme, en effet, n'est pas un signe d'antiquité. Le moment où il se produit est celui où l'on a déjà perdu le sens des anciennes cérémonies, où l'on ne se rend plus compte de la raison pratique qui les avait fait instituer.

XV.

L'ANCIEN DROIT SCANDINAVE. — L'ISLANDE.

———

Parmi les pays scandinaves l'Islande mérite une attention toute particulière. C'est là en effet que se trouvent les plus anciens monuments de la langue et de la littérature du Nord. Les lois islandaises, telles que nous les possédons, ne remontent pas plus haut que celles du Danemark, de la Suède et de la Norvège, mais elles portent plus profondément l'empreinte du droit primitif.

Découverte et colonisée par les Norvégiens au IXe siècle, l'Islande est restée une république indépendante pendant trois cents ans, jusqu'au jour où elle fut réunie à la couronne de Norvège par le roi Haakon Haakonssön (1262-1264). Pendant toute cette période, le pouvoir législatif appartient à l'assemblée générale (*Allting*). Nous possédons plusieurs monuments du droit de cette époque; les plus importants sont l'ancien droit ecclésiastique rédigé en 1123, et surtout le recueil général du droit islandais connu à tort sous le nom de *Grágás*. Ce nom, qui signifie *oie grise*, est tiré de la couverture du livre. Lorsqu'on trouva un des manuscrits de ce recueil en Norvège, au XVIIe siècle, on crut y voir un exemplaire des lois que la légende attribuait au roi norvégien St Olaf, et l'on donna au vieux

Code islandais le nom que la légende avait donné au Code imaginaire d'Olaf. Quoi qu'il en soit, ce recueil n'a pas de caractère officiel. C'est une sorte de coutumier, dont nous possédons deux rédactions différentes, écrites au moment où l'île se soumettait au roi de Norvège; en effet, l'une se place entre 1258 et 1262, l'autre entre 1262 et 1271.

Un des premiers soins du roi de Norvège, devenu maître de l'île, fut d'y introduire la législation norvégienne. En 1270, il envoya en Islande un code, qui fut adopté par l'Allting, de 1271 à 1273. Ce code, emprunté aux anciennes lois norvégiennes, porte le nom de la Côte de fer (*Járnsida*) probablement encore par allusion à la reliure dont il était couvert. Mais les Islandais le trouvèrent trop éloigné de leurs anciennes coutumes. Aussi, dix ans après, en 1280, le roi de Norvège Érik, fils de Magnus, envoya en Islande un nouveau code que son père avait fait préparer, en partie d'après l'ancien droit islandais et en partie d'après le Code général norvégien de 1273. Ce livre fut porté en Islande par le lagmand Jón Einarsson, et accepté, quoique non sans difficulté, par le peuple et le clergé. Il est connu sous le nom de *Jónsbok* et forme encore aujourd'hui la base du droit islandais[1].

Une nouvelle loi ecclésiastique avait été publiée en 1275. Elle porte le nom d'Arne, évêque de Skalholt.

---

[1] Il y a trois éditions du Grágás. La première, publiée à Copenhague en 1829, par Thord Sveinbiörnson, avec une traduction latine, a le tort de réunir et de confondre deux textes différents. Il fallait publier ces deux textes séparément. C'est ce qui a été fait par M. Finsen, d'abord pour le *Codex regius* (texte et traduction danoise, Copenhague, 2 vol. in-8º, 1852-1870) et ensuite pour le *Codex Arna-Magnæanus* (Copenhague, 1 vol. in-8º, 1879; texte islandais sans traduction).

L'ancien droit ecclésiastique, de l'an 1123, a été publié par Thorkelin (Copenhague, 1776, in-8º).

Le Járnsida est compris dans le Recueil des anciennes lois norvégiennes, tome I, p. 259. Une édition avec traduction latine a été donnée par Thord Sveinbiörnson (Copenhague, 1847, in-4º).

Le Jónsbok se trouve dans le même recueil, tome IV, p. 183. Il en existe une mauvaise traduction danoise.

Enfin il existe aussi un *Diplomatarium islandicum*.

A ces deux lois sont venues s'ajouter un grand nombre de lois et d'ordonnances émanées des rois de Norvège et de Danemark. Quand la Norvège fut réunie à la Suède en 1814, l'Islande resta au Danemark. Depuis longtemps elle avait perdu le droit de s'administrer elle-même. L'Allting lui-même, quoiqu'il n'existât plus que de nom, avait été supprimé en 1800. Il fut rétabli avec pouvoir consultatif en 1843. Enfin le 5 janvier 1874, une constitution particulière a été donnée à l'Islande, avec le droit de régler elle-même, par des lois spéciales, tout ce qui concerne le droit privé, le droit pénal et la procédure.

Nous pouvons nous dispenser d'exposer ici la constitution primitive de la république islandaise. Cette tâche a déjà été parfaitement remplie, et il suffit de renvoyer au savant mémoire de M. Geffroy[1]. On y voit comment le territoire fut divisé en trente-neuf seigneuries (*Godord*); comment, cinquante ans après la prise de possession, fut fondée l'assemblée générale (*Allting*) qui se réunissait tous les ans, au mois de juin, dans la plaine de Tingvellir; comment se formait dans cette assemblée le Corps législatif (*lögretta*), comment se composaient les quatre tribunaux pour les quatre quartiers de l'île, et le cinquième tribunal créé plus tard pour compléter l'édifice; comment enfin fonctionnaient les assises locales qui se tenaient, au nombre de douze, dans les seigneuries, au printemps et à l'automne, et quelles étaient leurs attributions. On y voit aussi comment la présidence de l'assemblée générale était confiée pour trois ans à un magistrat nommé par les seigneurs et appelé *Lögsogomadr*, « l'homme qui dit la loi, » *viva vox juris civilis*. Ce magistrat était chargé, entre autres choses, de lire et d'expliquer la loi au peuple, à l'assemblée, et

---

[1] *L'Islande avant le christianisme,* d'après les Grâgâs et les Sagas, par M. A. Geffroy, dans les Mémoires présentés par divers savants à l'Académie des inscriptions et belles-lettres, 1re série, t. VI, 1864. Voyez aussi M. Maurer, *Island von seiner ersten Entdeckung bis zum Untergange des Freistaats,* München, 1874, in-8o, et Hildebrand, *Lifvet på Island under Sagotiden,* in-8o, Stockholm, 1867.

il était tenu, sous peine d'amende, d'achever ce cours dans l'espace de trois ans, sans négliger aucune matière. Le mémoire de M. Geffroy nous permet de laisser de côté toute cette histoire et de nous borner à quelques remarques sur les jugements et la procédure.

C'est une règle fondamentale que l'Islandais doit être jugé par ses pairs. Tout tribunal se compose de trente-six personnes, nommées par les seigneurs pour la session et pouvant être récusées par les parties dans une large mesure. Il n'y a d'exception que pour les affaires de bornage et pour les liquidations de succession ; la décision, en ce cas, est remise à douze juges seulement, qui rendent leur sentence sur les lieux, ou dans la maison du défunt. L'unanimité est exigée. S'il se forme deux opinions, c'est le tribunal supérieur ou cinquième tribunal qui décide, et cette fois à la majorité. En même temps il prononce l'amende contre les membres du premier tribunal qui ont rendu la sentence réformée.

La procédure surtout est originale. A la place du duel judiciaire, expressément aboli en 1011, les ordalies, et notamment celle du fer rouge, s'introduisirent en Islande comme dans les autres pays scandinaves, mais ne furent presque jamais pratiquées. Nous ne rencontrons pas non plus en Islande l'institution des cojureurs. La preuve devant les tribunaux se fait de deux manières, par témoins et par enquête (*kvidr*). Ce sont deux moyens distincts, à ce point que l'un ne peut être employé pour combattre ou détruire l'autre. Si l'on a recours au témoignage chaque partie fait entendre ses témoins, qui déposent sous la foi du serment. Un témoin isolé ne fait pas preuve, mais deux témoins concordants suffisent pour établir un fait, et deux valent autant que dix. Ainsi s'exprime le Grágás, dans les mêmes termes que la loi norvégienne.

Mais la preuve par témoins fait souvent défaut, et surtout dans les temps de violences, où les témoins se laissent facilement intimider. Aussi la preuve la plus employée était l'enquête ou *kvidr*. On appelait, pour établir un fait, les personnes les plus voisines du lieu où le crime avait été commis, ou bien, en matière civile, les plus voisines de la propriété litigieuse ou du domicile des parties. Les voisins ainsi appelés prêtent serment et disent ce qu'ils savent, ou tout au moins ce qu'ils croient, car la plupart du temps ils peuvent ne rien savoir. A ce point de vue ce ne sont donc pas des témoins. Ce ne sont pas non plus des juges, ni même ce que nous appelons des jurés, car ils ne décident rien; la décision, sur le fait comme sur le droit, appartient au tribunal. Enfin ce ne sont pas des cojureurs, car ils peuvent rendre une déclaration contraire à la partie qui les a appelés, tandis que le cojureur affirme par son serment la sincérité du serment prêté par la partie. Pourtant c'est un peu de tout cela, quelque chose d'analogue à la jurée de douze voisins dont nous trouvons la trace dans l'ancien coutumier de Normandie [1]. Nous avons déjà vu que le germe de cette institution se retrouve dans la loi norvégienne (*heimiliskvidarvitni*).

La *kvidr* était amenée à l'audience par le demandeur. Elle comptait, en général, neuf personnes, quelquefois cinq, quelquefois aussi douze. Dans ce dernier cas, elle se composait nécessairement du seigneur et de onze voisins nommés par lui. Le défendeur pouvait exercer des récusations motivées, et les récusés étaient remplacés par d'autres. La *kvidr* ainsi formée rendait une déclaration unique, à la majorité. Si cette déclaration était contraire au défendeur, celui-ci était admis à faire une contre-enquête, qui consistait à prendre cinq des neuf voisins produits par le demandeur, et à leur demander une déclaration. C'était en réalité récuser après coup quatre personnes sur neuf, et l'on comprend que cela dut souvent suffire pour déplacer la majorité.

---

[1] Chap. 66, 68, 69. Cf. *Les établissements de Normandie*, éd. Marnier, p. 22, 37, 38.

On trouve dans le Grágás un grand nombre de formules. Les divers actes de la procédure s'accomplissent au moyen de certaines paroles sacramentelles auxquelles il n'était permis de rien changer. C'est là un trait de la législation primitive. Remarquons seulement qu'à Rome le formalisme a toujours été considéré comme une institution aristocratique, maintenue par les patriciens qui tenaient à être les seuls jurisconsultes. En Islande, au contraire, l'usage des formules paraît avoir été regardé comme favorable à l'égalité démocratique. L'homme du peuple pouvait se présenter sans crainte devant le tribunal et soutenir un procès, sans être exercé dans l'art de la parole.

Le droit, civil et criminel, n'est pas moins remarquable que la procédure. Nous l'exposerons moins brièvement. L'esclavage s'est maintenu en Islande plus longtemps que dans les autres pays scandinaves. On ne trouve même pas de loi qui l'ait supprimé. L'institution paraît s'être éteinte d'elle-même par le seul effet des affranchissements. L'esclave affranchi était présenté par son maître à l'Allting et prêtait serment d'obéissance aux lois. Alors seulement il entrait dans la classe des hommes libres, sans préjudice du patronage réservé à son ancien maître sur lui-même ainsi que sur ses fils et même sur ses petits-enfants. L'esclave n'était qu'une chose. On admettait cependant qu'il pouvait se racheter. On lui reconnaissait le droit de venger le meurtre de sa femme, et enfin l'amende payée au maître pour mauvais traitements infligés à son esclave profitait à ce dernier pour un tiers[1].

Les fiançailles sont un contrat entre le futur époux et le

---

[1] On trouve une disposition analogue dans la seconde loi de Gortyne (Comparetti, *Museo italiano*, tome II, p. 600) au sujet de l'homme donné en gage. Toute violence commise envers cet homme est punie d'une amende qui est partagée par moitié entre l'engagiste et l'engagé : Τὰν ἡμίναν ἔχεν τὸν κατακείμενον, τὰν δὲ τὸν καταθέμενον.

plus proche parent mâle de la future épouse. S'il n'y a ni
père, ni frère, ni fils, c'est la mère qui parle. Ce contrat,
en réalité, est une vente. Le futur époux paye le prix
(mundr) fixé par la coutume à un mark d'argent, ou six
aunes de *vadmel,* au moins. Le père de la future ou le parent qui la donne, à défaut du père, se porte garant, et
déclare que la future n'a pas de défaut caché constituant
un vice rédhibitoire dans les ventes d'esclaves ; le marché
est alors conclu par la paumée *(handsal),* sans qu'il soit nécessaire de demander le consentement de la femme. Le
mariage doit avoir lieu dans l'année. Il s'accomplit par la
livraison de la femme au futur époux, suivie d'un repas
de noces auquel assistent six témoins, et de la cohabitation. On ne trouve aucune trace d'une cérémonie religieuse.

Le prix de la vente, *mundr,* est remis à la femme et
forme son douaire. C'est l'équivalent du *morgengab.* Quant
aux présents que le futur époux fait à la future *(bekkiargiöf)*
et quant à la dot que la femme apportait ordinairement en
mariage *(heimanfylgia),* la loi ne s'en occupe pas. Le régime
matrimonial est celui de la séparation de biens ; toutefois
les époux peuvent stipuler une communauté pour les meubles et les acquêts ; il est même d'usage de faire une convention de ce genre, et, après trois ans de mariage, elle
est présumée. La part de la femme dans la communauté
est seulement d'un tiers, à moins de convention contraire.
Le mari administre la communauté. La femme ne peut ni
acheter ni vendre que jusqu'à concurrence d'une demi-*öre,*
c'est-à-dire de trois aunes de vadmel, à moins qu'elle n'a-
gisse comme mandataire de son mari.

L'union conjugale n'était pas indissoluble. On trouve
dans les sagas plusieurs exemples de divorces pour cause
déterminée, sans autre formalité qu'une déclaration faite
en présence de témoins. Même après la conversion au christianisme, le divorce est encore permis, soit à raison de
coups et blessures, soit comme moyen pour un des époux,

dans les pauvres ménages, de se soustraire à l'obligation de nourrir les parents de l'autre conjoint.

A douze ans accomplis, le jeune Islandais jouissait de ses droits politiques : il pouvait être témoin, juré, juge. Il pouvait même se porter accusateur contre les meurtriers de son père s'il en était jugé capable par le parent le plus proche après lui. Mais il n'était majeur au point de vue civil et ne prenait l'administration de ses biens qu'à seize ans.

La tutelle appartenait au plus proche héritier présomptif. Il n'y a aucune trace de tutelle dative.

L'ordre des successions est le même que dans les autres pays scandinaves. Les fils d'abord, puis les filles, le père, puis le frère, la mère, la sœur. La ligne masculine passe toujours la première, mais aucune représentation n'est admise. Après cette première classe vient celle des héritiers illégitimes dans le même ordre. La troisième comprend les aïeuls et les petits-fils, les oncles et les tantes, les neveux et nièces. Chaque degré exclut le suivant et les appelés au même degré partagent par tête. Au delà la succession se partage par moitié entre la ligne maternelle et la ligne paternelle, et dans chaque ligne elle est recueillie par le plus proche en degré. C'est toujours, comme on le voit, le système des parentèles.

Le testament est inconnu.

L'héritier n'est pas tenu des dettes *ultra vires*. Après le décès une liquidation a lieu dans une forme qui mérite d'être décrite. Tous les créanciers sont convoqués au moyen d'une déclaration faite par les héritiers dans l'assemblée cantonale. La réunion a lieu quatorze jours après, au domicile du défunt. Un tribunal de douze juges est nommé, moitié par les héritiers, moitié par les créanciers. Cinq voisins sont appelés pour former une *kvid*, et l'on procède à la liquidation, qui doit être terminée le même jour. Les créanciers qui ont un gage ou une hypothèque reçoivent en payement la chose engagée ou hypothéquée, sauf à restituer l'excédent de valeur, s'il y en a un. Les autres créanciers reçoivent en payement les autres valeurs, au marc le franc de leurs créances. Toutes les questions litigieuses qui peuvent s'élever à ce sujet sont tranchées séance tenante par les douze juges. C'est ce qu'on appelle *skulda domr*.

La forme usitée pour la conclusion des contrats est la paumée (*handsal*). Toutefois la loi exige dans quatre cas que le contrat soit passé devant témoins, à savoir lorsqu'on achète une terre, une seigneurie, un navire ou une femme. L'achat de la femme était en effet, comme nous l'avons vu, la forme primitive des fiançailles. Il faut aussi des témoins pour constituer une hypothèque, parce que l'hypothèque est en réalité une vente à pacte de rachat. Il faut de plus, pour l'hypothèque, que le contrat soit publié à l'Allting. Il en est de même de la réserve du droit de retrait dans toute vente d'immeuble. L'exécution des obligations est rigoureuse; le débiteur insolvable est mis en servitude jusqu'à ce qu'il se soit acquitté.

La loi règle d'une manière fixe et avec minutie le taux des salaires et les obligations des fermiers. Elle règle aussi le taux maximum de l'intérêt (à 10 p. 0/0).

La loi des pauvres forme à elle seule un livre spécial. La mendicité est interdite; chaque circonscription comprenant en moyenne vingt propriétaires (*Hrepp*) est tenue de nourrir ses pauvres; elle nomme à cet effet une commission de cinq membres qui assignent à chaque propriétaire les pauvres aux besoins desquels il doit pourvoir. Toutefois la circonscription n'est tenue qu'à défaut de la famille. L'obligation alimentaire est inséparable de la parenté, et les parents sont appelés à s'en acquitter dans l'ordre où ils seraient appelés à la succession.

Enfin la loi contient des dispositions qui créent une sorte d'assurance mutuelle, entre les habitants, contre les incendies et les pertes de bétail. Signalons aussi le jury rural, qui juge sur place les questions de bornage et les questions de propriété incidentes au bornage.

Il nous reste à parler des lois relatives au meurtre et au vol. C'est toujours l'ancien droit de la vengeance, tempéré par l'intervention de la puissance publique qui s'efforce d'amener les parties à conclure la paix. Les peines sont l'amende, dont le taux ordinaire est de trois marks, la proscription (*skovgang*), et le simple bannissement (*fiörbaugsgard*). Nous avons déjà trouvé ces peines dans les autres lois scandinaves, mais le Grágás les distingue et en décrit les effets avec un soin particulier. Le proscrit est excommunié et retranché de la société. Ses biens sont confisqués, son mariage dissous, sa personne livrée à l'attaque du premier venu (*ohelgi*). Nul ne peut lui donner un asile ni l'aider à fuir à l'étranger. Même en pays étranger tout Islandais peut le tuer impunément. Il ne lui reste qu'à gagner la forêt ou la montagne et à se faire homme des bois (*skovmadr*) jusqu'à ce qu'il meure de misère, s'il ne tombe pas sous les coups de ceux qui le poursuivent. Une *saga* islandaise raconte l'histoire d'un de ces proscrits, nommé Gretter le Fort, qui supporta dix-neuf ans une pareille vie, et périt enfin surpris dans sa retraite, au moment où l'Allting décidait que l'effet de la proscription cesserait de plein droit après vingt ans (en l'année 1030).

Bien différente est la condition du simple banni. Ses biens sont aussi confisqués, mais, en payant un mark au seigneur, il obtient la permission de demander l'aumône et de vivre dans trois endroits désignés. Il peut habiter un mois dans chacune de ces trois résidences, et se rendre de l'une à l'autre sans avoir à redouter aucune violence, pourvu qu'il ne s'éloigne pas à plus de deux cents pas, et que sur la route il cède le chemin aux passants. Pendant trois ans, trois fois dans l'été, il doit se présenter au rivage et requérir un maître de navire de le prendre à son bord pour le conduire à l'étranger. S'il ne justifie pas de ces réquisitions et s'il reste dans l'île après trois ans, ou s'il y revient après moins de trois ans d'absence, il est proscrit et hors la loi.

Le proscrit était une bête malfaisante dont il fallait encourager la destruction. Quiconque tuait un proscrit recevait une prime. Un proscrit même pouvait en tuer un autre, et alors il obtenait un adoucissement de sa peine, qui était commuée la première fois en bannissement perpétuel, puis en bannissement temporaire. La grâce entière était le prix du troisième meurtre. Les amis ou les parents d'un proscrit pouvaient le sauver de la même manière, en rapportant la tête d'un autre proscrit.

L'amende était réservée pour les moindres délits. Elle était attribuée pour moitié à la partie et pour moitié au canton (*harde*).

Pour donner une idée de la manière des jurisconsultes islandais, nous allons analyser le livre des crimes.

Un homme peut attaquer un autre homme de neuf manières. Il peut frapper d'estoc ou de taille, d'une flèche ou d'un projectile, ou d'une masse. Il peut encore renverser sa victime, ou lui arracher ce qu'elle tient à la main, ou la secouer, ou la saisir à la gorge. Dans les cinq premiers cas, la peine est la proscription ou le bannissement simple, suivant que le coup a porté ou non. Dans les quatre derniers, la peine est toujours la proscription. Dans tous, l'attaqué use du droit de légitime défense en tuant l'agresseur sur la place et au moment de l'agression. Au point de vue du résultat, la loi distingue la blessure avec sang versé (*sar*) ou avec fracture (*drep*) et le meurtre (*vig*). Dans les trois cas la peine est la proscription. A plus forte raison en est-il de même du meurtre dissimulé, ou assassinat (*mord.*)

S'il n'y a pas de témoins oculaires du fait, celui qui veut intenter l'action criminelle doit réunir cinq voisins et déclarer en leur présence le fait, et l'intention qu'il a d'en poursuivre l'auteur. Il n'en a pas moins le droit de se faire justice à lui-même jusqu'à l'époque du prochain Allting.

La preuve est faite par l'accusateur au moyen d'une *kvid,*

c'est-à-dire, comme nous l'avons déjà expliqué, par la déclaration de neuf voisins.

Il y a six femmes sur le corps desquelles tout Islandais a le droit de tuer. Ce sont l'épouse, la fille, la mère, la sœur, la fille adoptive et la mère adoptive. L'ancienne loi athénienne consacrait le même droit, dans les mêmes termes, avec cette seule différence qu'elle ne parlait ni de la fille adoptive ni de la mère adoptive et qu'elle ajoutait la concubine[1]. Cinq voisins sont appelés pour donner leur déclaration tant sur le meurtre que sur le fait qui l'a provoqué, et l'auteur du meurtre doit donner, en présence de témoins, assignation au cadavre à comparaître devant le prochain Ting pour être proscrit et ses biens confisqués.

Les mineurs au-dessous de douze ans ne sont pas personnellement responsables des meurtres commis par eux. Mais leurs parents payent l'amende.

La poursuite du meurtre appartient au plus prochain héritier, pourvu qu'il soit âgé de seize ans au moins; les parents sont appelés dans l'ordre suivant : le fils, le père, le frère, le fils naturel, et ensuite le plus proche en degré. S'il sont plusieurs au même rang, ils exercent collectivement la poursuite et ne peuvent transiger qu'à l'unanimité. C'est encore la disposition expresse de la loi athénienne Πάντας, ᾗτὸν κωλύοντα κρατεῖν[2]. S'il s'agit du meurtre d'une femme, le mari partage le droit de poursuite avec le fils, le père et le frère, et l'exerce seul à défaut de ceux-ci. La loi règle aussi le droit de poursuite en ce qui concerne le meurtre de l'homme qui est en servitude pour dettes, de l'affranchi et de l'étranger.

En cas de blessure ou de meurtre, la vengeance privée est permise jusqu'au prochain Allting; elle doit s'arrêter,

---

1 Loi de Dracon citée par Démosthène, *contre Aristocrate*, § 53 : Ἐάν τις ἀποκτείνῃ... ἐπὶ δάμαρτι, ἢ ἐπὶ μητρὶ, ἢ ἐπ' ἀδελφῇ, ἢ ἐπὶ θυγατρὶ, ἢ ἐπὶ παλλακῇ ἣν ἂν ἐπ' ἐλευθέροις παισὶν ἔχῃ.

2 Démosthène, *contre Macartatos*, § 57.

pourtant, si, dans les trois jours, le meurtrier offre la composition. Celle-ci ne peut être refusée, mais le règlement ne peut avoir lieu que devant l'Allting, à peine de bannissement. Il est fait par douze arbitres, et s'élève ordinairement au double de l'amende légale, qui est de quinze marks.

Sont considérés comme graves entre tous les crimes suivants : Meurtre commis dans l'Allting, incendie d'une maison habitée, meurtre commis par un esclave sur la personne de ses maîtres, meurtre avec recel du corps. Dans tous ces cas, la peine est la proscription, et la prime promise à qui rapportera la tête du proscrit est portée à trois marks.

Les amendes prononcées contre l'auteur d'un crime ou d'un délit sont à la charge de la famille, et réciproquement l'amende payée est partagée entre les parents mâles de la victime. Cette participation active et passive a lieu dans un certain ordre qui n'est pas précisément l'ordre successoral. Dans le premier cercle (*Baugr*) sont le père, le fils et le frère. Ils payent ou reçoivent trois marks. Le second cercle paye ou reçoit deux marks et demi et comprend l'aïeul paternel, le fils du fils, l'aïeul maternel et le fils de la fille. Le troisième paye ou reçoit deux marks et comprend le frère du père, le fils du frère, le frère de la mère et le fils de la sœur. Enfin le quatrième et dernier cercle paye ou reçoit un mark et demi et comprend les fils du frère du père, les fils du père adoptif, ceux du frère de la mère et ceux de la sœur de la mère. L'échelle s'étend au delà et descend jusqu'à une *öre*, c'est-à-dire un huitième de mark, pour les parents au cinquième degré.

Les injures sont punies, suivant les cas, de la proscription, du bannissement ou de l'amende. La preuve des faits diffamatoires n'est pas permise. Les chansons injurieuses sont particulièrement interdites. L'Islande en effet a été le berceau de la poésie scandinave et les plus célèbres guerriers de l'âge héroïque islandais ont été des poètes.

Les dispositions relatives au vol sont rares et brèves. Le voleur pris en flagrant délit peut être tué impunément. Si l'objet volé vaut plus d'une demi-*öre,* la peine est la proscription, outre la restitution au double, et une amende de trois marks. Si le voleur a caché pendant un an la chose volée, il peut être condamné à la servitude. C'est le seul cas où le droit islandais prononce la perte de la liberté.

La perquisition des choses volées a lieu avec certaines formalités particulières. Le poursuivant se présente avec trente voisins. Le prévenu en réunit de son côté trente. La perquisition est requise et ne peut être refusée. Le poursuivant entre alors dans la maison avec trois voisins. Une des personnes convoquées par le prévenu porte la lumière et ouvre les portes. Après la perquisition faite, le résultat en est constaté par le verdict d'un tribunal de douze personnes dont chaque partie nomme la moitié. C'est le tribunal de la porte (*dyra domr*). Telle était du moins la coutume primitive, car le Grágás l'abroge et renvoie les affaires de ce genre aux tribunaux ordinaires.

En cas d'injure et de vol, la poursuite doit être intentée devant l'Allting dans les trois ans. Il n'y a pas de disposition semblable pour le cas de meurtre, ce qui se comprend facilement, puisque la poursuite du meurtre était obligatoire. La même particularité se retrouve dans la loi athénienne et s'explique sans doute par la même raison.

Telles sont les principales dispositions des anciennes lois islandaises. Nous avons signalé de préférence celles qui paraissent se rattacher aux traditions primitives, aux idées morales et religieuses de la grande famille des nations aryennes, et portent encore l'empreinte originaire. A ce point de vue, les lois scandinaves sont particulièrement intéressantes, et jettent souvent un jour inattendu sur des points restés obscurs pour nous dans les législations anciennes.

XVI.

LE DROIT CELTIQUE. — L'IRLANDE.

_____

Les anciens monuments du droit irlandais ne sont connus que depuis quelques années. Ce droit s'est pourtant perpétué dans la pratique jusqu'au commencement du xviiᵉ siècle ; mais depuis cette époque il a été abrogé et condamné à l'oubli, comme tout ce qui pouvait rappeler aux Irlandais leur ancienne existence nationale. C'est seulement en 1852 que le Gouvernement anglais, mieux inspiré, a fait rechercher les manuscrits encore existants et en a ordonné la transcription et la publication. Le travail fut confié à un philologue, O'Curry, et à un historien, O'Donovan. L'un et l'autre sont morts avant d'avoir pu achever leur tâche. Ils ont été remplacés par le docteur Hancock, ancien professeur de jurisprudence au collège de la Reine, à Belfast, et par le Rev. O'Mahony, professeur de langue irlandaise à l'Université de Dublin. Ceux-ci se sont retirés à leur tour, et l'entreprise a été continuée par M. Richey, professeur de droit à l'Université de Dublin, assisté du docteur Hennessy. Le premier volume a paru en 1865, le second en 1869, le troisième en 1873 et le quatrième en 1879. On annonce la prochaine publication d'un cinquième volume. Bien que la collection ne soit pas encore complète, elle est cependant assez avancée pour attirer l'attention des historiens et des jurisconsultes. C'est une étude assez pénible, car les textes sont écrits dans une langue imparfaitement connue des savants, bien peu nombreux, qui s'en occupent, et la traduction anglaise que les éditeurs y ont jointe laisse beaucoup à désirer[1]. Toutefois, s'il reste encore des obscurités et des incertitudes, on peut accepter comme définitivement acquis un certain nombre de faits et de résultats qui ont une très grande importance.

Le premier ouvrage publié dans la collection porte le nom de *Senchus Mor* ou « grand Senchus, » ce qui paraît signifier grand recueil d'antiquités. Il remplit les deux premiers volumes et une partie du troisième.

Si l'on en croit l'introduction qui se trouve dans les anciens manuscrits, en tête de l'ouvrage, le Senchus Mor aurait été composé au moment de la conversion de l'Irlande au christianisme. Saint Patrick était arrivé dans l'île et prêchait le pardon des injures. Son cocher, Odhran, fut tué par ordre du roi Laeghaire, qui voulait voir si le saint pardonnerait au meurtrier. On ne connaissait alors en Irlande d'autre loi que celle du talion, c'est-à-dire de la guerre privée, mais avec le tempérament de l'arbitrage. Saint Patrick prit pour arbitre un brehon nommé Dubhthach, qui, pour concilier l'ancienne et la nouvelle loi, rendit une sentence ainsi conçue : « Le meurtrier sera mis à mort, et Dieu pardonnera à son âme. » Le roi Laeghaire se convertit alors avec tout son peuple, et on révisa les lois

---

[1] *Ancient laws of Ireland.* Dublin, 1865-1879, 4 vol. in-8°.

O'Curry, *Manners and Customs of the ancient Irish,* avec une préface par O'Sullivan, 3 vol. in-8°, 1873.

Sumner Maine, *Early history of Institutions,* 1 vol. in-8°, 1875, traduit en français sous ce titre : *Études sur l'histoire des institutions primitives,* 1 vol. in-8°, 1880.

D'Arbois de Jubainville, *Études sur le droit celtique. Le Senchus Mor,* Paris, 1881. Divers articles du même auteur dans la *Revue archéologique* et la *Revu celtique.*

pour les mettre d'accord avec les préceptes du christianisme. Ce travail de révision fut fait par neuf personnes, à
savoir trois rois, trois évêques dont l'un était saint Patrick
lui-même, et trois docteurs, tous personnages histori-
ques [1].

C'est en 432 que saint Patrick arriva en Irlande. D'après
le texte précité le meurtre d'Odhran eut lieu la neuvième
année du règne de Théodose, c'est-à-dire en cette même
année 432. En effet, Théodose II, empereur d'Orient, devint empereur d'Occident à la mort de son oncle Honorius,
en 423, et en garda le titre, quoiqu'en 425 il eût cédé le
pouvoir à Valentinien. La composition du Senchus Mor aurait eu lieu quelques années plus tard, en 438.

Ce qu'il faut retenir de cette légende, c'est que la rédaction du Senchus Mor remonte à l'introduction du christianisme en Irlande, c'est-à-dire au milieu du v⁰ siècle. Le
plus ancien manuscrit connu est du xiv⁰ siècle, mais l'ouvrage est déjà cité dans le glossaire de Cormac, qui a été
écrit au commencement du x⁰ siècle, et le caractère même
des dispositions qu'il contient indique une très haute antiquité. Si l'on compare le Senchus Mor aux plus anciens
monuments du droit, tels que les codes brahmaniques, la
ressemblance est telle qu'on est forcé de reconnaître dans
la coutume irlandaise, comme dans la coutume hindoue,
la trace manifeste du droit primitif. Il y a certains usages
qui n'auraient pas pu naître après l'introduction du christianisme et de la civilisation latine. Voilà pour le fond.
Quant à la forme, elle n'est pas moins archaïque. Rien de
méthodique ni de systématique. Des décisions particulières
sans lien apparent, appliquant des règles qui ne sont for-
mulées nulle part, employant des termes qu'elles ne défi-
nissent pas. Peu d'ordre, aucune idée générale. Partout
des vers dont on a brisé le mètre pour en faire de la prose,

---

[1] Les trois rois sont Laeghaire, Corc et Daire; les trois évêques, saint Patrick, saint Bénigne et saint Cairnech; les trois docteurs, Dubhthach, Fer-
gus et Rossa.

mais qu'il est facile de reconnaître et de restituer. Un livre ainsi rédigé ne peut être qu'un recueil de vieux usages. Il ne peut appartenir qu'à une époque encore barbare, à peine initiée aux premiers éléments de la civilisation.

Au texte sont jointes deux gloses, de date beaucoup plus récente. La seconde, qu'on peut appeler la glose juridique, paraît être du XVIe siècle. La première, dont le caractère est plutôt philologique, ne remonte peut-être pas au delà du XIVe siècle. Ces gloses, surtout la première, contiennent une masse énorme de renseignements, mais de valeur douteuse. Souvent le commentateur ne comprend pas son texte et défigure l'institution qu'il prétend expliquer.

Le Senchus Mor, tel que nous le possédons aujourd'hui, se compose de cinq livres de longueur très inégale. On pense qu'il existait un sixième livre traitant des amendes dues en cas de vol, mais cette dernière partie ne s'est retrouvée dans aucun manuscrit et paraît irrévocablement perdue. Il n'en reste qu'une glose sans intérêt.

Le premier livre, qui forme, à lui seul, plus de la moitié de l'ouvrage, traite des saisies *(athgabail),* c'est-à-dire de la procédure, ou plutôt de l'introduction des instances, car la saisie, dans les législations primitives, n'est qu'un moyen d'engager une action. C'est ainsi que chez les Romains il y avait une *legis actio per pignoris capionem.* Le demandeur, après avoir averti son adversaire un certain temps à l'avance, se présentait chez celui-ci, accompagné d'un homme de loi et de plusieurs témoins, et saisissait des vaches ou d'autres têtes de bétail, d'une valeur égale au montant de sa demande. En certains cas déterminés, le bétail saisi restait plusieurs jours en la possession et sous la garde du défendeur, mais quelquefois il était immédiatement emmené par le saisissant et retenu dans des parcs ou enclos disposés pour cet usage. Le saisissant donnait alors un nouvel avertissement au défendeur, pour que celui-ci vînt retirer le gage en payant les frais. Le délai était de un, trois, cinq ou dix jours, suivant les cas. Au terme échu commençait une nouvelle période pendant laquelle le gage devenait la propriété du demandeur, graduellement, à raison d'une certaine quantité par jour.

Le défendeur pouvait s'opposer à la saisie ou à la mise en fourrière, à la condition de fournir un pleige ou caution et de faire juger le procès. S'il ne comparaissait pas au jour convenu, le pleige répondait de tout pour lui. Il pouvait toujours, bien entendu, reprendre son gage en payant ou en s'exécutant, jusqu'au jour où le gage était entièrement forfait au profit du saisissant. Si le défendeur refuse absolument de faire droit, la contestation aboutit nécessairement à un combat, dont la coutume règle les conditions. La principale est que le duel ait lieu devant témoins.

Toute irrégularité dans la saisie entraînait une peine, c'est-à-dire une amende de cinq *sets,* c'est-à-dire de cinq bêtes à cornes, contre le saisissant. Réciproquement, le défendeur qui niait sa dette était condamné au double.

Si le défendeur était indigent et ne possédait aucun bétail, il était saisi lui-même, en personne, et traîné chez le demandeur, avec les entraves aux pieds et la chaîne au cou. Le saisissant n'était tenu de lui donner aucune autre nourriture qu'une écuelle de bouillie par jour. C'est la même règle que celle de la loi des XII Tables : *ni suo vivit, qui eum vinctum habebit, libras farris endo dies dato. Si volet plus dato.*

Si, au contraire, le défendeur était un chef, ou une personne de distinction, d'un rang supérieur au rang du demandeur, en ce cas la coutume prescrivait une formalité qui se retrouve dans les codes brahmaniques et paraît avoir été observée dans tout l'Orient, mais dont on ne trouve aucune autre trace chez les peuples européens. Le demandeur devait se présenter à la porte de son adversaire, et y rester pendant un certain temps sans prendre aucune nourriture. C'était un moyen de contrainte énergique. Le demandeur qui avait jeûné obtenait une condamnation au double, et s'il mourait de faim, son adversaire devait le prix du sang, comme tout meurtrier. Pour échapper à ces conséquences, le défendeur pouvait arrêter le jeûne, en offrant caution ou payement. Le demandeur qui persistait à jeûner nonobstant les offres était déchu de son droit.

La saisie ne peut s'exercer en aucun cas au préjudice des tiers qui ont des droits sur les biens saisis, et que le débiteur saisi est tenu de nourrir. Ces tiers ont sur les biens saisis une sorte de privilège, à condition toutefois que le saisissant soit d'un rang inférieur au leur. Il y a aussi certaines circonstances qui rendent tel ou tel objet momentanément insaisissable, ou qui imposent au créancier la nécessité de saisir tel objet de préférence à tel autre. Le bétail étant la principale richesse, il y a des cas où la terre doit être saisie plutôt que le bétail. La personne même ne peut être saisie qu'à défaut de tout autre gage. Des règles particulières sont prescrites pour la saisie des abeilles.

La seconde partie du Senchus Mor traite des otages. Entre personnes de tribus différentes la procédure de saisie était souvent impraticable. On considérait alors qu'il y avait une sorte de solidarité entre tous les membres d'une même tribu, et, à défaut du débiteur, le créancier saisissait toute autre personne de la tribu. L'otage qui payait ainsi pour un autre avait son recours contre ce dernier. Cet usage était très répandu chez tous les peuples anciens. Il n'est qu'indiqué par le Senchus Mor. Le texte et les gloses de cette seconde partie ne forment pas dix pages.

Nous n'entrerons pas dans une longue analyse des trois livres suivants, qui traitent de l'éducation des enfants, du cheptel libre ou servile et enfin des relations personnelles.

En général les enfants n'étaient pas élevés dans la maison paternelle. Le père les confiait à une autre personne, qui se chargeait de leur éducation moyennant un certain prix, variant, suivant le rang du père, depuis trente jusqu'à trois bêtes à cornes, et devenait responsable pour eux tant qu'ils restaient sous sa garde. Cet usage n'était pas propre aux Irlandais. Il était très fréquent chez les Scandinaves et dans tous les pays du Nord. On peut même en trouver la trace dans toutes les législations indo-européennes.

Pour bien comprendre la loi du cheptel ou des tenures, il faut ne pas perdre de vue que la terre appartenait à la tribu, où à la *gens,* représentée par son chef électif, et ne pouvait être aliénée par celui-ci, au profit d'un étranger, qu'à la condition d'être d'abord offerte aux membres de la *gens,* qui avaient le droit d'en exercer le retrait. Les membres de la *gens* se partageaient la terre commune, mais seulement pour la jouissance. Chacun d'eux avait droit à un cheptel qui lui était fourni par le chef. Cet ancien ordre de choses paraît avoir été changé dans le cours du VIIe siècle; on trouve du moins dans un texte irlandais la trace d'un partage des terres qui aurait eu pour effet de substituer la propriété individuelle à la propriété collective, et qui aurait été immédiatement suivi d'une famine et d'une peste [1]. D'autre part, le livre d'Armagh, conservé dans un manuscrit du IXe siècle, contient un certain nombre de chartes portant donation ou vente de terres à perpétuité [2]. Mais cette révolution n'a pas modifié la loi des tenures, dont l'objet était, à proprement parler, le cheptel, et non la terre. Il y avait deux sortes de tenure, *saerrath* et *daerrath.*

La première était librement consentie par les parties, d'égal à égal. Elle devait durer sept ans, et chaque année le tenancier devait payer au chef le tiers du capital confié. Il devait en outre l'hommage, le service militaire et certaines corvées. Le tenancier pouvait toujours renoncer au contrat, à toute époque. Le chef, au contraire, ne pouvait réclamer son capital avant l'échéance du terme qu'à la condition d'en abandonner le tiers à titre d'indemnité; et

---

[1] Ce texte se trouve dans Windisch, *Irische Texte,* 1880, p. 136.
[2] Whitley Stokes, *Goidelica, old and early middle Irish glosses,* 1872, p. 89.

même en cé cas le tenancier pouvait rester en possession, à la charge de donner des sûretés pour la restitution du surplus. Le *saerrath* se trouvait alors transformé en *daer-rath*.

Cette dernière tenure avait cela de particulier, qu'elle mettait le preneur dans la dépendance et pour ainsi dire dans la vassalité du bailleur. Outre le cheptel, le bailleur remettait au preneur l'*enechlann*, c'est-à-dire le prix de l'honneur, qui, comme nous le verrons tout à l'heure, variait suivant le rang et la condition de chacun. Il achetait ainsi la supériorité, et celui qui devenait par là son vassal était tenu de le recevoir et de l'héberger avec sa suite, dont le nombre était fixé par la coutume. La quantité d'aliments à fournir variait, suivant la qualité du preneur, depuis sept vaches jusqu'à un mouton. A une époque où les produits n'avaient pour ainsi dire pas de valeur commerciale, le meilleur moyen d'en tirer parti était d'aller les consommer sur place. Quant au cheptel, le preneur s'engageait à le restituer et devait fournir des garanties.

Les diverses relations de personne à personne sont au nombre de huit. Il y a d'abord la relation entre le chef et ses tenanciers en *daerrath*, puis la relation entre l'église et ses tenanciers, qui étaient astreints envers elle à la dîme et à certaines redevances. Les autres relations étaient celles de père à fille, de fille à frère, de fils à mère, de nourrisson à nourricier, de tuteur à pupille, enfin de mari à femme[1].

Toutes ces relations impliquent l'idée d'une autorité protectrice qui appartient à la mère comme au père ou au frère. Le père est tenu de marier sa fille, le frère de marier sa sœur. La fille est achetée par son futur époux, et le père reçoit pour lui-même la totalité du prix. Mais, en cas de subséquents mariages, la fille reçoit sur le prix une part

[1] Il n'est pas question de la relation de maître à esclave, non que l'esclavage fût inconnu : il en est souvent parlé dans les textes irlandais; mais la loi n'avait pas à s'en occuper.

de plus en plus forte, un tiers au second, deux tiers au troisième, et la loi prévoit jusqu'au vingt et unième. Il paraît qu'avant l'introduction du christianisme les mariages pouvaient être contractés pour un an[1]. Le frère remplace le père et reçoit sur le prix de sa sœur la moitié de ce que le père aurait reçu.

La loi règle d'ailleurs, de la façon la plus minutieuse, l'obligation alimentaire entre parents.

Les relations des époux entre eux varient suivant les cas. Lorsqu'ils sont d'égale condition et font les mêmes apports, la femme a les mêmes droits que le mari, et un des époux ne peut contracter valablement sans l'autre. Mais en cas de mariage inégal, l'autorité dans le ménage appartient à celui des époux qui a fait l'apport. Il y a là une trace d'un ordre de choses qui paraît avoir existé partout, au début des sociétés humaines, mais qui avait déjà disparu presque partout au moment de la rédaction des premiers codes. Outre les trois cas mentionnés plus haut, la loi irlandaise en spécifie sept autres qui rappellent les unions irrégulières dont il est question dans le code de Manou. Pour chacun de ces cas la loi règle le partage des biens au moment de la séparation. En général, chacun des époux reprend son apport en nature, mais les acquêts sont diversement répartis, suivant qu'ils proviennent de telle ou telle source. Une part est faite à la terre, une autre au cheptel, une troisième aux domestiques et gens de service.

Il y a des règles spéciales pour chaque objet, le croît, le lait, la laine, le chanvre, le blé, etc., et pour chaque transformation d'un même objet, ainsi pour la laine brute, filée ou tissée.

Le dernier livre du Senchus Mor est un traité des obli-

---

[1] Le terme habituel était le 1er mai, ainsi que l'atteste le *Senchus Mor*, t. II, p. 290. L'usage est d'ailleurs mentionné par des monuments de l'ancienne poésie irlandaise et par les textes du droit canonique. Voir d'Arbois de Jubainville, introduction à la traduction française de l'ouvrage de Sumner Maine, p. ix.

gations. Celles-ci sont conventionnelles ou légales, et ces dernières sont naturellement les plus nombreuses, car dans les sociétés primitives on contracte peu. Le Senchus Mor appartient à cette époque de transition où le contrat cesse d'être réel et se forme par une simple déclaration de volonté des parties, par le consentement librement exprimé. Il affirme dès le début que les contrats ainsi formés sont obligatoires. « Le monde, dit-il, serait bien malade si les parties n'étaient pas liées par leurs contrats verbaux. » A une époque antérieure l'obligation était purement facultative, c'est-à-dire que chacune des parties pouvait retirer son consentement jusqu'à l'exécution.

Cette distinction entre le contrat révocable et le contrat irrévocable est fondamentale. Les traducteurs anglais ne paraissent pas l'avoir bien comprise lorsqu'ils ont écrit ceci : « Combien y a-t-il d'espèces de contrats? » *Réponse :* « Deux, à savoir le contrat valable et celui qui ne l'est pas. » C'est là un non-sens qui ne se trouve pas — est-il besoin de le dire? — dans le texte. Le texte parle de bons et de mauvais contrats. Ces derniers sont ceux qui sont entachés de fraude et donnent lieu pour cette raison à une indemnité au profit de la partie lésée. Mais les uns comme les autres sont valables et peuvent être également annulés lorsqu'ils ont été conclus par des incapables. La rescision du contrat entraîne la restitution de ce qui a été payé en vertu du contrat rescindé, mais sous certaines déductions, qui varient suivant les cas, et qui sont la peine de la fraude ou de la mauvaise foi.

Le fils ne peut contracter sans l'autorisation de son père. La femme doit être autorisée par son mari, le bas tenancier par son chef, la personne qui est en état de démence par son tuteur. Mais le défaut d'autorisation peut être couvert par la ratification de celui qui aurait dû autoriser.

Après les obligations contractuelles viennent les obligations résultant de la loi, soit entre le chef et ses gens, soit entre les membres de la tribu, soit enfin entre les membres de la famille. Les obligations envers l'église forment la seconde partie du livre. Tous ces textes ne sont pas encore suffisamment expliqués. On y trouve la trace d'institutions très curieuses, par exemple celle des banquets que les tenanciers doivent offrir à leur chef et dont l'origine paraît remonter au temps du paganisme. La faculté de faire des donations en faveur de l'église est proclamée et en même temps restreinte. Il a fallu tenir compte de la nature de la propriété en Irlande, où le propriétaire en nom n'était en réalité que le gérant et l'administrateur d'un patrimoine commun, grevé de charges au profit de la famille. On voit aussi apparaître le précaire du droit canonique, c'est-à-dire l'abandon de biens avec réserve de jouissance viagère.

Tel est le Senchus Mor. Les dispositions qu'il contient sont, comme on le voit, de dates diverses, mais un grand nombre d'entre elles remontent certainement à une très haute antiquité, à une époque antérieure à l'introduction du christianisme, et peut être considéré comme une création originale, un élément purement celtique.

Le Senchus Mor est le plus volumineux de tous les livres du droit irlandais, mais non le plus intéressant. Le livre d'Aicill, qui complète le troisième volume de la collection, n'est pas moins curieux à étudier. Ce livre se donne lui-même pour une compilation formée de deux écrits bien distincts, dont l'un serait l'œuvre du roi Cormac (vers 250 ap. J.-C.) et l'autre celle d'un illustre personnage nommé Cennfaeladh, qui vivait quatre cents ans plus tard. Cette compilation a été faite à une époque où les écoles irlandaises étaient florissantes. L'auteur se livre à des recherches étymologiques, à l'appui desquelles il cite, un peu à tort et à travers, l'hébreu, le grec et le latin. Le plus ancien manuscrit est de la première moitié du xv⁰ siècle, mais l'ouvrage paraît beaucoup plus ancien, et les institutions qu'il décrit remontent certainement à la plus haute antiquité[1].

---

[1] Le livre d'Aicill avait déjà été publié, mais très imparfaitement, par

Le texte du livre d'Aicill est très court. Ce sont quelques règles de droit, entremêlées de proverbes. Ce sont surtout des questions qui forment comme des têtes de chapitres. La réponse à ces questions est donnée par la glose. Malheureusement la glose est de date récente. On ne peut guère la faire remonter au delà du xv° siècle. Elle n'est pas toujours d'accord avec elle-même, et il est permis de douter que le commentateur ait toujours bien compris ce dont il parle. Il est donc prudent de ne pas entrer dans les détails, mais ce qui est important et incontestable, c'est que les institutions du peuple irlandais sont semblables à celles des anciens peuples de l'Europe. Les textes que nous avons sous les yeux nous font assister à la transition du régime de la vengeance privée à celui de la composition (*eric*). On distingue dans celle-ci deux éléments. Il y a d'abord la composition proprement dite, ou prix du corps (*coirp diré*), lequel consiste uniformément en sept femmes esclaves, ou vingt et une bêtes à cornes. Il y a en outre le prix de l'honneur (*enechlann*), littéralement le prix du visage, c'est-à-dire une somme qui varie suivant la fortune et la position sociale de la victime.

De ces deux éléments, le second est totalement étranger au droit germanique, quoiqu'on l'ait comparé à la *wer* des lois anglo-saxonnes. Les calculs auxquels il donne lieu sont des plus compliqués. La casuistique à laquelle se livre la glose à cette occasion n'est comparable qu'à celle des talmudistes ou des brahmanes. Quant à l'usage de payer en un certain nombre de femmes esclaves, il est encore en vigueur aujourd'hui chez les Afghans. Les membres de la famille sont solidaires pour payer comme pour recevoir, mais ils peuvent se libérer en expulsant le coupable et en payant une somme fixe.

La somme à payer est doublée si le coupable a tué avec

Charles Vallancey, dans le recueil intitulé *Collectanea de rebus hibernicis*, Dublin, 1786, t. I et III.

guet-apens, ou s'il a dissimulé le meurtre, par exemple en cachant ou en faisant disparaître le cadavre. Elle est la même pour l'instigateur et le coauteur. Le fait de s'être mensongèrement vanté d'avoir commis un meurtre constitue un délit distinct. La somme à payer est, en ce cas, réduite à moitié.

Le meurtre commis dans un duel légitime ne donne pas lieu à composition. Nous avons vu que le combat est autorisé par la coutume lorsque le saisi refuse de faire droit à son adversaire. Il l'est encore quand les deux parties conviennent de terminer leur différend par les armes.

Le taux de la composition varie suivant que la victime est un homme du pays ou un étranger, un homme libre ou un tenancier en *daerrath*. Il n'y a pas d'exemption pour le meurtre accidentel.

Pour les blessures et coups il y a un tarif. La somme à payer est une fraction de celle qui est exigée pour le meurtre. Il en est de même du vol et des simples dommages. Dans ce dernier cas, la somme à payer est fixée en raison directe du rang de l'offensé, et en raison inverse du rang de l'offenseur.

Il y a aussi amende contre le juge qui a mal jugé, contre le débiteur qui ne paye pas, ou qui ne rembourse pas sa caution, contre le créancier qui demande plus qu'il ne lui est dû. C'est la forme la plus ancienne du recouvrement des créances. L'action personnelle tendait primitivement au payement non de la somme due, mais de l'amende infligée par la coutume à la mauvaise foi.

Quelques articles du livre d'Aicill ne sont pas à leur place. Ils font allusion à certains usages remarquables. Ainsi chez les Irlandais, comme chez les montagnards du Caucase, tous les enfants nés de la femme pendant le mariage, légitimes ou non, appartiennent au mari, à moins qu'il ne consente à rendre l'enfant illégitime à son père naturel, à prix d'argent. On y voit aussi, comme dans le Senchus Mor, que le père, ou le frère à défaut du père, perçoit le prix de la fille ou de la sœur donnée en mariage, et que le fait peut se répéter jusqu'à vingt et une fois.

La glose du livre d'Aicill donne pour chaque cas un modèle de règlement. Nous avons peine à croire que des calculs aussi compliqués aient été pratiqués dans les temps anciens. Toutefois il ne faut pas oublier que le règlement était fait par les brehons, c'est-à-dire par une classe particulière de gens d'affaires. Tout procès donnait lieu à l'établissement d'un compte par doit et avoir, et la balance formait la somme due. Ainsi l'homme piqué par une abeille a droit à diverses indemnités suivant la gravité du cas, mais s'il a tué l'abeille il doit lui-même de ce chef une indemnité qui vient en compensation jusqu'à due concurrence. Un autre caractère de cette jurisprudence c'est qu'elle tend à multiplier le nombre des personnes intéressées. Par exemple, le vol commis dans une maison habitée est considéré comme portant préjudice à onze personnes, qui sont : le propriétaire de la maison, celui de l'objet volé, celui du lit où était couchée la personne volée, celui de la personne qui couchait dans ce lit, enfin les sept chefs de famille qui avaient l'habitude de faire visite dans la maison et d'y recevoir l'hospitalité. Nous nous bornons à ces deux exemples d'une casuistique qui nous paraît moderne, incompatible avec la simplicité du droit primitif.

Le traité de la prise de possession nous fait connaître les formes de la revendication. Celui qui se prétendait propriétaire d'une terre possédée par un autre devait y entrer à travers la haie, en faisant brèche, y amener deux chevaux, les débrider et les faire paître pendant une nuit et un jour, en présence d'un témoin. Cette voie de fait se répétait de dix en dix jours, d'abord avec quatre chevaux et deux témoins, puis avec huit chevaux et quatre témoins. Si le réclamant était une femme, les chevaux étaient remplacés par des brebis, et c'étaient des femmes qui servaient de témoins les deux premières fois. La troisième fois la femme réclamante amenait un homme pour servir de témoin et s'installait sur le sol avec un pétrin, un tamis et un four. Le possesseur ne peut faire cesser ces voies de fait qu'en proposant un arbitrage. Toute irrégularité commise par l'une ou l'autre des parties est punie d'une amende. La contestation se termine par un jugement ou par un combat.

La forme indiquée plus haut est la règle générale, mais elle comporte, suivant les cas, des exceptions ou modifications dans le détail desquelles nous ne pouvons entrer[1].

Le traité de la copropriété et du partage impose à chacun des copartageants l'obligation de clore son lot par une haie, et règle les indemnités qui pourront être dues pour tous dommages causés par le bétail. Elles sont évaluées soit en sacs de grains soit en bétail.

Viennent ensuite le traité des abeilles et celui des eaux. Le produit des abeilles se partage suivant certaines règles entre celui qui a trouvé l'essaim, le propriétaire de l'arbre et le propriétaire du sol. Les droits à l'eau sont réglés par la coutume. Tout propriétaire a le droit d'acquérir une servitude d'aqueduc sur le terrain de son voisin, moyennant indemnité.

Un traité très court et non glosé détermine ce qu'on peut appeler le périmètre de protection du domicile. Il s'étend pour le *bo-aire,* c'est-à-dire pour le chef ordinaire, au jet d'une lance, et ainsi en doublant toujours, à mesure qu'on s'élève d'un degré dans l'échelle sociale, jusqu'au roi, qui a droit à soixante-quatre fois cet espace. Quiconque a franchi ce périmètre est sous la protection du chef de la maison. S'il y est poursuivi et frappé, le maître

---

[1] C'est par erreur que les éditeurs ont joint au traité de la prise de possession un autre traité relatif aux contrats en général. Les règles qu'il contient paraissent appartenir à une époque relativement récente et semblent en partie empruntées au droit romain. Il y est question de la vente de la chose d'autrui, des droits de l'acquéreur de bonne foi, du testament des femmes. Il est difficile de considérer ces règles comme tirées de l'ancien droit irlandais.

de la maison a droit à l'amende de sept femmes esclaves et au prix de son honneur.

Le traité du jugement des crimes est important, quoique très bref, en ce qu'il établit en principe la solidarité active et passive de la famille, en ce qui concerne le payement ou le recouvrement de l'amende ou *eric*. Les deux premiers groupes de la famille sont appelés en ce cas comme lorsqu'il s'agit de successions. Nous verrons tout à l'heure quels sont ces divers groupes.

Nous ne dirons rien d'un morceau intitulé : « La terre est confisquée pour le crime. » L'auteur de ce morceau cite l'Évangile de saint Jean et même une loi romaine. Nous laissons également de côté un fragment de six lignes intitulé : « Divisions de la terre. » Nous arrivons enfin à un des traités les plus importants de tout le recueil, quoique très court; c'est celui des divisions de la famille, ou, si l'on veut, des degrés de parenté.

En le combinant avec quelques données fournies par le livre d'Aicill, on peut se faire une idée de la famille irlandaise. Au premier abord la chose paraît assez difficile, et les savants anglais et américains qui ont abordé la question, M. Sumner Maine, M. Mac Lennan, M. Sullivan, ont donné des explications différentes et peu satisfaisantes. Leur tort commun consiste, selon nous, en ce qu'ils ont cherché une création originale dans une institution qui est évidemment empruntée au droit canonique et qui ressemble aux institutions analogues des autres branches de la race indo-européenne. Elle consiste en ceci : la parenté, en Irlande, comprend dix-sept personnes, qui forment quatre groupes. Le premier, composé de cinq personnes, s'appelle *geilfine*, c'est-à-dire la parenté de la main; le second, *derbhfine*, comprend quatre personnes. Il en est de même du troisième, *iarfine*, et du quatrième et dernier, *indfine*. Chacun de ces trois derniers groupes répond à l'une des phalanges des quatre doigts (le pouce excepté). Au delà la parenté cesse, et les individus les plus proches après le quatrième groupe portent le nom significatif de ceux qui sont sur les ongles, *ingen ar meraib*. Le texte ajoute que le premier groupe de la parenté, *geilfine*, comprend les plus jeunes, et que le dernier groupe, *eindfine*, se compose des plus âgés. Cette constitution de la famille sert de base à l'attribution des droits de succession et à la répartition du prix du sang.

Reste à expliquer le système. Les savants anglais qui ont abordé le problème sont tous partis de cette supposition que les dix-sept personnes dont parle le texte sont dix-sept individus, supposition qui paraît, au surplus, avoir été admise par la glose. Mais c'est là une erreur fondamentale, qui conduit aux conséquences les plus extravagantes. En effet, si chaque groupe ne peut se composer que d'un nombre fixe d'individus, il faut admettre que la survenance d'un nouvel individu dans un des groupes fait reculer dans le groupe ultérieur l'individu qui se trouve désormais en trop. La parenté se trouverait ainsi dans une incertitude et une fluctuation perpétuelles. Comment n'a-t-on pas vu que le mot *personne* a un sens abstrait, et signifie tous les individus, quel qu'en soit le nombre, qui sont désignés sous un même nom dans le tableau de la parenté? Ainsi le fils est une personne, le frère en est une autre. Peu importe le nombre des frères ou des fils. C'est, au surplus, le langage du droit romain, qui comptait 4 personnes au premier degré, 12 au second, 32 au troisième, 80 au quatrième, 184 au cinquième, 448 au sixième, et enfin 1,024 au septième. Le jurisconsulte Paul, qui nous donne ces calculs, nous montre bien que chaque personne peut se composer de plusieurs individus. « Primo gradu cognationis, dit-il, sunt susum versum duo, pater et mater, deorsum versum duo, filius et filia : *qui tamen et plures esse possunt*[1]. »

De tout temps on a cherché à se représenter la parenté

---

[1] L. 10, § 12, D. *De gradibus et adfinibus et nominibus eorum.*

d'une manière sensible, en la comparant aux membres du corps humain. Chez les Romains, on considérait le corps entier. Dans le Miroir de Souabe, comme dans le droit irlandais, c'est le bras et la main jusqu'à l'ongle qui servent de type.

Cela posé, il n'est pas très difficile de reconstruire tout le système irlandais. Chacun des quatre groupes répond à ce qu'on appelait, au moyen âge et en droit canonique, une parentèle, *parentilla*. Le premier groupe comprend, outre le *de cujus*, quatre descendants en ligne directe, à savoir le fils, le petit-fils, l'arrière-petit-fils et le fils de l'arrière-petit-fils. Le second groupe comprend le père, le frère, le fils du frère et le petit-fils du frère. Le troisième groupe comprend l'aïeul, l'oncle, le fils et le petit-fils de l'oncle. Enfin le quatrième groupe se compose du bisaïeul, du grand-oncle, du fils et du petit-fils de ce dernier. Ces quatre groupes s'emboîtent en quelque sorte l'un dans l'autre, et le premier comprend effectivement les plus jeunes, le dernier les plus âgés.

Il ne s'agit, bien entendu, que de l'agnation, c'est-à-dire de la parenté par les mâles : la loi irlandaise n'en connaît point d'autre. On remarquera aussi que dans ce système il n'y a point de représentation. Celle-ci, du reste, a peu d'intérêt, eu égard à la manière dont les biens de la succession sont répartis.

Ce qui frappe surtout c'est la limitation de la parenté à la quatrième génération dans chaque groupe. Une limitation semblable se rencontrait dans le droit athénien, qui rompait l'ἀγχιστεία après le cousin issu de germain.

Quels sont les droits de ces différents groupes en matière de succession? Le livre d'Aicill pose la question. La réponse ne se trouve que dans la glose. D'après ce système, la dévolution a lieu d'abord au profit du premier groupe. A défaut du premier groupe, la succession se répartit entre les trois autres, à savoir les trois quarts au second, les trois quarts du quart au troisième, et enfin le quart du quart au quatrième. L'ordre de dévolution varie suivant que tel ou tel groupe fait défaut, mais la proportion reste toujours la même. Il est du reste impossible, en l'état de nos informations, de se rendre un compte exact du système exposé par la glose, et ce serait perdre son temps que de chercher à le reconstruire dans tous ses détails [1].

Le dernier traité du recueil porte le nom de *Crith Gabhlach* et fait connaître les rangs et prérogatives des diverses personnes qui composent la tribu irlandaise, à savoir les simples hommes libres, les nobles et le roi. Il y a sept classes de nobles et sept de non-nobles. Chacune de ces classes a un sens déterminé et le prix de l'honneur fixé en proportion. La loi définit les droits et les obligations de chacune d'elles et leurs relations réciproques. Suivant O'Curry, ce traité remonterait au vie siècle. On reconnaît généralement aujourd'hui qu'il est tout au plus du xive siècle, et que le tableau tracé par l'auteur est, en partie au moins, d'imagination. Ces raisons nous dispensent d'en donner l'analyse. On peut néanmoins en tirer un tableau de l'*enechlann* qui appartient à chaque classe et la caractérise. Celui du roi suprême de l'Irlande est de 28 cumhals. Celui du simple plébéien est d'une bête à cornes ordinaire, c'est-à-dire du sixième d'un cumhal [2].

Les textes publiés et traduits dans les quatre volumes que nous avons sous les yeux sont la principale mais non la seule source d'information sur l'ancien droit de l'Irlande. Nous pouvons les contrôler et les compléter par quelques documents dont l'authenticité comme l'antiquité est in-

---

[1] Cette répartition de la succession entre tous les parents, sans exclusion des plus éloignés par les plus proches, tient à la constitution solidaire de la famille primitive. On en trouve ailleurs d'autres exemples, ainsi dans la loi salique, tit. LXII : *De compositione homicidii*, et dans le second capitulaire annexé à cette même loi, cap. III : *De homine ingenuo occiso* (éd. Behrend, p. 79 et 94). Dans l'ancien droit romain la vocation des *gentiles* à la succession paraît avoir été collective et sans distinction de degrés.

[2] M. D'Arbois de Jubainville a dressé ce tableau dans son *Étude sur le Senchus Mor*, p. 62.

contestable. Ils étaient connus depuis longtemps, mais c'est aujourd'hui seulement qu'on peut en comprendre l'importance. Nous voulons parler des textes canoniques, tels que la Confession de saint Patrick[1] et les canons ecclésiastiques qui portent son nom. A ces documents, qui sont du ve siècle, il faut joindre une *Collatio canonum hibernica,* que nous possédons dans un manuscrit du viiie siècle[2]. Leur accord avec les dispositions contenues dans les textes irlandais suffit pour lever toutes les objections et dissiper tous les doutes.

Nous y trouvons tout d'abord le régime des compositions, avec toutes ses particularités. Saint Patrick dit dans sa Confession qu'il a distribué en aumônes aux indigents le prix de quinze hommes, *pretium quindecim hominum.* Or nous savons par le Senchus Mor et par le livre d'Aicill que le prix d'un homme était de sept femmes esclaves, ou de vingt et une vaches laitières. Quant au prix de l'honneur, il est expressément rappelé dans un canon, au sujet du vol ou de tout autre délit commis à l'égard du roi ou de l'évêque. Le coupable doit payer sept femmes esclaves, ou faire pénitence pendant sept ans, *septem ancillarum pretium reddat, aut septem annis pœniteat*[3]. Tel est, en effet, le taux de l'honneur du roi. Comme les livres des brehons, les canons ne connaissent d'autre monnaie que le *cumhal* ou *pretium ancillæ* et le *pretium vaccæ* ou *sedatium* (en irlandais *set*)[4].

La capacité des femmes est réglée comme dans le Sen-

---

[1] *Confessio S. Patricii,* dans la Patrologie latine de Migne, tome LIII. Cf. dans le même volume les canons du synode de saint Patrick et ceux du synode de Patricius, Auxilius et Issernicus.

[2] Publiée par extrait dans le tome I du *Spicilegium* de d'Achery, et intégralement par M. Wasserschleben : *Die irische Canonensammlung*, Leipzig, 1885.

[3] xlviii, 5.

[4] ii, 14 et 15; xviii, 7; xli, 4. On trouve d'autres exemples dans Wasserschleben, *Bussordnungen der abendländischen Kirche*, Halle, 1851, p. 140-142.

chus Mor. Elles peuvent recueillir des héritages, mais seulement à titre viager. Elles doivent s'engager, en fournissant caution, à ne pas transférer les biens dans une autre famille. Elles ne peuvent aliéner qu'avec l'autorisation expresse ou tacite des parents. Elles peuvent seulement disposer des meubles, *vaccas, vestes, et vasa, partem de ovibus et lanam*[1]. La disposition par laquelle le Senchus Mor définit quelles personnes peuvent s'engager comme cautions se retrouve identiquement dans le canon suivant : « Non est dignus fidejussor fieri servus, nec peregrinus, nec brutus, nec monachus nisi imperante abbate, nec filius nisi imperante patre, nec femina nisi domina, virgo sancta[2]. » La femme maîtresse est celle qui a plus apporté que son mari et qui pour cette raison commande dans le ménage, ainsi qu'il est encore dit dans le Senchus Mor. Le même texte a passé dans les lois galloises, rédigées au xe siècle[3].

On pourrait multiplier ces rapprochements. Nous devons nous contenter d'en indiquer encore quelques-uns. Ainsi le titre *De parentibus et eorum heredibus* admet l'ordre de succession de la loi mosaïque qui appelle les filles après les fils et observe ensuite l'ordre des parentèles, appelant d'abord les frères, puis les oncles, et à leur défaut les *proximi*[4]. Ce texte vient à l'appui de l'interprétation que nous avons donnée au sujet des quatre groupes de la famille irlandaise. Il est difficile de supposer que le droit civil en cette matière n'ait pas été d'accord avec le droit canonique.

En général, les biens doivent rester dans les familles. On peut toutefois disposer des meubles dans une certaine mesure. On est même tenu de le faire en faveur de l'église. C'est le prix de la sépulture. A ce titre l'église prélève sur la succession, par privilège et préférence sur tous autres

---

[1] xxxii, 20.
[2] xxxiv, 3.
[3] *Ancient laws and institutes of Wales*, London, 1841, p. 784.
[4] xxxii, 9. Un des canons du synode de saint Patrick parle des *quatuor genera*.

créanciers, une vache, un cheval, un habit et une couverture de lit. Si le défunt était un grand chef, l'église prend deux chevaux et un char et le vase dans lequel le défunt buvait[1].

La responsabilité de la famille en fait de crime est déterminée par les canons comme par les livres de droit irlandais. Après le coupable viennent le père, le frère et le cousin, puis le chef de la tribu et enfin le roi. Mais, entre le chef et le roi, il y a encore une personne responsable, c'est celle qui a prêté au coupable fugitif des armes et des vêtements, qui lui a donné de quoi manger et se coucher[2].

Le fidéjusseur a, d'après les canons, des délais pour s'acquitter, quinze, vingt, trente ou quarante jours. Dans certaines localités ces délais sont de quinze ou cinq jours si le débiteur est vivant, de trente s'il est mort[3]. Le débiteur en retard doit payer le montant de la dette, et de plus une indemnité représentative de la perte subie par le créancier, *quantum fatigatus fuerit.* Si le créancier est inhumain, il a en outre le droit d'exiger les intérêts pour un an, au taux énorme de 20 p. 100 par mois[4].

Il faudrait encore citer le chapitre du vol dans les églises[5], celui du dépôt[6], celui du dommage causé par les chiens et les poules[7]. Là encore on trouve de nombreux textes dont on peut tirer parti pour l'intelligence des livres du droit irlandais.

En combinant les données fournies soit par les anciens monuments de la littérature irlandaise, soit par les canons, avec les indications éparses dans les livres de droit, on peut reconstituer le système des preuves dans l'ancien droit

---

[1] XVIII, 6. Cf. XLI, 10, et XXXII, 22.

[2] XLII, 30.

[3] XXXIV, 4. Ce texte a passé dans les lois galloises, avec quelques variantes dans les chiffres, *Ancient laws of Wales,* p. 815.

[4] XXXIV, 5.

[5] XXIX, 5, 7, 8.

[6] XXX.

[7] LIII, 5, 9.

irlandais. Primitivement, la preuve par excellence paraît avoir consisté dans des procédés magiques destinés à provoquer des révélations surnaturelles, tels que la divination par la baguette, ou par le bout des doigts, ou par les songes. Ces moyens étaient d'autant plus usités que le pouvoir judiciaire, ou plutôt le pouvoir arbitral, si l'on peut employer cette expression, était exercé en Irlande par une classe particulière, celle des *filé*. Venait ensuite le combat judiciaire, qui, lui aussi, était une sorte de jugement de Dieu. Telle était la procédure païenne. Elle fut abolie par saint Patrick[1]. Toutefois les canons permettent encore au juge de consulter en certain cas la divinité par le moyen du sort[2], et l'épreuve de l'eau bouillante est mentionnée dans le Senchus[3]. Les obligations peuvent être prouvées soit par la production des coobligés et des cautions, soit par témoins, soit par écrit[4], mais si les preuves fournies de part et d'autre se contredisent, c'est en définitive le serment qui décide. Il est prêté par celle des parties qui a amené le plus grand nombre de témoins, ou au besoin par celle que le sort désigne[5]. Les canons nous révèlent l'emploi des cojureurs[6].

Il n'en est pas autrement pour les contestations de propriété. C'est le serment qui décide, et celle des parties qui doit prêter serment est désignée par le juge, au besoin par le sort. Entre deux églises, s'il n'y a pas de titre, on admet qu'il y a présomption de propriété en faveur de celle des deux églises qui a possédé pendant une période jubilaire, c'est-à-dire pendant cinquante ans[7]. Ainsi le Jubilé hé-

---

[1] xxxiv, 2, 6.

[2] xxvi, 6. *De eo quod inter dubia sors mitti debet.*

[3] T. I, p. 195.

[4] xxxiii, 4.

[5] xvi, 15; xxxiv, 7 : *a pluribus erit juramentum.* Cf. xxx, 5.

[6] xvi, 6.

[7] xxxii, 23 et 24 : « requiratur a senioribus propinquis quantum temporis fuit cum altera, et si sub jubileo certo mansit sine vituperatione, maneat in æternum. » Cf. xxxvi, 10 et 11.

braïque, qui avait précisément pour effet de faire rentrer les biens dans les mains des anciens possesseurs, se trouve pris à rebours et transformé en prescription acquisitive.

L'étude sommaire à laquelle nous venons de nous livrer conduit à une double conclusion. D'une part, le moment n'est pas encore venu d'exposer systématiquement l'ancien droit de l'Irlande. Il faut attendre que tous les monuments de ce droit soient publiés, et, surtout que les textes aient été convenablement expliqués et traduits. Depuis quelques années il a été fait, à ce point de vue, des travaux remarquables, parmi lesquels nous devons citer en première ligne ceux de M. d'Arbois de Jubainville dans la *Revue celtique*. Les résultats déjà obtenus sont assez importants pour ne laisser aucun doute sur le succès final des recherches entreprises. Dans quelques années la philologie aura fait son œuvre. Les jurisconsultes et les historiens pourront commencer la leur.

D'autre part, on peut, dès à présent, mesurer l'étendue du service rendu à la science par la publication des monuments du droit irlandais. Les études celtiques ont été longtemps discréditées par les rêveries et les extravagances des érudits, peu nombreux d'ailleurs, que l'attrait de l'inconnu portait de ce côté. C'est seulement de nos jours qu'elles ont été reprises avec une méthode rigoureuse et dans un esprit vraiment scientifique. On commence à connaître enfin les langues celtiques, on sait d'où elles viennent et on en reconstruit peu à peu la grammaire et le vocabulaire. Or il en est des institutions comme de la langue. Celles de la Gaule nous sont très imparfaitement connues par quelques passages de César. Pour combler cette lacune on a cherché d'autres sources d'information. On a réuni et interrogé les anciennes chartes de la Bretagne, les coutumes non écrites des montagnards d'Écosse, les livres coutumiers du pays de Galles. De ces données on a tiré des inductions ingénieuses, mais rien de certain ni de positif. Le système, bien qu'assez plausible, manquait

de base, car les plus anciens documents sur lesquels il
s'appuyait ne remontaient pas au delà du ixᵉ ou du xᵒ
siècle. Les institutions dont ils conservaient des traces pouvaient être d'origine celtique, mais n'était-il pas téméraire
de l'affirmer? La Bretagne armoricaine, la province de
Galles, l'Écosse elle-même, n'avaient-elles pas subi la domination romaine pendant plusieurs siècles? Et, depuis la
chute de l'empire romain, n'avaient-elles pas reçu l'influence des Francs et des Anglo-Saxons? Les institutions
primitives ne s'étaient-elles pas profondément modifiées
par l'introduction du droit canonique? L'objection était
sérieuse, et pendant longtemps elle a été tenue pour décisive. Mais voici que la publication des textes irlandais a
introduit dans la discussion un élément nouveau. L'Irlande
n'a jamais été soumise ni aux Romains ni aux Anglo-
Saxons. Les Danois n'y sont venus qu'à la fin du viiiᵉ
siècle. Si le Senchus Mor et les autres livres des brehons
sont antérieurs à cette époque, s'ils reproduisent, tout au
moins, une tradition antérieure, la science du droit celtique
trouve enfin une base solide. Nous pouvons reconnaître ce
qu'il y a de celtique dans les documents de l'Armorique et
du pays de Galles. Nous pouvons mesurer et ramener à de
justes proportions l'influence exercée sur ces deux contrées
par les Romains, les Francs et les Anglo-Saxons.

Il faut donc rendre aux populations celtiques la place
qui leur appartient dans la grande famille indo-européenne. Comme leur langue se rattache au sanscrit, leurs
institutions dérivent de celles de l'Inde brahmanique.
Comme tous les autres peuples de la même race, les Celtes
ont connu et pratiqué la vengeance privée, le prix du sang,
le tarif des blessures, l'achat des femmes, la vie de tribu,
la propriété collective du sol, les ordalies, la preuve par
serment et les cojureurs. S'ils ont eu leurs traits particuliers, on ne saurait méconnaître le caractère commun qui
les rapproche des Germains et des Slaves. Chez tous ces
peuples le droit s'est fondé sur les mêmes idées, il s'est

agrandi et développé en traversant les mêmes phases successives. Les institutions des uns s'éclairent et s'expliquent
par celles des autres. Si la science du droit comparé n'a
pas dit son dernier mot, elle a dès à présent dégagé les
traits fondamentaux de l'édifice à construire, et la publication des textes du droit irlandais, malgré toutes ses imperfections, n'aura pas peu contribué à ce résultat.

XVII.

L'ANCIEN DROIT GERMANIQUE. —
LA LOI SALIQUE.

Depuis la grande édition de la loi salique publiée en
1843 par M. Pardessus, il a été fait sur cette loi un grand
nombre de travaux considérables, en France, en Angleterre et en Allemagne. Pardessus avait recherché et comparé tous les manuscrits connus au nombre de soixante-
sept. Il les avait classés par famille et en avait tiré sept
textes différents, sans compter le texte publié par Hérold
en 1557, d'après un manuscrit aujourd'hui perdu. Venaient ensuite les capitulaires mérovingiens de Childebert,
de Clotaire, de Chilpéric, dont le dernier venait d'être
trouvé par Pertz dans un manuscrit de Leyde. Des notes
nombreuses s'efforçaient d'éclaircir les passages difficiles ;
enfin quatorze dissertations exposaient d'une manière systématique l'ensemble du droit mérovingien, en complétant
les données de la loi salique non seulement par la loi des
Ripuaires, par celle des Burgondes et par les autres lois
barbares, mais aussi par les témoignages de Grégoire de
Tours et des écrivains contemporains, et surtout par l'é-

tude des formules et des actes que Pardessus connaissait bien, car il venait d'achever, par ordre de l'Institut, la nouvelle édition du grand Recueil des Chartes mérovingiennes entrepris par Bréquigny et Laporte du Theil. Grâce à cette œuvre d'une méthode si rigoureuse et d'une érudition si exacte, on possédait désormais ce qui avait manqué aux travaux antérieurs, un fondement solide, qui s'est encore affermi depuis par de nouvelles éditions critiques des autres monuments de la même époque. Le recueil des formules publié par M. Eugène de Rozière, les textes de lois publiés dans la grande collection des *Monumenta Germaniæ,* sous la direction de Pertz, ont achevé de préparer le terrain et de poser les bases. Cette dernière collection est aujourd'hui complète depuis la publication de la *lex Ribuaria* par M. Sohm, en 1883.

Le moment semblait donc venu d'entreprendre de nouvelles études sur le droit franc. Les Allemands surtout se sont jetés dans cette voie avec l'espoir de reconstruire ce droit germanique qu'ils se représentent comme un des principaux facteurs de la civilisation moderne. On a dépensé dans ces recherches beaucoup de savoir et d'imagination. On s'est livré aux hypothèses les plus hardies, aux combinaisons les plus aventureuses. A-t-on réussi? Ce n'est pas l'avis des juges les plus compétents. Le savant M. Waitz, qui pnbliait en 1844 le premier volume de son histoire de la constitution allemande, reconnaît aujourd'hui, dans la troisième édition de ce grand ouvrage, que de tous les systèmes si habilement construits, il reste en somme peu de chose, et que le plus sage est encore de s'en tenir, presque partout, aux conclusions toujours circonspectes de Pardessus[1]. C'est à peu près au même résultat qu'arrive l'auteur du travail le plus récent sur la loi salique, M. Fahlbeck, professeur à l'université de Lund, en Suède. Après avoir discuté tous les systèmes M. Fahlbeck conclut

---

[1] Waitz, *Deutsche Verfassungsgeschichte,* tome II, 1882.

que la monarchie mérovingienne a été une monarchie absolue qui s'est formée au moment de la conquête, et qui a soumis au même joug les Francs et les Gaulois[1].

Est-ce à dire qu'il faille rejeter tous ces travaux comme inutiles? Non assurément. Si les résultats n'ont pas été en proportion de l'effort, il y a cependant des résultats acquis, et c'est précisément ce qu'il est intéressant de constater.

Parlons d'abord du texte. Dès 1846, M. Waitz publiait en Allemagne un volume intitulé *L'ancien droit des Francs Saliens,* avec un essai de restitution du texte primitif de la loi salique, d'après les travaux de Pardessus. Après lui, Merkel en 1850, M. Behrend en 1874, ont publié de nouveau ce texte primitif, tel qu'ils se le représentaient, en essayant de distinguer l'original et les additions d'une époque postérieure. Tout récemment, M. Alfred Holder a eu l'idée de reproduire un à un les principaux manuscrits, mais il s'est arrêté au sixième, et l'interruption de ce labeur médiocrement utile laissera sans doute peu de regrets. Les seuls manuscrits qu'il y ait vraiment intérêt à faire connaître sont ceux qui ont échappé aux recherches de Pardessus. Jusqu'à ce jour il s'en est révélé deux seulement, un à Varsovie, qui provient de la bibliothèque du collège de Clermont et dérive du quatrième texte de Pardessus, et un de la *lex emendata,* à la bibliothèque impériale de Saint-Pétersbourg. Le premier a été intégralement publié par M. Hubé, à Varsovie, en 1867. Enfin, en 1880, M. Hessels a fait imprimer à Londres une magnifique édition synoptique donnant dix textes, y compris celui de Hérold, et même onze si l'on compte le texte de la *lex emendata.* Cette combinaison, qui permet d'embrasser d'un coup d'œil les différences de rédaction, présente de grands avantages au point de vue de la facilité des recherches, mais elle n'ajoute rien à ce que nous savions.

---

[1] *La royauté et le droit royal francs, durant la première période de l'existence du royaume* (486-614), par Fahlbeck. Traduction française, 1 vol. in-8°, Lund, 1883.

Si la critique du texte n'est pas beaucoup plus avancée aujourd'hui qu'en 1843, il en est autrement de l'interprétation des gloses malbergiques. Ces gloses ou formules insérées dans les plus anciens manuscrits de la loi salique ont fait longtemps le désespoir des savants. Elles n'étaient déjà plus comprises des copistes qui, au VIIIᵉ et au IXᵉ siècle, les transcrivaient, ou plutôt les défiguraient, croyant que c'était du grec. Du temps de Pardessus on y voyait du celtique. Quelques-uns y reconnaissaient des mots allemands, mais sous une forme étrange. Enfin, en 1850, dans une dissertation jointe à l'édition de Merkel, Jacob Grimm a étudié toutes ces gloses une à une, et les a expliquées par l'allemand. Vingt ans après, M. Kern a refait le même travail et restitué les termes dont il s'agit, tels qu'ils ont dû être dans le dialecte franc. L'étude historique des langues germaniques est, en effet, assez avancée aujourd'hui pour qu'on puisse déterminer avec une grande vraisemblance les formes grammaticales du dialecte que parlaient les soldats de Clovis. Le travail de M. Kern, publié d'abord à La Haye, a été reproduit en anglais à la suite de l'édition de Hessels, et l'on serait tenté de croire qu'il a épuisé le sujet, si un savant philologue français, M. d'Arbois de Jubainville, n'avait montré qu'on peut atteindre encore un plus haut degré de précision.

Très important pour les philologues, ce résultat l'est beaucoup moins pour les jurisconsultes. Les gloses malbergiques n'étaient pas faites pour expliquer le texte latin. Elles indiquent seulement, en regard du terme latin, le terme technique dont se servaient les Francs alors qu'ils parlaient encore leur langue. Aujourd'hui même, les traducteurs qui rencontrent une expression singulière se croient obligés de mettre l'original entre parenthèses, pour qu'on puisse contrôler leur travail et vérifier l'exactitude de la version. Ce n'est pas, assurément, qu'il ait existé une première rédaction de la loi salique en langue franque. On l'a soutenu, il est vrai, mais sans pouvoir donner aucune preuve, et l'on s'accorde généralement à reconnaître aujourd'hui que la loi salique a été rédigée pour la première fois en latin. Aussi bien, tant que les Francs vivaient entre eux, parlant tous la même langue et soumis aux mêmes coutumes, la loi se réduisait à un petit nombre de formules simples et brèves qui se transmettaient sans difficulté par la tradition orale. Mais, quand les soldats de Clovis furent établis au milieu d'une population romaine à laquelle ils imposaient leur organisation judiciaire, leurs formes de procéder et leur droit criminel, en lui empruntant les institutions de droit civil dont ils s'étaient longtemps passés, dont ils ne pouvaient plus se passer désormais, il fallut se hâter de mettre par écrit et de rédiger dans la langue du plus grand nombre les règles de droit qui allaient être appliquées à tous et par tous sur un territoire très étendu.

On a soutenu, il est vrai, que la rédaction primitive est antérieure à la conquête de la Gaule et remonte aux premières années du ve siècle, à l'époque où les Francs habitaient encore le territoire qui forme la Belgique actuelle. On a cru trouver une preuve dans le titre XLVII de la loi salique, qui, au cas de revendication d'un esclave ou d'une tête de bétail, fixe à quarante nuits le délai de l'assignation si les parties demeurent *cis* ou *intra Legere aut Carbonaria*, et au double si les parties demeurent *trans Legere aut Carbonaria*. *Legere*, a-t-on dit, est la Lys, qui aujourd'hui encore marque la limite des Flandres. Cette interprétation compte encore beaucoup de partisans, et M. Thonissen[1] y adhère, quoique avec une certaine hésitation. Elle doit être rejetée, suivant nous, par deux raisons principales. D'abord il est trois fois question, dans la loi salique, de vignes, de vignerons et de récolte de vin, ce qui ne peut évidemment pas s'appliquer à la Flandre.

---

[1] *L'organisation judiciaire, le droit pénal et la procédure pénale de la loi Salique,* par Thonissen, professeur à l'université de Louvain, 2e édit., 1 vol. in-8°, Bruxelles et Paris, 1882.

En second lieu, du moment où Paris était devenu capitale, le centre du royaume était le pays situé entre la Loire au midi et la forêt Charbonnière au nord-est. Au delà de la Loire, habitaient les Wisigoths, au delà de la forêt Charbonnière, les Francs Ripuaires. L'ancienne explication du texte est donc la plus naturelle. Ajoutons que la *lex emendata*, publiée sous le règne de Charlemagne, porte expressément *trans Ligerim aut Carbonariam*, c'est-à-dire au delà de la Loire ou de la forêt Charbonnière. Comment supposer que le même mot ait désigné la Lys dans la rédaction primitive et soit devenu la Loire dans une rédaction postérieure[1]?

Il peut sembler, au premier abord, que la rédaction de la loi salique ait eu pour but de donner au droit plus de fixité. En réalité, c'est le contraire qu'il faut admettre. La loi salique, dans sa forme primitive, n'a été appliquée que peu de temps, et peut-être n'eut-on l'idée de la rédiger que pour fournir à la législation une base et un point de départ. A peine promulguée elle fut profondément modifiée par les successeurs de Clovis. Childebert, Clotaire, Chilpéric, la corrigèrent par ordonnance. Mais le travail de réformation s'accomplit surtout par la jurisprudence et la coutume. On en peut voir les résultats dans la *lex emendata* qui paraît avoir été écrite et publiée au commencement du règne de Charlemagne, dans un recueil de décisions rendues à la même époque pour l'application de la loi salique en Italie, et trouvées, en 1846, par le savant Amédée Peyron, enfin dans un acte de l'an 819, qui a pris place dans la collection des Capitulaires, et qui contient la solution d'un certain nombre de questions controversées.

---

[1] Il suit de là que la première rédaction de la loi salique est postérieure à la bataille de Soissons (486). D'autre part la loi porte encore des traces de paganisme. Elle est donc antérieure au baptême de Clovis et à la conversion des Francs (496). M. Fahlbeck admet comme nous que *Legere* signifie la Loire, mais il voit dans ce passage une addition postérieure au règne de Clovis.

Il s'en faut de beaucoup, comme on le voit, que le droit mérovingien soit tout entier dans la loi salique. La rédaction primitive elle-même ne prétendait nullement former un code complet. C'est seulement un tarif de compositions. Sur soixante-cinq titres il n'y en a que deux qui ne fixent pas le montant d'une amende. Ces deux titres sont le XLVIe, *De adfathamire,* et le LIXe, *De alodis.* Ils règlent la forme des translations de propriété et l'ordre des successions. Nous y reviendrons tout à l'heure. On ne peut même pas affirmer que les soixante-trois autres titres contiennent tout le droit criminel des Francs. M. Thonissen signale certaines lacunes, par exemple en ce qui concerne les crimes de désertion et de trahison. Il pense, et nous partageons son opinion, que, dans ces cas, la composition n'était point admise, puisqu'il n'y avait point de partie lésée, et dès lors la peine de mort était infligée par le souverain. Encore une fois la loi salique est un tarif de compositions, et non un code pénal. C'est en effet par là qu'ont commencé la plupart des législations.

Au début de sa dissertation sur ce sujet, Pardessus[1] s'exprime ainsi : « Les lois, ou, si l'on veut, les coutumes « des tribus germaniques présentent, relativement à la « poursuite et à la punition des crimes, un caractère qui « les distingue essentiellement des lois de presque tous les « peuples anciens et modernes. » Ce caractère est l'absence de répression publique, le droit de vengeance privée donné à tout offensé, la loi n'intervenant que pour rétablir la paix, en forçant l'une des parties à payer, l'autre à recevoir une indemnité pécuniaire. On n'écrirait plus cela aujourd'hui. S'il est dans l'histoire du droit primitif une vérité démontrée c'est que partout la vengeance privée a été la plus ancienne pratique, et que le premier pas du droit pénal a été l'introduction des compositions. Les Germains n'ont pas inventé ce système. Avant eux les

---

[1] XIIe dissertation, p. 651.

Athéniens l'avaient écrit dans leurs lois. C'était le droit
commun des populations celtiques, comme on le sait aujourd'hui, à n'en pas douter, grâce à la publication toute
récente des anciennes lois irlandaises. Les plus anciens
monuments du droit russe ne sont pas moins explicites,
et les Arabes ont établi la même coutume dans tous les
pays ou règne l'islam. Il ne faut donc pas dire que les
Francs apportaient dans la Gaule un élément nouveau. En
réalité ils la ramenaient à cinq siècles en arrière, au point
où elle était avant la conquête romaine.

C'est ce qu'a très bien compris M. Thonissen. Très
versé dans l'histoire du droit pénal, il a bien vu que les
diverses législations s'éclairent les unes les autres, et que
maint passage obscur de la loi salique trouve son explication dans les autres lois germaniques ou scandinaves.
Peut-être même aurait-il pu pousser plus loin encore l'application de cette méthode. Quoi qu'il en soit, elle l'a
conduit à des résultats importants, qu'il convient de
résumer ici, parce qu'ils représentent l'état actuel de la
science.

L'organisation judiciaire, au temps de la loi salique, est
la simplicité même, et, quoique la loi n'en traite pas
directement, elle fournit cependant assez d'indications pour
qu'on puisse se faire une idée assez exacte d'un tribunal
au temps de Clovis. Il se compose, dans chaque canton ou
centaine, de tous les hommes libres, Francs ou Romains,
réunis au *mâl*, c'est-à-dire à l'assemblée, dans un empla-
cement disposé à cet effet, *malberg*. L'assemblée est présidée par le *thunginus* ou chef élu de la centaine, sous
l'autorité supérieure du comte ou grafion, qui est un haut
fonctionnaire nommé par le roi pour administrer un *pa-
gus*, ayant ainsi sous ses ordres plusieurs centaines. Les
hommes libres ainsi réunis pour juger prennent le nom de
rachimbourgs. Ceux qui devaient connaître d'une affaire
prenaient place sur quatre bancs de pierre placés en carré,
et le jugement était prononcé à la majorité de sept voix au

moins. Ces quatre bancs de pierre se sont conservés en Belgique pour les collèges d'échevins, jusqu'en 1793, et le tribunal des échevins avait pris de là le nom flamand de tribunal des quatre bancs (*Vierschaere*). Dans chaque tribunal franc, des fonctionnaires spéciaux nommés par le roi et appelés *sacebarons,* siègent au nombre de trois au plus, et sont chargés de percevoir sur les compositions le *fredum,* c'est-à-dire la part qui appartient au fisc. Enfin, des employés subalternes (*pueri regis*) et des militaires ou gendarmes (*milites*) pourvoient à l'exécution des jugements. Cette organisation toute primitive se modifia bientôt dans un sens plus monarchique. La présidence du mâl passa du *thunginus* au comte, dont l'occupation principale consista désormais à tenir les assises, à tour de rôle, dans tous les cantons de son département. En même temps le roi devint le juge suprême, et sa cour le tribunal d'évocation auxquels furent portées les causes des grands personnages. Cette transformation du tribunal primitif se produisit parallèlement à la transformation de la loi qu'il s'agissait d'appliquer.

La *lex antiqua* n'est, nous l'avons déjà dit, qu'un tarif de compositions. Mais on n'a pas tout dit quand on a signalé ce caractère fondamental. Entre le régime primitif de la vengeance et des guerres privées, et celui de la répression pénale exercée au nom de l'État, il y a bien des degrés. Au temps de Clovis, les Francs avaient déjà renoncé au premier sans être encore parvenus à fonder le second. Le droit de vengeance est implicitement reconnu par la loi pour certains crimes, tels que le meurtre, l'adultère, le rapt, le vol commis sur un cadavre ou en flagrant délit. En pareil cas l'offensé ou ses parents peuvent poursuivre et tuer le coupable, à une condition toutefois, c'est de faire une déclaration publique, immédiate, pour bien marquer qu'ils ont exercé un droit. S'ils sont cités en justice ils n'ont à prouver qu'une chose, l'offense qu'ils ont reçue. Mais ils ne sont pas tenus d'user de leur droit. Presque toujours ils traduisent l'offenseur devant la justice et le font condamner à payer la composition. Ainsi, obligatoire dans la plupart des cas, facultative dans les cas les plus graves, telle est la composition d'après la *lex antiqua*. En d'autres termes, et pour parler notre langage actuel, tous les faits spécifiés dans la loi peuvent donner lieu à une action en justice contre leur auteur, mais dans des cas nombreux, celui-ci peut invoquer une excuse légale, résultant du droit de vengeance. Telle est l'opinion moyenne présentée par Pardessus et défendue par M. Thonissen.

Au début de la vie sociale la composition n'est qu'une transaction, un traité de paix entre belligérants. Le taux en est réglé, suivant les circonstances, à l'amiable ou par arbitres. C'est avec ce caractère qu'elle nous apparaît soit dans les poèmes d'Homère, soit dans les sagas du nord. Mais, déjà au temps de Tacite, on avait senti la nécessité de couper court aux débats sur la fixation de la somme à payer, on avait établi des tarifs invariables, et une part de la composition était attribuée à l'État. De même la loi salique fait de la composition deux parts : la *faida* attribuée à l'offensé ou à ses représentants, comme rachat de la vengeance privée, et le *fredum*, qui revient à l'État pour le rémunérer de son intervention. Le *fredum* est d'un tiers de la somme totale. Outre la composition, il peut y avoir lieu à des restitutions et à des remboursements de dépens : c'est ce que la loi indique par les mots de *capitale* et *delatura*. Sur tous ces points la composition, d'après la loi salique, ne diffère pas de celle dont parle Tacite. Seulement, au temps de Tacite, tous les membres d'une même famille étaient solidaires, pour recevoir comme pour payer la composition. M. Thonissen admet qu'à l'époque où fut rédigée la loi salique cette solidarité ne s'appliquait plus qu'au cas de meurtre. Elle fut, au surplus, complètement abolie par les premiers rois mérovingiens.

La composition était primitivement évaluée en têtes de bétail, chez les Celtes comme chez les Germains. La loi salique l'évalue en monnaie d'or et d'argent. Elle emploie la monnaie romaine, le sou d'or (14 fr. 40 cent.), équivalant à 40 deniers d'argent (le denier = 36 centimes). Telles sont, du moins, les évaluations de Guérard et de Pétigny. Toutefois on n'est pas d'accord sur ces chiffres. M. Thonissen, se fondant sur les recherches de M. Hiver, admet que le sou d'or valait seulement 11 fr. 85 cent., et le denier d'argent environ 22 centimes. La composition qui se présente le plus fréquemment, et qu'on peut regarder comme servant de type, est celle de 15 sous d'or ou de 600 deniers, soit 216 francs ou 177 francs suivant qu'on adopte le premier ou le second système d'évaluation. Presque toutes les autres compositions sont des multiples de celle-là. Tantôt elle se réduit à 3 sous, et même, en un cas, à 1 sou; tantôt elle monte jusqu'à 600 et même, en un cas, jusqu'à 1,800 sous = 25,920 francs, ou si l'on veut, 21,330 francs. Parallèlement à cette série on trouve la trace d'une autre série qui paraît avoir été empruntée à la coutume du pays maritime[1], et qui, calculée en deniers, donne les compositions suivantes : 7,700, 1,400, 28,000. On trouve aussi quelques chiffres qui ne se ramènent à aucune de ces deux séries, par exemple 50 et 100 sous. Lorsqu'il s'agit d'un crime commis sur une personne attachée au service du roi, la composition est, en général, portée au triple. Elle varie, d'ailleurs, suivant la qualité des personnes, en sorte que le tarif peut, jusqu'à un certain point, servir à caractériser les divers rangs de l'échelle sociale. Le *wergeld* ordinaire du Franc Salien étant de 200 sous (2,880 francs), celui du Romain n'est que de la moitié. On s'est demandé pourquoi cette différence, alors que l'établissement des Francs n'avait pas été, à proprement parler, une conquête, et que les Gallo-Romains étaient admis, comme les Francs, à remplir toutes les fonctions, même les plus élevées. On a même

---

[1] La glose malbergique désigne expressément la composition de 1,400 deniers comme *Seolandewa*.

essayé de nier l'inégalité du *wergeld*, en donnant aux textes une interprétation nouvelle. M. Thonissen s'en tient à l'explication généralement reçue jusqu'ici, et nous croyons qu'il a raison, mais en même temps il montre que le taux du *wergeld* ne peut pas être pris pour une mesure exacte de la position sociale. Ainsi, chez les Ripuaires, il y a une différence de *wergeld* entre le Franc et le Burgonde, l'Alaman, le Bavarois, le Saxon. Si la loi salique ne parle pas des Germains appartenant à des tribus différentes, il ne faut pas conclure de là qu'elle leur accorde un *wergeld* égal. On objectera peut-être ce texte du chapitre XLI : *Si quis ingenuo Franco, aut barbarum qui legem salicam vivit, occiderit;* mais M. Sohm, dans son livre sur l'organisation judiciaire chez les Francs, publié en 1871, a fixé le sens de ce texte qui a donné lieu à tant de systèmes. M. Sohm a prouvé qu'il faut entendre ici *aut* dans le sens de *c'est-à-dire,* et que le second membre de la phrase n'est qu'une glose servant à l'explication du premier. Si donc le Gallo-Romain n'a qu'un *wergeld* inférieur à celui du Franc, ce n'est pas comme vaincu, c'est comme étranger. Étranger, il l'était en effet alors que les Francs habitaient en masses compactes une partie du territoire actuel de la Belgique. Il cessa de l'être lorsque Clovis eut fait de Paris sa capitale, mais le fait était encore trop récent pour qu'on corrigeât la loi sur ce point au moment où on la mettait par écrit. Ainsi se perpétua la différence de *wergeld*, différence qui, au surplus, n'était pas sans compensation, car, si le Romain recevait moins que le Franc, il payait aussi moitié moins, dans les cas, où la loi, après avoir prononcé la peine de mort, permettait au coupable de racheter sa vie en payant son propre *wergeld*[1].

Il y avait en effet, chez les Francs, d'autres peines que la composition. Et d'abord le régime des compositions ne se suffit pas à lui-même. Il lui faut une sanction pour frapper celui qui se refuse à comparaître devant la justice ou à

---

[1] Voyez, par exemple, les chapitres LI et LVIII.

en exécuter les décisions. Cette sanction est partout la même, elle n'est autre que la mise hors la loi. Chez les Athéniens cette peine s'appelait la fuite, φυγή; chez les Romains c'était l'interdiction du feu et de l'eau. *Wargus sit*, dit la loi salique, et le mot se retrouve dans les coutumes scandinaves; le proscrit est un loup qu'il faut pourchasser et détruire, comme une bête fauve. Mais pourquoi cette chasse à l'homme lorsqu'on le tient? En ce cas ne vaut-il pas mieux en finir tout de suite? Ainsi s'introduisit chez les Francs, comme partout, la peine de mort. Les autres peines corporelles furent d'abord admises pour la répression des crimes commis par les esclaves. Quant à la confiscation des biens, elle était considérée comme une conséquence de la mise hors la loi ou de la condamnation à mort.

La loi salique ne parle de ces peines qu'incidemment et par allusion. Elle n'avait pas à s'en occuper puisqu'elle ne constituait, comme nous l'avons dit, qu'un tarif de compositions; mais à peine était-elle rédigée que les choses changèrent. Le système des compositions ne suffisait plus à la société nouvelle. Celui des peines corporelles s'y substitua de plus en plus[1]. L'ancienne population y était accoutumée, et, si le législateur était inexpérimenté, s'il était peu propre à trouver des formules, il n'avait qu'à puiser dans les textes du droit romain. Nous ne voulons pas suivre M. Thonissen dans la longue énumération des crimes prévus par la loi salique. Nous relevons seulement un point qui lui a paru obscur et qui peut s'expliquer, nous le croyons du moins, par des textes empruntés à d'autres législations. Lorsqu'il s'agit des meurtres commis par une bande armée, le *wergeld* normal est de 600 sous. Si la victime a reçu trois plaies ou davantage, on considère qu'il y a en réalité trois meurtres. En conséquence on prend dans la bande

---

[1] Par exemple, celui qui détache du gibet un homme encore vivant y est attaché à la place de celui-ci (2ᵉ édit additionnel, § 10). L'édit de Childebert Iᵉʳ porte la peine de mort contre les voleurs, à moins qu'ils ne payent la composition. Mêmes dispositions dans celui de Clotaire Iᵉʳ.

trois hommes qui payent chacun le *wergeld,* puis trois qui
payent chacun 90 sous, et trois encore qui payent chacun
45 sous. Pour expliquer cette disposition, de nombreux
systèmes ont été proposés. Les lois suédoises nous fournissent ici un terme de comparaison précieux. En pareil cas
la loi d'Upland ne permettait de poursuivre qu'un seul
homme comme meurtrier, et n'accordait qu'une seule
amende de 40 marks, mais en même temps elle prenait
dans la bande deux complices, dont l'un payait 3 marks
comme ayant donné des conseils (*Radhbani*), l'autre 9
marks comme ayant tenu la victime pendant qu'on la frappait (*Haldbani*). La disposition de la loi salique dérive certainement de la même idée. Elle y ajoute en disant qu'il
y aura trois meurtres quand la victime aura reçu trois
coups, mais en même temps, et par là même, elle fixe un
maximum qui ne peut être dépassé[1].

M. Thonissen a consacré plusieurs chapitres de son livre
à l'exposition de la procédure criminelle. La loi salique ne
fournit, à ce sujet, que quelques indications au moyen desquelles on a déjà construit bien des théories. C'est une idée
aujourd'hui répandue en Allemagne que la civilisation
moderne dérive de deux grandes sources, le droit romain
et le droit germanique, et que le progrès de l'humanité
n'est autre chose que le triomphe du second. Waitz lui-
même, si sage et si réservé dans ses conclusions, n'est cependant pas loin de penser que les Germains, au vᵉ siècle,
étaient bien plus avancés que les Gallo-Romains. Il reconnaît que Grégoire de Tours fait des Francs un portrait peu
avantageux, mais c'est le contact corrupteur des Gallo-Romains qui a fait tout le mal. Si l'on écarte résolûment les
préjugés de ce genre qui ne peuvent qu'égarer la science,
si l'on se borne à étudier froidement et sans parti pris les
plus anciens monuments du droit germanique, et si l'on se

---

[1] Loi salique, titres XLII et XLIII, *De homicidio in contubernio facto.*
Voir les textes parallèles indiqués par Hessels, et les lois suédoises citées
par Nordström : *Svenska Samhällsförfattningens historia,* t. II, p. 288.

donne la peine de les comparer avec les données que nous
possédons sur les anciennes législations, on reconnaît sans
peine que la race germanique n'a pas plus créé son droit
qu'elle n'a créé sa langue. Si toutes les langues parlées par
les divers peuples de race aryenne sont sorties d'une même
souche, on peut en dire autant des coutumes et du droit de
ces peuples. L'évolution, si l'on peut employer ce mot,
s'est faite partout d'une manière analogue. Il faut seulement tenir compte de la différence des temps. Les compagnons de Clovis étaient, à coup sûr, fort loin des sujets de
Théodoric à Rome, et de ceux de Justinien à Constantinople; mais, si l'on se reporte à neuf ou dix siècles en arrière, on peut faire d'utiles rapprochements entre la loi
salique et celle des Douze Tables, ou bien encore entre l'état
social décrit dans la Germanie de Tacite et celui que nous
montrent l'Iliade et l'Odyssée. Cela n'est guère plus contesté aujourd'hui, mais, il n'y a pas bien longtemps, l'or-
gueil national inspirait encore des idées bien étranges. Un
des plus illustres savants de l'Allemagne, Jacob Grimm,
a montré le caractère particulier qui distingue la langue
allemande des autres langues indo-européennes, et qui
consiste en ce que les racines communes à toutes ces langues subissent en allemand une modification de leurs con-
sonnes, la moyenne devenant une forte, la forte une aspirée
et l'aspirée une moyenne. Ce phénomène s'appelle en allemand *Lautverschiebung*. Après l'avoir constaté, Grimm
veut l'expliquer et voici l'explication qu'il imagine. Au
moment où ce phénomène s'est produit, la chute de l'empire romain était proche. L'invincible nation germanique
se sentait appelée à pénétrer dans toutes les parties de l'Europe. Il se fit en elle un grand mouvement qui se mani-
festa jusque dans sa langue, comme l'expression d'une disposition fière et intrépide[1]. Le livre de Grimm a pourtant
la prétention d'être un livre sérieux.

---

[1] J. Grimm, *Geschichte der deutschen Sprache*, Berlin, 1848, tome 1, p.

Prenons les textes. Le premier acte de procédure, d'après la loi salique, est la *mannitio*, c'est-à-dire la citation faite par le demandeur au défendeur, au domicile de ce dernier et en présence de témoins. Le défendeur cité est tenu de comparaître au mâl sous peine d'amende, à moins qu'il n'ait une excuse ou exoine (*sunnis*). Au jour fixé le demandeur doit se trouver au mâl de bonne heure, et attendre son adversaire jusqu'au coucher du soleil (*solem collocare*). La loi des Douze Tables commence de la même manière. *Si in ius vocat ito. Ni it antestamino... Ante meridiem causam coiciunto... post meridiem præsenti litem addicito. Si ambo præsentes sol occasus suprema tempestas esto.* De même, à Athènes, la πρόσκλησις est faite en présence de deux témoins, κλητῆρες. Le défendeur cité est tenu de comparaître. S'il a une excuse à faire valoir, il le peut, ou un tiers pour lui, en prêtant serment, ὑπωμοσία. Enfin, s'il ne comparaît pas, l'arbitre, après avoir attendu jusqu'au soir, prononce une condamnation par défaut.

Que se passait-il devant le tribunal, au jour fixé pour la comparution? La loi salique n'en parle pas. Il s'y trouve seulement un mot d'où l'on peut induire que le défendeur était tenu de répondre, ce qui suppose que le demandeur lui adressait une question, laquelle devait être nécessairement formulée dans les termes légaux. D'autres textes plus récents peuvent être allégués dans le même sens. On est donc fondé à admettre que la procédure de la loi salique était essentiellement formulaire, comme l'ancienne procédure romaine ou comme celle des codes islandais. M. Sohm développe longuement cette opinion, et M. Thonissen partage cet avis, avec cette réserve toutefois qu'il ne faut pas chercher la formule d'action dans la glose malbergique, en quoi il a grandement raison. La formule était en langue vulgaire, c'est-à-dire en langue latine, comme on le voit

437. « Liegt nicht ein gewisser mut und stolz darin media in tenuis, tenuis in aspirata zu verstärken? »

au chapitre LVII pour le cas où le tribunal refuse de juger. Le demandeur prend alors sept des rachimbourgs et leur adresse une sommation ainsi conçue : *Hic ego vos tangano ut legem dicatis secundum legem salicam*. Les rachimbourgs sont tenus de déférer à cette réquisition sous peine d'amende.

Nous arrivons au jugement. Ici encore on a prétendu trouver une différence fondamentale entre la loi romaine et la loi franque. La première mettait le fardeau de la preuve à la charge du demandeur; la seconde aurait, dit-on, renversé les rôles et forcé le défendeur à se disculper. Dans ce système, le jugement aurait toujours précédé la preuve et se serait contenté de la réserver. En d'autres termes, le tribunal aurait dit au défendeur : « On te pour-« suit pour tel fait prévu et puni par la loi. Nous pronon-« çons contre toi l'amende légale. Tu seras contraint de la « payer, à moins que tu ne fasses la preuve contraire. » Si la loi salique avait ainsi réglé les choses, il resterait à chercher le motif d'une disposition si bizarre, mais la vérité est que toute cette théorie manque de base. La loi salique emploie partout la même expression : *Si quis furavit et ei fuerit approbatum, si quis occiderit et ei fuerit approbatum*. Ces mots sont répétés quatre-vingt-dix fois. M. Thonissen en a fait le compte, et cela seul nous dispense de le suivre dans son argumentation.

Sans doute la loi franque permet au juge de déférer en certains cas le serment, soit au demandeur, soit au défendeur, d'exiger de l'un ou de l'autre un certain nombre de cojureurs, de soumettre une des parties à l'épreuve de l'eau bouillante, mais elle suppose toujours qu'il y a des présomptions, un commencement de preuve. Le juge rend alors un interlocutoire, et prend les mesures qui sont à sa disposition pour connaître la vérité, mesures imparfaites assurément, mais la barbarie du temps ne permettait pas d'en employer d'autres. Après l'interlocutoire vient le défi-nitif, et le juge franc condamne ou absout, exactement comme le juge romain. C'est la conclusion de M. Thonissen, c'est celle à laquelle conduisent tous les textes ; et le système exposé plus haut ne se comprendrait même pas s'il n'était inspiré par le désir de donner une origine ancienne et purement germanique à la procédure observée en Allemagne jusqu'à ces dernières années, procédure qui reposait tout entière sur la *maxime éventuelle,* c'est-à-dire sur le principe de la condamnation hypothétique du défendeur.

Le jugement rendu, il n'y a plus qu'à l'exécuter. Cela peut se faire de deux manières. Ou bien le condamné accepte la sentence et promet de l'exécuter, en donnant caution, ou bien il refuse d'obéir. Dans l'un comme dans l'autre cas, la loi lui donne un délai de quarante jours pour comparaître de nouveau devant le mâl. Le demandeur est tenu de s'y trouver et de l'attendre jusqu'au coucher du soleil, après quoi, si le condamné a promis de payer, le demandeur s'adresse au comte qui requiert sept rachimbourgs. Tous ensemble se rendent à la maison du condamné et y saisissent des meubles en quantité suffisante pour tenir lieu au demandeur de la somme qui lui est due. A défaut de meubles pouvait-on saisir la maison elle-même et l'enclos attenant à la maison? La loi n'en dit rien, mais M. Thonissen le pense, et son opinion paraît très plausible: Les immeubles, chez les Francs, n'étaient pas inaliénables. Ils pouvaient être confisqués. Pourquoi n'auraient-ils pu être saisis?

Si le condamné n'a pas promis d'exécuter la sentence et ne se présente pas de nouveau, à l'expiration des quarante jours, le demandeur l'ajourne à comparaître après quatorze nuits devant le tribunal du roi, et l'y attend encore tout un jour. Au coucher du soleil, on entend les témoins qui attestent la régularité de la procédure, puis le roi prononce la mise hors la loi, avec confiscation de tous les biens, *extra sermonem suum ponat. Tunc ipse culpabilis et omnes res suas erunt.*

Ajoutons que, s'il s'agissait de peines corporelles, l'exécution était faite soit par les agents du comte, soit par le demandeur lui-même, auquel le condamné était livré.

On a soutenu que cette procédure est profondément originale, et pourtant, pour ne prendre qu'un exemple, il n'est pas un de ses traits qui ne se retrouve dans la législation athénienne. Là aussi le condamné a un délai pour payer, et, s'il ne paye pas à l'échéance, le demandeur se présente accompagné de témoins, conduit au besoin par le démarque, et saisit les meubles jusqu'à concurrence de ce qui lui est dû. Le condamné rebelle est frappé d'une forte amende. Les coutumes suédoises prescrivent exactement les mêmes formalités, et règlent avec une précision minutieuse l'ordre qui devra être suivi dans la saisie et l'attribution des meubles.

Lorsque le défendeur ne comparaît pas, il est condamné par défaut, après plusieurs citations répétées, et l'exécution du jugement par défaut est poursuivie comme celle du jugement contradictoire. Si le condamné accepte la condamnation, on saisit ses meubles; s'il refuse d'obéir, on le cite au tribunal du roi, qui prononce contre lui la mise hors la loi. On avait cru longtemps que le jugement par défaut était inconnu dans la loi franque, et que le défendeur défaillant était mis tout d'abord hors la loi. C'était une erreur, qui a été bien démontrée par M. Sohm, et, après lui, par M. Thonissen. Sur ce point encore la procédure germanique n'offre rien de singulier.

Les jugements étaient définitifs et sans recours. Seulement les rachimbourgs qui avaient jugé contrairement à la loi pouvaient être poursuivis et condamnés à quinze sous d'amende. C'est la prise à partie, déjà usitée dans le droit romain, *si judex litem suam fecerit.* Quant à l'appel proprement dit, il s'introduisit plus tard, sous l'influence des idées romaines, comme recours au roi ou à l'empereur.

C'est surtout dans le système des preuves qu'on a cherché la trace d'une conception originale. Mais c'est là encore une illusion, ou tout au moins une exagération. La preuve ordinaire est la preuve testimoniale. Pour compléter au besoin ces témoignages et pour affermir sa conviction, le juge peut demander au défendeur un serment ou lui imposer une épreuve. Le serment se prête avec un certain nombre de cojureurs, plus ou moins, suivant les cas[1]. Quant à l'épreuve elle consiste à plonger la main dans une chaudière d'eau bouillante. Si le défendeur ne veut ou ne peut prêter serment, s'il ne trouve pas de cojureurs en nombre suffisant, s'il recule devant l'épreuve, il est condamné à payer la composition fixée par la loi. Lorsqu'un jugement ordonne directement l'épreuve, le défendeur peut toujours s'y soustraire et y substituer un serment, en payant une certaine amende calculée au cinquième de l'amende portée par la loi pour le fait qui est l'objet du procès. Assurément ni l'épreuve ni le serment avec cojureurs ne sont dans les idées romaines, mais on en trouve la trace dans l'Inde et dans la Grèce. Le jugement de Dieu est aussi ancien que les superstitions humaines, et ne sait-on pas que, chez les Athéniens, qu'à Rome même, les accusés comparaissaient entourés de leur famille et de leurs amis?

La loi salique ne parle pas du combat judiciaire. Nous savons cependant, par Grégoire de Tours, que le combat judiciaire était quelquefois ordonné par le roi, à titre de jugement de Dieu. Enfin la torture était admise à l'égard des esclaves. D'après la loi, les hommes libres n'y étaient pas soumis, mais la loi ne fut pas longtemps observée en ce point.

Un trait commun à toutes les législations primitives est la procédure particulière suivie en cas de flagrant délit. Le coupable pris sur le fait est saisi et lié et conduit immédiatement au mâl, où la partie lésée le met à mort sans autre forme de procès, sans même qu'il lui soit permis de se

---

[1] Il y a trois cas où les cojureurs sont au nombre de douze : « de dote, et « de res qui in hoste prædata sunt, et de homine qui in servitio revocatur. » Voyez le deuxième édit ajouté à la loi, § 4.

défendre. Il suffit que l'arrestation ait été régulière, c'est-à-dire qu'elle ait été faite publiquement, devant témoins. Ajoutons que cette pratique ne survécut pas longtemps, chez les Francs, à la rédaction de la loi salique. Dès l'an 560, Clotaire Ier défend de condamner un prévenu sans l'entendre. Le pacte de 593 entre Childebert et Clotaire permet aux ingénus, prétendus surpris en flagrant délit de vol, de nier le fait et d'en exiger la preuve. Enfin un édit de Clotaire II, en 614, ne permet de mettre à mort sans l'entendre que le voleur *cum furto,* ou, comme le disent plus tard nos coutumes, *saisi et vêtu de la chose emblée.*

Nous venons d'esquisser le droit criminel de la loi salique, en nous aidant surtout de l'excellent travail de M. Thonissen. Remarquons seulement qu'il ne faut pas se méprendre sur le caractère de cette loi. Ce n'est pas, à proprement parler, une œuvre législative faite en vue de l'avenir ; c'est plutôt un inventaire des usages qui régnaient chez les Francs avant leur entrée dans les Gaules, et qui furent bientôt réformés par les successeurs de Clovis.

Il nous reste à rechercher en quoi consistait le droit civil des Francs au moment de la rédaction de la *lex salica.*

On a déjà vu que, sur les 65 titres dont se compose le texte primitif, deux seulement, le XLVIe, *De Adfathamire,* et le LIXe, *De Alodis,* n'édictent aucune amende et ne contiennent que des règles de pur droit civil. C'est peu de chose. Heureusement les autres titres nous font indirectement connaître le droit auquel ils ajoutent une sanction pénale. Enfin les capitulaires mérovingiens, les actes recueillis par Bréquigny, Laporte du Theil et Pardessus, les formules dont M. de Rozière a donné une collection très complète, permettent de combler certaines lacunes et donnent une idée approximative de ce qu'était le droit civil des Francs.

Avant tout, il faut se rendre compte des conditions de cette recherche. On ne doit pas s'attendre à trouver un système complet de législation. Des institutions isolées, voilà tout ce que les textes nous font connaître, et encore très imparfaitement. N'oublions pas non plus que ces textes étaient complétés par les coutumes locales. Marculfe, au VIIe siècle, déclare qu'il a rédigé ses formules *juxta consuetudinem loci quo degimus.* L'édit de Chilpéric, le capitulaire de l'an 819, parlent aussi de la *consuetudo* comme source du droit. Les manuscrits mêmes de la loi salique prouvent que les différentes versions étaient destinées à des localités différentes. Ainsi le texte publié par M. Hubé paraît avoir été écrit pour la Neustrie.

Prenons donc une à une les principales dispositions de droit civil qui sont contenues dans la loi salique et essayons de les expliquer.

Le titre XXXVII, *De Vestigio minando,* parle de la revendication des choses volées ou perdues. Un bœuf, un cheval, ou tout autre animal domestique a été volé. Le propriétaire suit sa bête à la trace et finit par la trouver. Si le détenteur avoue le vol et s'en reconnaît l'auteur, il n'y a pas de difficulté; mais, s'il prétend avoir acquis l'animal par vente ou par échange, ce fait serait de nature à faire disparaître sa responsabilité, et une question préjudicielle s'élève. En attendant qu'elle puisse être jugée, il faut *entiercer,* c'est-à-dire mettre la bête entre les mains d'un séquestre. De plus il faut lier dès à présent la procédure. C'est ce qu'on appelle *aramir,* c'est-à-dire sommer son adversaire de comparaître en justice et s'engager à y comparaître soi-même, en apportant la preuve de sa prétention. Et, comme il y a tout avantage à être demandeur et à faire la preuve, qui consiste d'ordinaire en un serment, la loi règle les rôles suivant le temps écoulé depuis le vol. Si la découverte a eu lieu dans les trois nuits, c'est le poursuivant qui doit aramir. Si elle n'a lieu qu'après les trois nuits, la présomption est renversée. Telle est la disposition du titre *De Vestigio minando.*

Elle est complétée par le titre XLVII, *De Filtortis.* Ici la disposition est générale. Elle s'applique non seulement à un bœuf ou à un cheval, mais à un esclave ou à une chose mobilière quelconque. La loi rappelle l'obligation d'entiercer et d'aramir, elle prévoit, en outre, les recours à exercer contre le vendeur ou les vendeurs successifs, et elle organise, pour ce cas, une procédure particulière. Les vendeurs sont appelés en cause dans un délai de quarante ou quatre-vingts nuits, suivant les distances. L'acheteur est mis hors de cause; le vendeur paye la composition et restitue le prix qu'il a reçu. Si le vendeur assigné en garantie ne comparaît pas, il est condamné par défaut. En ce cas l'acheteur doit prouver par trois témoins : 1° qu'il a assigné en garantie; 2° qu'il a acheté publiquement de celui qu'il a assigné comme garant.

Ces dispositions ne sont pas nouvelles, ni particulières à la loi salique. « Si quelqu'un, dit Platon[1], saisit un animal quelconque ou une chose comme étant sa propriété, le détenteur exercera son recours contre son vendeur ou son donateur, solvable et capable d'ester en justice, ou, en général, contre le tiers qui lui a livré la chose à un titre quelconque translatif de propriété, et mettra le saisissant aux prises avec ce tiers. Si le garant est un citoyen ou un métèque habitant dans la ville, le délai sera de trente jours; si c'est un étranger, le délai sera de cinq mois. » Dans un autre endroit, à propos de la revendication des choses mobilières, Platon décide que, si aucune des parties n'a de titre apparent, la chose revendiquée sera mise en séquestre, et, si c'est une bête à nourrir, les frais seront mis à la charge de celui qui sera reconnu propriétaire[2].

---

[1] Platon, *De Legibus*, XI, II. J'ai paraphrasé le mot ἀνάγειν, qui indique que la partie saisie conduit le saisissant au vendeur et marche avec le saisissant. C'est ce qu'exprime très bien Harpocration : Ἀνάγειν τὸ μηνύειν τὸν πεπρακότα καὶ ἐπ' ἐκεῖνον ἰέναι. Grou, dans sa traduction des Lois, reproduite par Cousin, n'a pas compris ce passage. Il a cru qu'il s'agissait d'une action rédhibitoire. Voir la note de Stallbaum.

[2] Platon, *De Legibus*, XI, I.

Enfin Platon interdit de vendre et d'acheter ailleurs qu'au marché, c'est-à-dire publiquement[1].

Ce qu'il y a de remarquable, dans cette procédure comme dans celle de la loi salique, c'est qu'en la suivant le détenteur se met hors de cause et s'affranchit de toute responsabilité, tandis qu'à Rome, d'après la loi des Douze Tables, il restait tenu de la peine du triple, sauf son recours contre son auteur. L'action dirigée contre lui s'appelait *furti concepti*. Le recours dirigé par lui contre son auteur s'appelait *furti oblati*[2].

Ces règles se retrouvent dans toutes les lois anciennes, avec quelques variantes de forme, sur lesquelles il n'y a pas lieu d'insister ici. Elles ont été reproduites dans un grand nombre de coutumes, avec les mêmes termes, entiercer, aramir. On peut donc regarder le sens des deux chapitres précités de la loi salique comme fixé par la tradition, et tous les systèmes auxquels ces textes ont donné lieu doivent être écartés. Aramir ne veut pas dire prendre possession, pas plus qu'entiercer ne signifie appeler un tiers en garantie. *Intertiare* vient du latin. Peut-être en est-il de même de *filtortis* dont le sens est, du reste, incertain, et même d'*adramire*[3]. Au surplus, il ne faut pas s'attarder à ces questions d'étymologie qui ont fourvoyé tant de bons esprits.

Le titre XLV, *De Migrantibus*, nous revèle indirectement l'organisation sociale des communautés de village chez les Francs. Un nouveau venu ne peut s'établir dans un village que du consentement unanime de tous les habi-

---

[1] Platon, *De Legibus*, XI, III.

[2] Gaius, *Instit.*, III, 186, 187, 191. Même après que les actions *furti concepti* et *furti oblati* furent tombées en désuétude, le détenteur d'une chose mobilière était toujours tenu de désigner son auteur, mais il ne s'affranchissait pas de toute responsabilité par cette seule désignation. Voir une constitution d'Alexandre Sévère au code de Justinien, loi 5, *De Furtis*, VI, 2.

[3] Sur le mot *aramir*, qui est employé cinq fois par Beaumanoir et deux fois par Pierre de Fontaine, voir les lexiques de Godefroy et de Sainte-Palaye. Godefroy assure que le mot est encore usité à Caen.

tants. Tout membre de la communauté peut s'opposer à
son admission et le faire expulser par le comte après trois
sommations de déguerpir. Mais, après douze mois écoulés
sans protestation, la prescription est acquise et l'expulsion
ne peut plus avoir lieu. Cette disposition, qui s'explique
surtout par la jouissance indivise des biens communaux,
a passé dans la plupart des chartes de communes du XII° et
du XIII° siècle. Le sens, du reste, est fort clair, et l'on se
demande comment, au XVI° siècle, un jurisconsulte aussi
distingué que Pithou a pu se méprendre au point d'y voir
le type primitif de l'action possessoire en droit français.

Les Germains, dit Tacite, ne connaissent pas l'usage
des testaments. *Parentes successoresque sui cuique liberi, et
nullum testamentum.* Cela est vrai si l'on parle du testament considéré comme disposition de dernière volonté.
Mais, chez tous les peuples, et même à Rome, on n'est pas
arrivé du premier coup à concevoir le testament sous cette
forme. Qu'est-ce, en effet, que le testament *per æs et libram*,
sinon une transmission des biens entre vifs? Le testateur
transfère son patrimoine à un ami par l'acte solennel de la
mancipation, et charge cet ami de remettre ce patrimoine
ou de le distribuer à certaines personnes. L'opération offre
ceci de remarquable que le *familiæ emptor* est toujours et
nécessairement un tiers. Quoique, dans l'ancien droit, il
eût le titre d'héritier, il n'était cependant qu'un intermédiaire entre le testateur et les personnes appelées à recueillir définitivement la succession[1]. Le titre XLVI de la loi
salique, *De Adfathamire*, nous présente une institution
toute semblable. Les parties se présentent au mâl. Un
bouclier est arboré pour marquer le caractère légal de
l'assemblée. Trois causes sont appelées, après quoi le testateur s'avance avec un étranger, qui va jouer le rôle du
familiæ emptor. Il lui transfère son patrimoine en lui jetant
un fétu de paille ou de bois. La loi ne se contente pas de

---

[1] Gaius, *Instit.*, II, 102 et 103.

cette translation de propriété. Elle exige, en outre, une prise de possession, manifestée par des actes extérieurs. Le donataire se tiendra dans la maison du donateur; il y recevra trois hôtes avec lesquels il mangera la soupe, au même pot, et recevra l'expression de leur reconnaissance. Tout cela doit se passer devant témoins. Mais ce nouveau possesseur ne doit pas garder ce qui lui a été transmis; il est tenu, au contraire, de transférer de nouveau le patrimoine aux personnes désignées pour recueillir la succession, et cette restitution doit avoir lieu au plus tard dans un délai de douze mois, à l'assemblée ordinaire du mâl, ou au plaid royal. On a prétendu que les parents du donateur avaient un droit d'opposition : *si contra hoc aliquis aliquid dicere voluerit,* dit la loi, mais la contradiction dont il s'agit ici porte uniquement sur le fait, et la loi indique elle-même comment on peut la faire tomber, en fournissant une preuve, c'est-à-dire en produisant des témoins.

On demandera peut-être à quoi bon cette intervention d'un tiers? N'eût-il pas été plus simple que l'opération s'accomplît directement entre le vendeur et l'acheteur, entre le testateur et l'héritier? Assurément, d'après nos idées modernes ; mais il faut se rappeler que, dans le droit primitif, les contrats comme les translations de propriété s'accomplissaient toujours entre trois personnes. Entre les deux parties, il fallait un tiers qui les liait l'une envers l'autre et qui jouait lui-même le rôle de caution ou de garant.

Cette observation nous conduit à parler des obligations d'après la loi salique. La théorie en est extrêmement simple. La loi salique ne connaît que deux espèces d'obligations contractuelles, suivant qu'il y a *res pristita* ou *fides facta,* ou, en d'autres termes *re* et *verbis.* Dans le premier cas, le débiteur doit être mis trois fois en demeure, de sept en sept nuits, par le créancier assisté de témoins. Chacune des trois sommations emporte contre lui une amende de trois sous. On va ensuite devant le tribunal, et, si le débiteur refuse encore de s'exécuter, il est condamné à payer quinze sous d'amende, outre les neuf sous déjà encourus, et le payement du principal de la dette. Ainsi l'exécution des conventions ordinaires se trouve garantie par une action pénale. La restitution du principal n'est qu'un accessoire de la peine. C'est là encore un reste du droit primitif. N'oublions pas que, chez les Grecs et chez les Romains, le débiteur qui niait sa dette était condamné au double, parfois même au triple ou au quadruple.

Le second cas, celui de la *fides facta*, nous montre une sorte d'obligation emportant exécution parée. Au terme échu, le créancier se rend, avec des témoins, au domicile du débiteur et le somme de payer. Si le débiteur refuse, il encourt une amende de quinze sous. Puis viennent trois sommations faites devant le mâl, de neuf en neuf jours, et répétées chaque fois au domicile du débiteur. Chaque refus entraîne une nouvelle amende de trois sous. A la première sommation, le créancier prend la permission du *thunginus,* et proteste devant témoins contre tout payement ou toute dation de gage qui serait faite à son détriment par le débiteur. Enfin le créancier s'adresse au grafion, qui prend avec lui sept rachimbourgs, se rend avec eux au domicile du débiteur, saisit les biens de celui-ci, et les attribue au créancier jusqu'à concurrence du montant de la dette. Un tiers de l'amende est attribué au grafion à titre de *fredus.*

Ainsi, en matière d'actions personnelles, la procédure a cela de remarquable qu'elle débute par des actes d'exécution, plus ou moins énergiques, selon les cas. C'est l'équivalent de ce qu'on appelait à Rome *legis actio per pignoris capionem.* M. Sohm a très bien mis ce point en lumière dans son traité de la procédure suivant la loi salique. Il y a toutefois quelque exagération à soutenir que cette procédure, qui débute par une protestation, *testatio,* n'a rien de judiciaire, qu'elle s'accomplit hors du tribunal, et que les formules employées produisent un effet en quelque sorte mécanique. Cela n'est vrai que si le défendeur, qui doit toujours être assigné devant le mâl, *admallari,* refuse de comparaître. Encore n'est-il condamné à l'amende que par sentence du juge, *culpabilis judicetur.* S'il comparaît, il a droit de se défendre au fond (nous dirions aujourd'hui qu'il peut former opposition à la saisie conservatoire); et alors le fait est mis en question, les preuves de l'obligation sont contradictoirement discutées. On rentre par là dans la procédure ordinaire. Tout ce que l'on peut concéder à M. Sohm c'est que, dans le cas de *fides facta,* c'est-à-dire d'une obligation contractée devant le mâl, avec les solennités d'usage, l'existence de l'obligation ne peut être contestée, sauf au défendeur à faire valoir ses exceptions, s'il en a, contre l'exécution. Le défendeur se trouve dans la situation où serait aujourd'hui un débiteur poursuivi en vertu d'un titre authentique.

Le titre XLIV, *De Reipus*, traite du mariage des veuves. L'homme qui veut épouser une veuve se rend au mâl. On arbore le bouclier et l'on appelle trois causes; après quoi le mariage est contracté sous la forme d'une vente, moyennant trois sous et un denier. Jusque-là pas de difficulté. Le mariage par achat, la *coemptio* de l'ancien droit romain, se rencontre dans toutes les législations primitives, qui ne s'élèvent pas encore à la conception du contrat purement consensuel. Mais voici où l'obscurité commence. A qui le prix (les *reipi,* comme dit la loi) va-t-il être payé? Aux parents de la femme, dans l'ordre suivant : le fils aîné de la sœur, le fils aîné de la nièce, le fils de la cousine maternelle, l'oncle maternel. A leur défaut viennent les parents du premier mari : d'abord le frère, puis les autres parents jusqu'au sixième degré, à condition qu'ils ne soient point héritiers du mari défunt. Enfin, en dernier lieu et à défaut de tous les susnommés, les *reipi* sont dévolus au fisc.

Ces dispositions ont fait le tourment des commentateurs, et, au premier abord, elles paraissent malaisées à expliquer. Pourquoi cette exclusion des parents paternels de la femme? Pourquoi les parents du premier mari ne peuvent-ils recevoir les *reipi* qu'à la condition de n'être pas héritiers? Voici, selon nous, la réponse à ces deux questions. Les parents paternels de la femme sont ceux qui l'ont donnée en mariage la première fois. Ils ont alors épuisé leur droit. Si la femme, devenue veuve, vient à contracter un nouveau mariage, elle ne peut être donnée par ses parents paternels. La loi appelle alors les parents maternels, et, à défaut de ceux-ci, les parents du mari, parce qu'il est nécessaire, pour la validité du mariage, que la femme soit donnée par quelqu'un, et celui qui la donne n'est pas nécessairement celui qui a pouvoir et autorité sur elle[1]. Les *reipi* ne sont pas le prix moyennant lequel le père ou le tuteur cède son pouvoir au futur époux. C'est un signe, un symbole, qui marque la formation du contrat et qui en rendra la preuve plus facile. La personne qui doit les recevoir est spécialement désignée par la loi. C'est le *giptoman* des lois scandinaves.

La seconde question peut trouver sa solution dans les mêmes principes. L'héritier du mari défunt a traité avec la femme pour la liquidation des intérêts communs. Il ne faut pas que les tiers puissent prendre le change et confondent le payement des *reipi* avec les opérations de la liquidation. L'existence du second mariage doit être mise hors de doute, et, pour cela, il faut que les *reipi* soient payés à une personne qui n'ait rien autre à recevoir de la femme, ni aucun compte à régler avec elle.

L'ordre des successions est réglé très sommairement par le titre LIX, *De Alodis*. La loi distingue entre les meubles et la terre. Celle-ci est exclusivement dévolue aux héritiers mâles : *De terra vero nulla in muliere hereditas est.* Elle passe aux fils d'abord[2], puis aux frères. Quant aux meubles

---

[1] Les personnes qui doivent donner une fille en mariage sont désignées dans le même ordre par les Lois de Platon, VI, xvii.

[2] La loi ne parle pas des fils; mais elle suppose évidemment que les fils font défaut quand elle appelle les frères. Le premier paragraphe du titre *Si quis mortuus fuerit et filios non dimiserit* s'applique à tout ce qui suit.

ils sont d'abord dévolus aux fils, ce qui comprend sans doute les filles. Viennent ensuite la mère, puis le frère et la sœur, la sœur de la mère, puis enfin le plus proche en degré (jusqu'à la sixième parentèle). Cette préférence attribuée aux femmes en certains cas peut être considérée comme un dédommagement de leur exclusion en ce qui concerne la terre. Telle est du moins la disposition primitive, mais elle se modifia d'elle-même avec l'accroissement de la richesse privée. Au VIII⁺ siècle ce n'est plus à toute terre que s'applique l'exclusion des femmes, mais seulement à la terre salique, c'est-à-dire, suivant l'interprétation la plus probable, aux propres, par opposition aux acquêts. La loi des Ripuaires emploie l'expression de *terra aviatica*.

Un dernier trait à relever dans la constitution de la famille franque est la participation de tous les parents soit au payement, soit à la réception du wergeld. Le chapitre LVIII, *De Chrene cruda*, nous fait assister à une cérémonie symbolique. Le meurtrier qui s'est engagé à payer la composition est insolvable. Il déclare, avec l'assistance de douze cojureurs, qu'il a donné tout ce qu'il possédait et qu'il ne lui reste plus rien ni sur terre ni sous terre. Puis il entre dans sa maison, ramasse aux quatre coins une poignée de terre, et debout sur le seuil, la face tournée vers l'intérieur de la maison, de la main gauche, par-dessus son épaule, il jette cette terre sur son plus proche parent. L'ordre indiqué par la loi est analogue, sinon identique, à celui que nous venons de rencontrer tout à l'heure. En premier lieu la mère et les frères, puis la sœur de la mère les fils de celle-ci; trois parents du côté de la mère et trois du côté du père. Après quoi, en chemise et nu-pieds, un pieu à la main, il sort en sautant par-dessus la haie. L'obligation de payer se trouve ainsi transportée pour moitié aux trois parents maternels et pour moitié aux trois parents paternels. Si l'un deux est lui-même insolvable, il peut se dégager dans la même forme et rejeter sa part sur son codébiteur plus riche que lui. Si aucun d'eux ne peut payer, ils conduisent le meurtrier au mâl, à quatre reprises, et, si personne ne se présente pour acquitter ce qui reste dû, le meurtrier est abandonné à son adversaire et mis à la discrétion de celui-ci. *De sua vita componat*, dit la loi.

On peut, du reste, se soustraire par avance à cette responsabilité. C'est l'objet du titre LX, *De Eum qui se de parentilla tollere vult*. L'homme qui veut user de ce droit se présente au mâl, devant le *thunginus*. Il prend trois baguettes d'aune, les rompt au-dessus de sa tête, et jette les morceaux aux quatre coins du mâl, puis il déclare avec serment qu'il renonce par avance à tout droit de succession ou de parenté à l'égard de telles personnes. S'il vient à mourir ou à être tué, sa composition et sa succession sont dévolues au fisc.

Comme on le voit, la responsabilité de la famille n'est que subsidiaire, et elle n'existe que pour le cas de meurtre. On est déjà bien loin de la solidarité primitive. Même ainsi réduite, la *chrene cruda* était un reste de barbarie, elle fut d'abord modifiée puis expressément abolie, ainsi que nous l'avons déjà dit, par les premiers Mérovingiens, et certains manuscrits de la loi salique mentionnent expressément cette abrogation. On peut rapprocher de ces dispositions celles qui se rencontrent dans les anciennes lois norvégiennes, et aussi celles de la loi des Douze Tables, *tertiis nundinis partes secanto*. Là le débiteur est déjà livré au créancier et c'est le créancier qui le conduit à l'assemblée, qui le met en vente et provoque l'intervention des parents et amis. Du reste la situation est la même. Le débiteur dont parle la loi des Douze Tables est bien moins un emprunteur qu'un condamné, pour un meurtre ou pour un délit, à une composition ou à une réparation. C'est ce qui explique les rigueurs de la loi.

Les édits des rois mérovingiens contiennent aussi les dispositions qui ont trait au droit civil. Et d'abord, en ce qui concerne le mariage de la veuve, indépendamment des *reipi*, que le second mari doit payer d'après la loi, la

veuve doit payer aux plus proches parents de son premier
mari un dixième de la dot qu'elle a reçue de lui. C'est ce
qu'on appelle l'*achasius*. S'il y a des enfants du premier
mariage, ils prélèvent les biens que leur père leur a donnés
pour en jouir après le décès de leur mère. S'il n'y a pas
d'enfants, la femme prend les deux tiers de sa dot; mais,
avant de contracter un nouveau mariage, elle doit réunir
neuf témoins, parents de son premier mari, et leur dire :
« Je vous prends à témoins que j'ai payé l'achasius pour
satisfaire les parents de mon mari, et que j'abandonne les
objets apportés par moi de la maison de mon père, à savoir un lit fourni, un escabeau avec sa couverture et des
sièges. »

Si un veuf se remarie il ne peut reprendre la dot de sa
première femme pour la donner à la seconde. Cette dot
appartient aux enfants, sauf le droit d'administration du
père si ces enfants sont mineurs. S'il n'y a pas d'enfants,
les plus proches parents de la femme prennent les deux
tiers de la dot, à charge par eux d'abandonner deux lits,
deux escabeaux couverts et deux sièges. S'ils ne font pas
cet abandon, ils ne prennent qu'un tiers de la dot. Mais
l'édit ajoute qu'on peut déroger à cette loi par des conventions contraires.

Il s'agit ici, comme on le voit, de la dot constituée par
le mari à sa femme. *Dotem non uxor marito, sed uxori maritus offert*, dit Tacite. C'est, à proprement parler, un
douaire qu'il ne faut pas confondre avec les biens personnels que la femme a apportés en mariage. Du reste il n'y
a pas encore tracé de communauté entre les époux.

Un autre chapitre du même édit impose aux habitants
d'un village l'obligation de se justifier par serment lorsqu'un cadavre est trouvé sur leur territoire et que le meurtrier n'est pas connu. Le comte se transporte sur les lieux,
convoque les habitants à son de trompe, fait lever le corps
devant lui et assigne les habitants devant le mâl, dans les
quarante nuits. Ceux-ci doivent fournir soixante-cinq coju-

reurs s'ils sont de la classe des hommes libres, ou quinze seulement s'ils sont de condition inférieure, faute de quoi ils sont tenus de payer la composition.

Un autre édit vient compléter la loi au sujet de la revendication des meubles. Le détenteur d'un meuble entiercé peut recouvrer la possession s'il prouve par trois témoins qu'il a trouvé cet objet dans la succession de son père, et par trois autres témoins, que son père l'avait lui-même trouvé dans la succession de l'aïeul. S'il ne fait que la première des deux preuves il ne recouvre pas la possession, mais il s'exonère des peines du vol.

Les dons faits par un père à sa fille le jour du mariage de celle-ci, ou à son fils le jour où on lui coupe pour la première fois les cheveux, sont censés faits par préciput et hors part. Disposition étrange au premier abord, alors surtout que le même article pose en principe l'égalité des partages; mais il ne faut pas oublier que les dons faits en ces occasions étaient de peu de valeur et consistaient ordinairement en objets d'usage personnel.

Nous avons déjà parlé de l'édit de Chilpéric. Il contient deux dispositions très remarquables. L'une permet aux filles de succéder à la terre à défaut des fils, aux sœurs à défaut des frères. Peut-être s'agit-il seulement des acquêts, comme le pense le plus récent éditeur des Capitulaires, M. Boretius. En tout cas l'édit se réfère ici expressément à la coutume, laquelle avait, comme on le voit, dérogé à la rigueur primitive de la loi salique. Nous savions déjà par plusieurs formules du recueil de Marculfe que l'exclusion des filles était considérée comme un reste de barbarie et une impiété : « *Diuturna sed impia inter nos consuetudo tenetur ut de terra paterna sorores cum fratribus portionem non habeant.* » En conséquence le père appelle sa fille au partage tant des propres que des acquêts, *tam de alode quam de comparatum*[1].

---

[1] Marculfe, II, xii.

L'autre disposition de l'édit de Chilpéric déroge à la règle établie par un édit antérieur pour le partage de la dot après le décès de l'un des époux. S'il n'y a pas d'enfant issu du mariage, la dot sera partagée par moitié entre l'époux survivant et les héritiers de l'époux décédé.

Enfin le capitulaire de l'an 819, en même temps qu'il confirme l'usage de l'*affatomie*, c'est-à-dire du testament par acte entre vifs tel qu'il est décrit dans le titre XLVI de la loi salique, abroge expressément les dispositions de cette loi en ce qui concerne le mariage des veuves, ou plutôt constate que, depuis longtemps déjà, ces dispositions sont abrogées par l'usage, *velut usque nunc antecessores eorum fecerunt*. La veuve n'est plus soumise à une règle particulière. Elle ne peut se remarier que du consentement de ses parents.

Nous avons soigneusement relevé tous ces exemples pour montrer combien il est périlleux de vouloir exposer le droit franc, et d'en faire la théorie comme s'il s'agissait d'un de nos codes modernes. En fait de droit civil, les Francs avaient quelques coutumes qui se trouvent mentionnées accidentellement dans la loi salique, mais qui tombèrent pour la plupart en désuétude lorsque les Francs se furent mêlés aux Gallo-Romains et qu'ils eurent embrassé le christianisme. Partout de nouvelles coutumes se formèrent, et la pratique cessa d'être conforme à la loi. On peut s'en convaincre en parcourant les recueils de formules et surtout le recueil des actes mérovingiens. On y trouve des chartes de tout genre dressées pour toutes les circonstances de la vie. La preuve écrite, dont la loi salique ne parle pas, était la règle. Dans les jugements qui nous ont été conservés, c'est par la production de titres écrits que les parties s'efforcent d'établir leur état civil, leurs droits de propriété ou de créance. D'autre part ces écrits, ces actes, sont rédigés d'après un droit qui n'est déjà plus le droit romain, quoiqu'il en conserve les formules, mais qui n'est pas non plus le droit de la *lex salica*.

Les testaments surtout sont remarquables; un d'eux reproduit la vieille formule du testament nuncupatif romain, formule qui était déjà une antiquité du temps de Gaius, *ita do, ita lego, ita testor, itaque vos, quirites, testimonium mihi perhibetote.* Mais ce testament est dicté par le testateur à un notaire, signé du testateur et des témoins et déposé à la curie. Sous la double influence du droit romain et du droit canonique un nouveau droit civil se forme, qui devient commun à tous les habitants du royaume, au moins pour tout ce qui concerne la propriété et les contrats. La loi salique ne subsiste plus que comme statut personnel.

C'est donc perdre sa peine que de vouloir reconstruire de toutes pièces le droit des Francs Saliens, poser des règles générales et en poursuivre l'application à tous les cas qui peuvent se présenter. Les hommes qui ont rédigé la loi salique connaissaient peu l'art d'écrire et encore moins celui de légiférer. Les coutumes qu'ils recueillaient avaient d'ailleurs, comme toutes les coutumes, quelque chose de flottant et d'indéterminé. Ne soyons donc pas surpris si leur œuvre est incomplète, souvent incohérente. Gardons-nous surtout de lui demander ce que nous trouvons dans nos codes modernes, des définitions exactes et des déductions rigoureuses. Mais, si l'on doit renoncer à chercher dans les coutumes franques un système complet de législation, il faut les étudier avec soin comme on étudie les monuments de l'antiquité, en appliquant la méthode comparative qui, de nos jours, a déjà renouvelé l'histoire du droit. Les anciennes institutions n'ont de sens et de valeur qu'à la condition d'être mises à leur place et rapprochées des institutions analogues qui se sont formées chez d'autres peuples de même race ou au même degré de civilisation. Ainsi, mais ainsi seulement, on peut en démêler le sens souvent obscur, deviner à quelles idées elles répondent, en un mot rendre intelligible ce qui ne l'est pas.

Pour compléter cette étude, il y aurait encore à parler

de la langue des lois mérovingiennes. Le latin qu'elles emploient est le latin vulgaire. La déclinaison, s'il y en a une, est complètement différente de celle du latin classique. Toutes les désinences sont confondues et la construction est parfois inintelligible. Mais, si l'on y regarde de près, on reconnaît dans ces textes barbares les premiers rudiments de la langue française. S'il y a des mots germaniques dans la loi salique, il y a encore plus de mots français, et il y aurait, à ce point de vue, un travail intéressant à faire pour les philologues. Nous nous contentons de le signaler.

FIN.

TABLE DES MATIÈRES.

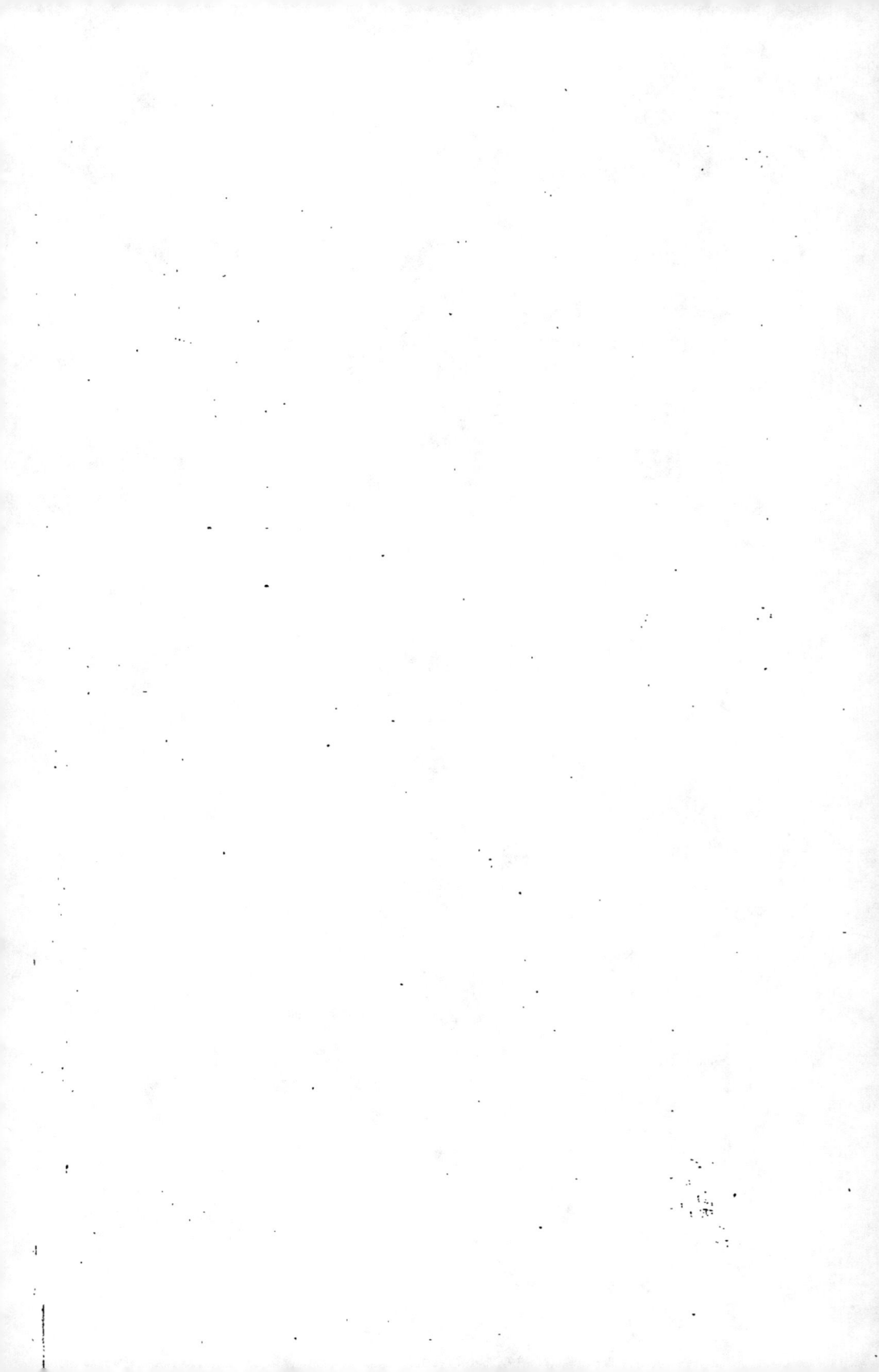

OUVRAGES DU MÊME AUTEUR :

La justice administrative en France, 1 volume in-8°. Paris, Durand, 1862.

Les plaidoyers civils de Démosthène, traduits en français avec des notes, 2 volumes in-18. Paris, Plon, 1875.

Les plaidoyers politiques de Démosthène, traduits en français avec des notes, 2 volumes in-18. Paris, Plon, 1879.

Nouvelle revue historique de droit français et étranger, publiée sous la direction de MM. Eugène DE ROZIÈRE, Rodolphe DARESTE, Adhémar ESMEIN et Marcel FOURNIER, 1 volume in-8° chaque année, depuis 1855.

A LA MÊME LIBRAIRIE :

Introduction à l'étude historique du droit coutumier français, jusqu'à la rédaction officielle des coutumes, par HENRI BEAUNE, ancien procureur général à la Cour de Lyon. 1880, 1 vol. in-8°........................ 8 fr. »

Droit coutumier français. La condition des personnes, par HENRI BEAUNE. 1882, 1 vol. in-8°.......................... 8 fr. »

Droit coutumier français. La condition des biens, par HENRI BEAUNE. 1886, 1 vol. in-8°.......................... 9 fr. »

Etude sur l'histoire des alleux en France, avec une carte des pays allodiaux, par EMILE CHÉNON, professeur agrégé à la Faculté de droit de Rennes, ancien élève de l'école polytechnique. 1888, in-8°.................... 7 fr. »

Histoire de Sainte-Sévère-en-Berry. Premier fascicule, par EMILE CHÉNON, professeur agrégé à la Faculté de droit de Rennes, ancien élève de l'école polytechnique. 1888, in-8°......................... 7 fr. »

Mélanges d'histoire du droit et de critique. — Droit romain, par A. ESMEIN, professeur agrégé à la Faculté de droit de Paris, maître de conférences à l'école pratique des hautes études, 1886, 1 vol. in-8°.............. 10 fr. »

Trente ans d'enseignement au collège de France (1849-1882). — Cours inédits de M. EDOUARD LABOULAYE, publiés par ses fils avec le concours de M. MARCEL FOURNIER, agrégé à la Faculté de droit de Caen, préface par M. RODOLPHE DARESTE, membre de l'Institut. 1888, in-12......................... 4 fr. »

Du droit de cité romaine, Etudes d'épigraphie juridique, par N.-HENRY MICHEL, agrégé à la Faculté de droit de Paris, chargé d'un cours de droit romain, 1re série : des signes distinctifs de la qualité de citoyen romain. 1885, 1 volume in-8°......................... 6 fr. »

Histoire des justices des anciennes églises et communautés monastiques de Paris, suivies des registres inédits de Saint-Maur-des-Fossés, Sainte-Geneviève, Saint-Germain-des-Prés, et du registre de Saint-Martin-des-Champs, par L. TANON, conseiller à la Cour de cassation. 1883, in-8°.. 12 fr. »

Précis de l'histoire du droit français, accompagné de notions de droit canonique et d'indications bibliographiques. — Sources. Droit privé — par PAUL VIOLLET, bibliothécaire de la Faculté de droit de Paris. 1886, 1 vol. in-8°. 10 fr. »

Le *Droit public* est sous presse.

BAR-LE-DUC, IMPRIMERIE CONTANT-LAGUERRE.